O IVA
NAS ACTIVIDADES CULTURAIS, EDUCATIVAS, RECREATIVAS, DESPORTIVAS E DE ASSISTÊNCIA MÉDICA OU SOCIAL

RUI LAIRES

O IVA
NAS ACTIVIDADES CULTURAIS, EDUCATIVAS, RECREATIVAS, DESPORTIVAS E DE ASSISTÊNCIA MÉDICA OU SOCIAL

O IVA
NAS ACTIVIDADES CULTURAIS,
EDUCATIVAS, RECREATIVAS, DESPORTIVAS
E DE ASSISTÊNCIA MÉDICA OU SOCIAL

AUTOR
Rui Laires

EDITOR
EDIÇÕES ALMEDINA, S.A.
Rua Fernandes Tomás n.os 76, 78, 80
3000-167 Coimbra
Tel.: 239 851 904 · Fax: 239 851 901
www.almedina.net · editora@almedina.net

PRÉ-IMPRESSÃO
G.C. GRÁFICA DE COIMBRA, LDA.
Palheira – Assafarge
3001-453 Coimbra
producao@graficadecoimbra.pt

Julho, 2012

Os dados e as opiniões inseridos na presente publicação
são da exclusiva responsabilidade do(s) seu(s) autor(es).

Toda a reprodução desta obra, por fotocópia ou outro qualquer
processo, sem prévia autorização escrita do Editor, é ilícita
e passível de procedimento judicial contra o infractor.

> *Biblioteca Nacional de Portugal – Catalogação na Publicação*
>
> LAIRES, Rui
>
> O IVA nas actividades culturais, educativas, recreativas,
> desportivas e de assistência médica ou social. - (Cadernos
> IDEFF)
> ISBN 978-972-40-4876-5
>
> CDU 336

Apresentação

A semente que veio a germinar neste livro foi lançada por um seminário organizado pelo Instituto de Direito Económico, Financeiro e Fiscal (IDEFF), em Abril de 2010, subordinado ao tema "O IVA e o terceiro sector", no qual tive o privilégio de participar, produzindo uma alocução dedicada às isenções do imposto sobre o valor acrescentado (IVA) aplicáveis àquele sector não lucrativo da economia. Da sistematização de ideias a que para a ocasião procedi, e dos ensinamentos então recolhidos por mérito dos demais oradores no evento – a Professora Doutora Clotilde Celorico Palma e o Mestre José Carlos Gomes Santos –, surgiu-me, como propósito inicial, a elaboração de uma monografia sobre o tratamento em IVA do terceiro sector. Sucede, porém, relativamente a muitas das actividades que são típicas das entidades que operam naquele compartimento da economia, que nem sempre a circunstância de serem exercidas por um organismo sem finalidade lucrativa comporta especificidades, uma vez que idênticas regras, inclusive no domínio das isenções do imposto, com frequência se estendem a organismos com outra natureza, designadamente às pessoas colectivas de direito público e, mesmo, a certas entidades de índole empresarial e com fins lucrativos.

Visto isso, durante o processo de escrita, emergiu com naturalidade o ajustamento do propósito e do figurino iniciais, de modo a assegurar um périplo mais abrangente pelos aspectos do regime jurídico do IVA ligados à prossecução de actividades de natureza cultural, educativa, recreativa, desportiva e de assistência médica ou social, nomeadamente quanto à incidência, isenções, determinação do valor tributável, direito à dedução ou ao reembolso e taxas do imposto, passando também pelo tratamento das subvenções públicas e dos apoios de carácter mecenático. Uma vez que o respectivo enquadramento em sede do IVA comporta, objectivamente, particularidades merecedoras de autonomização e de destaque, as actividades acima enumeradas, embora sejam aquelas em que o terceiro sector da economia tradicionalmente desempenha o seu importante papel, são abordadas neste livro independentemente do escopo lucrativo ou não de quem as exerce. Não deixa de ser feita, porém, uma alusão específica aos organismos sem finalidade lucrativa, tal como definidos na legislação do IVA, e às regras próprias que esta legislação, ainda assim, em vários casos lhes reserva.

Para tanto, além das normas internas e das disposições do sistema comum do IVA vigente na União Europeia (UE), menção é feita à doutrina e à jurisprudência que versam sobre as actividades em referência, com especial enfoque na jurisprudência do Tribunal de Justiça da UE e nos entendimentos administrativos com divulgação pública provenientes da, hoje em dia, denominada Autoridade Tributária e Aduaneira.

Em relação a tudo o mais que não tenha directa proveniência em fontes identificadas, não me parece despiciendo ressalvar que tal reflecte apenas o ponto de vista pessoal do autor, subordinado, como é de bom-tom, a opinião mais autorizada.

Janeiro de 2012.

Rui Laires

Principais Abreviaturas

AT – Autoridade Tributária e Aduaneira
CAC – Código Aduaneiro Comunitário
CC – Código Civil
CCTF – Cadernos de Ciência e Técnica Fiscal
CDA – Código do Direito de Autor, aprovado pelo Decreto-Lei n.º 46 980, de 27 de Abril de 1966
CDADC – Código do Direito de Autor e dos Direitos Conexos, aprovado pelo Decreto-Lei n.º 63/85, de 14 de Março
CE – Comunidade Europeia
CEE – Comunidade Económica Europeia
CEF – Centro de Estudos Fiscais
CIRC – Código do Imposto sobre o Rendimento das Pessoas Colectivas
CIRS – Código do Imposto sobre o Rendimento das Pessoas Singulares
CISV – Código do Imposto sobre Veículos
CIVA – Código do Imposto sobre o Valor Acrescentado
Colect. – Colectânea de Jurisprudência do Tribunal de Justiça da União Europeia, Parte I - Tribunal de Justiça
CTF – Ciência e Técnica Fiscal
DG – Director-Geral dos Impostos / Director-Geral da AT
DGAIEC – Direcção-Geral das Alfândegas e dos Impostos Especiais sobre o Consumo
DGCI – Direcção-Geral dos Impostos

Directiva do IVA – Directiva 2006/112/CE, do Conselho, de 28 de Novembro de 2006 (com as posteriores alterações)
D.R. – Diário da República
DSCA – Direcção de Serviços de Concepção e Admnistração, do ex-Serviço de Administração do IVA
DSIVA – Direcção de Serviços do IVA (ex-DSCA)
EBF – Estatuto dos Benefícios Fiscais
IEC – Impostos Especiais sobre o Consumo
IPSS – Instituições Particulares de Solidariedade Social
IRC – Imposto sobre o Rendimento das Pessoas Colectivas
IRS – Imposto sobre o Rendimento das Pessoas Singulares
IVA – Imposto sobre o Valor Acrescentado
JO – Jornal Oficial da União Europeia
NC – Nomenclatura Combinada
Recueil – *Recueil de la Jurisprudence de la Cour de Justice de l'Union Européenne, Partie I – Cour de Justice*
RITI – Regime do IVA nas Transacções Intracomunitárias
SAD – Sociedade Anónima Desportiva
SDG – Subdirector-Geral dos Impostos / Subdiretor-Geral da AT
SDG-IVA – Subdirector(a)-Geral dos Impostos/da AT para a área do IVA
Segunda Directiva – Directiva 67/228/CEE, do Conselho, de 11 de Abril de 1967
Sexta Directiva – Directiva 77/388/CEE, do Conselho, de 17 de Maio de 1977 (com as posteriores alterações)
STA – Supremo Tribunal Administrativo
TCE – Tratado que instituiu a Comunidade Europeia
TFUE – Tratado sobre o Funcionamento da União Europeia
TJUE – Tribunal de Justiça da União Europeia
UE – União Europeia

Capítulo I
BREVE CARACTERIZAÇÃO DO IVA

Secção I
Caracterização económica do IVA

O imposto sobre o valor acrescentado (IVA) é um imposto geral sobre o consumo de bens e serviços, que incide em todas as fases do circuito económico, em montante proporcional ao preço dos bens transaccionados ou dos serviços prestados, até à respectiva disponibilização ao consumidor final. Todavia, apesar de se aplicar em todos os estádios da cadeia de produção, distribuição e comercialização, é destituído de efeitos cumulativos, ou seja, não é gerador de situações em que ocorra a incidência do imposto sobre os montantes de IVA pagos nas fases precedentes do circuito económico. Contrariamente ao que sucede com outros modelos de impostos gerais sobre o consumo que incidem em diversas fases do circuito económico, a não ocorrência de tal efeito cumulativo resulta da possibilidade de os operadores económicos disporem, por via de regra, do direito à dedução ou ao reembolso do IVA que lhes foi repercutido na fase precedente pelos seus fornecedores. Dado que cada um dos operadores económicos intervenientes pode, em princípio, desonerar-se do IVA suportado nas aquisições de bens e serviços destinados à prossecução das suas actividades económicas, o efectivo encargo com o imposto acaba por ser suportado exclusivamente pelos consumidores finais ou equiparados, ou seja, por aqueles que, não realizando operações tributadas a jusante, não podem deduzir a seu favor ou obter o reembolso dos montantes de imposto suportados.[1]

---

[1] Para aprofundamento das características e dos efeitos do IVA nos planos económico e fiscal, veja-se: J. G. Xavier de Basto, *A Tributação do Consumo e a sua Coordenação*

Em traços gerais, o IVA trata-se, assim, de um imposto incidente sobre a quase generalidade das transacções de bens e das prestações de serviços, mas que, por via do mecanismo de dedução do imposto suportado a montante, é destituído de efeitos cumulativos, equivalendo, em termos de receita, a um imposto sobre o consumo que apenas incidisse sobre a fase final do circuito económico, e sendo suportado, em última instância, pelos consumidores finais.[2] Nessa conformidade, para apuramento do IVA devido em relação a um dado período de tributação (mensal ou trimestral), cada operador económico qualificado como sujeito passivo do imposto, a par do cálculo a favor do Estado dos montantes de IVA incidentes sobre as transmissões de bens, prestações de serviços e aquisições intracomunitárias de bens sujeitas a imposto que tenha realizado, deve deduzir a esses montantes as importâncias a título de IVA que, por sua vez, suportou nas importações e nas aquisições de bens ou de serviços que tenha efectuado.[3]

Internacional, Lisboa: DGCI/CEF, 1991, CCTF n.º 164, pp. 39-73; CLOTILDE CELORICO PALMA, *Introdução ao Imposto Sobre o Valor Acrescentado*, 5.ª ed., Coimbra: Almedina, 2011, Cadernos IDEFF n.º 1, pp. 17-29; e CLOTILDE CELORICO PALMA, *As Entidades Públicas e o Imposto sobre o Valor Acrescentado: Uma Ruptura no Princípio da Neutralidade*, Coimbra: Almedina, 2010, pp. 43-91.

[2] Na ilustrativa síntese formulada pelo advogado-geral Ruiz-Jarabo Colomer, no n.º 24 das suas conclusões apresentadas a 23 de Novembro de 2004, que deu lugar ao acórdão do Tribunal de Justiça da União Europeia (TJUE) de 20 de Janeiro de 2005 (processo C-412/03, caso *Hotel Scandic*, Colect. p. I-743), "*o IVA tributa os actos de consumo, como manifestação indirecta da capacidade económica das pessoas, através da oneração das operações dos empresários ou dos profissionais, que, pela técnica da repercussão, transferem para o consumidor final este encargo, conseguindo, deste modo, um imposto 'neutro' para os sujeitos passivos, uma vez que só é suportado pelo último elo da cadeia, por quem recebe o produto ou beneficia da prestação*". (Os textos dos acórdãos e dos despachos do TJUE, bem como das conclusões dos advogados-gerais, estão disponíveis gratuitamente a partir da página da rede global com o seguinte endereço: ‹http://eur-lex.europa.eu/JURISIndex.do?ihmlang=pt›. No entanto, só as publicações na Colectânea fazem fé, prevalecendo em caso de divergência com a versão electrónica. As transcrições feitas ao longo da presente obra são reproduzidas a partir das versões electrónicas em língua portuguesa, sempre que disponíveis).

[3] Note-se, porém, que o mecanismo de repercussão do imposto nas operações realizadas a jusante e de dedução do imposto suportado a montante apresenta algumas excepções, as quais vêm explanadas *infra*, na secção I do capítulo VI.

Secção II

Adopção do IVA em Portugal

1. Principais actos da UE em matéria de IVA

A legislação interna do IVA tem por base o sistema comum do imposto aplicável em todos os Estados membros da UE, cujos aspectos basilares se encontram actualmente consagrados na Directiva 2006/112/CE, do Conselho, de 28 de Novembro de 2006 ("Directiva do IVA"), e suas posteriores alterações, que substituiu a anterior Directiva 77/388/CEE, do Conselho, de 17 de Maio de 1977 (normalmente identificada por "Sexta Directiva").[4]

Além da Directiva do IVA, definem actualmente certos aspectos específicos do imposto os seguintes actos jurídicos da UE:

– Directiva 86/560/CEE, do Conselho, de 17 de Novembro de 1986 ("Décima Terceira Directiva"), relativa a pedidos de reembolso do IVA apresentados por entidades estabelecidas em países terceiros;

– Directiva 2006/79/CE, do Conselho, de 5 de Outubro de 2006, relativa às isenções de IVA e de IEC nas importações de bens que sejam objecto de pequenas remessas a partir de países terceiros, sem carácter comercial, efectuadas por um particular com destino a outro particular residente num Estado membro da UE;[5]

– Directiva 2007/74/CE, do Conselho, de 20 de Dezembro de 2007, relativa às isenções de IVA e de IEC nas importações de bens contidos na bagagem pessoal dos viajantes provenientes de países ou territórios terceiros;[6]

---

[4] A Sexta Directiva foi objecto de uma reformulação, entrada em vigor a 1 de Janeiro de 2007, tendo em vista, no essencial, proceder a uma diferente sistematização das matérias e a uma nova numeração dos seus artigos. Tal objectivo foi concretizado através da Directiva 2006/112/CE, do Conselho, de 28 de Novembro de 2006, relativa ao sistema comum do imposto sobre o valor acrescentado ("Directiva do IVA").

[5] Substituiu a Directiva 78/1035/CEE, do Conselho, de 19 de Dezembro de 1978, que anteriormente regulava a matéria.

[6] Substituiu a Directiva 69/169/CEE, do Conselho, de 28 de Maio de 1969, que anteriormente regulava a matéria.

– Directiva 2008/9/CE, do Conselho, de 12 de Fevereiro de 2008, em matéria de reembolsos do IVA solicitados por sujeitos passivos estabelecidos noutros Estados membros;[7]

– Directiva 2009/132/CE, do Conselho, de 10 de Novembro de 2009, que define o âmbito de aplicação do disposto nas alíneas b) e c) do artigo 143.º da Directiva do IVA, relativamente às isenções do IVA aplicáveis nas importações definitivas de certos bens;[8]

– Regulamento (UE) n.º 904/2010, do Conselho, de 7 de Outubro de 2010, relativo à cooperação administrativa e à luta contra a fraude no domínio do IVA;[9]

– Regulamento de Execução (UE) n.º 282/2011, do Conselho, de 15 de Março de 2011, que estabelece medidas de aplicação do sistema comum do IVA, aplicável a partir de 1 de Julho de 2011.[10]

2. Legislação interna do IVA

2.1. Diplomas de base

Embora, entre a data da adesão à então Comunidade Económica Europeia (CEE) e 31 de Dezembro de 1988, o Estado português não estivesse obrigado a adoptar o sistema comum do IVA então vigente na CEE, a opção de política fiscal nessa altura tomada foi no sentido de adoptar de imediato o IVA, fazendo-o com base num modelo já muito próximo do modelo comum. Assim, o IVA encontra-se em vigor em Portugal desde 1 de Janeiro de 1986, constando o respectivo regime jurí-

---

[7] Com uma alteração pela Directiva 2010/66/UE, do Conselho, de 14 de Outubro de 2010. A Directiva 2008/9/CE substituiu a Directiva 79/1072/CEE, do Conselho, de 6 de Dezembro de 1979 ("Oitava Directiva"), que anteriormente regulava a matéria.

[8] Substituiu a Directiva 83/181/CEE, do Conselho, de 28 de Março de 1983.

[9] Aplicável a partir de 1 de Janeiro de 2012, revogando o anterior Regulamento (CE) n.º 1798/2003, do Conselho, de 7 de Outubro de 2003, relativo à cooperação administrativa entre as autoridades fiscais dos Estados membros no domínio do IVA. As normas de execução dos artigos 14.º, 32.º, 48.º, 49.º e do n.º 1 do artigo 51.º do Regulamento (UE) n.º 904/2010 vêm estabelecidas no Regulamento de Execução (UE) n.º 79/2012, da Comissão, de 31 de Janeiro de 2012.

[10] Substituiu o Regulamento (CE) n.º 1777/2005, do Conselho, de 17 de Outubro de 2005.

dico, no essencial, do Código do IVA (CIVA), aprovado pelo Decreto-Lei n.º 394-B/84, de 26 de Dezembro, republicado pelo Decreto-Lei n.º 102/2008, de 20 de Junho[11], com posteriores alterações. As regras específicas relacionadas com as transacções intracomunitárias de bens, em vigor desde 1 de Janeiro de 1993, vêm estabelecidas no Regime do IVA nas Transacções Intracomunitárias (RITI), aprovado pelo Decreto-Lei n.º 290/92, de 28 de Dezembro, republicado pelo Decreto-Lei n.º 102/2008, de 20 de Junho[12], e subsequentes alterações.[13]

Complementarmente, consta de um acervo relativamente vasto de diplomas avulsos a regulação de certos aspectos particulares do regime jurídico do IVA, de que se dá aqui conta dos mais relevantes:

2.2. Legislação complementar

2.2.1. *Não sujeição e isenções*[14]

– Despacho Normativo n.º 118/85, de 31 de Dezembro, que regulamenta a isenção prevista na actual alínea 20) do artigo 9.º do CIVA;[15]

---

[11] Com Declaração de Rectificação n.º 44-A/2008, publicada no D.R. n.º 156 (suplemento), série I, de 13 de Agosto de 2008.

[12] Com Declaração de Rectificação n.º 44-A/2008, publicada no D.R. n.º 156 (suplemento), série I, de 13 de Agosto de 2008.

[13] Para uma abordagem geral de todos os aspectos ligados ao regime jurídico do imposto, veja-se CLOTILDE CELORICO PALMA, *Introdução...* cit., e CIDÁLIA LANÇA, "O imposto sobre o valor acrescentado", in *Lições de Fiscalidade* (coord. João Ricardo Catarino e Vasco Branco Guimarães), Coimbra: Almedina, 2012, pp. 289-324. Especificamente em relação às regras do sistema comum do IVA vigente na UE, uma abordagem pormenorizada pode encontrar-se em BEN TERRA e JULIE KAJUS, *A Guide to the European VAT Directives (vol. 1): Introduction to European VAT*, Amsterdam: International Bureau of Fiscal Documentation (IBFD), 2011. Um apanhado geral da jurisprudência do TJUE no domínio do IVA consta de PATRÍCIA NOIRET CUNHA, *Imposto sobre o Valor Acrescentado: Anotações ao Código do Imposto sobre o Valor Acrescentado e ao Regime do IVA nas Transacções Intracomunitárias*, Lisboa: Instituto Superior de Gestão, 2004, e, com mais detalhe e actualização, de STEPHEN DALE e WILBERT NIEUWENHUIZEN, *VAT Yearbook 2010/2011: VAT Decisions of the European Court of Justice 1974--June 2010*, The Netherlands: Kluwer Law International, 2011.

[14] No CIVA as isenções vêm previstas nos artigos 9.º a 15.º e no artigo 53.º.

[15] Com as alterações decorrentes do n.º 8 do artigo 30.º da Lei n.º 9/86, de 30 de Abril (com declaração de rectificação publicada no D.R. n.º 156, I série, de 10 de Julho de 1986), e do artigo 3.º do Decreto-Lei n.º 199/96, de 18 de Outubro.

– Decreto-Lei n.º 398/86, de 26 de Novembro, sobre a isenção do IVA na importação de pequenas remessas, sem carácter comercial, provenientes de países terceiros;

– Decreto-Lei n.º 295/87, de 31 de Julho, que regulamenta a isenção do IVA nas transmissões de bens, para fins privados, feitas a adquirentes sem residência no território nacional que os transportem na bagagem pessoal para fora da UE;[16]

– Decreto-Lei n.º 31/89, de 25 de Janeiro, sobre a isenção do IVA nas importações definitivas de determinados bens;[17]

– Artigo 64.º do Estatuto dos Benefícios Fiscais (EBF), aprovado pelo Decreto-Lei n.º 215/89, de 1 de Julho, e republicado pelo Decreto-Lei n.º 108/2008, de 26 de Junho, sobre a não sujeição a IVA de certas operações a título gratuito efectuadas por entidades beneficiárias de donativos no âmbito do mecenato;[18]

– Artigo 6.º do Decreto-Lei n.º 198/90, de 19 de Junho, referente à isenção do IVA em certas transmissões de bens efectuadas a entidades exportadoras;[19]

– Artigo 10.º da Lei n.º 19/2003, de 20 de Junho, cujas alíneas g) e h) do n.º 1 prevêem a isenção de certas transmissões de bens e prestações de serviços efectuadas pelos partidos políticos;[20]

---

[16] Alterado pelo Decreto-Lei n.º 195/89, de 12 de Junho, pela Lei n.º 96/89, de 12 de Dezembro, pela Lei n.º 65/90, de 28 de Dezembro, pela Lei n.º 2/92, de 9 de Março, pelo Decreto-Lei n.º 290/92, de 28 de Dezembro, pelo Decreto-Lei n.º 82/94, de 14 de Março, pelo Decreto-Lei n.º 202/95, de 3 de Agosto, e pelo Decreto-Lei n.º 206/96, de 26 de Outubro.

[17] Alterado pelo Decreto-Lei n.º 232/91, de 26 de Junho, pelo artigo 8.º do Decreto-Lei n.º 290/92, de 28 de Dezembro, pela Lei n.º 30-C/92, de 28 de Dezembro, e pela Lei n.º 64-A/2008, de 31 de Dezembro.

[18] Sobre esta matéria, veja-se, *infra*, a secção III do capítulo II.

[19] Alterado pela Lei n.º 30-C/2000, de 29 de Dezembro, pelo Decreto-Lei n.º 96/2004, de 23 de Abril, pela Lei n.º 55-B/2004, de 30 de Dezembro, pelo Decreto-Lei n.º 393/2007, de 31 de Dezembro, pelo Decreto-Lei n.º 102/2008, de 20 de Junho, pela Lei n.º 64-A/2008, de 31 de Dezembro, pelo Decreto-Lei n.º 186/2009, de 12 de Agosto, pela Lei n.º 3-B/2010, de 28 de Abril, e pelo artigo 125.º da Lei n.º 64-B/2011, de 30 de Dezembro.

[20] Não obstante, afigura-se que o âmbito de aplicação desta isenção não pode ir além do disposto no artigo 9.º do CIVA, nomeadamente, nas suas alíneas 19) e 20).

– Regime da renúncia à isenção do IVA nas operações relativas a bens imóveis, aprovado pelo artigo 3.º do Decreto-Lei n.º 21/2007, de 29 de Janeiro;[21]

– Regime de isenção do IVA e dos IEC aplicável na importação de mercadorias transportadas na bagagem dos viajantes provenientes de países ou territórios terceiros, aprovado pelo artigo 116.º da Lei n.º 64-A/2008, de 31 de Dezembro.

2.2.2. *Regimes especiais de tributação*[22]

– Decreto-Lei n.º 221/85, de 3 de Julho, relativo ao regime do IVA aplicável às agências de viagens e organizadores de circuitos turísticos, quando actuem em nome próprio perante os clientes;[23]

– Decreto-Lei n.º 346/85, de 23 de Agosto, que estabelece o regime especial do IVA dos tabacos manufacturados;

– Artigo 9.º do Decreto-Lei n.º 122/88, de 20 de Abril, que estabelece um regime especial de liquidação do IVA nas vendas de pescado pelas lotas, em substituição dos pescadores ou armadores por conta dos quais as vendas são efectuadas;

– Artigo 10.º do Decreto-Lei n.º 122/88, de 20 de Abril, que estabelece um regime especial de liquidação do IVA pelas empresas que realizam vendas ao domicílio, em substituição dos revendedores directos que se encontrem a agir em nome e por conta própria;

---

[21] Com as alterações promovidas pelo artigo 58.º da Lei n.º 67-A/2007, de 31 de Dezembro, pelo artigo 78.º da Lei n.º 64-A/2008, de 31 de Dezembro, e pelo artigo 124.º da Lei n.º 64-B/2011, de 30 de Dezembro.

[22] Para além do regime normal de tributação, no próprio CIVA também vêm previstos dois regimes especiais de tributação. São eles, o regime dos pequenos retalhistas, contido nos seus artigos 60.º a 68.º, e o regime dos revendedores de combustíveis líquidos, previsto nos seus artigos 69.º a 75.º. Quanto ao regime especial do IVA das transmissões de combustíveis gasosos, que constava do artigo 32.º da Lei n.º 9/86, de 30 de Abril, o mesmo foi revogado, a partir de 1 de Janeiro de 2012, pela Lei n.º 64-B/2011, de 30 de Dezembro (Orçamento do Estado para 2012), tendo sido substituído pelo regime geral de tributação.

[23] Este diploma teve uma rectificação conforme declaração publicada no D.R. n.º 295 (3.º suplemento), I Série, de 30 de Setembro de 1985, e foi objecto de alterações pelo Decreto-Lei n.º 166/94, de 9 de Junho, pelo Decreto-Lei n.º 100/95, de 19 de Maio, pelo Decreto-Lei n.º 206/96, de 26 de Outubro, e pela Lei n.º 32-B/2002, de 30 de Dezembro.

– Regime Especial de Tributação dos Bens em Segunda Mão, Objectos de Arte, de Colecção e Antiguidades, aprovado pelo Decreto--Lei n.º 199/96, de 18 de Outubro;[24]

– Regime especial aplicável ao ouro para investimento, aprovado pelo Decreto-Lei n.º 362/99, de 16 de Setembro.[25]

– Artigo 12.º, n.º 5, do Decreto-Lei n.º 363/2007, de 2 de Novembro, aplicável às transmissões de electricidade efectuadas por produtores titulares de instalações de pequena potência ("unidades de microprodução"), que não se encontrem enquadrados no regime normal de tributação.

2.2.3. Regimes especiais de exigibilidade[26]

– Regime Especial de Exigibilidade do IVA nas Empreitadas e Subempreitadas de Obras Públicas, aprovado pelo Decreto-Lei n.º 204/97, de 9 de Agosto;[27]

– Regime Especial de Exigibilidade do IVA nas Entregas de Bens às Cooperativas Agrícolas, aprovado pelo Decreto-Lei n.º 418/99, de 21 de Outubro;

– Regime especial de exigibilidade do IVA dos serviços de transporte rodoviário nacional de mercadorias, aprovado pelo artigo 1.º da Lei n.º 15/2009, de 1 de Abril.

2.2.4. Taxas do IVA[28]

– Decreto-Lei n.º 347/85, de 23 de Agosto, sobre os critérios de aplicação das taxas do IVA em vigor nas Regiões Autónomas dos Açores e da Madeira;[29]

---

[24] Com as alterações decorrentes do artigo 4.º da Lei n.º 4/98, de 12 de Janeiro.

[25] Alterado pelo n.º 8 do artigo 44.º da Lei n.º 3-B/2000, de 4 de Abril.

[26] Estes regimes especiais derrogam as regras de exigibilidade do imposto previstas nos artigos 7.º e 8.º do CIVA.

[27] Alterado pelo n.º 5 do artigo 34.º da Lei n.º 127-B/97, de 20 de Dezembro,

[28] No CIVA as taxas do imposto vêm contempladas no artigo 18.º, conjugado com as listas I e II anexas ao CIVA. Note-se que as listas I e II foram objecto de profunda revisão pela Lei n.º 64-B/2011, de 30 de Dezembro (Orçamento do Estado para 2012).

[29] Este diploma teve uma rectificação conforme declaração publicada no D.R. n.º 295 (3.º suplemento), I Série, de 30 de Setembro de 1985, e foi objecto de alterações pela Lei n.º 2/92, de 9 de Março, pelo Decreto-Lei n.º 166/94, de 9 de

– Portaria n.º 185/99, de 20 de Março, que regulamenta a aplicação da taxa reduzida ao calçado ortopédico, prevista na actual verba 2.6 da lista I anexa ao CIVA;
– Despacho n.º 26026/2006, de 21 de Novembro de 2006, dos Ministros das Finanças e da Administração Pública, do Trabalho e da Solidariedade Social, e da Saúde, que define os utensílios, aparelhos e objectos de uso específico por pessoas com deficiências ou incapacidades, susceptíveis de beneficiar da taxa reduzida do IVA, em conformidade com a actual verba 2.9 da lista I anexa ao CIVA.[30]

2.2.5. *Facturação*[31]

– Artigo 5.º do Decreto-Lei n.º 198/90, de 19 de Junho, relativo à numeração e à pré-impressão tipográfica ou processamento por computador de facturas emitidas em suporte de papel;[32]
– Decreto-Lei n.º 196/2007, de 15 de Maio, que regula as condições técnicas para a emissão, conservação e arquivamento das facturas ou documentos equivalentes emitidos por via electrónica;
– Portaria n.º 363/2010, de 23 de Junho, que regulamenta a certificação prévia dos programas informáticos de facturação.[33]

Junho, pela Lei n.º 39-B/94, de 27 de Dezembro, pelo Decreto-Lei n.º 91/96, de 12 de Julho, pela Lei n.º 16-A/2002, de 31 de Maio, pela Lei n.º 39/2005, de 24 de Junho, pela Lei n.º 26-A/2008, de 27 de Junho, pela Lei n.º 12-A/2010, de 30 de Junho, pela Lei n.º 55-A/2010, de 31 de Dezembro, e pela Lei n.º 14-A/2012, de 30 de Março.

[30] Publicado no D.R. n.º 245, 2.ª série, de 22 de Dezembro de 2006, em vigor a partir de 1 de Janeiro de 2007, revogando o anterior despacho conjunto n.º 37/99, de 10 de Setembro de 1998, dos Ministros das Finanças, do Trabalho e Solidariedade e da Saúde, publicado no D.R. n.º 12, 2.ª série, de 15 de Janeiro de 1999.

[31] Disposições complementares das previstas nos artigos 29.º e 36.º a 40.º do CIVA. As regras relativas à facturação serão objecto de alteração a partir de 1 de Janeiro de 2013, por efeito da necessária transposição para o ordenamento interno da Directiva 2010/45/UE, do Conselho, de 13 de Julho de 2010.

[32] Alterado pelo artigo 5.º do Decreto-Lei n.º 256/2003, de 21 de Outubro.

[33] Alterada e republicada através da Portaria n.º 22-A/2012, de 24 de Janeiro, com efeitos a partir de 1 de Abril de 2012. O montante a que se refere a alínea b) do n.º 2 do artigo 2.º da Portaria n.º 363/2010, com a redacção dada pela Portaria n.º 22-A/2012, produz efeitos a partir de 1 de Janeiro de 2013, vigorando até essa data o montante de 125 000 euros.

2.2.6. Reembolsos[34]

– Decreto-Lei n.º 143/86, de 16 de Junho, relativo à restituição do IVA às representações diplomáticas e consulares e ao seu pessoal, que regulamenta a actual alínea l) do n.º 1 do artigo 14.º do CIVA;[35]

– Artigo 3.º do Decreto-Lei n.º 185/86, de 14 de Julho, relativo à restituição do IVA a organizações internacionais e aos seus membros, e no âmbito da Organização do Tratado do Atlântico Norte, que regulamenta as actuais alíneas l), m), n) e v) do n.º 1 do artigo 14.º do CIVA;[36]

– Decreto-Lei n.º 20/90, de 13 de Janeiro, que prevê a restituição à Igreja Católica do IVA suportado em certas aquisições ou importações;[37]

– Decreto-Lei n.º 113/90, de 5 de Abril, que prevê a restituição às Forças Armadas, forças e serviços de segurança e associações e corporações de bombeiros de montantes correspondentes ao valor do IVA suportado em certas aquisições ou importações;[38]

---

[34] No CIVA os reembolsos do imposto vêm previstos no seu artigo 22.º.

[35] Com rectificação constante do D.R. n.º 225, I Série, 2.º Suplemento, de 30 de Setembro de 1986, e alterado pelos seguintes diplomas: Decreto-Lei n.º 198/90, de 19 de Junho; Decreto-Lei n.º 108/98, de 24 de Abril; Lei n.º 30-C/2000, de 29 de Dezembro; Decreto-Lei n.º 296/2001, de 21 de Novembro; Lei n.º 55-B/2004, de 30 de Dezembro; e Decreto-Lei n.º 238/2006, de 20 de Dezembro.

[36] O Decreto-Lei n.º 185/86 teve uma rectificação constante do D.R. n.º 225, I Série, 2.º Suplemento, de 30 de Setembro de 1986. O artigo 3.º do Decreto-Lei n.º 185/86 foi alterado pelo Decreto-Lei n.º 82/94, de 14 de Março, e pelo Decreto-Lei n.º 296/2001, de 21 de Novembro.

[37] Alterado pela Lei n.º 52-C/96, de 27 de Dezembro, pelo Decreto-Lei n.º 323/98, de 30 de Outubro, pela Lei n.º 30-C/2000, de 29 de Dezembro, pelo Decreto-Lei n.º 238/2006, de 20 de Dezembro, e pelos artigos 130.º e 132.º da Lei n.º 55-A/2010, de 31 de Dezembro. O n.º 1 do artigo 130.º da Lei n.º 55-A/2010 revogou o artigo 2.º do Decreto-Lei n.º 20/90, de 13 de Janeiro, relativo às IPSS e à Santa Casa da Misericórdia de Lisboa, sem prejuízo da disposição transitória contida no n.º 2 do mesmo artigo 130.º, tendo, porém, sido objecto de repristinação as alíneas a) e b) do n.º 1 daquele artigo 2.º, durante o ano de 2012, pelo artigo 179.º da Lei n.º 64-B/2011, de 30 de Dezembro (Orçamento do Estado para 2012).

[38] Alterado pelo artigo 3.º do Decreto-Lei n.º 139/92, de 17 de Julho, pelo artigo 35.º da Lei n.º 30-C/2000, de 29 de Dezembro, e pelo artigo 30.º da Lei n.º 55-B/2004, de 30 de Dezembro (Orçamento do Estado para 2005).

– Decreto-Lei n.º 229/95, de 11 de Setembro, que regulamenta a cobrança e o pagamento de reembolsos do IVA;[39]
– Decreto-Lei n.º 128/2001, de 17 de Abril, relativo à restituição de montantes correspondentes ao valor do IVA suportado em aquisições de instrumentos, fardamentos e trajes a determinadas bandas de música, filarmónicas, escolas de música, tunas, fanfarras, ranchos folclóricos e outras agremiações culturais que se dediquem à actividade musical, que sejam pessoas colectivas de direito privado sem fins lucrativos;
– Artigo 65.º da Lei n.º 16/2001, de 22 de Junho, cujo n.º 1 estende às demais igrejas e comunidades religiosas o regime previsto para a Igreja Católica no n.º 1 do artigo 1.º do Decreto-Lei n.º 20/90, de 13 de Janeiro;[40]
– Artigo 10.º da Lei n.º 19/2003, de 20 de Junho, cuja alínea g) do n.º 1 prevê a restituição aos partidos políticos do IVA suportado em certas aquisições de bens e serviços;
– Regime de reembolso do IVA a sujeitos passivos não estabelecidos no Estado membro de reembolso, aprovado pelo artigo 6.º do Decreto-Lei n.º 186/2009, de 12 de Agosto.[41]
– Despacho Normativo n.º 18-A/2010, de 30 de Junho de 2010, que estabelece formalidades e condicionalismos relativos aos reembolsos do IVA solicitados por sujeitos passivos abrangidos pelo regime normal de tributação;[42]

---

[39] Com as alterações decorrentes do Decreto-Lei n.º 472/99, de 8 de Novembro, do Decreto-Lei n.º 160/2003, de 19 de Julho, e do Decreto-Lei n.º 124/2005, de 3 de Agosto.
[40] O n.º 1 do artigo 65.º da Lei n.º 16/2001 teve nova redacção dada pelo artigo 131.º da Lei n.º 55-A/2010, de 31 de Dezembro. O n.º 2 do artigo 65.º da Lei n.º 16/2001 foi revogado pelo n.º 1 do artigo 130.º da Lei n.º 55-A/2010.
[41] Aplicável aos pedidos de reembolso apresentados a partir de 1 de Janeiro de 2010, revogando o anterior Decreto-Lei n.º 408/87, de 31 de Dezembro.
[42] Publicado no D.R. n.º 126, Suplemento, 2.ª série, de 1 de Julho de 2010.

2.2.7. *Obrigações acessórias e de pagamento*[43]

– Artigo 8.º do Decreto-Lei n.º 122/88, de 20 de Abril, sobre a impenhorabilidade dos créditos de IVA, a menos que assumam a forma de reembolsos confirmados e comunicados;[44]

– Decreto-Lei n.º 229/95, de 11 de Setembro, que regulamenta a cobrança e o pagamento de reembolsos do IVA;[45]

– Regime especial para sujeitos passivos não estabelecidos na Comunidade que prestem serviços por via electrónica a não sujeitos passivos nela residentes, aprovado pelo Decreto-Lei n.º 130/2003, de 28 de Junho[46], que disponibiliza uma modalidade alternativa para cumprimento de obrigações em sede do IVA que recaiam sobre os sujeitos passivos não estabelecidos na UE que realizem as referidas operações.[47]

Secção III

Categorias de operações tributáveis

1. Formulação genérica

As categorias de operações que constituem o âmbito de incidência do IVA, genericamente enumeradas no n.º 1 do artigo 1.º do CIVA, são as seguintes:

– As transmissões de bens efectuadas no território nacional, a título oneroso, por um sujeito passivo agindo como tal;

---

[43] No CIVA, relativamente aos sujeitos passivos do regime normal de tributação, as regras de pagamento constam dos artigos 27.º e 28.º, e as relativas a obrigações acessórias constam dos artigos 29.º a 52.º.

[44] Alterado pelo Decreto-Lei n.º 233/91, de 26 de Junho, e pelo artigo 151.º da Lei n.º 55-A/2010, de 31 de Dezembro.

[45] Com as alterações decorrentes do Decreto-Lei n.º 472/99, de 8 de Novembro, do Decreto-Lei n.º 160/2003, de 19 de Julho, e do Decreto-Lei n.º 124/2005, de 3 de Agosto.

[46] Com Declaração de Rectificação n.º 10-B/2003, publicada no D.R. n.º 175, Suplemento, I Série-A, de 31 de Julho de 2003.

[47] Alterado pelo Decreto-Lei n.º 186/2009, de 12 de Agosto.

– As prestações de serviços efectuadas no território nacional, a título oneroso, por um sujeito passivo agindo como tal;
– As aquisições intracomunitárias de bens efectuadas no território nacional, a título oneroso, por um sujeito passivo agindo como tal, previstas e reguladas no RITI;
– As importações de bens efectuadas no território nacional.

Quando uma dada transmissão de bens, prestação de serviços, aquisição intracomunitária de bens ou importação de bens se encontre abrangida pela incidência do IVA, por se verificarem os pressupostos acima enunciados, tal não significa, obrigatoriamente, que a mesma se encontre submetida a efectiva tributação. Para tanto, mostra-se necessário apurar, num segundo momento, se não lhe é eventualmente aplicável uma disposição que preveja a isenção do imposto.[48]

2. Conceito de «sujeito passivo»

Nos termos da alínea a) do n.º 1 do artigo 1.º do CIVA, para que as transmissões de bens e as prestações de serviços efectuadas no território nacional, a título oneroso, fiquem sujeitas a tributação, é necessário que tais operações sejam realizadas por um sujeito passivo, e que este se encontre a agir como tal.

Para esse efeito, de harmonia com o definido na alínea a) do n.º 1 do artigo 2.º do CIVA, consideram-se "sujeitos passivos" as pessoas singu-

---

[48] Sem prejuízo da legislação complementar identificada supra, no n.º 2.2.1 da secção II deste capítulo I, as isenções constam das seguintes disposições: em relação às transmissões de bens e prestações de serviços de âmbito interno, as isenções vêm definidas no artigo 9.º do CIVA; no domínio das exportações de bens para países terceiros e de operações assimiladas a exportações regula o artigo 14.º do CIVA; em matéria de isenção nas transmissões de bens com destino a outros Estados membros, rege o artigo 14.º do RITI; do artigo 15.º do RITI constam as isenções nas aquisições intracomunitárias de bens; no domínio das importações de bens, as isenções vêm previstas no artigo 13.º do CIVA e no artigo 16.º do RITI. Além disso, no n.º 1 do artigo 3.º do Regime Especial Aplicável ao Ouro para Investimento, aprovado pelo Decreto-Lei n.º 362/99, de 16 de Setembro, vêm previstas isenções relacionadas com operações ligadas ao ouro para investimento, e nos n.ºs 3 e 4 do artigo 1.º do Decreto-Lei n.º 221/85, de 3 de Julho, uma isenção para os serviços das agências de viagens prestados fora da UE.

lares ou colectivas que, de um modo independente e com carácter de habitualidade, exerçam quaisquer actividades de produção, comércio ou prestação de serviços. Na noção de sujeito passivo incluem-se também as entidades que pratiquem, de um modo independente, qualquer operação tributável conexa com o exercício das referidas actividades ou que tenha natureza económica na acepção deste imposto.

Por via de regra, as referidas entidades são consideradas sujeitos passivos e devedoras do IVA em relação às transmissões de bens e às prestações de serviços que realizem, no quadro das actividades económicas acima mencionadas. A legislação do IVA prevê, no entanto, no que respeita a certas operações tributáveis, que o sujeito passivo e devedor do imposto perante o Estado não seja aquele que procede à transmissão dos bens ou à prestação dos serviços, mas a entidade adquirente dos bens ou destinatária dos serviços. As circunstâncias em que tal ocorre vêm enumeradas nas alíneas e), g), h), i), j) e l) do n.º 1 do artigo 2.º do CIVA.[49]

De um modo geral, o conceito de sujeito passivo é susceptível de abranger as pessoas colectivas de direito público. Tal não sucede, porém, nos termos do n.º 2 do artigo 2.º do CIVA, quando aquelas entidades se encontrem a actuar no âmbito dos seus poderes de autoridade e a respectiva não tributação não conduza a distorções de concorrência.[50]

---

[49] Muito sucintamente, tais disposições versam sobre as seguintes operações: aquisições de gás, através de uma rede de gás natural ou de qualquer rede a ela ligada, de electricidade, de calor ou de frio, através de redes de aquecimento ou de arrefecimento, quando os fornecedores não disponham de sede, estabelecimento estável ou domicílio no território nacional [alínea h)]; aquisições de bens ou de serviços relativas a desperdícios, resíduos ou sucatas recicláveis listados no anexo E do CIVA [alínea i)]; aquisições de serviços de construção civil por sujeitos passivos enquadrados no regime normal de tributação [alínea j)]; aquisições de direitos relativos à emissão de gases de efeito estufa [alínea l)]; aquisições de serviços abrangidos pela regra geral de localização dos serviços prestados a sujeitos passivos, quando o prestador não disponha de sede, estabelecimento estável ou domicílio no território nacional [alínea e)]; e aquisições de outros serviços ou de bens efectuadas a entidades que não disponham no território nacional de sede, estabelecimento estável, domicílio ou representante fiscal [alínea g)].

[50] Para um desenvolvimento detalhado do tratamento em IVA das pessoas colectivas de direito público, veja-se CLOTILDE CELORICO PALMA, *As Entidades...* cit..

Ainda assim, mesmo quando actuem no quadro dos seus poderes de públicos, as pessoas colectivas de direito público são sempre consideradas sujeitos passivos quando exerçam de forma significativa as actividades enumeradas no n.º 3 do artigo 2.º do CIVA.[51]

No caso das aquisições intracomunitárias de bens, o n.º 1 do artigo 2.º do RITI indica como sujeitos passivos as pessoas singulares ou colectivas acima referidas abrangidas pela alínea a) do n.º 1 do artigo 2.º do CIVA, incluindo as pessoas colectivas de direito público ainda que no quadro dos respectivos poderes de autoridade, bem como quaisquer outras pessoas colectivas não abrangidas pela mencionada disposição do CIVA.[52] Ainda no domínio das operações intracomunitárias, no sentido de incluir na formulação do âmbito de incidência subjectiva certas particularidades decorrentes do RITI, o conceito de sujeito passivo estende-se a todas as pessoas que efectuem aquisições intracomunitárias ou transmissões intracomunitárias de meios de transporte considerados novos, por efeito do disposto no n.º 2 do artigo 2.º do RITI.

No que concerne às operações qualificadas como importações de bens, os sujeitos passivos do IVA são todas as pessoas singulares ou colectivas que, de acordo com a legislação aduaneira, realizem tais importações, conforme determina a alínea b) do n.º 1 do artigo 2.º do CIVA.

Por último, nos termos da alínea c) do n.º 1 do mesmo artigo, consideram-se também sujeitos passivos e devedoras do IVA todas as entidades que mencionem indevidamente esse imposto em qualquer factura ou documento equivalente.

---

[51] Tais actividades são as seguintes: telecomunicações; distribuição de água, gás e electricidade; transporte de bens ou de pessoas; serviços portuários ou aeroportuários; produção de bens novos destinados a venda; operações de organismos agrícolas; feiras e exposições de carácter comercial; armazenagem; exploração de cantinas; e radiodifusão e radiotelevisão.

[52] Veja-se, no entanto, as exclusões constantes do artigo 5.º do RITI, a que se faz menção, *infra*, no n.º 5 desta secção III do capítulo I.

3. Conceito de «transmissão de bens»

O conceito genérico de "transmissão de bens", para efeitos do IVA, constante do n.º 1 do artigo 3.º do CIVA, qualifica como tal a transferência de bens móveis corpóreos, a título oneroso, de forma correspondente ao exercício do direito de propriedade.[53]

Para além das operações abrangidas pelo referido conceito genérico, a legislação do IVA prevê que outras operações sejam equiparadas a transmissões de bens para efeitos deste imposto, cujo elenco consta do n.º 3 do artigo 3.º do CIVA e do n.º 2 do artigo 7.º do RITI, assim como do n.º 2 do artigo 3.º do Regime especial do IVA aplicável às operações relativas a ouro para investimento.[54] Em traços gerais, essas operações são as seguintes:

– Entrega material de um bem objecto de um contrato de locação, no qual se estipule uma cláusula de transferência de propriedade vinculativa para ambas as partes;

– Entrega material de um bem objecto de um contrato de compra e venda com reserva de propriedade;

– Transferências de bens entre comitente e comissário, efectuadas em execução de um contrato de comissão;

– Transferências de bens entre consignante e consignatário;

– Não devolução no prazo de um ano, a contar da data da sua entrega ao consignatário, das mercadorias entregues à consignação;

– Entrega de um bem móvel corpóreo produzido ou montado sob encomenda, quando a totalidade dos materiais seja fornecida pelo sujeito passivo que os produziu ou montou;

– Afectação permanente de bens móveis da empresa a uso próprio do seu titular, do seu pessoal ou, em geral, a fins não empresariais, quando os bens, ou os elementos que os constituem, tenham dado lugar à dedução total ou parcial do IVA;

---

[53] Incluem-se na noção de bens corpóreos, para este efeito, a energia eléctrica, o gás, o calor, o frio e similares, conforme estabelece o n.º 2 do artigo 3.º do CIVA, com base no disposto no n.º 1 do artigo 15.º da Directiva do IVA, correspondente ao anterior n.º 2 do artigo 5.º da Sexta Directiva.

[54] O Regime especial do IVA aplicável às operações relativas a ouro para investimento foi aprovado pelo Decreto-Lei n.º 362/99, de 16 de Setembro, e alterado pelo artigo 44.º da Lei n.º 3-B/2000, de 4 de Abril.

– Transmissão gratuita de bens da empresa, quando os bens, ou os elementos que os constituem, tenham dado lugar à dedução total ou parcial do IVA;[55]

– Afectação de bens da empresa a um sector de actividade isento, bem como a afectação ao activo imobilizado de bens cuja aquisição não confere direito a dedução, quando, em ambos os casos, tenha havido em relação a esses bens, ou aos elementos que os constituem, direito à dedução total ou parcial do IVA;

– Transferência de bens móveis corpóreos expedidos ou transportados pelo sujeito passivo para outro Estado membro da UE, para as necessidades da sua empresa nesse outro Estado membro;

– Operações relativas a ouro para investimento representado por certificados de ouro ou negociado em "contas-ouro".

Em contrapartida, embora enquadráveis na definição genérica de transmissão de bens para efeitos do IVA, há um conjunto de operações expressamente excluído do seu âmbito, ficando à margem da incidência do imposto, conforme decorre dos n.ºs 4 a 8 do artigo 3.º do CIVA e, no caso específico de transferências intracomunitárias de bens, do n.º 3 do artigo 7.º do RITI. Essas operações são as seguintes:

– Cessão, a título oneroso ou gratuito, de um estabelecimento comercial, da totalidade de um património ou de uma parte dele, que seja susceptível de constituir um ramo de actividade independente, quando o cessionário seja, ou venha a ser em virtude da cessão, um sujeito passivo do imposto;[56]

– Entregas feitas por cooperativas agrícolas aos seus sócios de bens não embalados para fins comerciais, resultantes da primeira transformação de matérias-primas por eles entregues, na medida em que não excedam as necessidades do seu consumo familiar;[57]

---

[55] Todavia, nos termos do n.º 7 do artigo 3.º do CIVA e da Portaria n.º 497/2008, de 24 de Junho, não estão abrangidas por esta disposição, em certas condições, as amostras e os bens de reduzido valor destinados a oferta de harmonia com os usos comerciais. Sobre esta matéria, veja-se, *infra*, a secção IV do capítulo II.

[56] Sobre esta matéria veja-se, *infra*, a secção II do capítulo II.

[57] Para além do n.º 6 do artigo 3.º do CIVA, versam sobre esta matéria a Portaria n.º 521/89, de 8 de Julho, relativamente às entregas de vinho, e a Portaria n.º 1158/2000, de 7 de Dezembro, relativamente às entregas de azeite.

– Transferências de bens para serem objecto de instalação ou montagem noutro Estado membro da UE, nos termos do n.º 1 do artigo 9.º do RITI, ou de bens cuja transmissão não seja tributável no território nacional, nos termos dos n.ºs 1 a 3 do artigo 10.º do RITI;

– Transferências de bens, com destino a outro Estado membro, para serem objecto de transmissão a bordo de uma embarcação, aeronave ou comboio durante um transporte em que o lugar de partida e de chegada se situem na UE;

– Transferências de bens que consistam em operações de exportação e operações assimiladas, previstas no artigo 14.º do CIVA, ou em transmissões isentas nos termos do artigo 14.º do RITI;

– Transferências de gás, através de uma rede de gás natural ou de qualquer rede a ela ligada, transferências de electricidade, e transferências de calor ou de frio através de redes de aquecimento ou de arrefecimento;

– Transferências de bens para serem objecto de peritagens ou de quaisquer trabalhos que consistam em prestações de serviços a efectuar ao sujeito passivo, materialmente executadas no Estado membro de chegada da expedição ou transporte dos bens, desde que, após a execução dos referidos trabalhos, os bens sejam reexpedidos para o território nacional com destino ao sujeito passivo;

– Transferências de bens para serem objecto de utilização temporária em prestações de serviços a efectuar pelo sujeito passivo no Estado membro de chegada da expedição ou transporte dos bens;

– Transferências de bens para serem objecto de utilização temporária pelo sujeito passivo, por um período que não exceda vinte e quatro meses, no território de outro Estado membro, no interior do qual a importação do mesmo bem proveniente de um país terceiro, com vista a uma utilização temporária, beneficiaria do regime de importação temporária com isenção total de direitos.

4. Conceito de «prestação de serviços»

O conceito genérico de "prestação de serviços", para efeitos do IVA, consta do n.º 1 do artigo 4.º do CIVA, abrangendo todas as operações onerosas decorrentes do exercício de uma actividade económica, quando não se enquadrem nos conceitos de transmissão de bens, de aquisição intracomunitária de bens ou de importação de bens.

Para além das operações abrangidas pelo conceito genérico de prestação de serviços, os n.ºs 2 e 3 do artigo 4.º do CIVA equiparam certas operações a prestações de serviços a título oneroso para efeitos do IVA. Tais operações são as seguintes:

– Utilização de bens da empresa em fins não empresariais ou em sectores de actividade isentos sem direito à dedução, desde que esses bens, ou os elementos que os constituem, tenham originado inicialmente direito à dedução, total ou parcial, do respectivo IVA;

– Prestações de serviços a título gratuito, efectuadas pela empresa, em benefício do seu titular, do seu pessoal ou, de um modo geral, para finalidades estranhas à empresa;

– Entrega de um bem móvel corpóreo produzido ou montado sob encomenda quando os materiais tenham sido fornecidos, no todo ou em parte, pelo dono da obra;

– Cessões de contratos com praticantes desportivos, bem como as respectivas indemnizações de promoção e valorização.

Por seu turno, embora enquadrável na definição genérica de prestação de serviços para efeitos do IVA, ficam expressamente excluídas do âmbito de incidência do imposto, nos termos do n.º 5 do artigo 4.º do CIVA, os bens incorpóreos que integrem as cessões definitivas de um estabelecimento comercial, ou da parte ou da totalidade de um património susceptível de constituir uma actividade independente, efectuadas em condições idênticas às que vêm previstas nos n.ºs 4 e 5 do artigo 3.º do CIVA.

5. Conceito de «aquisição intracomunitária de bens»

O conceito genérico de "aquisição intracomunitária de bens", nos termos do artigo 3.º do RITI, respeita à obtenção do poder de dispor, por forma correspondente ao exercício do direito de propriedade, de um bem móvel corpóreo cuja expedição ou transporte para território nacional, pelo vendedor, pelo adquirente ou por conta destes, com destino ao adquirente, tenha tido início noutro Estado membro.

Nos termos da alínea a) do artigo 1.º do RITI, estão sujeitas a IVA as aquisições intracomunitárias de bens efectuadas no território nacional, a título oneroso, por um sujeito passivo agindo como tal, quando o transmitente dos bens seja um sujeito passivo, agindo como tal, registado para efeitos do IVA noutro Estado membro da UE.[58]

Além das mencionadas operações, as alíneas b) e c) do artigo 1.º do RITI estabelecem, respectivamente, a sujeição a IVA das aquisições intracomunitárias dos seguintes bens:

– Meios de transporte novos efectuadas no território nacional, a título oneroso, por um sujeito passivo, ainda que se encontre abrangido pelo disposto no n.º 1 do artigo 5.º do RITI, ou por qualquer outra pessoa;

– Bens sujeitos a IEC, exigíveis em conformidade com o disposto no Código dos IEC, efectuadas no território nacional, a título oneroso, por um sujeito passivo que se encontre abrangido pelo disposto no n.º 1 do artigo 5.º do RITI.[59]

Nos termos da alínea d) do artigo 1.º e da alínea a) do n.º 1 do artigo 4.º do RITI, considera-se assimilada a aquisição intracomunitária de bens a afectação por um sujeito passivo às necessidades da sua empresa, no território nacional, de um bem expedido ou transportado, por si ou por sua conta, a partir de outro Estado membro no

---

[58] No entanto, nos termos da parte final daquela alínea a), excluem-se do âmbito de incidência as aquisições intracomunitárias de bens efectuadas no território nacional cuja transmissão ocorra em uma das seguintes circunstâncias:
– Quando a transmissão seja realizada por um sujeito passivo que no Estado membro de registo esteja abrangido por um regime de isenção de pequenas empresas;
– Quando a transmissão seja realizada por um sujeito passivo registado em outro Estado membro, que efectue a instalação ou montagem dos bens no território nacional nos termos do n.º 2 do artigo 9.º do RITI;
– Quando a transmissão seja realizada por um sujeito passivo que proceda à expedição ou transporte dos bens a partir de outro Estado membro nas condições previstas nos n.ºs 1 e 2 do artigo 11.º do RITI.
[59] Para efeitos das regras do RITI, conforme definição constante da alínea a) do n.º 1 do seu artigo 6.º, entende-se por "bens sujeitos a impostos especiais de consumo" o álcool, as bebidas alcoólicas, o tabaco e os produtos petrolíferos e energéticos, com excepção do gás, fornecido através de uma rede de gás natural ou de qualquer rede a ela ligada, e da electricidade.

qual o bem tenha sido produzido, extraído, transformado, adquirido ou importado pelo sujeito passivo, no âmbito da sua actividade. Além das operações acabadas de referir, considera-se também assimilada a aquisição intracomunitária de bens a aquisição de bens expedidos ou transportados a partir de um país terceiro e importados noutro Estado membro, quando ambas as operações forem efectuadas por uma pessoa colectiva pública não sujeita a IVA ao abrigo do n.º 2 do artigo 2.º do CIVA ou por qualquer outra pessoa colectiva não abrangida pela alínea a) do n.º 1 do artigo 2.º do CIVA.[60]

Por seu turno, nos termos do n.º 1 do artigo 5.º do RITI, não estão sujeitas a IVA as aquisições intracomunitárias de bens efectuadas por pessoas colectivas públicas, em aquisições relacionadas com a prática de operações no âmbito dos seus poderes de autoridade, ou por sujeitos passivos que pratiquem exclusivamente operações isentas, quando o valor global dessas aquisições, líquido de IVA, não exceda, no ano civil anterior ou no ano civil em curso, o montante de dez mil euros. A aplicação do disposto no n.º 1 do artigo 5.º do RITI implica que as operações em causa sejam sujeitas a IVA nos Estados membros de proveniência dos bens, do mesmo modo que o são as transmissões internas ocorridas nesses Estados membros. A exclusão prevista no n.º 1 do artigo 5.º do RITI não é extensível, porém, às aquisições intracomunitárias de bens sujeitos a IEC ou de meios de transporte novos, independentemente dos respectivos montantes. Nas situações abrangidas pela exclusão prevista no n.º 1 do artigo 5.º do RITI, os sujeitos passivos adquirentes dos bens podem, ainda assim, optar pela aplicação do regime de tributação das aquisições intracomunitárias de bens, devendo, nesse caso, permanecer no regime de sujeição durante um período mínimo de dois anos. A opção pela tributação das aquisições intracomunitárias de bens implica que as correspondentes transmissões não estejam submetidas a IVA no Estado membro de proveniência dos bens.

---

[60] No entanto, excluem-se da incidência, conforme estabelece o n.º 3 do artigo 4.º do RITI, as afectações de bens assimiladas a aquisições intracomunitárias nos termos da alínea a) do n.º 1 desse artigo 4.º, quando a transferência dos bens para território nacional tiver por objecto a realização de operações mencionadas no n.º 3 do artigo 7.º do RITI.

Por outro lado, nos termos do n.º 4 do artigo 5.º do RITI, não estão sujeitas a IVA as aquisições intracomunitárias de bens relacionadas com certas embarcações ou aeronaves ou efectuadas no âmbito das relações internacionais, cuja transmissão, se efectuada no território nacional, seria isenta de imposto nos termos das alíneas d) a m) e v) do n.º 1 do artigo 14.º do CIVA.

Além das exclusões previstas no RITI, no artigo 14.º do Regime Especial de Tributação dos Bens em Segunda Mão, Objectos de Arte, de Colecção e Antiguidades, aprovado pelo Decreto-Lei n.º 199/96, de 18 de Outubro, estabelece-se que, não obstante o disposto nas alíneas a) e d) do artigo 1.º do RITI, não estão sujeitas a IVA as aquisições intracomunitárias de bens em segunda mão, de objectos de arte, de colecção ou de antiguidades, quando o transmitente seja um sujeito passivo revendedor desses bens ou um organizador de vendas em leilão que tenha aplicado o regime especial de tributação baseado nos artigos 312.º a 343.º da Directiva do IVA (anterior artigo 26.º-A da Sexta Directiva) em vigor no Estado membro a partir do qual os bens foram expedidos ou transportados.[61]

6. Conceito de «importação de bens»

Nos termos da alínea b) do n.º 1 do artigo 1.º do CIVA, conjugada com o artigo 5.º do mesmo Código, estão igualmente sujeitas a IVA as importações de bens, considerando-se como importação, de um modo geral, a entrada no território nacional de bens em uma das seguintes circunstâncias:

– Originários ou procedentes de países terceiros, que não se encontrem em livre prática no interior da UE;[62]

---

[61] Acerca do Regime Especial de Tributação dos Bens em Segunda Mão, Objectos de Arte, de Colecção e Antiguidades veja-se, *infra*, o capítulo VII.

[62] A noção de "livre prática" consta do artigo 29.º do TFUE (anterior artigo 24.º do TCE) nos seguintes termos: «Consideram-se em livre prática num Estado-Membro os produtos provenientes de países terceiros em relação aos quais se tenham cumprido as formalidades de importação e cobrado os direitos aduaneiros ou encargos de efeito equivalente exigíveis nesse Estado-Membro, e que não tenham beneficiado de draubaque total ou parcial desses direitos ou encargos.»

– Originários ou procedentes de países terceiros, que tenham sido colocados em livre prática no âmbito de acordos de união aduaneira;
– Procedentes de territórios terceiros, ainda que se encontrem em livre prática.

Constam das alíneas c) e d) do n.º 2 do artigo 1.º do CIVA, respectivamente, as definições de "país terceiro"[63] e de "território terceiro"[64], para efeitos deste imposto.

Em contrapartida, incluem-se no âmbito do IVA intracomunitário as operações efectuadas com os territórios enumerados no n.º 4 do artigo 1.º do CIVA.[65]

Em face do disposto no n.º 2 do artigo 5.º do CIVA, não basta que os bens dêem entrada no território nacional nas condições previstas no n.º 1 do mesmo artigo, para que se esteja forçosamente na presença de uma importação de bens abrangida pelo âmbito de incidência do

---

[63] De harmonia com a alínea c) do n.º 2 do artigo 1.º do CIVA, consideram-se países terceiros os não pertencentes à UE, incluindo os seguintes territórios dos Estados membros da UE: águas nacionais italianas do lago Lugano, Campione d'Italia, Ceuta, ilha de Helgoland, Livigno, Melilha e território de Büsingen. Além dos enumerados na referida disposição, contam-se também como exemplos de países terceiros, para efeitos do sistema comum do IVA, os seguintes: Andorra, Gibraltar, Gronelândia, ilhas Faroe, São Marinho e os territórios ultramarinos franceses (Futuna, Nova Caledónia/Kanaky, Polinésia Francesa, Wallis e os territórios franceses austrais e antárcticos).

[64] A alínea d) do n.º 2 do artigo 1.º do CIVA indica como territórios terceiros, aos quais não é aplicável o sistema comum do IVA, sendo tratados como países terceiros, os seguintes territórios dos Estados membros: departamentos ultramarinos franceses (Guadalupe, Guiana Francesa, Maiote, Martinica, Reunião, e São Pedro e Miquelão), ilhas Åland, ilhas anglo-normandas do Reino Unido (Aldernay, Brechou, Ecréhos, Guernesey, Herm, Jersey, Jethou, Lihou, Minquiers e Sark), ilhas Canárias e o Monte Atos (também designado "Agion Oros").

[65] As operações a que se refere o n.º 4 do artigo 1.º do CIVA são as seguintes:
– Operações efectuadas a partir do Principado do Mónaco, ou com destino a este, as quais se consideram efectuadas a partir da República Francesa, ou com destino a esta;
– Operações efectuadas a partir da ilha de Man, ou com destino a esta, as quais se consideram efectuadas a partir do Reino Unido da Grã-Bretanha e da Irlanda do Norte, ou com destino a este;
– Operações efectuadas a partir das zonas de soberania do Reino Unido em Akrotiri e Dhekelia, ou com destino as estas, as quais se consideram efectuadas a partir da República do Chipre, ou com destino a esta.

imposto. Para que se verifique uma importação de bens para efeitos do IVA é necessário que aqueles, quando da sua entrada, não sejam colocados em qualquer um dos regimes ou procedimentos aduaneiros referidos no n.º 2 do artigo 5.º do CIVA.[66] Se tal colocação ocorrer, a importação só se verificará quando os bens forem introduzidos no consumo, em conformidade com aquela disposição e com o n.º 8 do artigo 7.º do CIVA.

Secção IV
Apuramento do IVA

Os sujeitos passivos enquadrados no regime geral de tributação, quando realizem transmissões de bens ou prestações de serviços sujeitas a IVA e dele não isentas, devem repercutir nos adquirentes dos bens ou dos serviços o imposto relativo a essas operações. Para tanto, devem mencionar o imposto a repercutir nas facturas, documentos equivalentes a facturas ou, quando for o caso, nos talões de venda que titulam essas transmissões de bens ou prestações de serviços.[67] O IVA a apurar nesses documentos resulta da aplicação da taxa do imposto, a que estão submetidos os bens ou os serviços, ao valor tributável daquelas operações tributáveis.

Como estipula o n.º 1 do artigo 37.º do CIVA, a importância do imposto liquidado deve ser adicionada ao valor da factura ou

---

[66] São os seguintes os regimes ou procedimentos a que se refere o n.º 2 do artigo 5.º do CIVA: depósito provisório; zona franca ou entreposto franco; entreposto aduaneiro; aperfeiçoamento activo; incorporação de bens para efeitos de construção, reparação, manutenção, transformação, equipamento ou abastecimento das plataformas de perfuração ou de exploração situadas em águas territoriais ou em trabalhos de ligação dessas plataformas ao continente; importação temporária com isenção total de direitos; trânsito externo; e procedimento de trânsito comunitário interno.

[67] Nos termos do n.º 2 do artigo 37.º do CIVA, quando a emissão de factura não for obrigatória, o imposto pode ser incluído no preço, sem necessidade de o respectivo montante ser discriminado nos talões de venda, devendo, porém, em razão do disposto na alínea c) do n.º 3 do artigo 40.º do CIVA, serem mencionados o preço total com inclusão do imposto e a taxa ou taxas aplicáveis. Idêntico procedimento pode ser adoptado pelos retalhistas e pelos prestadores de serviços nas respectivas facturas ou documentos equivalentes, como se prevê no artigo 39.º do CIVA.

documento equivalente, para efeitos da sua exigência aos adquirentes dos bens ou dos serviços.[68] Sem prejuízo do seu apuramento a favor do Estado, a repercussão do imposto nos adquirentes não é obrigatória, porém, como se prevê no n.º 3 daquele artigo 37.º, no caso das operações tributáveis previstas na alínea f) do n.º 3 do artigo 3.º e nas alíneas a) e b) do n.º 2 do artigo 4.º do CIVA.

Em relação a cada período de tributação, que pode ser mensal ou trimestral, os sujeitos passivos do IVA devem apresentar a correspondente declaração periódica de imposto, nos termos previstos nos artigos 29.º e 41.º do CIVA.

Como decorre do disposto no n.º 1 do artigo 22.º do CIVA, para apuramento do imposto a pagar ou do crédito a seu favor, os sujeitos passivos devem tomar em consideração, por um lado, o montante global do IVA incidente sobre as transmissões de bens, prestações de serviços e aquisições intracomunitárias de bens que realizaram durante o período a que respeita a declaração. A esse montante global devem, por sua vez, deduzir o valor do IVA que tenha incidido, também ao longo desse período, sobre as aquisições de bens e de serviços, bem como sobre as importações de bens, efectuadas para o exercício da respectiva actividade.[69] Não é dedutível, porém, a parte do imposto suportado que não seja imputável à realização de transmissões de bens ou prestações de serviços enumeradas no n.º 1 do artigo 20.º do CIVA, assim como não é dedutível o imposto relativo a despesas com bens e serviços que esteja excluído do direito à dedução nos termos do seu artigo 21.º.

---

[68] A expressão "imposto liquidado" é utilizada no n.º 1 do artigo 37.º do CIVA no sentido de apuramento pelo sujeito passivo que realiza a transmissão de bens ou a prestação de serviços de uma importância certa e líquida, exigível ao adquirente dos bens ou dos serviços, a título de IVA. Não deve confundir-se com o outro acto de liquidação do imposto que consiste no apuramento da dívida de IVA a pagar ao Estado ou do seu crédito perante este, feito pelos sujeitos passivos no final de cada período de tributação, através da declaração periódica de imposto. Em regra, as duas acepções do termo "liquidação" são facilmente identificáveis em função do contexto em que o termo é utilizado.

[69] Sobre os requisitos gerais para o exercício do direito à dedução do IVA suportado nas aquisições de bens ou de serviços e nas importações de bens, veja-se, *infra*, a secção I do capítulo VI.

Na sequência do apuramento descrito, quando o valor do IVA incidente sobre as operações tributáveis efectuadas pelo sujeito passivo for superior ao valor do IVA suportado nas aquisições, aquele constitui-se como devedor ao Estado de um montante de IVA correspondente a essa diferença. Na situação inversa, isto é, quando o valor do IVA suportado nas aquisições for superior ao valor do IVA correspondente às operações tributáveis por si realizadas, o sujeito passivo constitui-se numa situação de crédito, podendo considerar a diferença a seu favor no período de tributação seguinte ou, de harmonia com determinadas condições expressamente previstas, solicitar o respectivo reembolso à administração tributária.

Capítulo II
INCIDÊNCIA DO IVA EM ACTIVIDADES CULTURAIS, EDUCATIVAS, RECREATIVAS, DESPORTIVAS E DE ASSISTÊNCIA

Secção I
Enquadramento geral

Pese embora a relativa fluidez das noções de actividade cultural, educativa, recreativa ou desportiva, assim como, em muitos casos, de actividade de assistência médica ou de assistência social, a subsunção das mesmas no âmbito de incidência do IVA não exige uma prévia problematização e delimitação dos respectivos conceitos. Na medida em que a prossecução de uma qualquer actividade económica, na acepção do sistema do IVA, conduza à realização de operações qualificadas como transmissões de bens ou como prestações de serviços, a mesma encontra-se abrangida pelo âmbito de incidência do imposto, independentemente de tal actividade ser tida ou não como de cariz cultural, educativo, recreativo, desportivo ou de assistência médica ou social. Com efeito, quer por via da própria delineação do conceito de "actividades económicas", desenvolvido na alínea a) do n.º 1 do artigo 2.º do CIVA e no segundo parágrafo do n.º 1 do artigo 9.º da Directiva do IVA – abrangendo, entre outras realidades, todas as actividades de produção, comércio ou prestação de serviços, incluindo a exploração de bens incorpóreos com o fim de auferir receitas com carácter de permanência –, quer por via da sua conjugação com o conceito genérico de "prestação de serviços", tal como este é delineado, para efeitos do IVA, no n.º 1 do artigo 4.º do CIVA e no n.º 1 do artigo 24.º da Directiva do IVA, o sistema comum do IVA confere ao imposto um âmbito de aplicação bastante lato, conforme tem sido várias vezes apontado pelo TJUE.[70]

Por outro lado, embora inseridas com carácter geral e abstracto no âmbito de incidência do IVA, certas operações tributáveis decorrentes do exercício das referidas actividades encontram-se em condições de beneficiar de isenção do imposto. No entanto, também neste segundo domínio de análise, a prévia formulação de um conceito preciso para cada uma dessas categorias de actividades não se mostra necessária, uma vez que a legislação interna do IVA não isenta do imposto todas as actividades susceptíveis de ser consideradas como de carácter cultural, educativo, recreativo, desportivo ou de assistência, mas apenas aquelas que correspondam à realização de transmissões de bens, de prestações de serviços, de aquisições intracomunitárias de bens ou de importações de bens especificamente enumeradas nas disposições que estabelecem as isenções.

Relativamente ao vasto conjunto de operações decorrentes do exercício de actividades culturais, educativas, recreativas, desportivas ou de assistência susceptíveis de beneficiar de isenção do IVA, versa mais detalhadamente o capítulo IV, *infra*. A título preliminar, porém, no presente capítulo, exclusivamente dedicado ao âmbito de incidência do imposto, faz-se alusão a alguns casos particulares ligados ao enquadramento de situações frequentemente associadas à prossecução das actividades mencionadas.

Como se viu, a inclusão de uma dada transmissão de bens ou prestação de serviços no âmbito de incidência do IVA não depende de a respectiva legislação especificar, concreta e detalhadamente, quais os bens ou serviços abrangidos pelo mesmo. Assim, as secções seguintes deste capítulo não têm a pretensão de empreender um tratamento exaustivo das transmissões de bens e das prestações de serviços susceptíveis de ser efectuadas no quadro das actividades em apreço, nem

---

[70] Cf., entre outros, os seguintes acórdãos: de 4 de Dezembro de 1990 (C-186/89, *Van Tiem*, Colect. p. I-4363, n.º 17); de 6 de Fevereiro de 1997 (C-80/95, *Harnas & Helm*, Colect. p. I-745, n.º 13); de 26 de Junho de 2007 (C-284/04, *T-Mobile Austria e o.*, Colect. p. I-5189, n.º 33); e de 29 de Outubro de 2009 (C-246/08, Comissão/Finlândia, Colect. p. I-10605, n.ºs 35 e 36).

da maioria das aquisições de bens e serviços normalmente realizadas nesses domínios. Com o que segue, visa-se, simplesmente, a enumeração de alguns aspectos específicos que podem assumir relevância no contexto das referidas actividades, ou cuja inserção ou não no âmbito de incidência do imposto pode, eventualmente, ser objecto de algumas particularidades ou de maiores dúvidas.

Secção II

Cessão definitiva de instalações destinadas a actividades culturais, educativas, recreativas, desportivas ou de assistência

1. Âmbito de aplicação da regra de não sujeição

Nos termos do n.º 4 do artigo 3.º do CIVA, conjugado com o n.º 5 do seu artigo 4.º, estão excluídas da incidência do imposto as transmissões de bens e de outros elementos corpóreos ou incorpóreos decorrentes da cessão definitiva, a título oneroso ou gratuito, de um estabelecimento comercial, da totalidade de um património ou de uma parte dele, que seja susceptível de constituir um ramo de actividade independente. A regra de não sujeição só opera, porém, quando o adquirente seja, ou venha a ser por efeito da aquisição, um sujeito passivo do imposto. A referida exclusão da incidência tem por base uma faculdade dada aos Estados membros pelo sistema comum do IVA, constante actualmente dos artigos 19.º e 29.º da Directiva do IVA, que correspondem, respectivamente, aos anteriores n.º 8 do artigo 5.º e n.º 5 do artigo 6.º da Sexta Directiva.

A aplicação do n.º 4 do artigo 3.º e do n.º 5 do artigo 4.º do CIVA abrange as situações em que ocorra o trespasse de um estabelecimento comercial ou industrial, incluindo estabelecimentos ou instalações destinados à prática de actividades artísticas, culturais, educativas, recreativas, desportivas ou de assistência, como pode suceder, por exemplo, no caso de auditórios, de salas de concerto, de teatro ou de cinema, de estúdios de gravação, de ateliês de pintura ou de escultura, estabelecimentos de ensino e clínicas ou consultórios médicos, bem como de quaisquer outros locais preparados e apetrechados para a prossecução das referidas actividades.

No entanto, a referida regra de exclusão do âmbito de incidência do imposto não se restringe aos casos de trespasse. Ao fazer simplesmente referência à cessão onerosa ou gratuita do estabelecimento comercial, a regra de não sujeição admite a possibilidade de celebração de negócios jurídicos de que resulte, desde que a título definitivo, uma transferência da titularidade de um estabelecimento, sem que impliquem necessariamente a ocorrência de um trespasse.[71] Além disso, a norma pode cobrir também as situações em que se verifique a transmissão *mortis causa* de um estabelecimento, as quais não são, em princípio, susceptíveis de se integrar no conceito de trespasse. Por outro lado, a norma menciona as cessões da totalidade de um património ou de uma parte dele, abrangendo assim universalidades de facto insusceptíveis de ser consideradas um estabelecimento comercial, e inclusivamente desagregações daquelas, na condição de os elementos transmitidos, em definitivo e de forma unitária, poderem objectivamente constituir um ramo de actividade independente.

Quando não esteja em apreço o trespasse ou a cessão definitiva a outro título de um estabelecimento, mas apenas a cessão temporária da respectiva exploração, a não sujeição decorrente do n.º 4 do artigo 3.º e do n.º 5 do artigo 4.º do CIVA não pode ter aplicação. Tal resulta do facto de a referida disposição do artigo 3.º se aplicar exclusivamente às cedências definitivas, e de o n.º 5 do artigo 4.º se reportar expressamente à sua aplicação em idênticas circunstâncias.[72]

---

[71] Cf. J. H. Cruz Pinto Furtado, *Manual do Arrendamento Urbano*, 2.ª ed. rev. e act., Coimbra: Almedina, 1999, pp. 548-549 e 578-579. Para além do trespasse do estabelecimento, a norma de não sujeição pode abranger, por exemplo, casos de fusão, incorporação ou cisão de sociedades – cf. J. G. Xavier de Basto, *A Tributação...* cit., pp.170-171; Clotilde Celorico Palma, *Introdução...* cit., p. 67; e Cidália Lança, "O tratamento em IVA da fusão de sociedades", *Fiscalidade*, n.º 46, Abril-Junho de 2011, pp. 91-103.

[72] Sobre a cessão de exploração de estabelecimentos ou instalações destinados à prática de actividades artísticas, recreativas ou desportivas veja-se o n.º 1 da subsecção I da secção V do capítulo IV, *infra*.

Nas suas conclusões apresentadas a 26 de Setembro de 2002 (processo C-497/01, caso *Zita Modes*, Colect. p. I-14393, n.ᵒˢ 34 a 37), que deu lugar ao acórdão do TJUE de 27 de Novembro de 2003, o advogado-geral F. G. Jacobs pronunciou-se sobre os conceitos de "*universalidade de bens*" e de "*parte de uma universalidade de bens*", presentes nas disposições em causa da Sexta Directiva e, actualmente, da Directiva do IVA. Quanto ao primeiro desses conceitos, o advogado-geral opinou no sentido de o mesmo compreender a transferência de um estabelecimento como um todo, sendo este constituído por um conjunto de elementos corpóreos e incorpóreos, podendo incluir-se nos corpóreos, entre outros, uma fábrica, os equipamentos e as existências destinadas a venda, e nos incorpóreos, por exemplo, o direito ao arrendamento, o nome comercial ou insígnia, patentes, marcas registadas, assim como o aviamento[73], segredos de comércio, registos comerciais, listas de clientes e direitos decorrentes de contratos já existentes. No que respeita ao conceito de "*parte de uma universalidade de bens*", o advogado-geral afirmou que este se reporta, não aos referidos elementos individualmente considerados, mas a uma associação deles que seja suficiente para permitir o exercício de uma actividade económica, ainda que tal actividade se limite a constituir um ramo ou uma parcela de uma actividade mais ampla de que esses elementos tenham sido destacados. Nessa conformidade, o TJUE já assinalou em várias ocasiões que o conceito de "*transferência [...] de uma universalidade de bens ou de parte dela*" deve ser interpretado no sentido de que abrange a transmissão do estabelecimento comercial ou de uma parte autónoma de uma empresa, incluindo elementos corpóreos e, se for o caso, incorpóreos que, em conjunto, constituem uma empresa ou parte de uma empresa que pode prosseguir uma actividade económica autónoma.[74]

---

[73] A versão em língua portuguesa do acórdão utiliza a expressão anglo-saxónica "*goodwill*", admitida como conceptualmente equivalente a "aviamento", ao reflectir a aptidão do estabelecimento para proporcionar lucros. Esta última expressão, porém, parece estar mais de acordo com a tradição jurídica portuguesa – cf. M. J. A. Pupo Correia, *Direito Comercial*, 8.ª ed. rev. e act., Lisboa: Ediforum, 2003, p. 302.

[74] Cf. acórdãos de 27 de Novembro de 2003 (C-497/01, *Zita Modes*, Colect. p. I-14393, n.º 40), de 29 de Outubro de 2009 (C-29/08, *SKF*, Colect. p. I-10413, n.º 37) e de 10 de Novembro de 2011 (C-444/10, *Schriever*, Colect. p. I-?, n.º 24).

De harmonia com o decidido no acórdão de 10 de Novembro de 2011 (C-444/10, *Schriever*, Colect. p. I-?), o referido conceito não abrange a simples transmissão de um *stock* de mercadorias, mas pode abranger, por exemplo, a transmissão das existências e do equipamento de uma loja de venda a retalho, juntamente com o arrendamento do estabelecimento comercial ao transmissário, por duração indeterminada, ainda que denunciável a curto prazo por qualquer das partes, desde que os bens transmitidos sejam suficientes para que o cessionário possa prosseguir duradouramente uma actividade económica autónoma. Como vem assinalado naquela decisão, se a prossecução de uma actividade económica não carecer de instalações especiais ou fixas, a transmissão do direito de propriedade de um imóvel não prejudica a aplicação da regra de não sujeição em apreço. A não sujeição também tem lugar se as instalações comerciais forem postas à disposição do cessionário mediante um contrato de arrendamento, bem como se o cessionário dispuser de um imóvel adequado para o qual os bens transmitidos possam ser transferidos e onde possa continuar a ser exercida a actividade económica em causa. Em contrapartida, não é possível aplicar tal regra de não sujeição no caso de a actividade económica consistir na exploração de um conjunto não cindível de bens móveis e imóveis, quando o cessionário não tomar posse das instalações comerciais. Assim, se as instalações dispuserem de equipamentos fixos necessários ao desenvolvimento da actividade económica, esses bens imóveis devem fazer parte dos elementos transmitidos.[75]

Um dos principais aspectos sobre que se debruçou o acórdão de 27 de Novembro de 2003 (C-497/01, *Zita Modes*, Colect. p. I-14393, n.os 34 a 37)[76] prendeu-se com a aplicabilidade da norma de não sujeição quando o cessionário destine o acervo patrimonial adquirido à prossecução de uma actividade económica diferente daquela que era prosseguida pelo cedente. Sobre a matéria, o TJUE come-

---

[75] Cf. acórdão de 10 de Novembro de 2011 (C-444/10, *Schriever*, Colect. p. I-?, n.os 27 a 29).

[76] Para uma análise mais detalhada desta decisão, veja-se RUI LAIRES, "Anotação ao acórdão de 7 de Novembro de 2003 (processo C-497/01, caso *Zita Modes*)", *CTF*, n.º 416, 2005, pp. 273-319.

çou por salientar que a margem de autonomia concedida aos Estados membros se dirige à possibilidade de adoptarem ou não a referida regra de não sujeição. No entanto, se um Estado membro optar por transpor a exclusão do âmbito de incidência para a respectiva legislação interna, a mesma deve ser objecto de uma aplicação uniforme no plano da UE, na medida em que a correspondente disposição do sistema comum do IVA não contém nenhuma remissão expressa para o ordenamento interno dos Estados membros. Desde que esteja em causa a transferência de uma universalidade de bens, possibilitando no seu conjunto a prossecução de uma actividade económica, e que o adquirente efectivamente utilize os bens adquiridos no seu exercício, qualquer que venha a ser a natureza dessa actividade, a legislação interna dos Estados membros que adoptem a norma de não sujeição em apreço não pode estabelecer qualquer outra limitação à sua aplicação, excepto quando o adquirente não exerça a jusante uma actividade abrangida pelo imposto.

O outro aspecto relevante abordado pelo TJUE na sua decisão relativa ao caso *Zita Modes* prendeu-se com a eventual necessidade, para que a regra de não sujeição opere, de o cessionário se encontrar devidamente licenciado para o exercício da actividade que vinha sendo prosseguida pelo cedente. Nesta matéria, foi entendido que a aplicação da norma de não sujeição a IVA não pode ficar condicionada a que o cessionário disponha da autorização que no seu país seja eventualmente exigível para a prossecução da actividade económica que o acervo adquirido lhe possibilita exercer.

2. Medidas administrativas de aplicação

O primeiro período do segundo parágrafo do artigo 19.º da Directiva do IVA, correspondente ao anterior segundo período do n.º 8 do artigo 5.º da Sexta Directiva, prefigura a tomada de medidas pelos Estados membros para que não ocorram distorções quando a actividade a prosseguir pelo cessionário não se encontre integralmente submetida a tributação. Com esse fito, a legislação interna portuguesa, através do n.º 5 do artigo 3.º do CIVA prevê uma limitação do direito à dedução na pessoa do cessionário que não pratique exclusivamente operações tributadas. A interpretação do alcance desta disposição foi objecto do ofício-circulado n.º 134850, de 21 de Novembro de 1989, da ex-Direcção de Serviços de Concepção e Administração (DSCA), o qual, quando se verifiquem as circunstâncias referidas na citada disposição, estabelece no seu n.º 6 o seguinte procedimento:[77]

«6.1 O n.º 4 do artigo 3.º do Código do IVA não será aplicável sempre que o adquirente seja um sujeito passivo isento ou esteja abrangido pelo regime dos pequenos retalhistas pois, num caso e noutro, não pratica quaisquer operações tributadas a jusante;

«6.2 Quando o adquirente for, nos termos do art.º 23.º do CIVA, um sujeito passivo misto, isto é, quando pratique operações que conferem o direito à dedução, simultaneamente com operações que não conferem esse direito, deverá observar-se o seguinte:

«6.2.1 Se o regime seguido pelo adquirente, para efeitos do exercício do direito à dedução (art.º 23.º), for o de percentagem de dedução ("prorata"), manter-se-á a aplicação do n.º 4 do artigo 3.º, mas o referido adquirente deverá proceder a uma regularização a favor do

---

[77] O n.º 5 do artigo 3.º do CIVA remete para a adopção pela *"administração fiscal"* de *"medidas regulamentares adequadas"*, medidas estas cuja vinculação externa não parece que possa ser assegurada por via de ofício-circulado emanado dos serviços da administração fiscal. No entanto, considerando a sua relação lógico-sistemática com os princípios relativos ao direito à dedução do IVA suportado a montante e o facto de aquela mesma disposição legal comportar em si, de forma expressa, o pressuposto das medidas a tomar e a influência da verificação desse pressuposto em matéria de IVA dedutível pelos cessionários, é de admitir que a formalização de uma regulamentação própria para o efeito não se mostre realmente necessária. Em qualquer caso, sem prejuízo de conter uma solução adequada para pôr em prática a limitação do direito à dedução, parece nítido que o ofício-circulado em referência, por si mesmo, não representa mais do que a divulgação da interpretação oficial da administração tributária acerca do alcance da limitação que vem prevista no n.º 5 do artigo 3.º do CIVA. A elaboração pela administração fiscal do referido ofício--circulado não parece que a dispense, por isso, da necessidade de fundamentar os eventuais actos tributários, por via dos quais imponha restrições ao direito à dedução quando o adquirente não seja um sujeito passivo que realize exclusivamente operações que confiram direito à dedução, com base no n.º 5 do artigo 3.º e no artigo 23.º do CIVA, bem como, *a contrario sensu*, no n.º 1 do seu artigo 20.º, não devendo limitar-se a invocar o teor do ofício-circulado.

Estado, correspondente à diferença entre o montante do IVA que lhe teria sido liquidado se a transmissão fosse tributada e o que resulta da aplicação do prorata ao mesmo montante.

«6.2.2 Se o regime for o da afectação real, haverá ou não haverá liquidação de IVA, conforme o estabelecimento transmitido for afecto, respectivamente, ao(s) sector(es) que não confere(m) o direito à dedução ou ao(s) sector(es) que confere(m) esse direito.»

Secção III
Donativos no âmbito do mecenato[78]

1. Aspectos gerais

Nos termos da alínea a) do n.º 1 do artigo 1.º do CIVA, estão submetidas ao IVA as transmissões de bens e as prestações de serviços efectuadas no território nacional pelos sujeitos passivos do imposto, quando tais operações se considerem realizadas a título oneroso. Para efeitos do IVA, as noções genéricas de "transmissão de bens" e de "prestação de serviços", a que respeitam o n.º 1 do artigo 3.º e o n.º 1 do artigo 4.º do CIVA, pressupõem a existência entre os fornecedores dos bens ou dos serviços e os respectivos adquirentes de uma relação jurídica por via da qual sejam trocadas prestações recíprocas, constituindo a retribuição recebida pelos primeiros o contravalor efectivo dos bens ou dos serviços fornecidos aos segundos.[79] Todavia, por força das alíneas f) e g) do n.º 3 do artigo 3.º e das alíneas a) e b) do n.º 2 do artigo 4.º do CIVA, a acepção de onerosidade para efeitos do imposto é alargada a certas operações em que não há uma efectiva contraprestação por parte de um adquirente ou destinatário das mesmas.

---

[78] Esta secção III do capítulo II segue de perto, com algumas adaptações, Rui Laires, "Enquadramento em IVA de Donativos no Âmbito do Mecenato", *Jornal de Contabilidade*, ano XXXV, n.º 408, Março de 2011, pp. 92-94.

[79] Cf., por exemplo, em matéria de transmissões onerosas de bens, o acórdão de 27 de Abril de 1999 (C-48/97, *Kuwait Petroleum*, Colect. p. I-2323, n.º 26) e, em matéria de prestações de serviços a título oneroso, o acórdão de 3 de Março de 1994 (C-16/93, *Tolsma*, Colect. p. I-743, n.º 14).

As disposições atinentes à relevância em sede do IVA das referidas operações gratuitas são susceptíveis, nas circunstâncias que adiante se descrevem, de assumir relevância quando se esteja na presença de doações em espécie concedidas por um sujeito passivo no âmbito do mecenato.

Por seu turno, quando o recebimento de donativos em dinheiro ou em espécie leve o respectivo beneficiário à atribuição ao mecenas de pequenas contrapartidas em bens ou serviços, pode suceder que estas sejam também objecto de subsunção nas disposições relativas à tributação em IVA de operações realizadas a título gratuito. A tributação não ocorre, porém, se a prestação de eventuais contrapartidas não representar mais do que um gesto de gratidão por parte da entidade beneficiária do mecenato em harmonia com as convenções sociais nesse domínio, de valor simbólico e com um carácter puramente voluntário, por tal dar azo à aplicação da norma de exclusão da incidência do IVA constante do artigo 64.º do EBF.

Concretizando com mais detalhe o quadro jurídico-tributário apontado, procede-se seguidamente a uma descrição do enquadramento, para efeitos do IVA, de operações relacionadas com a atribuição de donativos em dinheiro ou em espécie no âmbito do mecenato, quer em sede das entidades que os concedem, quer em relação às entidades beneficiárias dos mesmos.

2. Consequências para a entidade doadora

Os simples donativos em dinheiro atribuídos no quadro de uma relação mecenática estão fora do âmbito de incidência do IVA, uma vez que, por si só, não representam a realização de transmissões de bens ou prestações de serviços onerosas ou assimiladas a onerosas, por parte das entidades que atribuem os donativos.

Se não estiverem em causa donativos em dinheiro, mas donativos em espécie, *maxime* em bens ou serviços, tal já poderá ter repercussões na situação tributária em sede de IVA do autor da doação.

Quando a liberalidade consista numa transmissão gratuita de bens corpóreos, a mesma estará sujeita a imposto nos termos da alínea f) do n.º 3 do artigo 3.º do CIVA[80] se, relativamente a esses bens ou aos elementos que os constituem, a entidade que os transmite gratuitamente tiver beneficiado do direito à dedução, total ou parcial, do IVA que onerou os bens quando da respectiva aquisição ou produção.[81] Para a determinação do valor tributável dessas transmissões gratuitas é aplicável a regra contida na alínea b) do n.º 2 do artigo 16.º do CIVA, pelo que o valor que serve de base à liquidação do IVA é o preço por que os bens tenham sido adquiridos inicialmente ou, na falta de um preço de aquisição, o custo com a sua produção, reportados, em ambos os casos, ao momento da realização da transmissão.[82]

Quando a liberalidade consista em serviços prestados a título gratuito, estes encontram-se sujeitos a imposto nos termos da alínea b) do n.º 2 do artigo 4.º do CIVA, salvo se tais prestações de serviços representarem uma cedência temporária de bens, caso em que, por força da alínea a) do mesmo n.º 2[83], a respectiva sujeição a imposto só se verifica se esses bens, ou os elementos que os constituem, tiverem conferido direito à dedução total ou parcial do IVA suportado a mon-

---

[80] Se forem bens imóveis há, porém, que tomar em consideração o disposto no artigo 26.º do CIVA, o qual, quando aplicável, derroga o disposto na alínea f) do n.º 3 do artigo 3.º do CIVA.

[81] Sem prejuízo da exclusão da incidência das ofertas de reduzido valor e das amostras gratuitas, em conformidade com os usos comerciais, sobre que versam o n.º 7 do artigo 3.º do CIVA e a Portaria n.º 497/2008, de 24 de Junho, bem como da isenção prevista no n.º 10 do artigo 15.º do CIVA, aplicável às transmissões gratuitas de bens para posterior distribuição a pessoas carenciadas, efectuadas a instituições particulares de solidariedade social e a organizações não governamentais sem fins lucrativos, e das transmissões gratuitas de livros efectuadas ao departamento governamental na área da cultura, a instituições de carácter cultural e educativo, a centros educativos de reinserção social e a estabelecimentos prisionais. Sobre o n.º 7 do artigo 3.º do CIVA, veja-se, *infra*, a secção IV deste capítulo II. Sobre o n.º 10 do artigo 15.º do CIVA, veja-se, *infra*, os n.ºs 6 e 7 da subsecção I da secção III do capítulo IV.

[82] A aplicação prática da regra prevista na alínea b) do n.º 2 do artigo 16.º do CIVA vem ilustrada nos n.ºs 7 a 9 do ofício circulado n.º 12370, de 1 de Fevereiro de 1989, da ex-DSCA. Ao assunto faz-se alusão mais detalhada *infra*, em nota integrante do n.º 1 da secção IV deste capítulo II.

[83] Sendo bens imóveis há, porém, que tomar em consideração o disposto no artigo 26.º do CIVA, o qual, quando aplicável, derroga o disposto na alínea a) do n.º 2 do artigo 4.º do CIVA.

tante.[84] A regra com vista à determinação do valor tributável dessas prestações de serviços gratuitas, definida na alínea c) do n.º 2 e no n.º 4 do artigo 16.º do CIVA, remete para o respectivo valor normal de mercado.[85]

Relativamente às situações em que há lugar à tributação das atribuições gratuitas de bens ou de serviços pela entidade doadora, cabe salientar que esta não fica obrigada a repercutir o IVA ao donatário, podendo a entidade doadora suportá-lo do seu próprio património, procedendo internamente ao apuramento do IVA devido e à sua menção a favor do Estado na declaração periódica de imposto, sem necessidade de proceder ao respectivo débito ao beneficiário da liberalidade, de harmonia com a possibilidade conferida no n.º 3 do artigo 37.º do CIVA.

3. Consequências para a entidade beneficiária do donativo

Relativamente à situação face ao IVA da entidade beneficiária da doação, as relações de índole mecenática apenas são susceptíveis de ter consequências se um determinado donativo, em dinheiro ou em espécie, tiver como contrapartida uma prestação em espécie a efectuar pelo donatário em benefício do doador ou de um terceiro, ainda que de carácter voluntário. Entre os exemplos possíveis, pode suceder que o beneficiário do donativo ofereça ao doador bilhetes para os seus espectáculos, realize uma sessão gratuita para os empregados da enti-

---

[84] Respeitando ambas as alíneas a operações sem contraprestação qualificadas como prestação de serviços, na alínea a) do n.º 2 do artigo 4.º do CIVA contemplam-se situações de afectação temporária de um bem do património de um sujeito passivo a um fim diferente da actividade desse mesmo sujeito passivo. Por sua vez, na alínea b) do n.º 2, ao estabelecer-se a sujeição a IVA das prestações de serviços a título gratuito realizadas por um sujeito passivo, visa-se as restantes prestações de serviços gratuitas, isto é, as que não consistam na cedência temporária de utilização de um bem corpóreo.

[85] Não deixa, ainda assim, de ser equacionável a adequação ao sistema comum do IVA do critério definido na alínea c) do n.º 2 do artigo 16.º do CIVA, uma vez que o artigo 75.º da Directiva do IVA remete para uma tomada em consideração dos custos relacionados com a execução das prestações de serviços em apreço.

dade doadora, ceda as suas instalações para a realização de eventos por esta entidade ou ofereça um determinado número de exemplares de um livro ou de um disco para cuja edição o mecenas contribuiu. Em algumas dessas situações, a contrapartida do donatário assume a natureza de transmissões de bens ou de prestações de serviços efectuadas pelos beneficiários dos donativos, sujeitas a IVA e dele não isentas.

Tomando aqui como pressuposto que a eventual existência de contrapartidas não põe em causa o espírito de liberalidade integrante de uma genuína iniciativa de carácter mecenático, não havendo, portanto, na apreciação subjectiva das duas partes uma equivalência entre o montante do donativo em dinheiro e o valor das referidas contrapartidas, a sujeição a imposto destas últimas depende exclusivamente da sua eventual subsunção nas regras que, para efeitos de tributação, assimilam determinadas operações gratuitas a operações onerosas.[86] A este respeito, note-se que o carácter oneroso ou gratuito de um negócio não decorre necessariamente do simples facto de uma das partes ficar ou não obrigada a uma atribuição à outra parte de uma prestação de carácter patrimonial, *maxime* de carácter pecuniário. A onerosidade de um contrato pressupõe que as prestações de ambas as partes se contrabalancem, ou seja, que estejam numa relação de correspondência,

---

[86] Com esta afirmação não se olvida que o TJUE, no seu acórdão de 20 de Janeiro de 2005 (C-412/03, *Hotel Scandic*, Colect. p. I-743, n.ᵒˢ 22 e 24), assinalou que uma operação económica que dê lugar ao recebimento de uma contraprestação, ainda que tal operação seja levada a cabo a um preço inferior ao custo, não põe em causa a respectiva qualificação como operação efectuada a título oneroso, mesmo que se trate de um preço considerado simbólico. No entanto, ao aludir à ocorrência de um "nexo directo" e de uma "contrapartida real", o TJUE parece reportar-se a situações em que, ainda que visivelmente inferior ao valor normal dos bens ou dos serviços, a contrapartida não deixa de representar um correspectivo ou sinalagma pago pela aquisição dos mesmos, na acepção e na intenção subjectiva dos intervenientes. Fora deste contexto afigura-se ficarem os casos em que se esteja na presença de verdadeiras liberalidades na própria assunção consciente das partes envolvidas, em que o ínfimo valor dos bens ou dos serviços ofertados pelo beneficiário da liberalidade, a título voluntário e como mero reconhecimento pelo gesto altruísta, não representa minimamente, nem visa representar, um nexo directo ou uma contrapartida real em relação ao donativo em dinheiro ou em espécie proporcionado pelo autor da liberalidade mecenática.

de equivalência ou de equilíbrio. É necessário, pois, que cada uma das prestações seja o correspectivo da outra. Essa equivalência, ainda assim, deve ser aferida do ponto de vista da avaliação subjectiva das partes[87], não obstando ao carácter oneroso do negócio que o mesmo possa ser vantajoso apenas para uma das partes, nomeadamente, por razões de índole económica, moral ou, mesmo, de inabilidade ou contingência negocial. Por contraposição, a gratuitidade de um contrato pode não ser posta em causa pelo simples facto de as duas partes ficarem obrigadas a uma dada prestação. Necessário é, no entanto, que as prestações de ambas, por vontade consciente de uma delas em beneficiar a outra, não estejam numa relação de equivalência ou de equilíbrio, ou seja, que a parte que se obrigou a um sacrifício patrimonial de valor superior esteja imbuída de um *animus donandi* ou *beneficiandi* em relação à outra parte.[88]

Assim, quando no âmbito da relação mecenática o beneficiário, por exemplo, oferece determinados bens corpóreos ao mecenas, a sujeição a IVA dessa transmissão gratuita poderá, em princípio, ocorrer se estiver verificado o pressuposto enunciado na alínea f) do n.º 3 do artigo 3.º do CIVA. Uma vez que o pressuposto contido nessa alínea f) é ter havido a possibilidade de dedução total ou parcial do IVA suportado na aquisição ou produção dos bens, a mesma não terá aplicação quando as actividades desenvolvidas pela entidade beneficiária da doação tenham estado sempre fora do âmbito de incidência do IVA ou isentas do imposto, sem direito à dedução do IVA suportado a montante.

---

[87] Também nesse sentido se tem pronunciado a jurisprudência do TJUE em relação às noções de transmissão de bens e de prestação de serviços, a título oneroso, para efeitos do IVA – cf., entre outros, os acórdãos de 23 de Novembro de 1988 (230/87, *Naturally Yours*, Colect. p. 6365, n.º 16) e de 2 de Junho de 1994 (C-33/93, *Empire Stores*, Colect. p. I-2329, n.º 18).

[88] Sobre a distinção entre contratos onerosos e contratos gratuitos pode ver-se, por exemplo: Manuel de Andrade, *Teoria Geral da Relação Jurídica*, vol. II, 4.ª reimp., Coimbra: Almedina, 1974, pp. 54-58; Jorge Ribeiro de Faria, *Direito das Obrigações*, vol. I, Coimbra: Almedina, 1987, pp. 238-241; Inocêncio Galvão Telles, *Direito das Obrigações*, 7.ª ed. rev. e act., Coimbra: Coimbra Editora, 1997, pp. 96-99; e Mário de Almeida Costa, *Direito das Obrigações*, 7.ª reimp. rev. e act., Coimbra: Almedina, 1999, pp. 313-316.

No que concerne às eventuais prestações de serviços efectuadas pelo beneficiário da doação em favor do doador, as mesmas, em princípio, encontram-se sujeitas a imposto nos termos da alínea b) do n.º 2 do artigo 4.º do CIVA. No entanto, quando as prestações de serviços consistam numa cedência temporária de bens em favor do doador, a respectiva sujeição a imposto só ocorre se tiver havido dedução total ou parcial do IVA suportado a montante, nos termos da alínea a) daquele n.º 2.

Todavia, ainda que verificados os pressupostos previstos na alínea f) do n.º 3 do artigo 3.º ou nas alíneas a) ou b) do n.º 2 do artigo 4.º do CIVA, o artigo 64.º do EBF estabelece a não sujeição a IVA das transmissões de bens e das prestações de serviços a título gratuito efectuadas pela entidade beneficiária do mecenato em favor do mecenas, quando o respectivo valor, no seu conjunto, não seja superior a 5% do montante do donativo concedido por esse doador. Como adequadamente se esclarece no n.º 2 do capítulo II da circular n.º 2/2004, de 20 de Janeiro de 2004, da DGCI[89], no sentido de colocar em plano de igualdade todos os beneficiários do mecenato que realizem ofertas de valor pouco significativo, independentemente de estas consistirem exclusivamente em bens ou em serviços ou serem de ambos os géneros, o valor de 5% é aferido em função do somatório do valor dos bens e dos serviços oferecidos.

O direito aos benefícios fiscais previstos no EBF em relação ao mecenato impõe às entidades beneficiárias o cumprimento das obrigações acessórias de quitação, registo e declaração a que se refere o seu artigo 66.º.

A aplicabilidade ao beneficiário do mecenato da norma de não sujeição a IVA contida no artigo 64.º do EBF depende, porém, de

---

[89] Nos termos do artigo 12.º do Decreto-Lei n.º 118/2011, de 15 de Dezembro, que a partir de 1 de Janeiro de 2012 criou a Autoridade Tributária e Aduaneira, abreviadamente designada por AT, esta sucedeu nas atribuições da Direcção-Geral dos Impostos (DGCI), da Direcção-Geral das Alfândegas e dos Impostos Especiais sobre o Consumo (DGAIEC) e da Direcção-Geral de Informática e Apoio aos Serviços Tributários e Aduaneiros (DGITA), considerando-se feitas para a AT as referências feitas em quaisquer leis ou documentos à DGCI, à DGAIEC ou à DGITA.

se estar na presença de um donativo abrangido pelo capítulo X da parte II do EBF. Para tanto, devem encontrar-se reunidos os pressupostos estabelecidos no seu artigo 61.º – concretamente, tratar-se de uma relação no âmbito do mecenato social, cultural, ambiental, desportivo ou educacional, e as contrapartidas em apreço terem um carácter voluntário, não decorrente, portanto, de uma obrigação a que o beneficiário do mecenato esteja adstrito[90] –, devendo, além disso, o beneficiário do mecenato inserir-se numa das categorias de entidades enumeradas nos artigos 62.º e 62.º-A do EBF.[91]

Se assim não acontecer, e houver lugar à tributação das contrapartidas em bens corpóreos concedidas pelo beneficiário da liberalidade em favor do mecenas, o valor tributável dessas operações não corresponde ao valor do donativo, uma vez que, na medida em que não esteja em causa o espírito de liberalidade do mecenas, tais contrapartidas não deixam de ser consideradas transmissões gratuitas de bens. Assim sendo, é-lhes aplicável a regra contida na alínea b) do n.º 2 do artigo 16.º do CIVA acima referida, e não a regra geral prevista no n.º 1 do mesmo artigo.

Em relação às prestações de serviços gratuitas que estejam submetidas a tributação, também não deverá ser considerado o valor do donativo em dinheiro, sendo de tomar em conta o respectivo valor normal de mercado, de acordo com a regra contida na alínea c) do n.º 2 e no n.º 4 do artigo 16.º do CIVA.

Nos casos em que haja lugar à tributação das contrapartidas em bens ou serviços proporcionadas pelo beneficiário do mecenato não é forçoso que tal facto altere o montante do donativo acordado entre as par-

---

[90] Nos termos do artigo 61.º do EBF, para efeitos do direito aos benefícios fiscais relativos ao mecenato previstos nesse diploma, os donativos relevantes são os que *"constituem entregas em dinheiro ou em espécie, concedidos, sem contrapartidas que configurem obrigações de carácter pecuniário ou comercial, às entidades públicas ou privadas, previstas nos artigos seguintes, cuja actividade consista predominantemente na realização de iniciativas nas áreas social, cultural, ambiental, desportiva ou educacional"*.

[91] O artigo 62.º-A do EBF foi aditado pelo artigo 145.º da Lei n.º 64-A/2011, de 30 de Dezembro (Orçamento do Estado para 2012), na sequência da revogação, pelo artigo 147.º daquela Lei, do Estatuto do Mecenato Científico, que constava da Lei n.º 26/2004, de 8 de Julho.

tes, uma vez que, ao abrigo da faculdade conferida no já citado n.º 3 do artigo 37.º do CIVA, o donatário não está obrigado a repercutir o imposto ao doador, podendo receber o montante do donativo na totalidade e, quando da prestação de qualquer contrapartida em espécie, proceder internamente ao cálculo do IVA devido e à sua entrega ao Estado, sem necessidade de efectuar o respectivo débito ao doador.

4. Divulgação pública da identidade dos mecenas

Um último aspecto que importa focar prende-se com as consequências, face ao IVA, da divulgação pública da identidade dos mecenas, por parte das entidades beneficiárias do mecenato, matéria a que alude o n.º 3 do capítulo II da circular n.º 2/2004, da DGCI, conjugado com o n.º 2.2. do seu capítulo I.

Os critérios aí referidos visam salvaguardar os casos em que a divulgação da identidade dos mecenas se limita, com o inerente recato e probidade, a dar conhecimento da identidade do autor do gesto altruísta, em contraponto às situações em que essa divulgação contém um intuito promocional, nomeadamente através do recurso a mensagens de tipo publicitário.[92] Assim, se as condições em que a entidade beneficiária da doação proceder à divulgação da identidade dos mecenas satisfizerem os mencionados requisitos, tal divulgação

---

[92] Nesse sentido, o n.º 2.2 do capítulo I da circular n.º 2/2004, da DGCI, refere, a dado passo, o seguinte:

«Na associação do nome do doador a determinadas iniciativas ou eventos promovidos pelo beneficiário não poderá ser feita qualquer referência a marcas, produtos ou serviços do mecenas, permitindo-se, apenas, a referência ao respectivo nome ou designação social e logotipo;

«A divulgação do nome ou designação social do mecenas deve fazer-se de modo idêntico e uniforme em relação a todos os mecenas, não podendo a mesma variar em função do valor do donativo concedido;

«A identificação pública do mecenas não deve revestir a natureza de mensagem publicitária, devendo, pois, efectuar-se de forma discreta, num plano secundário relativamente ao evento ou obra aos quais aparece associada, em suportes destinados a divulgar ou enquadrar a própria iniciativa – se existentes – de acordo com os usos aceites neste domínio e sempre com alusão à qualidade de mecenas.»

não constituirá uma prestação de serviços para efeitos do IVA, não ficando, portanto, a mesma sujeita a tributação em sede deste imposto.

Se não se verificarem os referidos condicionalismos, a divulgação da identidade dos mecenas é considerada uma prestação de serviços efectuada pela entidade beneficiária da doação. Nessa eventualidade, para efeitos da respectiva tributação, tal prestação de serviços fica, em princípio, submetida à aplicação das regras acima descritas relativas às prestações de serviços efectuadas a título gratuito, salvo se as circunstâncias puserem em crise o próprio espírito de liberalidade inerente às relações mecenáticas e levarem a concluir pelo carácter oneroso da operação em causa.

Secção IV
Amostras e ofertas de reduzido valor[93]

1. **Aspectos gerais**

Como se viu, a alínea f) do n.º 3 do artigo 3.º do CIVA inclui no conceito de transmissão de bens certas operações relativas a bens corpóreos em que não há lugar ao recebimento de uma contraprestação, seja esta financeira, seja em espécie.[94] Por um lado, aquela alínea f) sujeita ao imposto a afectação de bens da empresa a fins privados, como pode suceder, por exemplo, no caso de um empresário que abasteça a sua casa particular com bens retirados de um seu estabelecimento comercial. Neste domínio, a mencionada disposição pretende tributar os casos em que os sujeitos passivos afectam bens a fins extra-empresariais, quando se trate de bens que haviam sido produzidos ou que lhes haviam sido fornecidos no quadro da sua empresa, desde que tenham inicialmente conferido a possibilidade de dedução, total ou parcial, do IVA suportado a montante. Se não houvesse que pagar

---

[93] Esta secção IV do capítulo II segue de perto, com algumas adaptações, RUI LAIRES, "O Regime do IVA das Amostras e das Ofertas de Valor Reduzido", *TOC*, ano XI, n.º 130, Janeiro de 2011, pp. 49-53.

[94] O mesmo sucede nas situações previstas na alínea g) do n.º 3 do artigo 3.º do CIVA, bem como nas alíneas a) e b) do n.º 2 do seu artigo 4.º.

o IVA em relação ao consumo pessoal ou doméstico desses bens, este ficaria desonerado de tributação, o que não se compadeceria com o objectivo de um imposto geral sobre o consumo. Por outro lado, prosseguindo a mesma finalidade, a referida alínea f) contempla a tributação das transmissões de bens efectuadas a título gratuito, também neste caso quando o imposto suportado na respectiva aquisição ou produção tenha sido objecto de dedução total ou parcial.

Quando se esteja perante uma transmissão de bens sujeita a imposto de harmonia com a alínea f) do n.º 3 do artigo 3.º do CIVA, o valor tributável das operações é determinado nos termos da alínea b) do n.º 2 do artigo 16.º do CIVA. Tal corresponde ao preço por que haviam sido adquiridos os bens ou bens similares, reportado ao momento em que a afectação ou transmissão gratuita seja efectuada. Não havendo preço de compra, o valor tributável corresponde ao custo de produção do bem, também reportado ao momento da realização da afectação ou transmissão gratuita.[95]

Em face do disposto no n.º 3 do artigo 37.º do CIVA, quando haja lugar à tributação das referidas afectações extra-empresariais ou das transmissões gratuitas de bens, não é obrigatória a repercussão no destinatário do IVA devido, podendo o sujeito passivo suportar, ele próprio, o valor correspondente ao imposto, procedendo ao seu apuramento em

---

[95] Como vem ilustrado nos n.ºs 7 a 9 do ofício circulado n.º 12370, de 1 de Fevereiro de 1989, da ex-DSCA, relativamente à aplicação a bens de investimento da regra de determinação do valor tributável prevista na alínea b) do n.º 2 do artigo 16.º do CIVA, "*[o] valor tributável é igual ao preço de aquisição dos bens ou de bens similares, ou, na sua falta, [a]o preço de custo, num e noutro caso, excluído o imposto sobre o valor acrescentado, mas diminuído do valor de depreciação e, posteriormente, corrigido monetariamente*". Para esse efeito, deve considerar-se que o valor de depreciação dos bens é igual ao valor das reintegrações que, para efeitos dos impostos sobre o rendimento, é aceite como custo fiscal. O valor líquido das reintegrações deve ser objecto de actualização com recurso aos coeficientes de correcção monetária anualmente publicados, só havendo, porém, correcção monetária quando, à data da afectação ou da transmissão gratuita, tenham decorrido, pelo menos, dois anos desde a data da aquisição ou produção. Nos casos em que a aquisição ou produção e a sua posterior afectação a fins extra-empresariais ou transmissão gratuita ocorram no mesmo ano civil, o valor tributável é igual ao preço de aquisição do bem ou, na sua falta, ao preço de custo, sem qualquer correcção, salvo se a empresa praticar reintegrações através do sistema de duodécimos.

documento interno e à sua posterior menção a favor do Estado na declaração periódica de imposto.

Todavia, quando as transmissões gratuitas digam respeito a amostras ou a ofertas de pequeno valor, para os fins da própria empresa, o n.º 7 do artigo 3.º do CIVA exclui-as do âmbito de incidência do imposto.[96] Uma delimitação mais detalhada dos pressupostos de não sujeição é remetida para portaria do ministro das Finanças – o que foi concretizado através da Portaria n.º 497/2008, de 24 de Junho.[97]

Anteriormente à publicação da referida portaria, a interpretação da administração tributária dos conceitos de amostra e de oferta de reduzido valor vinha divulgada, em termos sensivelmente idênticos aos actuais, através da circular n.º 3/87, de 9 de Fevereiro de 1987, posteriormente alterada pela circular n.º 19/89, de 18 de Dezembro de 1989, da DGCI, bem como do ofício-circulado n.º 67880, de 19 de Junho de 1995, da DSIVA.[98]

2. Conceito de amostra

2.1. Conceito genérico

Para efeitos de exclusão das amostras do âmbito de incidência do IVA, o n.º 7 do artigo 3.º do CIVA define como tal "*os bens não*

---

[96] O n.º 7 do artigo 3.º do CIVA foi aditado pela Lei n.º 67-A/2007, de 31 de Dezembro. Todavia, norma com o mesmo fim, embora com um maior grau de indeterminação, constava anteriormente do segundo parágrafo da alínea f) do n.º 3 do artigo 3.º do CIVA.

[97] Quando uma oferta gratuita seja subsumível no âmbito de incidência do IVA, há, ainda assim, que tomar em consideração o disposto no n.º 10 do artigo 15.º do CIVA, que isenta as transmissões gratuitas de bens para posterior distribuição a pessoas carenciadas, efectuadas a IPSS ou a organizações não governamentais sem fins lucrativos, assim como as transmissões gratuitas de livros efectuadas ao departamento governamental na área da cultura, a instituições de carácter cultural e educativo. Sobre esta isenção, veja-se, *infra*, os n.ºs 6 e 7 da subsecção I da secção III do capítulo IV.

[98] Sobre as circunstâncias que justificaram a necessidade do aditamento do n.º 7 do artigo 3.º do CIVA e a adopção da Portaria n.º 497/2008, de 24 de Junho, acolhendo, de um modo geral, o conteúdo das mencionadas instruções administrativas, veja-se J. G. Xavier de Basto, "Sobre o regime das amostras e das ofertas de 'pequeno valor'", *TOC*, ano VIII, n.º 90, Setembro de 2007, pp. 19-23.

destinados a posterior comercialização que, pelas suas características, ou pelo tamanho ou formato diferentes do produto que constitua a unidade de venda, visem, sob a forma de amostra, apresentar ou promover bens produzidos ou comercializados pelo próprio sujeito passivo".

Partindo daquela acepção de amostra, o n.º 1 do artigo 2.º da Portaria n.º 497/2008 concretiza o conceito genérico de amostra, remetendo, como regra, para réplicas dos bens transaccionados pelo sujeito passivo, mas disponibilizados em formato ou tamanho diferentes dos que constituem as unidades de venda, ou apresentados em quantidade, capacidade, peso ou medida substancialmente inferiores.

Como decorre do n.º 7 do artigo 3.º do CIVA e do n.º 1 do artigo 2.º da Portaria n.º 497/2008, a não sujeição a IVA das transmissões gratuitas de amostras pressupõe sempre a intenção de dar a conhecer ou promover os bens produzidos ou comercializados pela empresa, não podendo, elas próprias, destinar-se a posterior comercialização.

Note-se que o facto de, na acepção geral de amostras, ser exigível que se trate de réplicas em tamanho ou em formato diferentes dos *"bens produzidos ou comercializados pelo próprio sujeito passivo"* não significa que a própria produção dos bens destinados a amostras tenha de ser feita pela empresa, podendo a mesma ser encomendada a um terceiro.

2.2. Amostras de livros, discos e outros suportes de obras culturais

Como se viu, a redacção do n.º 7 do artigo 3.º do CIVA comporta dois segmentos – um respeitando a *"bens [...] pelas suas características"* e o outro a *"bens [...] pelo tamanho ou formato diferentes do produto que constitua a unidade de venda"*, sendo exigível, em qualquer caso, que se trate de bens disponibilizados gratuitamente e não destinados a posterior transacção, que tenham em vista apresentar ou promover os bens que são produzidos ou comercializados pela empresa. A referida disposição do CIVA parece estar elaborada, portanto, de modo a admitir que o conceito de amostra, em certos casos específicos, possa abranger determinadas categorias de bens que, atendendo às suas características intrínsecas e aos usos vigentes, dificilmente poderiam ser apresentadas ou promovidas publicamente em tamanhos ou em formatos diferentes dos produtos disponibilizados no mercado.

Tal é o caso de certos bens culturais, como sejam livros, discos e outros suportes de texto, som ou imagem. Neste domínio, as amostras disponibilizadas pelas empresas editoras ou distribuidoras dificilmente estariam em condições de adequar-se ao conceito genérico de amostra acima referido, no caso de essas entidades pretenderem promover aqueles produtos através dos meios de comunicação e de outras entidades divulgadoras dos mesmos. O n.º 2 do artigo 2.º da Portaria n.º 497/2008, atendendo às características dos produtos e aos usos comerciais, estende o conceito de amostra aos livros, fonogramas, videogramas e outros suportes de texto, som ou imagem, relativamente aos quais não se considera exigível que sejam objecto de disponibilização em tamanho ou em formato diferentes, para efeitos de divulgação e promoção do seu conteúdo.

Assim, em primeiro lugar, a alínea a) do n.º 2 do artigo 2.º da Portaria n.º 497/2008 alarga o conceito de amostra aos *"livros e outras publicações transmitidos gratuitamente pelos editores a operadores económicos que os possam promover, a membros do corpo docente de estabelecimentos de ensino, a críticos literários, a organizações culturais ou a entidades ligadas à imprensa"*. De harmonia com o disposto na alínea b) do n.º 3 do mesmo artigo 2.º, em relação a cada livro ou publicação afim, a amostra não deve exceder, em cada ano, um exemplar por beneficiário.

Por seu turno, a alínea b) do n.º 2 do artigo 2.º da Portaria n.º 497/2008 estabelece também a inclusão no conceito de amostra dos *"compact disc (CD), digital video disc (DVD), discos, cassetes, filmes, vídeos e outros registos de som ou de imagem transmitidos gratuitamente pelos editores ou produtores a operadores económicos, tais como estações de rádio ou televisão, críticos da especialidade, disc jockeys, revistas especializadas, pontos de venda ou de diversão que os possam promover."* De harmonia com o disposto nas alíneas a) e b) do n.º 3 daquele artigo 2.º, em relação a cada obra fonográfica ou videográfica e a cada ano, a amostra não deve exceder um exemplar por destinatário, salvo se este for uma estação de rádio ou de televisão, caso em que a amostra de um mesmo registo pode ascender a cinco exemplares.

Anteriormente à publicação da Portaria n.º 497/2008, enquadramento idêntico das amostras gratuitas de livros, discos e outros suportes culturais acima enumerados constava do ofício-circulado n.º 67880, de 19 de Junho de 1995, da DSIVA.

Note-se, a propósito dos limites quantitativos previstos no n.º 3 do artigo 2.º da Portaria n.º 497/2008, que a respectiva estatuição se encontrava melhor elucidada nas mencionadas instruções administrativas. Com efeito, nos n.ºs 7 e 8 do ofício-circulado encontrava-se bem clarificado que as amostras gratuitas de livros e de outras publicações afins não devem exceder, para efeitos da sua não sujeição a imposto, um exemplar por cada beneficiário, ainda que essas amostras se destinem às estações de rádio ou de televisão. Desse modo, ficava também cabalmente esclarecido que a possibilidade de extensão até cinco exemplares, no caso de amostras entregues a estações de rádio ou de televisão, respeita apenas a CD, DVD e outros suportes de som ou de imagem. Actualmente, essa diferenciação apenas se encontra vagamente burilada na redacção das alíneas a) e b) do n.º 3 do artigo 2.º da Portaria n.º 497/2008, pelo recurso a um impreciso contraponto entre "obra" e "registo", sendo certo, quer se trate de livros, quer se trate de fonogramas ou de videogramas, que se está na presença de suportes de obras.

3. Conceito de oferta de reduzido valor

No que respeita à exclusão do âmbito de incidência do IVA das ofertas de reduzido valor, também prevista no n.º 7 do artigo 3.º do CIVA, esta disposição considera como tal *"as ofertas de valor unitário igual ou inferior a € 50 e cujo valor global anual não exceda cinco por mil do volume de negócios do sujeito passivo no ano civil anterior, em conformidade com os usos comerciais"*. Para além da referência a valores quantitativos, a remissão para os usos comerciais tem inerente que haja obrigatoriamente um fim empresarial em vista, de modo a não abranger as liberalidades desprovidas de qualquer intenção de divulgação ou promoção da imagem da empresa ou dos seus produtos, na relação que estabelece com outras instituições, com outros agentes económicos ou, em geral, com o público.

No caso de um sujeito passivo que inicie a actividade já no decurso de um dado ano civil, o n.º 8 do artigo 3.º do CIVA determina que a permilagem de 5‰ (cinco por mil), prevista no número precedente, seja aplicável ao volume de negócios estimado para esse ano, sem prejuízo de um eventual ajustamento a efectuar na declaração periódica respeitante ao último período de imposto desse ano, se os valores definitivos forem inferiores aos valores esperados.

Nos termos do n.º 1 do artigo 3.º da Portaria n.º 497/2008, as ofertas podem ser constituídas, quer por bens produzidos ou comercializados pelo sujeito passivo, quer por outros bens adquiridos a terceiros exclusivamente para esse efeito. Tal disposição visa esclarecer que, contrariamente às amostras, as ofertas podem dizer respeito a outras categorias de bens diferentes daquelas que a empresa transacciona no quadro da sua actividade.

Por seu turno, nos termos do n.º 2 do artigo 3.º da Portaria 497/2008, se uma mesma oferta for constituída por um conjunto de bens, o limite de € 50 aplica-se ao valor global desse conjunto.

No n.º 3 do artigo 3.º da Portaria n.º 497/2008 esclarece-se que os bónus concedidos a clientes, em particular os bónus de quantidade, não se incluem no conceito de ofertas.[99]

4. Obrigações específicas de relevação contabilística

No que respeita a obrigações específicas de relevação contabilística, determina o n.º 1 do artigo 4.º da Portaria n.º 497/2008 que as amostras gratuitas e as ofertas de reduzido valor, disponibilizadas pelos sujeitos passivos, sejam contabilizadas em contas apropriadas, devendo os bens que constituam existências próprias e os adquiridos a terceiros ser objecto de registo separado. Do mesmo modo, ainda que o sujeito passivo não esteja obrigado a dispor de contabilizada organizada de acordo com a lei comercial, o n.º 3 do mesmo artigo 4.º impõe que as amostras e as ofertas sejam registadas de modo a assegurar o seu controlo por parte da parte da administração tributária.

---

[99] De um modo geral, os bónus concedidos também não se incluem no valor tributável das transmissões de bens e das prestações de serviços, nos termos da alínea b) do n.º 6 do artigo 16.º do CIVA.

No caso das amostras de livros, videogramas, fonogramas e outros suportes abrangidas pelo n.º 2 do artigo 2.º da Portaria n.º 498/2008, as entidades que as disponibilizam, para além da relevação contabilística acima referida, estão obrigadas a dispor de registos que permitam identificar os beneficiários das amostras e o número de exemplares transmitidos nessa qualidade, em conformidade com o estabelecido no n.º 2 do artigo 4.º daquele diploma.

5. Conformidade com o sistema comum do IVA

A sujeição a imposto prevista na alínea f) do n.º 3 do artigo 3.º do CIVA e a derrogação a essa regra prevista no n.º 7 do mesmo artigo têm por base, respectivamente, o primeiro e o segundo parágrafos do artigo 16.º da Directiva do IVA. Anteriormente à adopção desta, disposições congéneres constavam do primeiro e do segundo períodos do n.º 6 do artigo 5.º da Sexta Directiva.

O alcance da regra do sistema comum do IVA que exclui da tributação as transmissões gratuitas de amostras e as ofertas de reduzido valor para fins empresariais já foi apreciado pelo TJUE. Tal sucedeu através do acórdão de 30 de Setembro de 2010 (C-581/08, *EMI Group*, Colect. p. I-?), na sequência de um conjunto de questões que, a título prejudicial, lhe foram colocadas por um tribunal do Reino Unido. No processo, em que esteve em causa o enquadramento de amostras e de ofertas de CD no âmbito do mercado fonográfico, o TJUE foi chamado a pronunciar-se acerca da margem de livre apreciação facultada aos Estados membros para a delimitação dos conceitos de amostra e de oferta de pequeno valor.

Em relação às amostras, o TJUE considerou que os Estados membros não podem exigir, indiscriminadamente, sem atender à natureza dos produtos e ao respectivo contexto comercial, que as amostras se apresentem sempre em tamanhos ou em formatos diferentes dos produtos cuja promoção se pretende. Do mesmo modo, sem levar em conta as referidas especificidades, não podem exigir em todos os casos que as amostras se limitem a um único exemplar por destinatário. No entanto, quando se trate de amostras que tenham as mesmas características e a mesma apresentação que os próprios produtos que são objecto de comercialização, os Estados membros podem impor certos procedimentos de controlo, incluindo, por exemplo, obrigações de rotulagem que realcem que se está na presença de uma amostra, destinados a evitar o risco de ocorrência de utilizações indevidas ou de desvio para outros fins.

Por seu turno, em relação à não tributação das ofertas de pequeno valor, o TJUE entendeu que a definição de "pequeno valor" é implicitamente remetida para critérios a definir pelas legislações internas dos Estados membros, pelo que estes não estão impedidos de fixar um valor máximo admitido para aquele efeito, seja ele aplicado a cada unidade oferecida ou ao cômputo das ofertas feitas anualmente à mesma pessoa. Em contrapartida, os Estados membros não podem exigir que esse valor máximo se aplique também ao montante total das ofertas feitas ao conjunto de pessoas que trabalha para uma mesma entidade patronal, uma vez que o valor máximo admitido deve ser aferido por pessoa, e não por entidade empregadora.

Em traços gerais, o conteúdo da decisão tomada pelo TJUE no caso *EMI Group* não põe em causa as soluções adoptadas na legislação interna portuguesa, por via do disposto no n.º 7 do artigo 3.º do CIVA e na Portaria n.º 497/2008, de 24 de Junho.

Note-se, porém, que a alusão a um limite máximo de um exemplar, em relação a amostras de livros, videogramas e fonogramas, constante da alínea b) do n.º 3 do artigo 2.º da Portaria n.º 497/2008, se afigura dever ser interpretada no sentido de se reportar a um exemplar por cada destinatário final da amostra. Tal não parece obstar, portanto, a que possa haver situações, devidamente justificadas e documentadas, em que mais do que um exemplar seja entregue a eventuais promotores especializados que disponham de um rol de contactos privilegiados nos meios de comunicação ou em outros meios relevantes para o fim promocional pretendido[100], para que esses intermediários, por sua vez, os distribuam pelos seus contactos criteriosamente seleccionados e identificados em listas.

---

[100] Várias versões linguísticas do acórdão *EMI Group* em referência, incluindo a portuguesa, denominam de "*pluggers*" este tipo de agentes promocionais actuantes no mercado fonográfico.

Por outro lado, o TJUE não foi chamado a pronunciar-se sobre a eventual fixação pelos Estados membros de um limite máximo para o valor total das ofertas realizadas por um sujeito passivo ao longo de cada ano – seja esse um montante definido em valor absoluto ou, como sucede no caso português, numa proporção do volume de negócios do sujeito passivo –, pelo que uma tomada de posição cabal acerca da admissibilidade de tal requisito ficou ainda em aberto.

Secção V

Aspectos da incidência do IVA nas áreas cultural, educativa e recreativa

1. Trabalhos de tipografia, reprografia e restauro de livros

1.1. Enquadramento das empreitadas relativas a bens móveis

Na noção de transmissão de bens constante do artigo 3.º do CIVA inserem-se, nos termos da alínea e) do seu n.º 3, as entregas de bens móveis corpóreos produzidos ou montados sob encomenda, quando a totalidade dos materiais necessários seja fornecida pelo sujeito passivo que os produziu ou montou. Por outro lado, na eventualidade de o fornecimento da totalidade dos materiais não incumbir ao sujeito passivo que produziu ou montou os bens móveis corpóreos, mas, no todo ou em parte, ao próprio cliente, a operação, em princípio, é de qualificar como prestação de serviços para efeitos do IVA, ao abrigo do disposto na alínea c) do n.º 2 do artigo 4.º do CIVA. Reportando-se a esta alínea c) do n.º 2, o n.º 6 do mesmo artigo 4.º prefigura, porém, que a qualificação como prestação de serviços seja prejudicada se o fornecimento de materiais pelo cliente for de considerar insignificante.

No sistema comum do IVA, os conceitos genéricos de transmissão de bens e de prestação de serviços constam do n.º 1 do artigo 14.º e do n.º 1 do artigo 24.º da Directiva do IVA, respectivamente. Por seu turno, nos n.ᵒˢ 2 e 3 do artigo 14.º e nos artigos 15.º a 19.º e 26.º e 27.º da Directiva do IVA vêm enunciadas operações consideradas assimiladas a transmissões de bens ou a prestações de serviços, nuns casos de adopção obrigatória pelos Estados membros e noutros de adopção facultativa.[101] As regras de incidência do imposto previstas na Directiva do IVA, incluindo as atinentes à qualificação da natureza das operações tributáveis como transmissões de bens ou como prestações de serviços, não contêm, porém, qualquer disposição de teor equivalente à alínea e) do n.º 3 do artigo 3.º e à alínea c) do n.º 2 do artigo 4.º do CIVA.[102]

Como resulta da jurisprudência do TJUE, o sistema comum do IVA tem como objectivo obter uma definição uniforme das operações tributáveis, desiderato que ficaria comprometido se a ocorrência ou não de uma transmissão de bens ficasse submetida às condições previstas na legislação interna dos Estados membros. Por esse motivo, o conceito genérico de transmissão de bens é uma noção autónoma do sistema comum do IVA, que não se reporta necessariamente à transferência do direito de propriedade pela forma estipulada no direito civil dos vários Estados membros, já que inclui qualquer operação de transferência onerosa de um bem corpóreo que confira à outra parte o poder de dispor dele, de facto, como se fosse o seu proprietário.[103]

Uma vez que a entrega de bens móveis corpóreos produzidos ou montados sob encomenda não é actualmente objecto de nenhuma norma específica prevista no sistema comum do IVA, a qualificação de tais operações como transmissão de bens ou como prestação de serviços depende do respectivo enquadramento na noção genérica de transmissão de bens ou, em alternativa, na noção genérica de presta-

---

[101] Antes da vigência da actual Directiva do IVA, as disposições que contêm as noções de transmissão de bens e de prestação de serviços, incluindo de operações assimiladas a tal, constavam dos artigos 5.º e 6.º da Sexta Directiva, respectivamente.

[102] Note-se que estas disposições do CIVA se reportam a bens móveis, ao passo que o n.º 3 do artigo 14.º da Directiva do IVA se refere à possibilidade de os Estados membros considerarem transmissão de bens *"a entrega de determinadas obras em imóveis"*.

[103] A este propósito, veja-se, por exemplo, os seguintes acórdãos: de 8 de Fevereiro de 1990 (C-320/88, *Shipping and Forwarding Enterprise*, Colect. p. I-285, n.ºs 7 e 8); de 6 de Fevereiro de 2003 (C-185/01, *Lease Holland*, Colect. p. I-1317, n.º 32); de 21 de Abril de 2005 (C-25/03, *HE*, Colect. p. I-3123, n.º 64); e de 29 de Março de 2007 (C-111/05, *Aktiebolaget NN*, Colect. p. I-2697, n.º 32).

ção de serviços, para efeitos deste imposto.[104] Assim, a conformidade do disposto na alínea e) do n.º 3 do artigo 3.º do CIVA depende da sua inserção no âmbito da definição de transmissão de bens constante do n.º 1 do seu artigo 3.º. Por seu turno, a conformidade do disposto na alínea c) do n.º 2 do artigo 4.º do CIVA depende da sua inserção na definição de prestação de serviços prevista no n.º 1 do artigo 4.º do CIVA. A verificar-se a inclusão das operações previstas na alínea e) do n.º 3 do artigo 3.º e na alínea c) do n.º 2 do artigo 4.º do CIVA nos conceitos genéricos a que aludem o n.º 1 do seu artigo 3.º e o n.º 1 do seu artigo 4.º, então deve concluir-se que aquelas duas alíneas têm como objectivo clarificar a extensão dos referidos conceitos genéricos, quando esteja em causa a entrega de bens produzidos ou montados sob encomenda, *maxime* a entrega de bens móveis produzidos ou montados na sequência de um contrato de empreitada.[105]

Para validar a hipótese acabada de formular, cabe referir que até à sua revogação pela Directiva 95/7/CE, do Conselho, de 10 de Abril de 1995, a alínea a) do n.º 5 do artigo 5.º da Sexta Directiva conferia aos Estados membros a possibilidade de qualificarem como transmissão de bens "*[a] entrega de um bem móvel por força de um contrato de empreitada, isto é, a entrega ao cliente, pelo empreiteiro, de um bem móvel*

---

[104] Note-se que é indubitável que as operações em apreço estão abrangidas pelo âmbito de incidência do IVA. A questão prende-se apenas com a respectiva qualificação como transmissões de bens ou como prestações de serviços, sendo certo que, se a entrega de bens móveis na sequência de um contrato de empreitada não for qualificada como transmissão de bens, opera residualmente o conceito de prestação de serviços contido no n.º 1 do artigo 4.º do CIVA. A matéria comporta, porém, relevância prática, uma vez que a qualificação de uma operação como transmissão de bens ou como prestação de serviços tem consequências em vários domínios, nomeadamente, quanto à sua subsunção ou não nas regras relativas às transacções intracomunitárias de bens, e quanto às regras de localização das operações, de isenção e de exigibilidade do imposto, bem como, possivelmente, no ordenamento de alguns Estados membros, em relação à taxa do IVA aplicável.

[105] Nos termos do artigo 1207.º do CC, "empreitada" é o contrato pelo qual o empreiteiro se obriga, perante o dono da obra, a realizar determinada obra. Como estipula o n.º 1 do artigo 1210.º do CC, os utensílios e os materiais necessários à execução da obra devem, em princípio, ser providenciados pelo próprio empreiteiro, salvo uso ou acordo em contrário.

por ele fabricado ou montado com materiais ou objectos que o cliente lhe confiou para o efeito, quer o empreiteiro tenha fornecido ou não uma parte dos produtos utilizados".[106] À luz dessa possibilidade então prevista no sistema comum do IVA, a versão inicial do CIVA, através da alínea e) do n.º 3 do artigo 3.º do CIVA, determinava que fosse sempre considerada transmissão de bens "*[a] entrega de bens móveis produzidos ou montados sob encomenda*". Tal disposição era aplicada às entregas de obras relativas a bens móveis decorrentes de contratos de empreitada, independentemente da questão de determinar se os materiais necessários à execução das mesmas eram providenciados pelo empreiteiro, pelo dono da obra ou por ambos. Embora em face do direito civil português o contrato de empreitada seja uma das modalidades do contrato de prestação de serviço[107], as operações tributáveis em IVA decorrentes daquela modalidade de contrato eram de qualificar como transmissões de bens.[108] Assim foi até à necessidade de modificar o sentido da norma contida na alínea e) do n.º 3 do artigo 3.º do CIVA, na sequência da revogação da alínea a) do n.º 5 do artigo 5.º da Sexta Directiva, o que foi concretizado através do Decreto-Lei n.º 206/96, de 26 de Outubro. Nessa altura, no entanto, em lugar de, pura e simplesmente, revogar a alínea e) do n.º 3 do artigo 3.º do CIVA, deixando os conceitos genéricos de transmissão de bens ou de prestação

---

[106] Idêntica disposição constara da alínea d) do n.º 2 do artigo 5.º da Directiva 67/228/CEE, do Conselho, de 11 de Abril de 1967 ("Segunda Directiva"), mas, no caso desta, de adopção obrigatória por parte dos Estados membros.

[107] Cf. artigo 1155.º do CC.

[108] Na sequência das alterações promovidas pela Directiva 91/680/CEE, do Conselho, de 16 de Dezembro de 1991, e até à sua revogação pela mencionada Directiva 95/7/CE, a alínea a) do n.º 5 do artigo 28.º-A da Sexta Directiva, para efeitos de uniformidade de tratamento na tributação das operações intracomunitárias, chegou a estabelecer a equiparação a transmissões de bens da "*entrega a um outro sujeito passivo de um bem móvel, por força de um contrato de empreitada, na acepção da alínea a) do n.º 5 do artigo 5.º, materialmente executado num Estado-membro que não seja o Estado-membro no qual o dono da obra está identificado*". Tal qualificação constou do n.º 1 do artigo 7.º do RITI, na redacção que lhe foi dada pelo Decreto-Lei n.º 290/92, de 28 de Dezembro, até à sua eliminação pelo Decreto-Lei n.º 206/96. Sobre as incidências do assunto antes da adopção da Directiva 95/7/CE, veja-se MARIA ODETE OLIVEIRA e SEVERINO DUARTE, "A Disciplina do Contrato de Empreitada Face ao Imposto sobre o Valor Acrescentado", *Fisco*, n.º 69, Dezembro de 1994, pp. 16-33.

de serviços operar por si próprios, o legislador português entendeu conveniente delimitar de forma expressa esses conceitos em relação a bens móveis entregues pelo empreiteiro ao dono da obra na sequência de um contrato de empreitada.[109]

A opção que vinha atribuída aos Estados membros durante a vigência da alínea a) do n.º 5 do artigo 5.º da Sexta Directiva referia-se à possibilidade de qualificação como transmissões de bens das entregas de bens móveis na sequência de contratos de empreitada, mas apenas quando os materiais para o efeito, no todo ou em parte, tivessem sido disponibilizados pelo dono da obra ao empreiteiro. Embora na sua versão em língua portuguesa se fizesse alusão a "contrato de empreitada", a alínea a) do n.º 5 do artigo 5.º da Sexta Directiva não se reportava, portanto, à hipótese de os materiais necessários para a realização da obra serem integralmente providenciados pelo próprio empreiteiro. Ora, a não inclusão no âmbito da referida alínea a) das entregas de bens móveis inteiramente criados com base em materiais fornecidos pelo empreiteiro só podia ter um significado: a entrega ao cliente, pelo empreiteiro, de um bem móvel produzido exclusivamente com materiais fornecidos pelo próprio empreiteiro era sempre de considerar uma transmissão de bens para efeitos do IVA. Com efeito, não seria possível adoptar

---

[109] Paralelamente, no sentido de assegurar que a alteração da qualificação para efeitos do IVA de algumas operações decorrentes dos contratos de empreitada não implicava a alteração da respectiva carga tributária, o n.º 6 do artigo 18.º do CIVA passou a prever que a taxa a aplicar às prestações de serviços a que se refere a alínea c) do n.º 2 do artigo 4.º seja a mesma que seria aplicável no caso de transmissão de bens obtidos após a execução da empreitada. O n.º 6 do artigo 18.º do CIVA tem por base a possibilidade, em matéria de taxas do imposto, que passara a estar prevista na alínea h) do n.º 2 do artigo 28.º da Sexta Directiva, na sequência das alterações promovidas pela Directiva 95/7/CE. Actualmente, à semelhança do que vinha previsto na referida alínea h), o artigo 121.º da Directiva do IVA estabelece o seguinte:

«Os Estados-Membros que, em 1 de Janeiro de 1993, consideravam as empreitadas de mão-de-obra como entregas de bens podem aplicar às operações de entrega de uma empreitada de mão-de-obra a taxa aplicável ao bem obtido após execução da empreitada de mão-de-obra.

«Para efeitos da aplicação do primeiro parágrafo, entende-se por "entrega de uma empreitada de mão-de-obra" a entrega, pelo empreiteiro da obra ao seu cliente, de um bem móvel por ele fabricado ou montado com materiais ou objectos que o cliente lhe tenha confiado para o efeito, independentemente de o empreiteiro ter ou não fornecido uma parte dos materiais utilizados.»

uma interpretação diferente, já que não faria sentido que a alínea a) em apreço concedesse aos Estados membros a possibilidade de qualificarem como transmissão de bens a execução de uma obra a partir de materiais fornecidos pelo cliente e, simultaneamente, que se qualificasse como prestação de serviços a execução de uma obra a partir de materiais inteiramente fornecidos pelo empreiteiro.

A revogação da alínea a) do n.º 5 do artigo 5.º da Sexta Directiva nada alterou quanto à qualificação das entregas de bens móveis inteiramente produzidos a partir de materiais fornecidos pelo próprio empreiteiro, pelo que, na acepção do sistema comum do IVA, tais operações continuaram a ser de qualificar como transmissões de bens, por inserção no respectivo conceito genérico, actualmente vertido no n.º 1 do artigo 14.º da Directiva do IVA. Por seu turno, a partir da revogação da referida alínea a), passou a ser sempre de qualificar como prestação de serviços a entrega de bens móveis que não tenham sido produzidos totalmente a partir de materiais fornecidos pelo empreiteiro, sendo tais operações inseridas no respectivo conceito genérico, actualmente vertido no n.º 1 do artigo 24.º da Directiva do IVA.[110]

Do exposto, resulta, portanto, que a qualificação como transmissão de bens das operações descritas na alínea e) do n.º 3 do artigo 3.º do CIVA, bem como a qualificação como prestação de serviços das operações a que se reporta a alínea c) do n.º 2 do artigo 4.º do CIVA, se encontra em plena conformidade com o direito da UE.

Na opinião da Comissão e da grande maioria dos Estados membros expressa no Comité do IVA[111], o critério acima enunciado é também

---

[110] Aliás, como se viu, a partir da revogação da alínea a) do n.º 5 do artigo 5.º da Sexta Directiva, a alínea h) do n.º 2 do artigo 28.º da Sexta Directiva e, actualmente, o artigo 121.º da Directiva do IVA prevêem que os Estados membros possam aplicar às prestações de serviços de entrega de bens na sequência de uma *"empreitada de mão--de-obra"*, com base em materiais confiados pelo cliente, a mesma taxa que caberia à transmissão dos bens em causa, o que parece ser sintomático de que tal problema não se coloca nos casos em que a produção de bens móveis sob encomenda é feita exclusivamente a partir de materiais fornecidos pelo empreiteiro, uma vez que este tipo de operações é, *ab initio*, qualificado como transmissão de bens para efeitos do IVA.

[111] O Comité Consultivo do IVA, normalmente identificado por "Comité do IVA", previsto no artigo 398.º da Directiva do IVA (anterior artigo 29.º da Sexta Directiva), é composto por representantes dos Estados membros e da Comissão

o que se coaduna com as definições de transmissão de bens e de prestação de serviços para efeitos do IVA. Sem prejuízo de situações híbridas em que a qualificação como transmissão de bens ou como prestação de serviços pode depender de uma avaliação casuística acerca de qual das duas componentes é prevalecente, o ponto de vista generalizado é de que deve ser entendida como transmissão de bens a entrega de um bem novo produzido sob encomenda de um cliente, quando os materiais para o efeito sejam integralmente fornecidos pelo empreiteiro. Além desta situação, o Comité do IVA pronunciou-se também maioritariamente no sentido de que a qualificação como transmissão de bens deve subsistir se só uma parte negligenciável dos materiais para a realização da obra for fornecida pelo cliente.[112] Esta última hipótese veio a ser contemplada na legislação interna portuguesa, por via do n.º 6 do artigo 4.º do CIVA, na sequência das alterações promovidas pelo Decreto-Lei n.º 206/96, de 26 de Outubro.[113]

Europeia e presidido por esta, competindo-lhe pronunciar-se sobre os assuntos que devam ser objecto de prévia consulta a este (como sejam os que vêm previstos nos artigos 11.º, 80.º, 155.º, 164.º 177.º, 191.º, 199.º, 238.º, 281.º, 318.º e 352.º da Directiva do IVA), bem como sobre questões interpretativas, sem carácter vinculativo, que lhe sejam suscitadas no domínio do IVA pelos representantes acima referidos.

[112] Cf. documento *XXI/96/655* (documento de trabalho n.º 208), s/ data, da Comissão Europeia, discutido na 50.ª reunião do Comité do IVA, realizada a 7 de Novembro de 1996, bem como o respectivo relatório, constante do documento *XXI/97/757*, da Comissão Europeia.

[113] Não se afigura adequado, porém, que o n.º 6 do artigo 4.º do CIVA atribua à administração tributária a possibilidade de determinar as situações em que a entrega de materiais pelo dono da obra é considerada insignificante, excluindo a correspondente operação do conceito de prestação de serviços. Desde logo, essa incumbência nunca se poderia reportar à elaboração pelas autoridades tributárias de um acto normativo tido como de força obrigatória geral, pois tal atentaria contra o princípio da legalidade em matéria tributária. Este ponto de vista não se afigura prejudicado pelo facto de ter sido a própria autorização legislativa – constante da alínea b) do artigo 42.º da Lei n.º 10-B/96, de 23 de Março (Orçamento do Estado para 1996) – a prever *"[p]ermitir à Direcção-Geral das Contribuições e Impostos que possa excluir da qualificação de prestação de serviços as operações de empreitada de bens móveis corpóreos quando considere insignificante o fornecimento de materiais pelo dono da obra"*. Por outro lado, se for entendida – como parece dever ser o caso – como a faculdade de a administração tributária, através de um acto com mera eficácia interna (*v.g.* circular ou ofício-circulado), divulgar a interpretação

Por outro lado, a acepção acima desenvolvida não parece que seja posta em crise pela jurisprudência do TJUE acerca da qualificação da entrega de determinados trabalhos relativos a bens móveis corpóreos executados na sequência de encomenda previamente feita pelo cliente, muito embora o sentido dessa jurisprudência contribua necessariamente para a interpretação do alcance das mencionadas disposições da legislação interna portuguesa, incluindo do disposto em matéria de taxas do imposto no n.º 6 do artigo 18.º do CIVA.

1.2. Restauro de livros

Na vigência do disposto na alínea a) do n.º 5 do artigo 5.º da Sexta Directiva, o TJUE, através do acórdão de 14 de Maio de 1985 (139/84, *Van Dijk's Boekhuis*, Recueil p. 1405), pronunciou-se acerca do alcance dessa disposição. Sob análise esteve a qualificação em sede do IVA, como transmissão de bens ou como prestação de serviços, de uma empreitada de restauro de livros, a qual, em certos casos, era de uma dimensão bastante considerável. Na sua decisão, o TJUE entendeu que tais operações não poderiam ser qualificadas como transmissões de bens, ainda que um Estado membro tivesse utilizado a faculdade que vinha então conferida na alínea a) do n.º 5 do artigo 5.º da Sexta Directiva, já que a regra de adopção facultativa contida nesta disposição só seria de aplicar se o empreiteiro criasse um bem novo a partir dos materiais que o cliente lhe confiara. Por "bem novo", na acepção do referido acórdão, deveria entender-se um bem resultante do trabalho do empreiteiro cuja função, na perspectiva de um utili-

---

oficial da administração tributária sobre o que entende por fornecimento de uma parte insignificante de materiais pelo cliente, então a expressa atribuição dessa competência à administração tributária é redundante, pois, para que tal suceda, não precisa estar prevista na legislação do IVA. A divulgação pela administração tributária de doutrina administrativa sobre a matéria – que até à data não ocorreu – não a dispensaria, aliás, da obrigação de, caso a caso, fundamentar adequadamente os actos tributários em que proceda à qualificação como transmissão de bens de trabalhos de empreitada sobre bens móveis em que os materiais não sejam fornecidos na totalidade pelo empreiteiro, não lhe bastando remeter genericamente para eventual circular ou ofício-circulado.

zador médio, seja diferente da que tinham os materiais inicialmente entregues por este ao empreiteiro.[114]

Para além da questão central da criação de um bem novo por parte do empreiteiro, do teor do mencionado acórdão relativo ao caso *Van Dijk's Boekhuis* parece resultar, complementarmente, que o TJUE só considerou o disposto na alínea a) do n.º 5 do artigo 5.º da Sexta Directiva como aplicável à entrega pelo empreiteiro de uma obra realizada a partir de materiais total ou parcialmente fornecidos pelo cliente. Sendo assim, o TJUE assumiu de antemão que, na hipótese de os materiais necessários para a realização de uma obra serem inteiramente disponibilizados pelo empreiteiro, a entrega da obra acabada ao cliente constitui, sempre e obrigatoriamente, uma operação qualificada como transmissão de bens para efeitos do IVA. Tal corrobora o ponto de vista de que a entrega ao dono da obra de bens móveis corpóreos, produzidos inteiramente a partir de materiais providenciados pelo próprio empreiteiro, deve ser qualificada como uma transmissão de bens, como decorrência do respectivo conceito genérico então delineado no n.º 1 do artigo 5.º da Sexta Directiva (correspondente ao actual n.º 1 do artigo 14.º da Directiva do IVA).

Nas circunstâncias descritas, parece confirmar-se que a posterior revogação da opção que vinha conferida na alínea a) do n.º 5 do artigo 5.º da Sexta Directiva só teve como consequência passarem a ser obrigatoriamente qualificadas como prestações de serviços, nos termos do n.º 1 do artigo 6.º da Sexta Directiva (correspondente ao actual n.º 1 do artigo 24.º da Directiva do IVA), as entregas ao cliente de bens móveis

---

[114] Posteriormente, através do seu despacho de 1 de Junho de 2006 (C-233/05, *V.O.F.*, Colect. p. I-72), a propósito de operações de adestramento de cavalos por conta dos respectivos proprietários, o TJUE também se pronunciou sobre o âmbito de aplicação do disposto na alínea a) do n.º 5 do artigo 5.º da Sexta Directiva, até à revogação dessa alínea pela Directiva 95/7/CE. Nele concluiu que a noção de "empreitada", a que aludia a referida disposição, não poderia ser aplicada às mencionadas operações, uma vez que do adestramento de um cavalo não resultava a produção de um bem novo. O TJUE não pôs em causa que se estava perante bens móveis corpóreos, mas aditou que os animais, pela sua natureza, não são de considerar como "materiais" confiados pelo cliente, e o seu adestramento não é de considerar como a produção de um bem inexistente até esse momento.

corpóreos em que os materiais necessários para a execução daquela não tenham sido fornecidos na totalidade pelo empreiteiro, ou seja, em que uma parte ou a totalidade desses materiais já era propriedade do cliente.

Nunca tendo sido situações abrangidas pelo disposto na alínea a) do n.º 5 do artigo 5.º da Sexta Directiva, até à revogação daquela alínea pela Directiva 95/7/CE, as prestações de serviços de restauro de livros não estão abrangidas pela faculdade actualmente proporcionada pelo artigo 121.º da Directiva do IVA, a que corresponde, na legislação interna, o n.º 6 do artigo 18.º do CIVA. Sendo assim, às referidas operações não se afigura aplicável a taxa reduzida que abrange os livros e outras publicações, a que alude a actual verba 2.1 da lista I anexa ao CIVA[115], mas, sim, a taxa normal definida na alínea c) do n.º 1 do seu artigo 18.º.

1.3. Actividade de reprografia

O acórdão de 11 de Fevereiro de 2010 (C-88/09, *Graphic Procédé*, Colect. p. I-1049) versou sobre a qualificação, como transmissões de bens ou como prestações de serviços, das operações efectuadas no contexto de uma actividade de reprografia. A actividade em apreço consistia na produção, por sistema de fotocópia ou afim, de cópias de inúmeros tipos de documentos, utilizando para o efeito os materiais e os equipamentos da empresa de reprografia. A reprodução era feita em um ou em vários exemplares, a partir de uma matriz impressa em papel ou em formato electrónico entregue pelos clientes (gabinetes de arquitectura, empresas de consultadoria, museus, editoras, *etc.*), mantendo-se estes proprietários dos documentos originais cuja reprodução era solicitada.

Nessa sua decisão referente ao caso *Graphic Procédé*, o TJUE considerou, por um lado, que devem ser consideradas transmissões de bens, ao abrigo da definição genérica que constava do n.º 1 do artigo 5.º da Sexta Directiva (actual n.º 1 do artigo 14.º da Directiva do IVA), as operações em que uma reprografia se limite a um simples trabalho

---

[115] Note-se que a Lei n.º 55-A/2010, de 31 de Dezembro (Orçamento do Estado para 2011), revogou a verba 2.4 e, em contrapartida, deu uma nova redacção à verba 2.1 da lista I anexa ao CIVA.

de reprodução de documentos para suportes diversos, transferindo-se o poder de dispor desses suportes da empresa de reprografia para o cliente que encomendou determinado número de cópias de um documento original. Por outro lado, quando as referidas operações sejam acompanhadas da prestação de serviços complementares que revistam um carácter predominante em relação à transmissão dos bens, constituindo um fim em si mesmo para o seu destinatário, tais operações, no seu conjunto, devem ser qualificadas como prestações de serviços, ao abrigo da definição que constava do n.º 1 do artigo 6.º da Sexta Directiva (actual n.º 1 do artigo 24.º da Directiva do IVA). O carácter predominante da componente prestação de serviços pode ser aferido, nomeadamente, em função da importância que revista para o destinatário, do tempo necessário para a sua execução, do tratamento que os documentos originais exijam e da parcela relevante do custo da prestação de serviços em relação ao custo total.

A conformidade com o sistema comum do IVA do critério expresso na alínea e) do n.º 3 do artigo 3.º e na alínea c) do n.º 2 do artigo 4.º do CIVA também não parece que tenha sido posta em crise pelo decidido neste acórdão relativo ao caso Graphic Procédé. No contexto das referidas disposições, há que tomar em consideração que a mera disponibilização pelo cliente da matriz original à empresa de reprografia, para efeitos da sua reprodução em papel ou em suporte afim, não constitui uma disponibilização pelo cliente de materiais com vista à realização da obra. Assim, salvo nos casos em que, complementarmente, a empresa de reprografia preste serviços que revistam carácter de predominância nos termos prefigurados no acórdão, a entrega ao cliente dos bens reproduzidos pela empresa de reprografia é de qualificar como uma transmissão de bens, atento o disposto no n.º 1 e na alínea e) do n.º 3 do artigo 3.º do CIVA.[116]

---

[116] O sentido desta decisão parece corroborar a orientação por unanimidade emanada na sequência da 83.ª reunião do Comité do IVA, realizada a 28 e 29 de Fevereiro de 2008, constante do documento *TAXUD/2420/08 Rev 1* (documento de trabalho n.º 569), de 15 de Outubro de 2008, da Comissão Europeia, nos termos da qual a entrega ao cliente de fotografias impressas a partir de um suporte digital é considerada uma transmissão de bens.

1.4. Impressão de livros e de outras publicações

Em termos que se afiguram consentâneos com a jurisprudência do TJUE acabada de aflorar, certos aspectos ligados à impressão e edição de livros, brochuras ou outras publicações[117], a pedido de um cliente, foram objecto de uma orientação do Comité do IVA na sequência da sua 80.ª reunião, realizada a 8 de Novembro de 2006, a qual vem reflectida em documento da Comissão Europeia cujo conteúdo mereceu a concordância quase unânime dos representantes dos Estados membros.[118] Assim, quando o cliente se limita a disponibilizar um suporte com o original da obra (*v.g.* manuscrito ou suporte electrónico), cabendo à empresa tipográfica realizar a impressão e reprodução de exemplares do correspondente livro, brochura ou outra publicação afim, esta empresa realiza perante o cliente operações consideradas como transmissões de bens. Por seu turno, quando o cliente também fornece à empresa tipográfica materiais para a realização do trabalho, como seja, por exemplo, o papel para a impressão do livro, brochura ou outra publicação afim, aquela empresa realiza ao cliente uma operação considerada como prestação de serviços.

Em face da legislação interna portuguesa, concretamente do disposto no n.º 6 do artigo 18.º do CIVA, a qualificação como prestação de serviços da segunda operação descrita não inviabiliza a aplicação da taxa do IVA que caiba ao próprio bem produzido, caso este fosse objecto de uma transmissão de bens.[119]

---

[117] O termo "edição", que aqui se fez equivaler aos termos "*Herausgabe*", "*édition*", e "*publishing*" – constantes, respectivamente, das versões alemã, francesa e inglesa em que as orientações foram emanadas –, não corresponde em rigor ao seu sentido técnico-jurídico em Portugal, uma vez que "edição", de harmonia com a definição constante do artigo 83.º do CDADC, é "*o contrato pelo qual o autor concede a outrem, nas condições nele estipuladas ou previstas na lei, autorização para produzir por conta própria um número determinado de exemplares de uma obra ou conjunto de obras, assumindo a outra parte a obrigação de os distribuir e vende*r". No contexto da orientação do Comité do IVA, está apenas em apreço a produção de vários exemplares de um livro, brochura ou publicação afim, por solicitação do autor ou de um terceiro, sem que seja necessariamente acompanhada da obrigação de posteriormente os distribuir ou comercializar.

[118] Documento *TAXUD/2109/07 final* (documento de trabalho n.º 542), de 31 de Janeiro de 2007.

[119] Sobre esta matéria, veja-se, *infra*, o n.º 3 da secção IV do capítulo V.

2. Actuações improvisadas por artistas em lugares públicos

O conceito de actividade económica, para efeitos da incidência do IVA, reflectida na alínea a) do n.º 1 do artigo 2.º do CIVA, pese embora confira ao imposto um âmbito de aplicação muito amplo, comporta algumas limitações.

No acórdão do TJUE de 3 de Março de 1994 (C-16/93, *Tolsma*, Colect. p. I-743) esteve em apreço a sujeição a IVA de um tocador de realejo na via pública, que apresentava aos passantes um recipiente para recolher as suas contribuições, solicitando também contribuições à porta de casas e de lojas, sem que, no entanto, pudesse invocar a quem quer que fosse qualquer direito a obter uma retribuição pelo seu desempenho musical. Sobre o assunto, o TJUE salientou que uma prestação de serviços só é de considerar efectuada a título oneroso, na acepção da actual alínea c) do n.º 1 do artigo 2.º da Directiva do IVA, se existir entre o prestador dos serviços e o beneficiário dos mesmos uma relação jurídica por via da qual sejam efectuadas prestações recíprocas, constituindo a retribuição recebida pelo prestador o contravalor efectivo do serviço fornecido ao beneficiário.[120] No caso de um músico que actua na via pública recebendo apenas contribuições dos passantes, tais receitas não poderiam ser consideradas a contrapartida de um serviço prestado àqueles, uma vez que essa eventual contribuição decorre da livre vontade de cada um dos transeuntes, não havendo um nexo necessário entre a prestação musical e as gratificações a que a mesma pode dar lugar. Este ponto de vista, na perspectiva do TJUE, não poderia ser posto em causa pela circunstância de o músico pedir dinheiro e poder, de facto, esperar receber algumas contribuições por tocar na via pública, dado que esses pagamentos eram voluntários, aleatórios e de montante praticamente impossível de determinar.

---

[120] Para ilustrar este ponto de vista, o TJUE aludiu às decisões anteriormente tomadas nos seguintes acórdãos: de 5 de Fevereiro de 1981 (154/80, *Coeoperatieve Aardappelenbewaarplaats*, Recueil p. 445, n.º 12); de 1 de Abril de 1982 (89/81, *Hong-Kong Trade*, Recueil p. 1277, n.ºs 9 e 10); de 23 de Novembro de 1988 (230/87, *Naturally Yours Cosmetics*, Colect. p. 6365, n.º 11); e de 8 de Março de 1988 (102/86, *Apple and Pear*, Colect. p. 1443, n.ºs 11 e 12).

3. Exploração de máquinas electrónicas de diversão

A exploração de máquinas electrónicas de diversão consubstancia-se, para efeitos do IVA, na realização, a título oneroso, de prestações de serviços por parte de um sujeito passivo agindo como tal, em conformidade com o previsto na alínea a) do n.º 1 do artigo 2.º e no n.º 1 do artigo 4.º do CIVA.

De igual modo, a incidência do IVA verifica-se nos casos em que o proprietário das máquinas atribui ao titular do estabelecimento comercial onde as mesmas estão instaladas, a título de remuneração, uma determinada percentagem das receitas geradas pelas máquinas. Quando tal situação ocorre, a relação estabelecida entre as duas partes representa uma prestação de serviços efectuada pelo titular do estabelecimento ao proprietário das máquinas, devendo este proceder à liquidação do IVA correspondente ao valor da remuneração que aufere, repercutindo-o ao proprietário das máquinas.[121] Por sua vez, o proprietário das máquinas liquidará o imposto correspondente ao valor da receita global gerada por cada máquina, podendo, porém, deduzir o imposto que lhe foi liquidado pelo titular do estabelecimento, nos termos gerais do CIVA.

Noutras situações, correspondentes a outro tipo de contratos, pode ocorrer que a relação estabelecida entre o proprietário das máquinas e o titular do estabelecimento comercial represente um contrato de aluguer, através do qual o primeiro se obriga a proporcionar ao segundo, mediante um preço, o gozo temporário de máquinas electrónicas de diversão, cabendo ao titular do estabelecimento a sua efectiva exploração. Quando tal suceda, é o proprietário das máquinas, na qualidade de locador, que se apresenta na posição de prestador de serviços e o titular do estabelecimento comercial na qualidade de adquirente dos serviços. Ao locador caberá proceder à liquidação do IVA correspon-

---

[121] A este respeito, atente-se que a prestação de serviços efectuada pelo titular do estabelecimento ao proprietário das máquinas não é de qualificar, para efeitos do IVA, como locação de um bem imóvel, como decorre do acórdão de 12 de Junho de 2003 (C-275/01, *Sinclair Collis*, Colect. p. I-5965), relativamente a situação com algum paralelismo em que estiveram em causa máquinas automáticas para venda de cigarros.

dente ao valor da retribuição a pagar pelo locatário das máquinas. Por seu turno, o titular do estabelecimento, na qualidade de locatário das máquinas a quem compete a respectiva exploração, deverá proceder à liquidação do IVA correspondente ao valor global das receitas geradas por cada máquina, podendo, porém, deduzir o IVA que lhe foi liquidado pelo proprietário das máquinas, nos termos gerais do CIVA.[122]

4. Contribuição para o audiovisual

Nos termos dos n.ᵒˢ 2 e 3 do artigo 1.º da Lei n.º 30/2003, de 22 de Agosto, que aprovou o modelo de financiamento do serviço público de radiodifusão e de televisão, esse financiamento é assegurado através de indemnizações compensatórias, assim como por via da cobrança aos consumidores de energia eléctrica de um tributo designado "contribuição para o audiovisual".[123] De harmonia com o disposto no artigo 6.º da Lei n.º 30/2003, o produto da contribuição é consignado à Rádio e Televisão de Portugal, SGPS, S.A. (RTP-SGPS), constituindo receita própria desta. O montante das contribuições para o audiovisual é, nos termos do n.º 1 do artigo 2.º da Lei n.º 30/2003, estabelecido em função das necessidades globais de financiamento do serviço público de radiodifusão e de televisão, tendo em conta os princípios da transparência e da proporcionalidade.[124]

Segundo o n.º 1 do artigo 3.º da Lei n.º 30/2003, "*[a] contribuição para o áudio-visual constitui o correspectivo do serviço público de radiodifusão e de televisão, assentando num princípio geral de equivalência*".

---

[122] Sobre a matéria, veja-se o ofício-circulado n.º 9222, de 11 de Setembro de 1997, da DSIVA.

[123] Sobre esta contribuição, incluindo a sua conformidade com o sistema comum do IVA, veja-se ROGÉRIO M. FERNANDES FERREIRA, OLÍVIO MOTA AMADOR e SÉRGIO VASQUES, "O Financiamento do Serviço Público de Televisão e a Nova Contribuição para o Audiovisual", *Fiscalidade*, n.º 17, Janeiro de 2004, pp. 5-38.

[124] Em relação ao ano de 2012, o valor mensal da contribuição por parte dos consumidores de energia eléctrica, a que se refere o artigo 4.º da Lei n.º 30/2003, foi fixado em € 2,25 pelo artigo 186.º da Lei n.º 64-A/2011, de 30 de Dezembro (Orçamento do Estado para 2012).

Nos termos do artigo 5.º do diploma em referência (entretanto objecto do aditamento de um n.º 5 por via do Decreto-Lei n.º 169--A/2005, de 3 de Outubro), a contribuição em causa é liquidada e cobrada, por substituição tributária, através das empresas distribuidoras de energia eléctrica, nas facturas relativas aos fornecimentos de electricidade, devendo o respectivo montante ser objecto de menção discriminada. As referidas empresas têm, no entanto, direito a ser compensadas pelos encargos de liquidação da contribuição, operando por via da retenção de um valor a fixar por factura cobrada.

Perante o quadro normativo descrito, muito embora se possa prefigurar a contribuição em causa como tratando-se de uma taxa ou de um verdadeiro imposto, cabe assinalar que não se coloca a possibilidade de aplicação da norma de não sujeição a IVA contida no n.º 2 do artigo 2.º do respectivo Código. Em resultado da mencionada disposição do CIVA, não estão abrangidas pela incidência do imposto as pessoas colectivas de direito público quando se encontrem a actuar no âmbito de poderes de autoridade, ainda que por essa actuação aufiram taxas ou quaisquer outras contraprestações. Todavia, como já várias vezes foi decidido pelo TJUE – a propósito da norma que actualmente vem prevista no n.º 1 do artigo 13.º da Directiva do IVA[125], que constitui a base do disposto no n.º 2 do artigo 2.º do CIVA –, para que tal não sujeição se aplique é necessário estar-se perante operações realizadas no quadro de poderes públicos, e realizadas por organismos públicos, no sentido de organismos que integrem a administração pública.[126] A condição de ordem subjectiva, para que a não sujeição prevista no n.º 2 do artigo 2.º do CIVA pudesse operar, não se mostra, portanto, verificada no caso da Rádio e Televisão de Portugal, entidade prestadora do serviço público de radiodifusão e de televisão, pelo que o mesmo se configura como uma prestação de serviços realizada por um sujeito passivo do IVA, como tal abrangida pelo âmbito de incidência do imposto.

---

[125] Correspondente ao anterior n.º 5 do artigo 4.º da Sexta Directiva.

[126] Cf., por exemplo, os acórdãos de 26 de Março de 1987 (C-235/85, Comissão/Holanda, Colect. p. 1471) e de 25 de Julho de 1991 (C-202/90, *Ayuntamiento de Sevilla*, Colect. p. 4247).

Parecendo ser de considerar as contribuições para o audiovisual como a contrapartida de prestações de serviços abrangidas pela incidência do imposto, conforme o disposto na alínea a) do n.º 1 do artigo 1.º do CIVA, há, ainda assim, que cogitar acerca da eventual aplicabilidade da norma de isenção hoje em dia constante da alínea 37) do artigo 9.º do mesmo Código. De harmonia com tal disposição, encontram-se isentas do IVA "*[as] actividades das empresas públicas de rádio e televisão que não tenham carácter comercial*". Tal isenção, por sua vez, tem por base a que vem actualmente prevista na alínea q) do n.º 1 do artigo 132.º da Directiva do IVA.[127] Considerando, por um lado, que a contribuição para o audiovisual visa reflectir uma das contrapartidas pela prestação do serviço público de rádio e de televisão e, por outro lado, que a RTP-SGPS se constitui como uma empresa cujo capital é detido pelo Estado e se encontra estatutariamente incumbida da prossecução desse serviço público, talvez fosse de pender no sentido da aplicabilidade da isenção prevista na alínea 37) do artigo 9.º do CIVA. Todavia, conforme foi opinado em proposta de decisão do Secretário de Estado dos Assuntos Fiscais, com data de 1 de Junho de 1999, que foi objecto de despacho concordante do Ministro das Finanças, proferido a 18 de Junho de 1999, a norma de isenção prevista na alínea 37) do artigo 9.º do CIVA "*apenas se refere a empresas públicas, sendo duvidoso que pretendesse aplicar-se também a sociedades de capitais públicos, sob forma comercial (e a RTP é desde a Lei n.º 21/92, [de 14 de Agosto,] uma sociedade anónima de capitais exclusivamente públicos e não uma empresa pública)*". E mais adiante, ainda de harmonia com o mesmo despacho, considera-se que "*[n]o caso da RTP, transformada que foi esta de empresa pública em sociedade anónima e abolidas que foram as taxas de utilização, este número deixou de ter aplicação prática*".[128]

---

[127] Correspondente à anterior alínea q) do n.º 1 da parte A do artigo 13.º da Sexta Directiva.

[128] Cabe assinalar que a Directiva do IVA, durante um período transitório que se encontra ainda a decorrer, dá a possibilidade aos Estados membros de não adoptarem a mencionada isenção nas respectivas legislações internas. Tal possibilidade resulta da conjugação do actualmente disposto no artigo 370.º com a alínea 2) da parte A do anexo X da Directiva do IVA [anteriormente, resultava da conjugação da alínea a) do n.º 3 do artigo 28.º da Sexta Directiva com o n.º 7 do seu anexo E]. A formulação

Assim, do entendimento de se estar na presença de operações inseridas no âmbito de incidência do IVA, bem como da aplicação da doutrina resultante do mencionado despacho de 18 de Junho de 1999, do Ministro das Finanças, decorre que as empresas distribuidoras de energia eléctrica deverão repercutir aos respectivos consumidores o IVA relativo aos montantes da contribuição para o audiovisual, procedendo à respectiva liquidação e cobrança nas facturas respeitantes aos fornecimentos de electricidade, bem como à entrega do correspondente imposto nos cofres do Estado. Nas circunstâncias descritas, as contribuições para o audiovisual que vêm previstas na Lei n.º 30/2003 constituem-se como a contrapartida da prestação de um serviço público de radiodifusão e de televisão, sendo tal prestação de serviços abrangida pela incidência do IVA e dele não isenta, uma vez que, na óptica que vem sendo seguida pela administração tributária portuguesa, em caso algum se mostra aplicável a isenção prevista na alínea 37) do artigo 9.º do CIVA.

Aliás, ainda que se enveredasse por outra vertente de análise, no sentido de não estar em causa a contraprestação de serviços audiovisuais, mas a cobrança de um tributo não sinalagmático ligado aos consumos de electricidade, sempre haveria que tomar em consideração, relativamente ao valor tributável dos próprios fornecimentos de electricidade, que a alínea a) do n.º 5 do artigo 16.º do CIVA determina a inclusão nesse valor dos impostos, direitos, taxas e outras imposições, debitados ao cliente.

Secção VI

Cedência de direitos relativos a atletas desportivos

No sentido de clarificar o conceito de prestação de serviços para efeitos do IVA, o n.º 3 do artigo 4.º do CIVA inclui no mesmo as

---

das mencionadas normas, contudo, ao referir-se à possibilidade de *"continuar a tributar"*, parece exigir que os Estados membros já tributassem as actividades sem carácter comercial realizadas por organismos públicos de rádio e de televisão no momento em que ficaram obrigados a dar cumprimento ao disposto na Sexta Directiva, o que não sucedia no caso português. No entanto, como se disse, na sequência de despacho do Ministro das Finanças, tem sido entendido pela administração tributária que o alcance da alínea 37) do artigo 9.º do CIVA se encontra esvaziado de conteúdo.

cedências temporárias ou definitivas de atletas, acordadas entre clubes desportivos ou sociedades anónimas desportivas (SAD) com o consentimento do desportista, durante a vigência do contrato com o clube de origem. O mesmo sucede em relação às indemnizações de promoção e valorização, devidas após a cessação do contrato, previstas no n.º 2 do artigo 18.º do Regime Jurídico do Contrato de Trabalho do Praticante Desportivo e do Contrato de Formação Desportiva, aprovado pela Lei n.º 28/98, de 26 de Junho, alterado pelo artigo 4.º da Lei n.º 114/99, de 3 de Agosto.[129]

A respeito das cedências temporárias a título oneroso, os n.ᵒˢ 7 a 9 da circular n.º 16/2011, de 19 de Maio de 2011, da DGCI, esclarecem que as mesmas se encontram sujeitas a IVA, sendo o respectivo valor tributável o montante da contraprestação obtida ou a obter da entidade cessionária, de acordo com o disposto no n.º 1 do artigo 16.º do CIVA. No entanto, se a contrapartida pela cedência temporária corresponder, comprovadamente, ao reembolso exacto ou, se for caso disso, ao pagamento ao atleta das remunerações, quotizações para a segurança social ou quaisquer outros encargos suportados pela entidade cedente, deve tomar-se em conta o entendimento decorrente do ofício-circulado n.º 30019, de 4 de Maio de 2000, da DSIVA, no sentido de, naquelas específicas condições, não se estar perante uma operação subsumível no âmbito de incidência do IVA. Complementarmente, ocorrendo a cedência temporária de um atleta como parte da contrapartida pela aquisição dos direitos económico-desportivos de um outro atleta, o valor total da contraprestação deverá ser constituído, não apenas pelo valor da contrapartida pecuniária, mas, também, pelo valor da cedência temporária do atleta acordada entre as partes ou determinado com base nos documentos referentes ao acordo.

---

[129] Para um enquadramento genérico das actividades desportivas em sede do IVA, veja-se CLOTILDE CELORICO PALMA, "O Imposto sobre o Valor Acrescentado e as actividades desportivas", in *Estudos em memória de Teresa Lemos*, Lisboa: DGCI/CEF, 2007, CCTF n.º 202, pp. 87-112, não obstante a necessidade de se tomarem em consideração posteriores alterações à legislação, nomeadamente em matéria de localização das prestações de serviços, de taxas do IVA e de dedução do imposto por parte dos sujeitos passivos mistos.

Como resulta do conceito genérico de prestação de serviços para efeitos do IVA, constante do n.º 1 do artigo 4.º do CIVA, estão também englobados no mesmo os serviços de intermediação relacionados com a cedência temporária ou definitiva de atletas.[130]

No conceito genérico de prestação de serviços para efeitos do IVA insere-se também a cedência de direitos de imagem relativos a atletas.[131]

---

[130] Sobre aspectos ligados à intermediação na cedência temporária ou definitiva de atletas, consulte-se os n.ºs 7 a 12 da circular n.º 15/2011, de 19 de Maio de 2011, da DGCI.

[131] Uma breve referência à matéria é feita no n.º 8 da circular n.º 17/2011, de 19 de Maio de 2011, da DGCI.

CAPÍTULO III
TERRITORIALIDADE DO IVA NAS ACTIVIDADES CULTURAIS, EDUCATIVAS, RECREATIVAS, DESPORTIVAS E DE ASSISTÊNCIA

SECÇÃO I

Enquadramento geral

As categorias de operações tributáveis enumeradas no n.º 1 do artigo 1.º do CIVA pressupõem, para efeitos da respectiva sujeição ao IVA vigente em Portugal, que a realização das operações tenha lugar no território nacional. Em relação às transmissões de bens e às prestações de serviços, efectuadas a título oneroso por um sujeito passivo do IVA agindo como tal, a alínea a) do n.º 1 do artigo 1.º do CIVA faz depender a respectiva sujeição a imposto de tais operações serem consideradas localizadas no território nacional. Do mesmo modo, no que concerne às operações qualificadas como aquisições intracomunitárias de bens, a alínea a) do artigo 1.º do RITI estabelece que tais aquisições estão sujeitas a IVA quando efectuadas no território nacional. Por seu turno, quanto à verificação do facto tributário importação de bens, a mesma pressupõe a entrada de bens no território nacional com proveniência de um país ou território fiscal não integrante da UE, em conformidade com o conceito genérico delineado no n.º 1 do artigo 5.º do CIVA.[132]

---

[132] As definições dos territórios relevantes para efeitos da aplicação das regras do IVA constam das alíneas a) a d) do n.º 2 do artigo 1.º do CIVA. Sobre esta matéria veja-se, supra, as notas referentes ao n.º 6 da secção III do capítulo I.

Para determinar se uma operação se deve considerar realizada em território nacional, o regime jurídico do IVA necessita indicar os critérios eleitos para esse fim, de modo a definir com exactidão as situações em que o requisito de ordem territorial, integrante das mencionadas disposições, se encontra satisfeito.[133] Na legislação interna portuguesa, os critérios que permitem determinar se uma dada transmissão de bens se considera efectuada no território nacional vêm definidos nos n.ᵒˢ 1 a 5 do artigo 6.º do CIVA, bem como nos artigos 9.º a 11.º do RITI. Quanto às prestações de serviços, as regras que definem a respectiva localização no território nacional vêm expressas nos n.ᵒˢ 6 a 12 do artigo 6.º do CIVA e, no caso das abrangidas pelo regime especial de tributação das agências de viagens, no n.º 2 do artigo 1.º do Decreto-Lei n.º 221/85, de 3 de Julho.[134] No que respeita às operações qualificadas como aquisições intracomunitárias de bens, as respectivas regras de localização em território nacional vêm previstas no artigo 8.º do RITI. Em relação às importações de bens, o próprio conceito genérico formulado no n.º 1 do artigo 5.º do CIVA incorpora um critério de conexão ligado à entrada dos bens no território nacional.[135]

---

[133] Incumbe recordar, porém, que o facto de uma transmissão de bens, prestação de serviços, aquisição intracomunitária de bens ou importação de bens se considerar efectuada no território nacional não implica obrigatoriamente que a mesma seja submetida a uma efectiva tributação em sede do IVA vigente em Portugal, mostrando-se necessário apurar, num segundo momento, se é aplicável a essa operação uma eventual norma de isenção impeditiva da tributação.

[134] Este diploma foi objecto de alterações, promovidas pelo Decreto-Lei n.º 206/96, de 26 de Outubro, e pela Lei n.º 32-B/2002, de 30 de Dezembro.

[135] Sobre a matéria, veja-se CLOTILDE CELORICO PALMA, Introdução... cit., pp. 99-142 e 300-308; e RUI LAIRES, A Incidência e os Critérios de Territorialidade do IVA, Coimbra: Almedina, 2008. Com especial enfoque nas novas regras de localização das prestações de serviços, veja-se RUI LAIRES, IVA: A Localização das Prestações de Serviços após 1 de Janeiro de 2010, Lisboa: DGCI/CEF, 2010, CCTF n.º 208.

Secção II

Localização das prestações de serviços

1. Regras gerais

Com as alterações decorrentes do Decreto-Lei n.º 186/2009, de 12 de Agosto, em vigor a partir de 1 de Janeiro de 2010 – que transpuseram para o ordenamento interno as alterações à Directiva do IVA promovidas pelo artigo 2.º da Directiva 2008/8/CE, do Conselho, de 12 de Fevereiro de 2008 –, as prestações de serviços passaram a estar submetidas a duas regras gerais de localização, consoante os serviços sejam prestados a sujeitos passivos do IVA ou sejam prestados a não sujeitos passivos do imposto.

Nos termos da regra geral de localização dos serviços prestados a sujeitos passivos, definida na alínea a) do n.º 6 do artigo 6.º do CIVA, tais operações consideram-se efectuadas no território nacional quando o destinatário das mesmas nele disponha de sede, estabelecimento estável ou domicílio, para o qual os serviços são prestados. Em contrapartida, desta regra geral resulta, mesmo no caso de o prestador dos serviços estar sediado, estabelecido ou domiciliado no território nacional, que as prestações de serviços não se consideram nele efectuadas quando o respectivo destinatário for um sujeito passivo que disponha de sede, estabelecimento estável ou domicílio fora do território nacional, para o qual os serviços são prestados.[136]

---

[136] Como se viu, por "sujeito passivo" entende-se as pessoas singulares ou colectivas que exerçam uma actividade económica enumerada na alínea a) do n.º 1 do artigo 2.º do CIVA, onde quer que esse exercício ocorra, incluindo as sediadas, estabelecidas ou domiciliadas noutros Estados membros da UE ou fora da UE. Para efeitos das regras relativas ao lugar das prestações de serviços, o n.º 5 do artigo 2.º do CIVA, alarga a respectiva aplicação às seguintes situações:

– Aos serviços prestados a quaisquer outras pessoas colectivas que, nos termos do artigo 25.º do RITI, devam estar registadas para efeitos do IVA, por praticarem aquisições intracomunitárias de bens sujeitas a tributação e não estarem abrangidas pelo regime de exclusão da incidência previsto no artigo 5.º do RITI;

– Às aquisições de serviços que não se destinem à prossecução de uma actividade económica por parte dos sujeitos passivos adquirentes, desde que tais aquisições sejam feitas para os seus fins empresariais ou organizacionais, e não para fins alheios a estes.

Por seu turno, de harmonia com a regra geral de localização das prestações de serviços que tenham como destinatários não sujeitos passivos do IVA, prevista na alínea b) do n.º 6 do artigo 6.º do CIVA, as mesmas consideram-se efectuadas em território nacional quando o prestador dos serviços nele disponha de sede, estabelecimento estável ou, na sua falta, domicílio, a partir do qual os serviços forem prestados. Desta regra geral resulta, em contrapartida, quando o destinatário dos serviços não detenha a qualidade de sujeito passivo, que os mesmos não se consideram efectuados em território nacional se o prestador não se encontrar nele sediado, estabelecido ou domiciliado, mesmo que o destinatário se encontre domiciliado no território nacional ou que os serviços sejam nele utilizados.

2. Regras específicas

2.1. Excepções a ambas as regras gerais

As referidas regras gerais de localização das prestações de serviços comportam algumas excepções, havendo serviços que, em função da sua natureza ou da qualidade dos destinatários, são objecto de regras de localização específicas. Algumas dessas regras específicas respeitam, em simultâneo, a serviços prestados a sujeitos passivos e a serviços prestados a não sujeitos passivos, constituindo, portanto, excepções a ambas as regras gerais. Noutros casos, as regras específicas respeitam apenas aos serviços prestados a pessoas que não sejam sujeitos passivos do imposto, constituindo-se apenas como excepções à regra geral contida na alínea b) do n.º 6 do artigo 6.º do CIVA.

Nos n.ºs 7 e 8 e na alínea a) do n.º 12 do artigo 6.º do CIVA vêm previstas as excepções relativas a ambas as regras gerais definidas no n.º 6 do mesmo artigo, abrangendo, portanto, quer os serviços prestados a sujeitos passivos, quer os serviços prestados a não sujeitos passivos. As excepções que respeitam a ambas as regras gerais de localização das prestações de serviços são, em traços gerais, as seguintes:

– Serviços relacionados com bens imóveis, cujo elemento de conexão relevante é o lugar onde se situam os imóveis;

– Transporte de passageiros, cuja regra de localização atende ao espaço territorial que é percorrido;
– Acesso a manifestações de carácter cultural, artístico, científico, desportivo, recreativo, de ensino e similares, incluindo feiras e exposições, cujo critério de conexão relevante consiste no lugar onde tais eventos se realizam;
– Serviços de alimentação e bebidas, que atende ao lugar onde os mesmos são materialmente executados, salvo se prestados a bordo de embarcações, aeronaves ou comboios, durante um transporte de passageiros na UE, em que o critério relevante é o do lugar de partida do transporte;
– Locação de curta duração de meios de transporte, cujo elemento de conexão relevante consiste no lugar onde o meio de transporte é colocado à disposição do locatário;[137]
– Locação de bens móveis corpóreos que não sejam meios de transporte, quando o locatário se encontre estabelecido ou domiciliado fora do território da UE, se a utilização ou exploração efectivas desses bens ocorrer no território nacional.

2.2. Outras excepções à regra geral aplicável aos serviços não prestados a sujeitos passivos

Nos termos dos n.ºs 9 a 11 e das alíneas b) a d) do n.º 12 do artigo 6.º do CIVA, para além das regras de localização específicas que acima se afloraram, a regra geral relativa aos serviços prestados a não sujeitos passivos, constante da alínea b) do n.º 6 daquele artigo 6.º, também não tem aplicação em relação às seguintes prestações de serviços:

– Transporte de bens, cujo critério de conexão é o espaço territorial percorrido, salvo tratando-se de transporte intracomunitário de bens em que releva o lugar de partida do transporte;[138]

---

[137] Por "locação de curta duração de um meio de transporte", entende-se, nos termos da alínea j) do n.º 2 do artigo 1.º do CIVA, a locação de um meio de transporte por um período não superior a trinta dias ou, tratando-se de uma embarcação, por um período não superior a noventa dias.

[138] As definições de "transporte intracomunitário de bens", de "lugar de partida" e de "lugar de chegada" constam, respectivamente, das alíneas e), f) e g) do n.º 2 do artigo 1.º do CIVA.

– Serviços acessórios do transporte, cuja localização corresponde ao lugar onde tais serviços forem materialmente executados;

– Trabalhos e peritagens sobre bens móveis corpóreos, cuja localização se atribui ao lugar onde tais operações forem materialmente executadas;

– Serviços de intermediários actuando em nome e por conta de outrem, cuja regra de localização consiste no lugar em que se considerar efectuada a operação principal, a que a intermediação respeita;

– Serviços de carácter cultural, artístico, científico, desportivo, recreativo, de ensino e similares, incluindo feiras e exposições (que não consistam no acesso nem em serviços acessórios do acesso a manifestações com tal natureza), cujo critério de conexão relevante consiste no lugar onde tais serviços são materialmente executados;

– Serviços enumerados no n.º 11 do artigo 6.º do CIVA prestados a não sujeitos passivos estabelecidos ou domiciliados fora da UE, os quais não se consideram efectuados no território nacional;[139]

– Locação de curta duração de meios de transporte, a qual se considera realizada no território nacional quando o meio de transporte tenha sido colocado à disposição do locatário fora da UE, desde que a respectiva utilização ou exploração efectiva tenha lugar no território nacional;

– Locação de meios de transporte, que não seja de curta duração, relativamente à qual se determina a sujeição a imposto quando o loca-

---

[139] Tais serviços são, em suma, os seguintes: a) Cessão do direito de autor, *brevets*, licenças, marcas de fabrico e de comércio e outros direitos análogos; b) Serviços de publicidade; c) Serviços de consultores, engenheiros, advogados, economistas e contabilistas, e de gabinetes de estudo em todos os domínios, compreendendo os de organização, investigação e desenvolvimento; d) Tratamento de dados e fornecimento de informações; e) Operações bancárias, financeiras e de seguro ou resseguro, com excepção da locação de cofres-fortes; f) Colocação de pessoal à disposição; g) Locação de bens móveis corpóreos, com excepção de meios de transporte; h) Cessão do acesso a uma rede de gás natural ou a qualquer rede a ela ligada, à rede de electricidade, ou às redes de aquecimento e arrefecimento, bem como prestações de serviços de transporte ou envio através dessas redes e prestações de serviços directamente conexas; i) Serviços de telecomunicações; j) Serviços de radiodifusão e televisão; l) Serviços prestados por via electrónica; m) Obrigação de não exercer uma das actividades enumeradas.

dor não se encontre sediado, estabelecido ou domiciliado na UE, mas a respectiva utilização ou exploração efectiva tenha lugar no território nacional;[140]

– Serviços de telecomunicações, de radiodifusão, de televisão ou prestados por via electrónica, que se consideram efectuados no território nacional quando prestados por sujeitos passivos sediados, estabelecidos ou domiciliados fora da UE e o destinatário seja um não sujeito passivo residente no território nacional.[141]

Secção III

Serviços prestados por médicos e paramédicos

Em matéria de localização das operações tributáveis, afigura-se que as prestações de serviços efectuadas no exercício das actividades de médico e de paramédico estão abrangidas pelas regras gerais de localização das prestações de serviços.

Uma vez que, na maioria dos casos, os adquirentes dos serviços são pessoas singulares que não se encontram a actuar na qualidade de sujeitos passivos, as prestações de serviços realizadas no exercício das actividades de médico e de paramédico estão abrangidas pela regra geral de localização prevista na alínea b) do n.º 6 do artigo 6.º do CIVA. Assim, de harmonia com a referida regra, tais prestações de serviços consideram-se efectuadas em território nacional se o prestador dos serviços nele dispuser da respectiva sede, do estabelecimento estável ou, na sua falta, do domicílio, a partir do qual os serviços são prestados. Da aplicação prática do critério de localização acabado de

---

[140] Em matéria de locação de meios de transporte, que não seja de curta duração, efectuada a não sujeitos passivos, atente-se nas alterações que irão vigorar a partir de 1 de Janeiro de 2013, na sequência da necessária adopção do disposto no artigo 4.º da Directiva 2008/8/CE, conforme autorização legislativa constante do artigo 128.º da Lei n.º 64-B/2011, de 30 de Dezembro (Orçamento do Estado para 2012).

[141] Em matéria de serviços de telecomunicações, de radiodifusão (incluindo televisão) e prestados por via electrónica, cujos destinatários não sejam sujeitos passivos, atente-se nas alterações que irão vigorar a partir de 1 de Janeiro de 2015, na sequência da necessária adopção do disposto no artigo 5.º da Directiva 2008/8/CE, a que se faz referência *infra*, no n.º 5 da secção VII deste capítulo III.

descrever resulta, por exemplo, se um médico que tenha o seu consultório em Portugal se deslocar a outro país para aí consultar um paciente, que tais serviços, para efeitos do IVA, se consideram efectuados em território nacional.

Por outro lado, nas situações pontuais em que os adquirentes de serviços médicos ou paramédicos sejam sujeitos passivos do IVA a actuar nessa qualidade – como pode suceder no caso de empresas que, em função da natureza da sua actividade ou da legislação vigente, estejam obrigadas a assegurar a prestação de cuidados médicos aos seus empregados – afigura-se aplicável a regra geral de localização definida na alínea a) do n.º 6 do artigo 6.º do CIVA.

Embora se pudesse suscitar a dúvida se os serviços prestados no exercício das referidas profissões, em especial quando tivessem como adquirentes dos serviços pessoas que não se encontrem a actuar na qualidade de sujeitos passivos, estariam abarcados pela alínea c) do n.º 11 do artigo 6.º do CIVA, a eventual aplicação da regra de localização contida nessa alínea c) parece ser de afastar. Tal ponto de vista decorre, com as devidas adaptações, das considerações tecidas pelo TJUE no acórdão de 6 de Março de 1997 (C-167/95, *Linthorst, Pouwels en Scheren*, Colect. p. I-1195, n.ᵒˢ 20 e 21), a propósito de disposição com terminologia congénere embora com um âmbito de aplicação diferente, que à data constava do terceiro travessão da alínea e) do n.º 2 do artigo 9.º da Sexta Directiva. Sobre o assunto, o TJUE assinalou que o elemento comum das actividades heterogéneas aí mencionadas é o facto de todas se incluírem nas profissões liberais, mas, se a intenção do legislador da UE fosse que todas as actividades exercidas de forma independente estivessem incluídas nessa disposição, tê-las-ia definido em termos gerais. Além disso, acrescentou o TJUE, "*se o legislador tivesse pretendido incluir nesta disposição a profissão de médico em geral, enquanto actividade tipicamente exercida de forma independente, tê-la-ia mencionado na enumeração*".

Por outro lado, também em harmonia com a jurisprudência veiculada pelo TJUE, os serviços prestados por médicos e paramédicos, pese embora o seu carácter científico, não são enquadráveis no âmbito da regra de localização constante da alínea f) do n.º 9 e da alínea f) do n.º 10 do artigo 6.º do CIVA. Tal decorre, com as necessárias adaptações, do decidido no acima mencionado acórdão de 6 de Março de 1997, referente ao caso *Linthorst, Pouwels en Scheren*, em especial do respectivo n.º 24. Aliás, em diversas ocasiões, o TJUE já assinalou que as prestações de serviços abrangidas por tal regra de localização, inicialmente resultante da alínea c) do n.º 2 do artigo 9.º da Sexta Directiva[142], *"se caracterizam, designadamente, pelo facto de terem uma pluralidade de destinatários, a saber, o conjunto de pessoas que participa, a vários títulos, em actividades culturais, artísticas, desportivas, científicas, docentes ou recreativas"*.[143]

Como nota final, cumpre recordar, porém, que o facto de as prestações de serviços efectuadas no exercício das actividades de médico ou de paramédico se considerarem efectuadas no território nacional nas circunstâncias acima descritas, tal não significa que as mesmas sejam necessariamente objecto de tributação em IVA, havendo que tomar em conta as isenções previstas, nomeadamente, nas alíneas 1) e 2) do artigo 9.º do CIVA, se aplicáveis.[144]

Secção IV
Serviços de assistência e segurança sociais

Por via de regra, os serviços prestados no âmbito da assistência ou da segurança social estão abrangidos pelas regras gerais de localização das prestações de serviços, definidas nas alíneas a) e b) do n.º 6 do artigo 6.º do CIVA.

Assim, quando os serviços sejam prestados directamente às pessoas que são os próprios beneficiários da assistência ou segurança sociais, tais prestações de serviços estão abrangidas pela regra geral de localização prevista na alínea b) do n.º 6 do artigo 6.º do CIVA. De harmonia com a referida regra, tais prestações de serviços consideram-

---

[142] Após as alterações decorrentes do artigo 3.º da Directiva 2008/8/CE, do Conselho, de 12 de Fevereiro de 2008, essa regra, com algumas modificações, encontra-se dispersa pelo artigo 53.º e pelo n.º 1 do artigo 54.º da Directiva do IVA. Sobre este assunto, veja-se, *infra*, a secção V deste capítulo III.

[143] Cf., por exemplo, o acórdão de 7 de Outubro de 2010 (C-222/09, *Kronospan Mielec*, Colect. p. I-?, n.º 24).

[144] Sobre esta matéria, veja-se, *infra*, a subsecção I da secção II do capítulo IV.

-se efectuadas em território nacional se o prestador dos serviços nele dispuser da respectiva sede, do estabelecimento estável ou, na sua falta, do domicílio, a partir do qual os serviços são prestados.

Por seu turno, quando os serviços de assistência ou segurança sociais sejam prestados, de forma independente, às entidades públicas ou privadas que, por sua vez, estão incumbidas de prestar esses serviços aos respectivos beneficiários, é-lhes, em princípio, aplicável a regra geral de localização prevista na alínea a) do n.º 6 do artigo 6.º do CIVA. Nesse caso, as prestações de serviços de assistência ou segurança sociais consideram-se efectuadas no território nacional quando o destinatário das mesmas nele disponha de sede, estabelecimento estável ou domicílio, para o qual os serviços são prestados. A aplicação da regra geral de localização dos serviços prestados a sujeitos passivos ocorre no pressuposto de que as referidas entidades públicas ou privadas adquirentes dos serviços se configuram como sujeitos passivos do IVA nos termos da alínea a) do n.º 1 ou do n.º 5 do artigo 2.º do CIVA, ainda que eventualmente possam estar enquadradas num regime de isenção.

Pode suceder, no entanto, que as mencionadas regras gerais de localização não sejam aplicáveis, em virtude de os serviços em causa serem objecto de uma regra de localização específica. Tal afigura-se poder ocorrer, por exemplo, em relação aos serviços de alojamento prestados em lares, estabelecimentos para crianças ou jovens desprovidos de meio familiar normal, colónias de férias, albergues de juventude, etc., cujo critério de localização relevante se afigura ser o lugar do bem imóvel em que os serviços de alojamento são proporcionados. Assim, da conjugação do disposto na alínea a) do n.º 7 e na alínea a) do n.º 8, ambos do artigo 6.º do CIVA, resulta que os referidos serviços são considerados efectuados em território nacional quando os bens imóveis em que os mesmos se concretizam estejam nele situados, ao passo os serviços de alojamento em imóveis situados fora dele não são considerados efectuados em território nacional. Note-se que esta regra de localização opera independentemente do lugar onde o prestador e o destinatário dos serviços se encontram sediados, estabelecidos ou domiciliados.

Afiguram-se também enquadráveis na regra de localização dos serviços relacionados com bens imóveis os serviços domiciliários de limpeza. A este propósito, é de salientar que não parece que a referida acepção seja prejudicada pelo teor do acórdão do TJUE de 11 de Junho de 2009 (C-572/07, *RLRE*, Colect. p. I-4983), já que tal decisão versou apenas sobre a impossibilidade de os serviços de limpeza de partes comuns poderem beneficiar da isenção do IVA que abrange a locação de bens imóveis.

Por último, à semelhança do que se ressalvou no caso dos serviços de assistência médica e paramédica, cumpre recordar que o facto de determinadas prestações de serviços de assistência ou segurança sociais se considerarem efectuadas no território nacional nas circunstâncias acima descritas, tal não significa que as mesmas sejam necessariamente objecto de tributação em IVA, havendo que tomar em consideração as isenções previstas, nomeadamente, nas alíneas 6) e 7) do artigo 9.º do CIVA.[145]

Secção V
Eventos de carácter cultural, educativo, recreativo, desportivo ou similar

1. **Aspectos gerais**

Com a publicação do Decreto-Lei n.º 134/2010, de 27 de Dezembro, foi transposta para o ordenamento interno a alteração à Directiva do IVA decorrente do artigo 3.º da Directiva 2008/8/CE, do Conselho, de 12 de Fevereiro de 2008. A alteração respeitou à localização de certas prestações de serviços de carácter cultural, artístico, desportivo, científico, educativo, recreativo, desportivo ou similar, quando o destinatário dos serviços seja um sujeito passivo do imposto.

Até 31 de Dezembro de 2010, a regra de localização resultante da conjugação da alínea e) do n.º 7 com a alínea e) do n.º 8 do artigo 6.º do CIVA (na redacção dada pelo Decreto-Lei n.º 186/2009, de 12 de Agosto) abrangia a generalidade das prestações de serviços de carácter cultural, artístico, desportivo, científico, educativo, recreativo

---

[145] Sobre esta matéria, veja-se, *infra*, a subsecção I da secção III do capítulo IV.

e similar, aplicando-se quer o destinatário fosse um sujeito passivo do IVA, quer não o fosse.[146]

De harmonia com o previsto no artigo 3.º da Directiva 2008/8/CE, foi alterada a redacção dos artigos 53.º e 54.º da Directiva do IVA, o que implicou a alteração da redacção dos n.ºs 7 a 10 do artigo 6.º do CIVA. A modificação da regra de localização das referidas prestações de serviços, quando adquiridas por sujeitos passivos do imposto, implicou que muitas delas tivessem passado a ser abrangidas pela regra geral prevista na alínea a) do n.º 6 do artigo 6.º do CIVA. Sem prejuízo da pontual aplicação de outras regras de localização específicas em detrimento da regra geral de localização dos serviços prestados a sujeitos passivos, apenas se manteve objecto da anterior conexão específica o próprio acesso às manifestações culturais, artísticas, científicas, educativas, desportivas, recreativas e similares, bem como os serviços que sejam acessórios do acesso a tais manifestações.

Quanto aos serviços de carácter cultural, artístico, científico, educativo, desportivo, recreativo e similar prestados a não sujeitos passivos, não houve qualquer alteração do critério de localização que já vigorava. Assim, quer se trate apenas do acesso aos referidos eventos e serviços acessórios do acesso, quer se trate de outros serviços de carácter cultural, artístico, desportivo, científico, educativo, recreativo ou similar, o critério a tomar em consideração é o do lugar em que a prestação de tais serviços efectivamente se materializa.

2. Acesso e serviços acessórios do acesso

2.1. Descrição da regra

Da conjugação do disposto na alínea e) do n.º 7 e na alínea e) do n.º 8 do artigo 6.º do CIVA, decorre que as prestações de serviços relativas ao acesso a eventos de carácter cultural, artístico, científico, desportivo, recreativo, de ensino e similares, incluindo o acesso a feiras e exposições, são consideradas efectuadas em território nacional

---

[146] Anteriormente às alterações promovidas pelo Decreto-Lei n.º 186/2009, idêntica regra de localização destas prestações de serviços resultava já da conjugação da alínea d) do n.º 5 com a alínea d) do n.º 6 do artigo 6.º do CIVA.

quando nele se realizem os referidos eventos, não sendo consideradas efectuadas em território nacional quando os referidos eventos se realizem fora dele.

Na regra de localização descrita incluem-se também as prestações de serviços que sejam consideradas acessórias do acesso aos referidos eventos.

Como se disse, a regra em causa é aplicável independentemente dos destinatários dos serviços serem ou não sujeitos passivos do imposto.

2.2. Conceito de «manifestações similares»

O critério de conexão acabado de descrever estende-se aos serviços de acesso e acessórios do acesso aos eventos que sejam similares dos que vêm expressamente mencionados.

Nos termos do acórdão de 9 de Março de 2006 (C-114/05, *Gillan Beach*, Colect. p. I-2427, n.ᵒˢ 20 a 24), a noção de similaridade remete para actividades que possuam características comuns às categorias de actividades nela expressamente enumeradas. Procurando concretizar essas características comuns, o TJUE apontou as seguintes:

– As várias manifestações indicadas na disposição caracterizam-se pelo carácter complexo de cada uma delas, compreendendo vários serviços;

– Têm normalmente uma pluralidade de destinatários, ou seja, o conjunto de pessoas que participa, a vários títulos, em actividades culturais, artísticas, desportivas, científicas, docentes ou recreativas;

– São geralmente exercidas no âmbito de manifestações pontuais; e

– Os locais onde essas manifestações ocorrem são normalmente locais precisos e fáceis de identificar.

2.3. Conceito de «prestações de serviços relativas ao acesso»

Em conformidade com o n.º 1 do artigo 32.º do Regulamento de Execução (UE) n.º 282/2011, do Conselho, de 15 de Março de 2011, por prestações de serviços relativas ao acesso a eventos de carácter cultural, artístico, científico, desportivo, recreativo, de ensino e similares, incluindo feiras e exposições, entende-se, de um modo geral, as prestações de serviços que consistem na permissão do ingresso nos referidos eventos, mediante aquisição de um bilhete ou realização de um pagamento para o efeito, incluindo uma remuneração sob a forma de assinatura, bilhete de época ou quotização periódica. A noção de "acesso" cinge-se às prestações de serviços cujas características essenciais consistam na atribuição de tal direito de ingresso.

Nos termos do n.º 2 do mesmo artigo 32.º, insere-se no âmbito da regra de localização em apreço, entre outros, o ingresso nos seguintes eventos:

– Espectáculos em geral, representações teatrais, espectáculos de circo, feiras, parques de atracções, concertos, exposições e outras manifestações culturais similares;

– Manifestações desportivas, tais como jogos ou competições;

– Eventos educativos ou científicos, como sejam conferências e seminários.

Ao invés, não está abrangido pela referida norma de localização, por exemplo, o direito de utilização de instalações ou equipamentos desportivos, como ginásios e outros, ainda que em contrapartida do pagamento de uma quotização, como se adianta no n.º 3 do artigo 32.º do Regulamento de Execução (UE) n.º 282/2011.

2.4. Conceito de «prestações de serviços acessórias relacionadas com o acesso»

A aplicação da regra de localização prevista na alínea e) do n.º 7 e na alínea e) do n.º 8 do artigo 6.º do CIVA estende-se aos serviços acessórios dos que vêm aí mencionados. Para tanto, resulta do artigo 33.º do Regulamento de Execução (UE) n.º 282/2011 que apenas são de considerar prestações de serviços acessórias relacionadas com o acesso as que sejam efectuadas às pessoas que assistem como espectadores ou visitantes aos eventos abrangidos pela regra de localização em apreço, e que, embora possam ser objecto de um pagamento autónomo, estejam relacionadas com o acesso, como sejam, por exemplo, serviços de bengaleiro ou vestiário e os relativos à utilização de instalações sanitárias.

Não se consideram serviços acessórios do acesso as prestações de serviços de agenciamento de bilhetes de ingresso nos eventos abrangidos pela regra de localização em referência.

3. Outros serviços relativos às mencionadas actividades prestados a sujeitos passivos

3.1. Perspectiva geral

A aplicação da regra de localização das prestações de serviços de carácter cultural, artístico, científico, desportivo, recreativo, de ensino e similares – que não consistam no acesso nem em serviços acessórios do acesso a manifestações dessa natureza – passou a depender da qualidade do destinatário dos serviços. Quando o destinatário dos serviços for um sujeito passivo do IVA, é de crer que tais operações, a partir de 1 de Janeiro de 2011, na sua grande maioria, fiquem submetidas à regra geral prevista na alínea a) do n.º 6 do artigo 6.º do CIVA, uma vez que deixaram de estar abrangidas pela regra de localização específica que anteriormente as contemplava.

De entre os casos mais típicos em que a regra geral de localização dos serviços prestados a sujeitos passivos passou a ser aplicável, contam-se, por exemplo, os serviços prestados por artistas a entidades ligadas à organização ou promoção de espectáculos musicais, teatrais e espectáculos congéneres, bem como os serviços prestados por professores, formadores, conferencistas, *etc.* a entidades que organizem ou promovam cursos, acções de formação, conferências, palestras, seminários e manifestações congéneres, de carácter cultural, científico, educativo, formativo, recreativo ou similar. Não vigorando mais a disposição específica que determinava que tais prestações de serviços se considerassem efectuadas no lugar da realização material dos eventos em questão (quando o adquirente dos serviços tenha a qualidade de sujeito passivo do IVA e esteja a agir como tal), não parece que restem dúvidas de que o critério de localização de tais serviços passa a ser o lugar da sede, estabelecimento estável ou domicílio do sujeito passivo adquirente.

Noutros casos, porém, é de admitir que possa não ser necessariamente assim, como sucede no caso de serviços prestados no âmbito de feiras e exposições, a que a seguir se faz referência.

3.2. O caso das feiras e exposições

Em boa parte das situações, a regra vigente até 31 de Dezembro de 2010 comportava a virtualidade de agregar, sob uma única regra de localização específica, prestações de serviços de carácter complexo, por vezes compostas por elementos variados e heterogéneos, como sucedia no caso dos serviços prestados aos feirantes e expositores, no quadro da sua participação em feiras e exposições. No acórdão de 9 de Março de 2006 (C-114/05, *Gillan Beach*, Colect. p. I-2427) o TJUE debruçara-se sobre a inclusão na referida regra de prestações de serviços efectuadas no âmbito de salões náuticos. Em causa estavam os serviços globais prestados por um organizador dos salões náuticos às empresas expositoras, que compreendiam, designadamente, a preparação e a colocação à disposição de *stands*, meios de comunicação e serviços de recepcionistas, bem como a locação e vigilância de postos de atracação das embarcações em exposição. Sobre o assunto, o TJUE considerou que a prestação global fornecida pelo organizador de uma exposição às empresas expositoras se enquadrava nas operações visadas pela regra de localização em apreço – a qual, à data a que se reportavam os factos, constava do primeiro travessão da alínea c) do n.º 2 do artigo 9.º da Sexta Directiva.[147] Como salientou no n.º 28 do acórdão, tal regra mostrava-se suficientemente ampla para determinar o lugar das referidas prestações de serviços, pelo que o TJUE afirmou não ser necessário determinar se tais prestações poderiam ser enquadradas em qualquer das demais regras específicas então previstas no n.º 2 daquele artigo.

Ainda assim, posteriormente, reportando-se às regras de localização das prestações de serviços já constantes da Directiva do IVA

---

[147] A alínea c) do n.º 2 do artigo 9.º da Sexta Directiva foi inicialmente vertida na alínea a) do artigo 52.º da Directiva do IVA, entretanto objecto de alterações pelos artigos 2.º e 3.º da Directiva 2008/8/CE.

mas anteriores às alterações trazidas pela Directiva 2008/8/CE[148], o TJUE pronunciou-se, através do acórdão de 27 de Outubro de 2011 (C-530/09, *Inter-Mark Group*, Colect. p. I-?), acerca das regras de localização aplicáveis a prestações de serviços que consistiam em conceber, disponibilizar temporariamente e, eventualmente, transportar componentes e montar *stands* de exposições para clientes que apresentavam os seus produtos e serviços em feiras e exposições, tendo concluído pelos seguintes enquadramentos possíveis:

– Aplicação da regra contida na alínea b) do n.º 1 artigo 56.º da Directiva do IVA (na redacção anterior à dada pelo artigo 2.º da Directiva 2008/8/CE), relativa a prestações de serviços de publicidade, quando o *stand* é concebido ou utilizado para fins publicitários;

– Aplicação da regra contida na alínea a) do artigo 52.º da Directiva do IVA (na redacção anterior à dada pelo artigo 2.º da Directiva 2008/8/CE), relativa a actividades culturais, artísticas, desportivas, científicas, educativas, recreativas ou similares, incluindo serviços acessórios dessas actividades, quando o *stand* é concebido e disponibilizado para uma feira ou exposição relacionada com as referidas actividades, ou quando o *stand* corresponde a um modelo cuja forma, dimensão, composição material ou aspecto visual foram definidos pelo organizador da feira ou da exposição;

– Aplicação da alínea g) do n.º 1 do artigo 56.º da Directiva do IVA (na redacção anterior à dada pela Directiva 2008/8/CE), relativa à locação de bens móveis corpóreos com excepção de meios de transporte, quando a disponibilização temporária dos elementos materiais constitutivos desse *stand* constitui o elemento determinante da prestação.

Saliente-se, porém, que este acórdão relativo ao caso *Inter-Mark Group*, uma vez que foi proferido com referência à legislação em vigor em 2009, não teve ainda em consideração que o artigo 2.º da Directiva 2008/8/CE, ao passar a consagrar no artigo 53.º da Directiva do IVA, na versão vigente entre 1 de Janeiro de 2010 e 31 de Dezembro desse

---

[148] Ou seja, reportando-se às regras de localização das prestações de serviços vigentes até 31 de Dezembro de 2009, idênticas às que constavam da última versão da Sexta Directiva.

mesmo ano, regra com semelhanças à que anteriormente constava da alínea a) do artigo 52.º da Directiva do IVA, lhe aditou expressamente a frase "*tais como feiras e exposições*", pelo que não é certo que a decisão do TJUE não tivesse divergido da que foi tomada, no caso de ter sido chamado a pronunciar-se sobre o enquadramento aplicável em 2010, e não sobre o enquadramento aplicado em 2009.

Em qualquer caso, após 1 de Janeiro de 2011, tendo sido abolida a regra de localização específica aplicável aos serviços prestados a sujeitos passivos por organizadores de feiras e exposições[149], parece não haver dúvidas sobre a aplicação da regra geral de localização dos serviços prestados a sujeitos passivos, quando o *stand* seja exclusivamente concebido ou utilizado para fins publicitários, ou quando a disponibilização temporária, contra pagamento, dos elementos materiais constitutivos desse *stand* constitua o elemento determinante da prestação, em face do entendimento decorrente do acórdão de 27 de Outubro de 2011 (C-530/09, *Inter-Mark Group*, Colect. p. I-?). Para determinar se os *stands* de destinam a ser utilizados para fins publicitários, afigura-se dever tomar em consideração as condições indicadas no n.º 20 do mencionado acórdão *Inter-Mark Group*, isto é, que os mesmos "*sejam utilizados na transmissão de uma mensagem destinada a informar o público da existência ou das qualidades do produto ou do serviço proposto pelo destinatário do serviço, com o objectivo de aumentar as vendas, ou quando estejam indissociavelmente ligados a uma campanha publicitária e contribuam para a transmissão da mensagem publicitária. É, designadamente, o que se verifica quando esses stands constituem o suporte para a transmissão de uma mensagem destinada a informar o público da existência ou das qualidades do produto, ou servem para a organização de eventos promocionais.*"

Ainda que não se esteja perante uma das situações acabadas de mencionar, mas, sim, perante uma prestação de serviços que consista na concepção e disponibilização temporária de um *stand*, eventual-

---

[149] Por efeito da alteração das redacções dos artigos 53.º e 54.º da Directiva do IVA promovida pelo artigo 3.º da Directiva 2008/8/CE, vigente a partir de 1 de Janeiro de 2011, que implicou, na legislação interna portuguesa, as alterações à alínea e) do n.º 7 e à alínea e) do n.º 8, bem como o aditamento da alínea f) ao n.º 9, todos do artigo 6.º do CIVA, trazidos pelo Decreto-Lei n.º 134/2010, de 27 de Dezembro.

mente acompanhada do transporte e montagem dos seus componentes, parece ser também de pender no sentido da aplicação da regra geral de localização dos serviços prestados a sujeitos passivos, em face do afirmado nos n.ᵒˢ 29 a 31 do acima referenciado acórdão *Inter- -Mark Group*. Segundo o TJUE, a situação em causa naquele processo não poderia ser qualificada como serviços relacionados com bens imóveis, por não apresentar uma relação directa com um bem imóvel, não sendo suficiente para esse efeito o facto de os *stands* das feiras ou das exposições terem de ser temporariamente instalados em bens imóveis ou no seu interior. Note-se, porém, que em causa no processo estavam apenas os serviços prestados aos feirantes ou expositores por uma empresa que locava os *stands* e procedia à montagem dos elementos que os constituíam no local da feira ou exposição, facturando tais serviços aos referidos clientes. Os serviços e os débitos em causa não diziam respeito aos bens e serviços fornecidos e debitados pelos organizadores de feiras ou exposições aos feirantes ou expositores, relacionados com a participação e com a infra-estrutura da feira, assim como com meios de comunicação, com fornecimentos de utilidade geral e outros, cujo enquadramento não esteve em apreço no processo.

Com a alteração ocorrida a partir de 1 de Janeiro de 2011, a prévia agregação numa regra específica relativa a feiras e exposições deixou de se verificar em virtude da revogação da mesma. Não obstante, não é certo que decorra directa, imediata e necessariamente dessa revogação que todos os serviços, sem excepção, normalmente prestados pelos organizadores de feiras e de exposições às entidades participantes representadas nos certames, sejam de incluir, no seu conjunto, no âmbito da actual regra geral de localização dos serviços prestados a sujeitos passivos, justificando-se aprofundar se tais serviços não se encontrarão abrangidos por uma outra regra de localização específica.[150] Com efeito,

---

[150] A matéria veio abordada com algum detalhe no documento *taxud.c.1 (2010) 652405* (documento de trabalho n.º 674), de 14 de Setembro de 2010, da Comissão Europeia, no qual se discorre sobre a possível regra de localização a aplicar, após 1 de Janeiro de 2011, aos serviços normalmente prestados aos feirantes ou expositores no quadro da participação destes em feiras e exposições. Nesse documento, a Comissão cogitou como potencialmente aplicáveis a regra geral de localização contida no artigo 44.º da Directiva do IVA, a regra de localização dos serviços relacionados

para que uma tomada de posição sobre essa inclusão possa ocorrer, é mister determinar, num primeiro momento, se se está efectivamente perante uma prestação de serviços única, composta por um elemento principal e por elementos que lhe são acessórios, ou perante diversas prestações de serviços principais, que devam ser consideradas autónomas entre si. Além disso, mostra-se necessário também apurar se a prestação de serviços principal ou as prestações de serviços principais não estarão submetidas a uma regra de localização específica, que inviabilize, total ou parcialmente, a aplicação da actual regra geral de localização dos serviços prestados a sujeitos passivos.

Em primeiro lugar, perante situações compostas por vários elementos ou actos, deve atender-se a todas as circunstâncias que as rodeiam, com vista a determinar se as mesmas se consubstanciam em duas ou mais prestações distintas ou em uma única prestação.[151] Por via de regra, cada operação tributável deve ser considerada distinta e independente em relação às demais. No entanto, uma única operação no plano económico não deve ser artificialmente decomposta em várias operações, pelo que é importante detectar os seus componentes mais característicos, de modo a determinar se um sujeito passivo fornece ao cliente diversas prestações principais distintas ou se fornece uma única prestação. Está-se perante uma prestação de serviços autónoma quando dois ou mais elementos ou actos, proporcionados por

---

com bens imóveis prevista no artigo 47.º da Directiva do IVA ou, mesmo, a regra de localização que respeita ao acesso a feiras e exposições presentemente constante do artigo 53.º da Directiva do IVA. Embora mais recentemente a Comissão venha pretendendo dar maior prevalência à aplicação da regra geral de localização dos serviços prestados a sujeitos passivos – conforme documento *taxud.c.1(2011)1395035* (documento de trabalho n.º 707-Rev 1), de 29 de Novembro de 2011 –, o assunto foi submetido a apreciação do Comité do IVA, o qual não tem uma opinião consensual. Note-se, em qualquer caso, que as orientações emanadas do Comité do IVA não são vinculativas para os Estados membros.

[151] Sobre a matéria, veja-se, por exemplo, os seguintes acórdãos do TJUE: de 25 de Fevereiro de 1999 (C-349/96, *CPP*, Colect. p. I-973, n.ºs 29 e 30); de 15 de Maio de 2001 (C-34/99, *Primback*, Colect. p. I-3833, n.º 45); de 27 de Outubro de 2005 (C-41/04, *Levob Verzekeringen e OV Bank*, Colect. p. I-9433, n.ºs 20 a 22); de 21 de Fevereiro de 2008 (C-425/06, *Part Service*, Colect. p. I-897, n.ºs 50, 51 e 53); e de 11 de Junho de 2009 (C-572/07, *RLRE*, Colect. p. I-4983, n.ºs 17 a 19).

um sujeito passivo ao seu cliente, estejam estreitamente ligados, de tal modo que formem, objectivamente, uma única operação económica, cuja decomposição em duas ou mais operações teria um carácter artificial. Em determinadas circunstâncias, pode suceder, inclusive, que prestações distintas do ponto de vista formal, e que são susceptíveis de ser realizadas separadamente, sejam também de considerar como uma operação única, quando tais prestações não sejam independentes entre si. Tal apreciação pode conduzir a que se identifiquem elementos ou actos que são dominantes e que constituem a prestação principal, a par de elementos ou actos que sejam de considerar prestações acessórias, caso em que estas últimas devem, em princípio, partilhar da qualificação para efeitos do IVA da prestação principal. Para esse efeito, uma prestação deve ser considerada acessória em relação a uma prestação principal se não constituir para o cliente um fim em si mesmo, mas apenas um meio de beneficiar nas melhores condições do elemento principal.[152] Um aspecto que não reveste um carácter decisivo para determinar se se está ou não perante uma operação única é o facto de ser facturado um preço único. No entanto, quando um sujeito passivo efectua aos seus clientes prestações de serviços compostas por vários elementos contra o pagamento de um preço único, esse facto pode ser considerado como um aspecto a favor da ocorrência de uma prestação de serviços única.[153]

Quanto a apurar se é aplicável uma regra de localização específica que derrogue, no todo ou em parte, a aplicação da regra geral de localização prevista na alínea a) do n.º 6 do artigo 6.º do CIVA, é de notar, independentemente do maior ou menor número de bens e serviços disponibilizados pelos organizadores aos feirantes ou expositores, que os mesmos incluem – como elemento comum e primordial em todas ou na maioria das situações – a cedência onerosa da utilização de um espaço físico determinado, inserido num local especialmente prepa-

---

[152] Sobre a matéria, veja-se, por exemplo, os seguintes acórdãos do TJUE: de 25 de Fevereiro de 1999 (C-349/96, *CPP*, Colect. p. I-973, n.º 30); e de 21 de Fevereiro de 2008 (C-425/06, *Part Service*, Colect. p. I-897, n.º 52).

[153] Cf. acórdão de 25 de Fevereiro de 1999 (C-349/96, *CPP*, Colect., p. I-973, n.º 31).

rado para a realização dos eventos em apreço. Quando tal suceda, parece ser de admitir que se esteja perante uma prestação de serviços principal relacionada com um bem imóvel, que inclui a prestação de serviços acessórios dessa operação principal, abrangidas, no seu conjunto, pela regra de localização específica decorrente da conjugação da alínea a) do n.º 7 com a alínea a) do n.º 8 do artigo 6.º do CIVA.[154] Note-se que a decisão proferida por via do acórdão de 27 de Outubro de 2011 (C-530/09, *Inter-Mark Group*, Colect. p. I-?) não parece que ponha em causa este entendimento, já que o afastamento da regra de localização dos serviços relacionados com bens imóveis, nele operada nos n.os 28 a 30, teve subjacente, como o TJUE expressamente salientou, as características do elemento determinante da prestação de serviços que estava em causa no processo, tida como uma "*disponibilização temporária, contra pagamento, dos elementos materiais constitutivos do stand*".

A qualificação acabada de prefigurar parece ser a mais consentânea com as disposições actualmente em vigor, sempre que um dos componentes do serviço complexo seja a locação ou qualquer outro contrato oneroso que tenha por efeito a colocação à disposição de um pavilhão, *stand*, balcão, banca ou outro espaço físico determinado, que constitua parte integrante do recinto da feira ou exposição. A obtenção do direito à utilização de um espaço determinado e preparado no local da feira ou da exposição afigura-se constituir para os participantes o seu desiderato principal, com vista à exposição, demonstração ou comercialização dos produtos, ao acolhimento de potenciais clientes, à

---

[154] Por exemplo, no acórdão de 3 de Março de 2005 (C-428/02, *Fonden Marselisborg*, Colect. p. I-1527, n.os 34 e 35) – embora não estivesse directamente em causa a aplicação de regras de localização das prestações de serviços, mas, sim, de regras de isenção do IVA – o TJUE considerou relacionada com bens imóveis a locação de postos de amarração de embarcações numa doca marítima. Como se referiu acima, para além da locação de *stands*, a locação de postos de amarração de embarcações também constituía um dos serviços prestados aos expositores no âmbito da organização de salões, sobre que se pronunciou o TJUE no seu acórdão de 9 de Março de 2006 (C-114/05, *Gillan Beach*, Colect. p. I-2427). Uma vez que deixou de vigorar a regra de localização especificamente ligada aos serviços prestados a sujeitos passivos no âmbito da participação destes em feiras e exposições, afigura-se emergir a possibilidade de tais operações passarem a ser abrangidas pela regra de localização específica relativa a serviços relacionados com bens imóveis.

disponibilização de informação personalizada e à divulgação de catálogos, folhetos, filmes, *etc.*. Nesse mesmo espaço são, frequentemente, instalados mostruários com os produtos comercializados pelos feirantes ou expositores, podendo estes proceder à celebração de contratos e recepção de encomendas ou, mesmo, à venda directa dos produtos que se encontram nesses locais ou em armazéns próximos ou contíguos. Em tal contexto, a colocação à disposição do pavilhão, *stand*, balcão, banca ou outro espaço integrado no local do certame afigura--se constituir a prestação principal visada pelo feirante ou expositor e representa normalmente uma fatia substancial do custo do serviço.[155]

A ser assim, é de admitir que os serviços adicionais que possam ser eventualmente prestados aos feirantes ou expositores constituam, pelo menos em parte, operações acessórias do referido direito à utilização do espaço.

Desde logo, alguns dos serviços susceptíveis de ser considerados acessórios também podem estar, eles próprios, directamente abrangidos pela regra de localização das prestações de serviços relacionadas com bens imóveis, como sejam, por exemplo, a montagem dos referidos espaços quando assegurada pelos organizadores nos espaços por eles próprios cedidos, a disponibilização de infra-estruturas neles incorporadas com vista ao fornecimento de água, gás, electricidade, aquecimento ou refrigeração, bem como serviços de vigilância, de manutenção ou de limpeza.

Além disso, não é de descurar a hipótese de que muitos dos outros meios susceptíveis de serem disponibilizados aos feirantes ou expositores no âmbito da organização dos certames em referência, embora não estejam directamente relacionados com a utilização de um espaço num bem imóvel, possam não representar para aqueles um fim em si mesmos, mas apenas uma forma de beneficiarem nas melhores condições da prestação principal. Na hipótese prefigurada, contam-se,

---

[155] No acórdão de 29 de Março de 2007 (C-111/05, *Aktiebolaget NN*, Colect. p. I-2697), o TJUE considerou que o custo de um dos componentes de uma operação composta por mais do que um elemento é um dos aspectos que podem ser relevantes, para efeitos da respectiva qualificação como operação única e para determinar qual desses elementos deve ser considerado o principal.

por exemplo, a locação de equipamentos para os referidos espaços, nomeadamente, aparelhos telefónicos ou de telecópia, máquinas fotocopiadoras, aparelhos audiovisuais, computadores, mobiliário diverso e outros equipamentos e utensílios (incluindo para o fornecimento de alimentos e de bebidas), serviços de comunicações, de apoio administrativo, de tradução e interpretação, serviços de publicidade e seguros, bem como serviços de transporte de mercadorias ou de equipamentos, seja para comercialização, seja para a decoração dos pavilhões, *stands* e outros espaços.

Por outro lado, o conjunto de condições susceptíveis de ser facultadas a pedido dos feirantes ou expositores pode incluir fornecimentos que, se analisados individualmente, seriam qualificados como transmissões de bens para efeitos do IVA, como sejam o fornecimento de gás, electricidade, aquecimento e refrigeração, a disponibilização de alimentos ou bebidas, e a produção de catálogos, folhetos e brindes para oferta aos visitantes. Tais fornecimentos, porém, quando inseridos no contexto de uma prestação de serviços múltipla efectuada aos feirantes ou expositores, também é duvidoso que representem para estes um fim em si mesmos, parecendo representar apenas uma forma de beneficiarem nas melhores condições da prestação principal.

4. Outros serviços relativos às mencionadas actividades não prestados a sujeitos passivos

4.1. Descrição da regra

Quando os serviços de carácter cultural, artístico, científico, desportivo, recreativo, de ensino e similares, incluindo feiras e exposições, sejam prestados a pessoas que não são sujeitos passivos do IVA, a regra de localização actualmente aplicável resulta da conjugação do disposto na alínea f) do n.º 9 e na alínea f) do n.º 10 do artigo 6.º do CIVA. Dela decorre que os serviços em apreço são considerados efectuados no lugar da sua execução material, quando sejam prestados a pessoas que não sejam sujeitos passivos do IVA e não se trate de serviços de acesso ou acessórios do acesso a eventos com tal natureza. Assim, as referidas prestações de serviços são consideradas efectuadas em território nacional quando nele tenham lugar as manifestações de carácter cultural, artístico, científico, desportivo, recreativo, de ensino, *etc.*, não sendo consideradas efectuadas em território nacional quando tais manifestações ocorram fora do território nacional.[156]

Como se explicita na alínea f) do n.º 9 e na alínea f) do n.º 10 do artigo 6.º do CIVA, a regra de localização aí estabelecida é também aplicável às prestações de serviços efectuadas pelos organizadores das actividades enumeradas naquelas alíneas, bem como às prestações de serviços acessórias de tais actividades.

4.2. Serviços abrangidos pela regra

No âmbito das prestações de serviços de carácter cultural, artístico, desportivo, científico, educativo e recreativo, a regra contida na alínea f) do n.º 9 e na alínea f) do n.º 10 do artigo 6.º do CIVA abrange, de igual modo, as seguintes prestações ou actividades:
– Actividades similares;
– Serviços acessórios;
– Feiras e exposições;
– Organização das actividades abrangidas pela regra.

Segundo decisões anteriores do TJUE, não é exigível, para efeitos de inclusão de uma prestação de serviços no âmbito da regra em apreço, que o prestador dos serviços detenha um particular nível artístico, desportivo ou afim. A norma inclui, não só prestações que têm por objecto actividades artísticas, desportivas, recreativas, *etc.*, mas também as prestações que têm por objecto actividades similares a essas.

De acordo com anterior jurisprudência do TJUE – a qual se afigura manter actualidade na condição de o adquirente dos serviços não ser um sujeito passivo do IVA ou uma outra entidade abrangida pelo n.º 5 do artigo 2.º do CIVA –, estão também inseridos no âmbito da alínea f)

---

[156] Como se viu, quando se trate do acesso e de serviços acessórios do acesso às referidas manifestações, aplica-se um critério de conexão semelhante, decorrente, neste caso, da alínea e) do n.º 7 e da alínea e) do n.º 8 do artigo 6.º do CIVA, a que se faz alusão supra, no n.º 2 desta secção V do capítulo III.

do n.º 9 ou da alínea f) do n.º 10 do artigo 6.º do CIVA os seguintes serviços ou actividades:

– Sonorização de manifestações artísticas ou recreativas, em conformidade com o decidido no acórdão de 26 de Setembro de 1996 (C-327/94, *Dudda*, Colect. p. I-4595);

– Salões de jogos, incluindo a disponibilização ao público, mediante remuneração, de máquinas de jogos a dinheiro neles instaladas, nos termos do acórdão de 12 de Maio de 2005 (C-452/03, *RAL CI e o.*, Colect. p. I-3947);

– Serviços prestados a feirantes ou expositores pelos organizadores de feiras e exposições, compreendendo a preparação e a colocação à disposição de *stands*, de meios de comunicação e de serviços de recepcionistas, de acordo com o decidido no acórdão de 9 de Março de 2006 (C-114/05, *Gillan Beach*, Colect. p. I-2427).

Por outro lado, no acórdão de 7 de Outubro de 2010 (C-222/09, *Kronospan Mielec*, Colect. p. I-?) o TJUE foi chamado a pronunciar-se sobre a regra de localização aplicável a serviços que consistiam em realizar trabalhos de investigação e de desenvolvimento em matéria ambiental e tecnológica, efectuados por engenheiros estabelecidos num Estado membro, em benefício de um destinatário estabelecido noutro Estado membro. Em causa estava determinar se tais operações, para efeitos da respectiva regra de localização, seriam de qualificar como serviços de carácter científico ou como serviços prestados por engenheiros, tendo o TJUE pendido para esta segunda alternativa. Uma vez que tais operações devem ser qualificadas como prestações de serviços de engenheiros, as mesmas, quando efectuadas a sujeitos passivos (ou a outras entidades previstas no n.º 5 do artigo 2.º do CIVA), já desde 1 de Janeiro de 2010 que eram de considerar abrangidas pela regra geral de localização contida na alínea a) do n.º 6 do artigo 6.º do CIVA. Quando tais serviços não sejam prestados a sujeitos passivos, opera, em princípio, a correspondente regra geral prevista na alínea b) do n.º 6 do artigo 6.º do CIVA, salvo se o destinatário for pessoa estabelecida ou domiciliada fora da UE, caso em que é aplicável a regra de localização constante da alínea c) do n.º 11 do mesmo artigo 6.º.

4.3. Conceito de «prestações de serviços acessórias»

No que respeita ao conceito de serviços acessórios das actividades indicadas na alínea f) do n.º 9 e na alínea f) do n.º 10 do artigo 6.º do CIVA, no acórdão de 26 de Setembro de 1996 (C-327/94, *Dudda*, Colect. p. I-4595, n.ºs 27 e 28) o TJUE afirmou que devem considerar-se acessórias *"todas as prestações que, sem constituir em si mesmas uma tal actividade, constituem condição necessária à realização dessa mesma actividade"*, acrescentando que a norma se reporta a *"prestações que são acessórias da actividade principal vista de um modo objectivo, independentemente da pessoa que as efectua"*. Deste modo, o TJUE justificou a inserção no critério de conexão em apreço de certas prestações de serviços realizadas por um terceiro, quando tais prestações constituam uma condição necessária à realização das manifestações em referência.

SECÇÃO VI
Cessão do direito de autor e de direitos conexos

Quando tenham como destinatários sujeitos passivos que exerçam uma actividade económica, nos termos do primeiro parágrafo da alínea a) do n.º 1 do artigo 2.º do CIVA, as prestações de serviços que consistam na cessão de direitos de autor ou de direitos conexos estão abrangidas pela regra geral de localização dos serviços prestados a sujeitos passivos, constante da alínea a) do n.º 6 do artigo 6.º do CIVA. Tal significa, independentemente do lugar onde se encontrar sediado, estabelecido ou domiciliado o prestador dos serviços, que estes são considerados efectuados em território nacional quando o destinatário dos serviços nele dispuser da respectiva sede, estabelecimento estável ou domicílio, para os quais os serviços sejam prestados. A referida regra geral de localização dos serviços prestados a sujeitos passivos e equiparados, vigente a partir de 1 de Janeiro de 2010, tem por base o disposto no artigo 44.º da Directiva do IVA (na redacção dada pelo artigo 2.º da Directiva 2008/8/CE, do Conselho, de 12 de Fevereiro de 2008), nos termos do qual o lugar das prestações de serviços efectuadas a sujeitos passivos é o lugar onde este disponha da sede da sua actividade económica ou de um estabelecimento estável para o qual os serviços sejam prestados, ou, na falta de sede e de estabelecimento estável, o lugar onde o destinatário dos serviços tenha domicílio ou residência habitual.

Quando as operações em referência sejam consideradas efectuadas em território nacional e não estejam em condições de beneficiar de isenção, competirá, por via de regra, ao prestador do serviços proceder à liquidação e pagamento do imposto que se mostre devido. Todavia, se o prestador dos serviços não dispuser de sede, estabelecimento estável ou domicílio no território nacional caberá ao destinatário dos serviços, na sua qualidade de sujeito passivo e devedor do IVA por força do determinado na alínea e) do n.º 1 do artigo 2.º do CIVA[157], proceder à "autoliquidação" do imposto, sem prejuízo do eventual direito à dedução total ou parcial desse montante, nos termos gerais do CIVA.

Por outro lado, é de admitir que, em certos casos, os destinatários das referidas prestações de serviços possam não ter a qualidade de sujeitos passivos na acepção da alínea a) do n.º 1 ou do n.º 5 do artigo 2.º do CIVA, ficando as cessões do direito de autor e de direitos conexos abrangidas, em princípio, pela regra geral de localização dos serviços prestados a não sujeitos passivos, definida na alínea b) do n.º 6 do artigo 6.º do CIVA. Nos termos desta regra geral de localização, as referidas prestações de serviços, quando tenham como destinatários não sujeitos passivos do IVA, são, em princípio, consideradas efectuadas em território nacional se o prestador nele dispuser da respectiva sede, estabelecimento estável ou domicílio, a partir dos quais os serviços sejam prestados. A regra geral de localização dos serviços prestados a não sujeitos passivos resulta da transposição do disposto no artigo 45.º da Directiva do IVA (na redacção que lhe foi dada pelo artigo 2.º da Directiva 2008/8/CE), de harmonia com o qual o lugar das prestações de serviços efectuadas a pessoas que não sejam sujeitos passivos é o lugar onde o prestador dos serviços dispõe da sede da sua actividade económica ou do estabelecimento estável a partir do qual os serviços são prestados, ou, na falta de sede ou de estabelecimento

---

[157] Na redacção dada pelo Decreto-Lei n.º 186/2009, de 12 de Agosto, em vigor a partir de 1 de Janeiro de 2010.

estável, o lugar do respectivo domicílio ou residência habitual. A regra geral prevista na alínea b) do n.º 6 do artigo 6.º do CIVA é, porém, objecto de uma derrogação, decorrente da alínea a) do n.º 11 do mesmo artigo 6.º, quando o destinatário dos serviços, sendo um não sujeito passivo do imposto, esteja estabelecido ou domiciliado fora da UE. Esta derrogação à regra geral dos serviços prestados a não sujeitos passivos tem por base o previsto no artigo 59.º da Directiva do IVA (na redacção dada pelo artigo 2.º da Directiva 2008/8/CE), de harmonia com o qual o lugar das prestações de serviços indicadas nesse artigo, efectuadas a pessoas que não sejam sujeitos passivos e estejam estabelecidas ou domiciliadas fora da UE, é o lugar onde essas pessoas estão estabelecidas ou domiciliadas.

Assim, na eventualidade de se estar na presença de operações de cessão do direito de autor ou de direitos conexos que não tenham como destinatários sujeitos passivos ou entidades equiparadas, tais prestações de serviços são consideradas efectuadas no território nacional quando o prestador dos serviços nele dispuser de sede, estabelecimento estável ou domicílio, a partir do qual os serviços sejam prestados, salvo se o destinatário dos serviços for um não sujeito passivo estabelecido ou domiciliado fora da UE, conforme resulta da conjugação do disposto na alínea b) do n.º 6 com a alínea a) do n.º 11, ambos do artigo 6.º do CIVA.

Por último, cabe recordar que a circunstância de uma cessão do direito de autor ou de direitos conexos ser, para efeitos do IVA, considerada efectuada em território nacional não significa, necessariamente, em algumas circunstâncias adiante referenciadas, que tal cessão esteja efectivamente submetida a tributação, havendo que verificar, num segundo momento, se tal operação reunirá as condições para beneficiar de uma das isenções previstas nas alíneas 15) e 16) do artigo 9.º do CIVA.[158]

---

[158] Sobre esta matéria, veja-se, *infra*, as secções VI e VII do capítulo IV.

Secção VII

**Telecomunicações, radiodifusão
e serviços por via electrónica**

1. Serviços prestados a sujeitos passivos

Às prestações de serviços de telecomunicações, de radiodifusão e televisão[159], e prestações de serviços por via electrónica, quando efectuadas a sujeitos passivos do IVA, tem plena aplicação a regra geral de localização contida na alínea a) do n.º 6 do artigo 6.º do CIVA. De harmonia com esta regra geral, as referidas prestações de serviços consideram-se efectuadas em território nacional quando o destinatário nele disponha de sede, estabelecimento estável ou domicílio. Desta regra geral resulta, em contrapartida, que não são consideradas nele efectuadas as referidas prestações de serviços quando o destinatário seja um sujeito passivo sediado, estabelecido ou domiciliado fora do território nacional, mesmo que o prestador dos serviços disponha de sede, estabelecimento estável ou domicílio no território nacional.

2. Serviços não prestados a sujeitos passivos

A localização em território nacional dos serviços de telecomunicações, de radiodifusão e de televisão, bem como dos serviços prestados por via electrónica, tendo como destinatários não sujeitos passivos do imposto, ocorre nas seguintes situações:

– No caso de as referidas prestações de serviços serem efectuadas por um sujeito passivo que disponha de sede, estabelecimento estável ou domicílio em Portugal, a partir do qual os serviços sejam prestados, as mesmas são consideradas efectuadas no território nacional nos termos

---

[159] O conceito técnico extra-fiscal de "radiodifusão" abarca também os próprios serviços de radiotelevisão, pelo que a autonomização aqui feita em relação aos serviços de televisão limita-se a reproduzir as referências a serviços "de radiodifusão e [de] televisão" feitas na alínea j) do primeiro parágrafo do artigo 59.º e no artigo 59.º-B da Directiva do IVA, bem como na alínea j) do n.º 11 e na alínea d) do n.º 12 do artigo 6.º do CIVA.

da alínea b) do n.º 6 do artigo 6.º do CIVA, salvo se o destinatário for um não sujeito passivo estabelecido ou domiciliado fora da UE;
– No caso de o prestador dos serviços se encontrar sediado, estabelecido ou domiciliado fora da UE, mas o adquirente das mesmas for um não sujeito passivo residente em Portugal, as prestações de serviços em apreço são consideradas efectuadas no território nacional, nos termos da alínea d) do n.º 12 do artigo 6.º do CIVA.

Nas demais situações, em que se esteja perante serviços de telecomunicações, de radiodifusão, de televisão ou prestados por via electrónica, tendo como destinatários não sujeitos passivos do imposto, tais serviços não são considerados efectuados em território nacional. Note-se que se o prestador dos serviços dispuser de sede, estabelecimento estável ou domicílio em Portugal, mas o destinatário dos serviços for um não sujeito passivo domiciliado fora da UE, que tais serviços não são considerados efectuados no território nacional, nos termos das alíneas i), j) ou l) do n.º 11 do artigo 6.º do CIVA.

3. Conceitos relevantes

3.1. Serviços de telecomunicações

Tendo por base a definição contida no n.º 2 do artigo 24.º da Directiva do IVA, a alínea h) do n.º 2 do artigo 1.º do CIVA qualifica como "serviços de telecomunicações" os serviços *"que possibilitem a transmissão, a emissão ou a recepção de sinais, texto, imagem e som ou de informações de todo o tipo através de fios, da rádio, de meios ópticos ou de outros meios electromagnéticos, incluindo a cessão ou a concessão com elas correlacionadas de direitos de utilização de instalações de transmissão, emissão ou recepção e a disponibilização do acesso a redes de informação mundiais"*.

3.2. Serviços de radiodifusão (incluindo televisão)

Os conceitos de serviços de radiodifusão e de televisão abrangem as emissões radiofónicas ou televisivas, por antena, por cabo ou por satélite, com vista à sua recepção pelo público, não exclusivamente efectuadas por via electrónica. Não estão abrangidas a cessão de direitos radiofónicos ou televisivos, nem a locação de equipamentos técnicos ou de outros bens e serviços destinados a ser utilizados nas referidas emissões ou em serviços acessórios destas.[160]

3.3. Serviços prestados por via electrónica

3.3.1. *Inclusões no conceito*

O CIVA, à semelhança do que sucede na Directiva do IVA, não apresenta uma definição por compreensão do conceito de "prestações de serviços por via electrónica". O preenchimento do conceito ocorre por via de uma enumeração, sem carácter taxativo, de prestações de serviços que se enquadram no conceito, a que procede o anexo II da Directiva do IVA, transposto para o ordenamento interno por via do anexo D do CIVA.

A título exemplificativo, o anexo D faz referência ao fornecimento de sítios informáticos, à domiciliação de páginas da rede global e à manutenção à distância de programas e equipamentos; ao fornecimento em linha de programas e respectiva actualização; ao fornecimento em linha de imagens, textos e informações, e à disponibilização de bases de dados; ao fornecimento em linha de música, filmes e jogos, incluindo jogos de azar e a dinheiro, e de emissões ou manifestações políticas, culturais, artísticas, desportivas, científicas ou de lazer, assim como à prestação de serviços de ensino à distância.

Adicionalmente, listas mais detalhadas das operações que se incluem e que se excluem, para efeitos do IVA, do conceito de serviços prestados por via electrónica constam do artigo 7.º e do anexo I do Regulamento de Execução (UE) n.º 282/2011.

Nos termos do n.º 1 do artigo 7.º do Regulamento de Execução (UE) n.º 282/2011, por "serviços prestados por via electrónica" entende-se "*os serviços que são prestados através da Internet ou de uma rede electrónica e cuja natureza torna a sua prestação essencialmente automatizada,*

---

[160] Cf. orientação emanada da 67.ª reunião do Comité do IVA, realizada a 8 de Janeiro de 2003, constante do ponto 4.3 do documento *TAXUD/2337/03 final*, de 15 de Junho de 2003, da Comissão Europeia (documento de trabalho n.º 390).

requerendo uma intervenção humana mínima, e que são impossíveis de assegurar na ausência de tecnologias da informação". De harmonia com o n.º 2 do mesmo artigo 7.º, incluem-se, nomeadamente, os seguintes serviços:

«a) Fornecimento de produtos digitalizados em geral, nomeadamente os programas informáticos e respectivas alterações e actualizações;

«b) Serviços de criação ou de apoio à presença de empresas ou de particulares numa rede electrónica, tais como um sítio ou uma página Internet;

«c) Serviços gerados automaticamente por computador através da Internet ou de uma rede electrónica, em resposta a dados específicos introduzidos pelo destinatário;

«d) Concessão, a título oneroso, do direito de colocar um bem ou um serviço à venda num sítio Internet que funciona como mercado em linha, em que os compradores potenciais fazem as suas ofertas através de um processo automatizado e em que as partes são prevenidas da realização de uma venda através de um correio electrónico gerado automaticamente por computador;

«e) Pacotes de fornecimento de serviços Internet (ISP) em que a componente telecomunicações constitui um elemento auxiliar e secundário (ou seja, pacotes que vão além do mero acesso à Internet e que compreendem outros elementos, tais como páginas de conteúdo que dão acesso a notícias e a informações meteorológicas ou turísticas, espaços de jogo, alojamento de sítios, acesso a debates em linha, etc.);

«f) Serviços enumerados no anexo I.»[161]

---

[161] O anexo I do Regulamento de Execução (UE) n.º 282/2011, a que se reporta a alínea f) do n.º 2 do seu artigo 7.º, enumera os seguintes serviços:

1) No âmbito do fornecimento de sítios informáticos: alojamento de sítios e de páginas web; manutenção automatizada de programas em linha e à distância; administração remota de sistemas; armazenamento de dados em linha que permita o armazenamento e a extracção de dados específicos por via electrónica; e fornecimento em linha de espaço de disco encomendado;

2) No âmbito do fornecimento de programas informáticos: acesso ou descarregamento de programas informáticos, incluindo programas de contabilidade e programas informáticos antivírus e respectivas actualizações; programas informáticos para bloquear a visualização de faixas publicitárias (bloqueadores de anúncios); descarregamento de programas de gestão (*"drivers"*), tais como programas informáticos de interface entre computadores e equipamentos periféricos, nomeadamente

3.3.2. Exclusões do conceito

Em contrapartida, no n.º 3 do artigo 7.º do Regulamento de Execução (UE) n.º 282/2011 excluem-se do conceito de serviços prestados por via electrónica, a título exemplificativo, as transmissões dos seguintes bens e as prestações dos seguintes serviços:

«a) Serviços de radiodifusão e televisão;
«b) Serviços de telecomunicações;
«c) Bens cuja encomenda e respectivo processamento sejam efectuados por via electrónica;
«d) CD-ROM, disquetes e suportes materiais similares;
«e) Material impresso, tal como livros, boletins, jornais ou revistas;
«f) CD e cassetes áudio;

---

impressoras; instalação automatizada em linha de filtros em sítios *web*; e instalação automatizada em linha de corta-fogos ("*firewalls*");

3) No âmbito do fornecimento de imagens, textos, etc.: acesso ou descarregamento de temas para a área de trabalho ("*desktop*"); acesso ou descarregamento de fotos, imagens ou protectores de ecrã ("*screensavers*"); conteúdo digitalizado de livros e outras publicações electrónicas; assinatura de jornais e revistas em linha; diários *web* ("*weblogs*") e estatísticas de consulta de sítios *web*; notícias, informações de trânsito e boletins meteorológicos em linha; informações em linha geradas automaticamente por programas informáticos a partir de dados específicos introduzidos pelo adquirente ou destinatário, tais como dados jurídicos e financeiros, incluindo cotações das bolsas de valores continuamente actualizadas; oferta de espaços publicitários, nomeadamente de faixas publicitárias em páginas ou sítios *web*; e utilização de motores de busca e de directórios da *internet*;

4) No âmbito do fornecimento de música, filmes, jogos, etc.: acesso ou descarregamento de música para computadores e telemóveis; acesso ou descarregamento de temas ("*jingles*") ou excertos musicais, tons de toque ou outros sons; acesso ou descarregamento de filmes; descarregamento de jogos para computadores e telemóveis; e acesso a jogos automatizados em linha dependentes da *internet* ou de outras redes electrónicas semelhantes, em que os jogadores se encontram geograficamente distantes uns dos outros;

5) No âmbito do ensino à distância: ensino automatizado à distância cujo funcionamento depende da *internet* ou de uma rede electrónica semelhante, e cuja prestação exige uma intervenção humana limitada, ou mesmo nula, incluindo salas de aula virtuais, excepto no caso de a *internet* ou rede electrónica semelhante ser usada apenas como simples meio de comunicação entre o professor e o aluno; e cadernos de exercícios preenchidos em linha pelos alunos, e corrigidos e classificados automaticamente sem qualquer intervenção humana.

«g) Cassetes vídeo e DVD;
«h) Jogos em CD-ROM;
«i) Serviços de profissionais, tais como juristas ou consultores financeiros, que aconselham os seus clientes por correio electrónico;
«j) Serviços de ensino, em que o conteúdo do curso é fornecido pelo docente através da Internet ou de uma rede electrónica (ou seja, por conexão remota);
«k) Serviços de reparação física fora de linha de equipamento informático;
«l) Serviços de armazenamento de dados fora de linha;
«m) Serviços de publicidade, nomeadamente em jornais, em cartazes ou na televisão;
«n) Serviços de assistência por telefone;
«o) Serviços de ensino exclusivamente prestados por correspondência, nomeadamente utilizando os serviços postais;
«p) Serviços tradicionais de vendas em leilão, assentes na intervenção humana directa, independentemente do modo como são feitas as ofertas de compra;
«q) Serviços telefónicos com uma componente vídeo, também designados serviços de videofonia;
«r) Acesso à Internet e à World Wide Web;
«s) Serviços telefónicos prestados através da Internet.»

Note-se que o simples facto de o prestador e o destinatário dos serviços se contactarem por correio electrónico não significa, por si só, que se esteja perante uma prestação de serviços por via electrónica, como se evidencia no parágrafo final do anexo D do CIVA, correspondente ao segundo parágrafo do artigo 59.º da Directiva do IVA.

4. Cumprimento de obrigações por entidades estabelecidas fora da UE

No que respeita ao cumprimento da obrigação de pagamento e das obrigações acessórias, por parte de sujeitos passivos sediados, estabelecidos ou domiciliados fora da UE, que prestem serviços por via electrónica a não sujeitos passivos residentes na UE, o Decreto-Lei n.º 130/2003, de 28 de Junho, aprovou o "Regime especial para sujeitos passivos não estabelecidos na Comunidade que prestem serviços por via electrónica a não sujeitos passivos nela residentes". No sistema comum do IVA, o regime consta do capítulo 6 do título XII da Directiva do IVA, integrado pelos seus artigos 357.º a 369.º.[162] Tal constitui um regime optativo de pagamento do imposto e de cumprimento da obrigação de declaração periódica através de um único portal ou ponto de contacto electrónico, por vezes designado por "sistema de balcão único" ou *one-stop-system*".

Em traços gerais, trata-se de um regime simplificado de cumprimento de obrigações, que possibilita às referidas entidades proceder ao respectivo registo em IVA num único Estado membro, para efeitos do cumprimento de todas as obrigações decorrentes da prestação de serviços por via electrónica, independentemente do Estado membro em que ocorrer a respectiva tributação. A aplicação do regime tem carácter facultativo, já que os sujeitos passivos em referência podem optar pelo cumprimento das respectivas obrigações em sede de IVA em cada um dos Estados membros onde efectuem prestações de serviços, cumprindo em cada um deles, nomeadamente, as formalidades de registo, de declaração periódica e de pagamento do imposto.

Dos artigos 58.º a 63.º do Regulamento de Execução (UE) n.º 282/2011 constam algumas regras e procedimentos adicionais relativamente às declarações periódicas de imposto e ao pagamento, por parte dos sujeitos passivos que tenham optado pelo enquadramento neste regime simplificado de cumprimento de obrigações em sede do IVA.

5. Regras em vigor a partir de 1 de Janeiro de 2015

Nos termos do artigo 5.º da Directiva 2008/8/CE, a redacção dos artigos 58.º, 59.º e 59.º-A da Directiva do IVA será objecto de alterações a partir de 1 de Janeiro de 2015, ocorrendo também a revogação nessa data do seu artigo 59.º-B. As alterações relacionam-se com as

---

[162] Nos termos do artigo 357.º da Directiva do IVA, com a redacção dada pelo n.º 4 do artigo 1.º da Directiva 2008/8/CE, as disposições que nesta altura constam do capítulo 6 do seu título XII são aplicáveis até 31 de Dezembro de 2014.

regras de localização aplicáveis aos serviços de telecomunicações, de radiodifusão, de televisão ou prestados por via electrónica, cujos destinatários não sejam sujeitos passivos. Até 31 de Dezembro de 2014, os serviços de telecomunicações, de radiodifusão, de televisão e os prestados por via electrónica, tendo como destinatários não sujeitos passivos, estão submetidos à regra geral prevista na alínea b) do n.º 6 do artigo 6.º do CIVA, quando o prestador e o destinatário dos serviços se encontrarem sediados, estabelecidos ou domiciliados na UE.

A 1 de Janeiro de 2015, por via da redacção do primeiro parágrafo do artigo 58.º da Directiva do IVA vigente a partir dessa data, o lugar dos referidos serviços, quando não prestados a sujeitos passivos, passará a ser o lugar em que os destinatários estejam estabelecidos ou domiciliados, independentemente de os prestadores dos serviços se encontrarem ou não estabelecidos na UE. Tal significa que a regra de localização em apreço se estenderá, a partir daquela data, aos casos em que os prestadores dos referidos serviços se encontram sediados ou estabelecidos na UE.

Até 31 de Dezembro de 2014, para efeitos do cumprimento das obrigações relacionadas com a prestação de serviços por via electrónica, o "Regime especial para sujeitos passivos não estabelecidos na Comunidade que prestem serviços por via electrónica a não sujeitos passivos nela residentes" – previsto no Decreto-Lei n.º 130/2003, de 28 de Junho, com base no disposto nos artigos 357.º a 369.º da Directiva do IVA – continuará a abranger apenas os serviços por via electrónica prestados por sujeitos passivos sediados, estabelecidos ou domiciliados em países terceiros.[163] A partir de 1 de Janeiro de 2015, para além dos serviços prestados por via electrónica, o regime previsto nos artigos 357.º a 369.º da Directiva do IVA passará também a ser aplicável aos serviços de telecomunicações e aos serviços de radiodifusão (incluindo televisão), sendo alterados em conformidade o articulado e a epígrafe do capítulo 6 da secção 2 do título XII da Directiva do IVA.

---

[163] Sobre o assunto, veja, supra, o n.º 4 desta secção VII do capítulo III.

Além disso, a 1 de Janeiro de 2015 entrará também em vigor um regime congénere, embora com alguns aspectos distintos, abrangendo os serviços de telecomunicações, de radiodifusão, de televisão e por via electrónica prestados por sujeitos passivos sediados, estabelecidos ou domiciliados na UE, sendo aplicável quando os destinatários das referidas operações sejam não sujeitos passivos residentes num Estado membro diferente daquele onde se encontra o prestador. Trata-se do "Regime especial para a prestação de serviços de telecomunicações, de radiodifusão e televisão ou de serviços electrónicos efectuada por sujeitos passivos estabelecidos na Comunidade mas não no Estado--Membro de consumo", que passará a estar previsto e regulado nos artigos 369.º-A a 369.º-K da Directiva do IVA.

Quanto às regras de localização dos serviços de telecomunicações, de radiodifusão e televisão, e dos serviços prestados por via electrónica, tendo como destinatários sujeitos passivos do imposto, não está previsto que as mesmas sofram qualquer modificação.

CAPÍTULO IV
ISENÇÕES DO IVA NAS ACTIVIDADES CULTURAIS, EDUCATIVAS, RECREATIVAS, DESPORTIVAS E DE ASSISTÊNCIA

Secção I
Enquadramento geral

1. Isenções em operações internas

A legislação interna portuguesa no domínio do IVA, seguindo as determinações e algumas possibilidades definidas no plano da UE, prevê um conjunto de isenções aplicáveis a actividades de cariz artístico, cultural, educativo, recreativo e desportivo, bem como a actividades ligadas à assistência médica e sanitária ou à assistência e segurança sociais.

Nas alíneas 1) a 5) do artigo 9.º do CIVA, vem previsto um conjunto de isenções na área da saúde humana, em particular no domínio da assistência médica e sanitária. As referidas disposições internas têm por base o disposto nas alíneas b) a e) do n.º 1 do artigo 132.º da Directiva do IVA, correspondentes às anteriores alíneas b) a e) do n.º 1 da parte A do artigo 13.º da Sexta Directiva. Em relação à alínea 2) do artigo 9.º do CIVA, cumpre elucidar que a alínea b) do n.º 3 do capítulo IV do anexo XXXII ao Acto Relativo às Condições de Adesão do Reino da Espanha e da República Portuguesa e as Adaptações dos Tratados, que se encontra em anexo ao Tratado de Adesão destes dois países, permitiu alargar o âmbito subjectivo da isenção prevista na alínea b) do n.º 1 do artigo 132.º da Directiva do IVA a todas as entidades privadas que explorem estabelecimentos hospitalares.[164] Tal

---

[164] Tratado assinado a 12 de Junho de 1985, entrado em vigor a 1 de Janeiro de 1986 (JO 1985, L 302), aprovado, para ratificação, pela Resolução da Assembleia da

possibilidade, que vem acolhida na própria alínea 2) do artigo 9.º do CIVA, encontra-se actualmente vertida no artigo 377.º da Directiva do IVA, conjugado com a alínea 7) da parte B do seu anexo X.[165]

Por seu turno, as alíneas 6), 7) e 18) do mesmo artigo versam sobre isenções ligadas à assistência e segurança sociais, tendo por base o disposto nas alíneas g), h) e k) do n.º 1 do artigo 132.º da Directiva do IVA, com precedência nas alíneas g), h) e k) do n.º 1 da parte A do artigo 13.º da Sexta Directiva.

Em matéria de actividades educativas e formativas, versam as isenções previstas nas alíneas 9) a 11) do artigo 9.º do CIVA. Matriz destas normas é o disposto nas alíneas i) e j) do n.º 1 do artigo 132.º da Directiva do IVA, correspondentes às anteriores alíneas i) e j) do n.º 1 da parte A do artigo 13.º da Sexta Directiva.

Como mais especificamente enquadráveis no âmbito cultural, artístico, recreativo e desportivo, emergem as isenções previstas nas alíneas 8), 12), 13), 14), 15), 16), 17) e 35) do artigo 9.º do CIVA. Tais disposições têm por base, no essencial, as alíneas m) e n) do n.º 1 do artigo 132.º da Directiva do IVA[166], nos termos das quais incumbe aos Estados membros isentar do imposto, respectivamente, "*[d]eterminadas prestações de serviços estreitamente relacionadas com a prática de desporto ou de educação física, efectuadas por organismos sem fins lucrativos a pessoas que pratiquem desporto ou educação física*", e "*[d]eterminadas prestações de serviços culturais, e bem assim entregas de bens com elas estreitamente relacionadas, efectuadas por organismos de direito público ou por outros organismos culturais reconhecidos pelo Estado-Membro em causa*"[167]. No caso português, além

---

República n.º 22/85, de 10 de Julho de 1985, publicada no D.R. n.º 215, série I, de 18 de Setembro de 1985.

[165] Correspondente ao anterior n.º 10 do anexo F da Sexta Directiva.

[166] Correspondentes às anteriores alíneas m) e n) do n.º 1 da parte A do artigo 13.º da Sexta Directiva.

[167] Devido ao carácter indeterminado das duas formulações, a Comissão Europeia chegou a prever a inclusão na sua proposta de décima nona directiva, constante do documento *COM/84/648 final*, de 22 de Novembro de 1984 (publicado no JO C 347, de 29 de Dezembro de 1984), de uma reformulação da redacção das alíneas m) e n) do n.º 1 da parte A do seu artigo 13.º, a qual, porém, acabou por não ser aprovada pelo Conselho. Em relação ao desporto e à educação física, a Comissão, no n.º 5

da disposição do direito da UE acabada de transcrever, a possibilidade de isenção em IVA de certas actividades artísticas e culturais resulta da alínea b) do n.º 3 do capítulo IV do anexo XXXII ao Acto Relativo às Condições de Adesão do Reino da Espanha e da República Portuguesa e as Adaptações dos Tratados. Essa disposição, actualmente vertida no artigo 377.º da Directiva do IVA, confere a Portugal a possibilidade de continuar a isentar, entre outras, as operações enumeradas na alínea 2) da parte B do anexo X da Directiva do IVA[168], nas condições que já estivessem previstas na legislação interna portuguesa à data de 1 de Janeiro de 1989. Entre essas operações, contam-se as "*[p]restações de serviços dos autores, artistas, intérpretes ou executantes de obras de arte*".

---

da exposição de motivos que acompanhava a proposta, considerava que a formulação imprecisa da alínea m) dava azo a problemas de aplicação, pelo que propunha que a expressão "certos serviços" fosse substituída pela palavra "serviços", aditando que a isenção em causa é suficientemente restrita para que tal substituição não comportasse qualquer dificuldade. Por seu turno, em relação a serviços culturais, no n.º 6 da exposição de motivos a Comissão salientava que o carácter impreciso da alínea n) vinha gerando diferenças de pontos de vista relativamente ao âmbito de aplicação da isenção, muito embora uma análise detalhada das legislações internas dos Estados membros evidenciasse vários aspectos comuns em matéria de isenção das prestações de serviços ligadas à cultura. Nessa conformidade, a Comissão preconizava que aquela alínea n) passasse a ter a seguinte redacção, conforme vinha prevista na alínea c) do n.º 3 do artigo 1.º da proposta:

«(n) the following services and goods closely linked thereto supplied by bodies governed by public law or by other cultural bodies recognized by the Member State concerned:
– services rendered to the public by libraries, records offices and documentation centres;
– entry to museums, galleries, picture galleries, monuments, historic sites, botanical gardens and zoos;
– theatrical, musical, choreographic and cinematographic performances;
– the organization of exhibitions and lectures.»

Complementarmente, na alínea d) do n.º 3 do artigo 1.º da mesma proposta a Comissão preconizava o aditamento de uma alínea s) ao n.º 1 da parte A do artigo 13.º da Sexta Directiva, com a seguinte redacção:

«(s) the supply of services consisting of the public performance of their art by actors, musicians, dancers and other performing artists and the supply of services by authors, composers and writers.»

[168] Correspondente ao anterior n.º 2 do anexo F da Sexta Directiva.

A quase generalidade das áreas de actividade acima enumeradas é também objecto das isenções previstas nas alíneas 19) e 20) do artigo 9.º do CIVA, que têm por base as alíneas l) e o) do n.º 1 do artigo 132.º da Directiva do IVA, correspondentes às anteriores alíneas l) e o) do n.º 1 da parte A do artigo 13.º da Sexta Directiva.

As isenções nas operações internas, estabelecidas no artigo 9.º do CIVA, englobam-se nas denominadas "isenções simples" ou "isenções incompletas", que se caracterizam, do ponto de vista da entidade que realiza as actividades ou operações isentas, pela não liquidação e pagamento do IVA nas transmissões de bens e nas prestações de serviços que efectua, suportando, porém, o imposto que lhe for repercutido nas aquisições de bens e de serviços por si efectuadas, sem possibilidade de dedução ou reembolso desse imposto.[169]

As isenções previstas no artigo 9.º do CIVA operam automaticamente, desde que verificados os pressupostos objectivos e subjectivos para o respectivo funcionamento, não sendo necessária a apresentação à administração tributária de um pedido de reconhecimento da isenção ou a prática de qualquer acto administrativo por parte daquela.[170]

O âmbito de aplicação das normas de isenção é, em princípio, independente da natureza das entidades que exerçam as actividades nelas descritas, mas há muitos casos em que aquelas normas especificam condições de ordem subjectiva, pelo que, quando tal acontece, a aplicação das isenções depende do tipo ou da natureza do sujeito passivo que as prossegue. Assim, as operações a que se refere uma

---

[169] As únicas excepções previstas no CIVA são, em casos muito específicos, as isenções previstas nas alíneas 27) e 28) do seu artigo 9.º, em matéria de operações financeiras e de seguros, cujo IVA suportado a montante é dedutível quando o destinatário das referidas operações esteja estabelecido ou domiciliado fora da UE, ou quando as referidas operações estejam directamente ligadas a bens que se destinem a ser exportados para fora da UE, de harmonia com o previsto na subalínea V) da alínea b) do n.º 1 do artigo 20.º do CIVA.

[170] No caso das isenções previstas nas alíneas 7), 9) e 10) do artigo 9.º do CIVA, quando não se trate de operações prosseguidas pelas categorias de entidades aí expressamente isentas, é necessário, porém, um acto de reconhecimento das competências ou dos fins de cada uma das demais entidades susceptíveis de se enquadrar nas isenções, não pela administração tributária, mas pelos ministérios que tutelam os domínios referidos nas mencionadas disposições.

dada norma de isenção só devem ser objectivamente consideradas na medida em que a norma não contenha uma definição dos tipos de entidades que devem praticar essas operações. A esse propósito, o TJUE já várias vezes assinalou que, apesar da circunstância de algumas das isenções previstas visarem as actividades que prosseguem certos objectivos, *"a maior parte das disposições especificam igualmente os operadores económicos que estão autorizados a fornecer as prestações isentas e que as mesmas não são definidas por referência a noções puramente materiais ou funcionais"*.[171] No que concerne às disposições internas relacionadas com actividades de carácter cultural, recreativo ou desportivo, em especial as abrangidas pelas alíneas 8), 12), 13), 14), e 35) do artigo 9.º, assim como em relação à isenção mais genérica prevista na alínea 19) desse artigo, o legislador português decidiu fazer depender a isenção da condição de tais actividades serem prosseguidas por organismos sem finalidade lucrativa que preencham todas as condições enumeradas no artigo 10.º do CIVA. No entanto, no caso daquelas alíneas 13) e 14), para além dos organismos sem finalidade lucrativa, a isenção é expressamente extensível às pessoas colectivas de direito público. Nas disposições de isenção mais especificamente relacionadas com actividades de assistência médica e sanitária, de assistência e segurança sociais, de carácter educativo e formativo, assim como no caso de serviços prestados por artistas, o legislador português não fez depender a isenção do respectivo fim não lucrativo, embora em alguns casos tenha estabelecido requisitos de ordem subjectiva para que as isenções operem, normalmente ligados ao reconhecimento ou ao interesse público das entidades que prosseguem essas actividades.

2. Isenções em importações de bens

Em termos gerais, estão isentas do IVA as importações dos bens cuja transmissão no território nacional também esteja isenta, con-

---

[171] Cf., por exemplo, acórdãos de 11 de Julho de 1985 (107/84, Comissão/Alemanha, Recueil p. 2655, n.º 13), de 15 de Junho de 1989 (348/87, *SUFA*, Colect. p. I-1737, n.º 12) e de 7 de Setembro de 1999 (C-216/97, *Gregg*, Colect. p. I-4947, n.º 13).

forme estabelece a alínea a) do n.º 1 do artigo 13.º do CIVA, transpondo o disposto na alínea a) do n.º 1 do artigo 143.º da Directiva do IVA, correspondente anteriormente à alínea a) do n.º 1 do artigo 14.º da Sexta Directiva.

Todavia, em boa parte, as isenções nas importações de bens susceptíveis de abranger certas mercadorias ou actividades de carácter cultural, educativo, recreativo, desportivo ou de assistência vêm contidas no Decreto-Lei n.º 31/89, de 25 de Janeiro.[172] O Decreto-Lei n.º 31/89, de 25 de Janeiro, transpôs para o ordenamento interno a Directiva 83/181/CEE, do Conselho, de 28 de Março de 1983, entretanto objecto de reformulação constante da Directiva 2009/132/CE, do Conselho, de 19 de Outubro de 2009, que determina o âmbito de aplicação das alíneas b) e c) do artigo 143.º da Directiva do IVA, no que diz respeito à isenção do IVA de certas importações definitivas de bens.[173] As isenções em causa respeitam às importações cujos bens, de um modo geral, beneficiam também de isenção de direitos aduaneiros, que não sejam as isenções previstas na pauta aduaneira comum, muito embora com as necessárias adaptações, tendo em conta que o IVA tem uma estrutura própria e prossegue objectivos diferentes dos respeitantes aos direitos aduaneiros. Como decorre do disposto no artigo 131.º da Directiva do IVA, estas isenções aplicam-se nas condições fixadas pelos Estados membros, no sentido de garantir a sua aplicação correcta e simples, bem como de prevenir qualquer possível fraude, evasão ou abuso. Cabe salientar, porém, como o TJUE já assinalou em várias ocasiões, que essa faculdade dada aos Estados membros não diz respeito à fixação do alcance ou do conteúdo das isenções, mas, sim, aos meios para proceder ao reconhecimento e ao controlo das mesmas.[174] Nessa

---

[172] Alterado pelo Decreto-Lei n.º 232/91, de 26 de Junho, pelo artigo 8.º do Decreto-Lei n.º 290/92, de 28 de Dezembro, pela Lei n.º 30-C/92, de 28 de Dezembro, e pela Lei n.º 64-A/2008, de 31 de Dezembro.

[173] Sobre a aplicação das isenções previstas no Decreto-Lei n.º 31/89, pode consultar-se DGAIEC, *Manual do IVA – Vertente Aduaneira*, disponível na rede global a partir da página com o seguinte endereço: ‹https://www.e-financas.gov.pt/de/jsp-dgaiec/main.jsp›.

[174] Cf., por exemplo, os seguintes acórdãos do TJUE: de 13 de Julho de 1989 (173/88, *Henriksen*, Colect. p. 2763, n.º 20); de 28 de Março de 1996 (C-468/93,

conformidade, o artigo 89.º do Decreto-Lei n.º 31/89 estatui, sempre que a concessão das isenções esteja subordinada ao cumprimento de determinadas condições, que compete ao interessado fazer prova junto dos serviços aduaneiros de que tais condições se encontram preenchidas.[175]

Complementarmente, note-se que – por respeitarem em exclusivo a direitos aduaneiros na importação de objectos de carácter educativo, científico ou cultural – não têm aplicação, em sede do IVA, as isenções de direitos de importação previstas no Decreto-Lei n.º 383/84, de 4 de Dezembro, e regulamentadas no Decreto Regulamentar n.º 41/85, de 1 de Julho, que transpõem o Acordo para a Importação de Objectos de Carácter Educativo, Científico ou Cultural, celebrado em Lake Success (Nova Iorque), adoptado pela Organização das Nações Unidas para a Educação, Ciência e Cultura, em 22 de Novembro de 1950 (Acordo de Florença), bem como o Protocolo a este Acordo, concluído em 26 de Novembro de 1976 (Protocolo de Nairobi).[176]

3. Isenções em aquisições intracomunitárias de bens

Nos termos das alíneas a) e b) do n.º 1 do artigo 15.º do RITI, estão isentas do IVA as aquisições intracomunitárias relativas a bens que, se transmitidos ou importados no território nacional, beneficiariam de isenção.

Assim, isenções semelhantes às vigentes para as importações aplicam-se às aquisições intracomunitárias relativas a bens que, se importados a partir de um país terceiro, beneficiariam das isenções previstas

---

Gemeente Emmen, Colect. p. I-1721, n.º 19); de 7 de Maio de 1998 (C-124/96, Comissão/Espanha, Colect. p. I-2501, n.ᵒˢ 11 e 12); de 11 de Janeiro de 2001 (C-76/99, Comissão/França, Colect. p. I-249, n.º 26); e de 20 de Junho de 2002 (C-287/00, Comissão/Alemanha, Colect. p. I-5811, n.º 50).

[175] As isenções previstas no Decreto-Lei n.º 31/89, quando relacionadas com importações de bens de carácter cultural, educativo, recreativo, desportivo ou de assistência médica ou social, são objecto de destaque nas subsecções II das secções II a V deste capítulo IV.

[176] Cf. pontos 12 a 15 da informação n.º 1348, de 30 de Março de 1990, da ex--DSCA, com despacho de 4 de Abril de 1990, do SDG-IVA.

no sistema comum do IVA, como estabelece a alínea b) do artigo 140.º conjugada com a alínea b) do n.º 1 do artigo 143.º da Directiva do IVA, embora tal não resulte claro do elemento literal da alínea b) do n.º 1 do artigo 15.º do RITI. Com efeito, em rigor, a parte final desta alínea b) do n.º 1 do artigo 15.º do RITI não deveria conter a expressão "nos termos do artigo 13.º do Código do IVA", já que outras isenções do IVA nas importações de bens vêm previstas em legislação complementar ao CIVA, isenções estas que são acauteladas, aliás, na alínea b) do artigo 140.º conjugada com a alínea b) do n.º 1 do artigo 143.º da Directiva do IVA.[177]

4. Critérios interpretativos definidos pelo TJUE

No domínio das isenções do imposto, é jurisprudência constante do TJUE que a referência, actualmente constante do artigo 131.º da Directiva do IVA, segundo a qual a aplicação das isenções se efectiva nas condições fixadas pelos Estados membros não se reconduz a uma faculdade de estes definirem o próprio conteúdo das isenções.[178] Assim, a possibilidade dada aos Estados membros naquele artigo cinge-se ao estabelecimento de disposições que facilitem a aplicação das isenções e que assegurem o seu correcto funcionamento, nomeadamente, evitando a fraude e a evasão fiscal, não abrangendo o alargamento ou a redução das categorias de isenções.

A respeito da interpretação das normas que consagram as isenções do IVA, segundo reiterada jurisprudência do TJUE, os termos constantes dessas normas reportam-se a conceitos autónomos de direito da UE que devem ser entendidos no contexto geral do sistema comum

---

[177] As isenções nas aquisições intracomunitárias de bens de carácter cultural, educativo, recreativo, desportivo ou de assistência médica ou social são objecto de destaque nas subsecções III das secções II a V deste capítulo IV.

[178] Cf., por exemplo, os seguintes acórdãos: de 19 de Janeiro de 1982 (8/81, *Becker*, Recueil p. 53, n.ºs 32 a 35); de 13 de Julho de 1989 (173/88, *Henriksen*, Colect. p. 2763, n.º 20); de 7 de Maio de 1998 (C-124/96, Comissão/Espanha, Colect. p. I-2501, n.ºs 11 e 12); de 11 de Janeiro de 2001 (C-76/99, Comissão/França, Colect. p. I-249, n.º 26); e de 20 de Junho de 2002 (C-287/00, Comissão/Alemanha, Colect. p. I-5811, n.º 50).

do IVA, não podendo os Estados membros apreciar o seu conteúdo com base em noções congéneres que vigorem nas respectivas legislações internas, salvo quando a norma em causa expressamente o permitir.[179] A interpretação dos conceitos autónomos de direito da UE no contexto geral do sistema comum do IVA assenta nos seguintes dois princípios basilares: "*[p]or um lado o IVA é cobrado sobre cada prestação de serviços e cada entrega de bens efectuada a título oneroso por um sujeito passivo. E, por outro lado, o princípio da neutralidade fiscal opõe-se a que os operadores económicos que efectuam as mesmas operações sejam tratados de forma diferente em matéria de cobrança do IVA.*"[180]

Por outro lado, em reiterada jurisprudência, o TJUE tem definido, no que respeita à determinação do conteúdo das normas que estabelecem as isenções do IVA, que as mesmas, ao constituírem derrogações ao princípio de tributação geral do consumo visado pelo sistema comum do imposto, devem, por via de regra, ser objecto de uma interpretação estrita.[181] O mesmo sucede quando estejam em

---

[179] Cf., entre outros, os seguintes acórdãos: de 15 de Junho de 1989 (348/87, *SUFA*, Colect. p. 1737, n.º 11); de 11 de Agosto de 1995 (C-453/93, *Bulthuis-Griffioen*, Colect. p. I-2341, n.º 18); de 12 de Setembro de 2000 (C-358/97, Comissão/Irlanda, Colect. p. I-6301, n.º 51); de 11 de Janeiro de 2001 (C-76/99, Comissão/França, Colect. p. I-249, n.º 21); e de 10 de Setembro de 2002 (C-141/00, *Kügler*, Colect. p. I-6833, n.º 25).

[180] Cf. acórdão de 16 de Setembro de 2004 (C-382/02, *Cimber Air*, Colect. p. I-8379, n.º 24).

[181] Cf., entre muitos, os seguintes acórdãos: de 15 de Junho de 1989 (348/87, *SUFA*, Colect. p. 1737, n.º 13); de 11 de Agosto de 1995 (C-453/93, *Bulthuis-Griffioen*, Colect. p. I-2341, n.º 19); de 5 de Junho de 1997 (C-2/95, *SDC*, Colect. p. I-3017, n.º 20); de 12 de Novembro de 1998 (C-149/97, *Institute of Motor Industry*, Colect. p. I-7053, n.º 17); de 7 de Setembro de 1999 (C-216/97, *Gregg*, Colect. p. I-4947, n.º 12); de 18 de Janeiro de 2001 (C-150/99, *Stockholm Lindöpark*, Colect. p. I-493, n.º 25); de 4 de Outubro de 2001 (C-326/99, *Goed Wonen*, Colect. p. I-6831, n.º 46); de 8 de Dezembro de 2005 (C-280/04, *Jyske Finans*, Colect. p. I-10683, n.º 21); e de 11 de Junho de 2009 (C-572/07, *RLRE*, Colect. p. I-4983, n.º 16). Diz-se "por via de regra", porque, em relação às normas de isenção ligadas à saúde e à educação, o TJUE já considerou que as mesmas não estão submetidas a uma interpretação particularmente estrita, como foi afirmado, respectivamente, nos acórdãos de 11 de Janeiro de 2001 (C-76/99, Comissão/França, Colect. p. I-249, n.º 23) e de 20 de Junho de 2002 (C-287/00, Comissão/Alemanha, Colect. p. I-5811, n.º 47).

causa normas que confiram a possibilidade de os Estados membros adoptarem transitoriamente certas isenções.[182] A necessidade de, em princípio, se interpretar estritamente as normas de isenção não significa que se recorra forçosamente a uma interpretação restritiva desses preceitos. Tal acepção deve ser entendida no sentido de se adoptar preferencialmente – sem prejuízo de aspectos de ordem sistemática ou outros – uma interpretação declarativa ou literal, ou seja, uma interpretação que tem em conta o sentido próprio e exacto (o estrito sentido) das palavras que o texto compreende. É nesta última acepção que a expressão consta de várias decisões do TJUE. Tal é o caso, por exemplo, do acórdão de 18 de Janeiro de 2001 (C-83/99, Comissão/Espanha, Colect. p. I-445, n.os 19 e 20), no qual o TJUE, ao referir-se à necessidade de recurso a uma interpretação estrita, considera, como logo de seguida esclarece, que tal significa uma interpretação *"em conformidade com o sentido habitual dos termos em causa"*. De igual modo, no acórdão de 6 de Novembro de 2003 (C-45/01, *Dornier-Stiftung*, Colect. p. I-12911, n.º 42), depois de ter invocado mais uma vez que as normas de isenção devem ser interpretadas estritamente, o TJUE evidenciou reportar-se em concreto a uma interpretação baseada no *"teor literal"* do preceito nele em causa. De forma ilustrativa, nas suas conclusões apresentadas a 13 de Dezembro de 2001 (C-267/00, *Zoological Society of London*, Colect., p. I-3353, n.º 19)[183], o advogado-geral Jacobs, procedendo a uma distinção entre uma interpretação "estrita" e uma interpretação "restritiva", salientou que *"as isenções de IVA devem ser estritamente interpretadas, mas não devem ser minimizadas por via interpretativa. [...] Como corolário, as limitações das isenções não devem ser interpretadas restritivamente, mas também não devem ser analisadas de forma a irem além dos seus termos. Quer as isenções, quer as suas limitações, devem ser interpretadas de tal forma que a isenção se aplique ao que se pretendia aplicar e não mais."*

---

[182] Cf. acórdão de 7 de Março de 2002 (C-169/00, Comissão/Finlândia, Colect. p. I-2433, n.os 30 a 34).
[183] Este processo deu lugar ao acórdão do TJUE de 21 de Março de 2002.

Como, em regra, as isenções previstas nos artigos 132.º e 135.º da Directiva do IVA são de interpretação estrita, tal implica que as excepções às isenções devam ser objecto de uma interpretação ampla.[184]

Por outro lado, o âmbito de aplicação das disposições que estabelecem as isenções é, em princípio, independente da natureza das entidades que exerçam as actividades nelas objectivamente descritas ou da circunstância de tais entidades se encontrarem devidamente autorizadas para a sua prossecução, salvo nos casos em que as normas de isenção estabeleçam alguma condição de ordem subjectiva.[185]

Secção II

Actividades ligadas à saúde humana

Subsecção I

Isenções em operações internas

1. **Assistência médica e sanitária**

1.1. **Aspectos gerais**

A alínea 1) do artigo 9.º do CIVA isenta do imposto as prestações de serviços efectuadas no exercício das actividades de médico, odontologista, parteiro, enfermeiro e outras profissões paramédicas. A disposição tem por base a alínea c) do n.º 1 do artigo 132.º da Directiva do IVA, de harmonia com a qual os Estados membros devem isentar *"[a]s prestações de serviços de assistência efectuadas no âmbito do exercício de profissões médicas e paramédicas, tal como definidas pelo Estado-Membro em causa"*.

---

[184] Cf. acórdão de 28 de Outubro de 2010 (C-175/09, *AXA UK*, Colect. p. I-?, n.º 30).

[185] Cf., entre outros, os seguintes acórdãos: de 11 de Junho de 1998 (C-283/95, *Fischer*, Colect. p. I-3369, n.os 21, 22 e 28); de 25 de Fevereiro de 1999 (C-349/96, *Card Protection Plan*, Colect. p. I-973, n.os 33 a 36); de 10 de Setembro de 2002 (C-141/00, *Kügler*, Colect. p. I-6833, n.os 26 a 30); e de 6 de Novembro de 2003 (processo C-45/01, *Dornier-Stiftung*, Colect. p. I-12911, n.º 20).

A propósito da norma contida na alínea c) do n.º 1 do artigo 132.º da Directiva do IVA, correspondente à alínea 1) do artigo 9.º do CIVA, o TJUE, no seu acórdão de 27 de Abril de 2006 (C-443/04 e C-444/04, *Solleveld e o.*, Colect. p. I-3617, n.ºs 29 e 37), salientou que compete a cada Estado membro definir no seu direito interno as profissões paramédicas cujos serviços são isentos do IVA, dado que tal norma concede aos Estados membros um poder de apreciação a esse respeito. Todavia, a isenção deve ser aplicada apenas aos serviços efectuados por prestadores com as qualificações profissionais exigidas. Na legislação interna portuguesa, a definição das actividades paramédicas consta do Decreto-Lei n.º 261/93, de 24 de Agosto, e do Decreto-Lei n.º 320/99, de 11 de Agosto. De acordo com o n.º 1 do artigo 2.º do Decreto-Lei n.º 261/93, o exercício de actividades paramédicas depende da titularidade de um curso em estabelecimento de ensino reconhecido, de um diploma ou certificado reconhecido como equivalente, ou de uma carteira profissional ou título equivalente.[186] Complementarmente, o artigo 4.º do Decreto-Lei n.º 320/99, em matéria do exercício das profissões de diagnóstico e terapêutica, especifica as condições de acesso a essas profissões.

A respeito da norma actualmente vertida na alínea c) do n.º 1 do artigo 132.º da Directiva do IVA, o TJUE afirmou em vários arestos, entre outros no acórdão de 10 de Setembro de 2002 (C-141/00, *Kügler*, Colect. p. I-6833, n.º 26), que a mesma tem um carácter objectivo, definindo as operações isentas em função da natureza dos serviços prestados, sem mencionar a forma jurídica do prestador. Por esse motivo, para que a isenção opere, basta tratar-se de serviços médicos ou paramédicos e que estes sejam protagonizados por pessoas que possuam as qualificações profissionais exigidas, sem ser possível discriminar consoante os serviços sejam prestados no quadro da actividade de uma pessoal singular ou de uma pessoa colectiva.

Tendo por base a alínea c) do n.º 1 do artigo 132.º da Directiva do IVA, a isenção prevista na alínea 1) do artigo 9.º do CIVA não abrange

---

[186] Para efeitos da isenção do IVA, a adesão a estes requisitos de natureza subjectiva vem expressa, nomeadamente, na informação n.º 1565, de 22 de Maio de 2000, da DSIVA.

as operações qualificadas como transmissões de bens que sejam efectuadas por médicos e paramédicos, como foi expressamente decidido no acórdão de 23 de Fevereiro de 1988 (353/85, Comissão/Reino Unido, Colect. p. 817).

Por seu turno, nos termos da alínea 2) do artigo 9.º do CIVA, estão isentas as prestações de serviços médicos e sanitários, bem como as operações com elas estreitamente conexas, efectuadas por estabelecimentos hospitalares, clínicas, dispensários e similares. Sem prejuízo do que mais adiante se aditará, esta alínea 2) tem por base, em boa parte, a alínea b) do n.º 1 do artigo 132.º da Directiva do IVA, que atribui aos Estados membros o dever de isentar "*[a] hospitalização e a assistência médica, e bem assim as operações com elas estreitamente relacionadas, asseguradas por organismos de direito público ou, em condições sociais análogas às que vigoram para estes últimos, por estabelecimentos hospitalares, centros de assistência médica e de diagnóstico e outros estabelecimentos da mesma natureza devidamente reconhecidos*". Como o TJUE sempre concluiu a partir do acórdão de 7 de Setembro de 1999 (C-216/97, *Gregg*, Colect. p. I-4947), acerca do âmbito subjectivo dessa isenção, o facto de a mesma se referir a "*outros estabelecimentos da mesma natureza devidamente reconhecidos*" não exclui do benefício da isenção as pessoas singulares que explorem uma empresa.[187]

Em traços gerais, as isenções previstas nas alíneas 1) e 2) do artigo 9.º do CIVA reportam-se a prestações que tenham por objectivo diagnosticar, ainda que a título meramente preventivo, bem como tratar e, na medida do possível, curar as doenças ou anomalias de saúde. Tal ponto de vista já foi expendido pelo TJUE em inúmeras decisões, a propósito das disposições da UE que lhes servem de base.[188]

---

[187] A matéria controvertida respeitava exclusivamente ao elemento subjectivo da isenção, tendo esta decisão contrariado, em boa parte, o que havia sido afirmado e decidido no acórdão de 11 de Agosto de 1995 (C-453/93, *Bulthuis-Griffioen*, Colect. p. I-2341). Nessa anterior decisão, o TJUE entendera que as normas de isenção que se referem a estabelecimentos ou a organismos só abrangem as pessoas colectivas, deixando de fora do benefício da isenção as pessoas singulares.

[188] A título de exemplo, mencionem-se os seguintes acórdãos do TJUE: de 14 de Setembro de 2000 (C-384/98, *D.*, Colect. p. I-6795, n.º 18); de 20 de Novembro de 2003 (C-307/01, *d'Ambrumenil*, Colect. p. I-13989, n.º 57); e de 8 de Junho de 2006 (C-106/05, *L.u.P.*, Colect. p. I-5123, n.ᵒˢ 27 e 29).

No artigo 9.º do CIVA, a dispersão pelas alíneas 1) e 2) dos serviços de assistência médica não é certamente alheia à própria sistematização que constava da Sexta Directiva e que se encontra, ainda hoje, na Directiva do IVA. As prestações de serviços em causa constavam das alíneas b) e c) do n.º 1 da parte A do artigo 13.º da Sexta Directiva e vêm vertidas actualmente nas alíneas b) e c) do n.º 1 do artigo 132.º da Directiva do IVA. Numa observação preliminar, submetida a posterior refinamento, dir-se-ia que a alínea 1) do artigo 9.º do CIVA teria por base as referidas alíneas c) do sistema comum do IVA, ao passo que a alínea 2) daquele artigo 9.º corresponderia às referidas alíneas b) do mesmo sistema comum. Sucede, porém, no caso da alínea 2) do artigo 9.º do CIVA, que a mesma não só tem por base as referidas alíneas b), como também transpõe para o ordenamento interno a possibilidade dada a Portugal de alargar o âmbito subjectivo daquela isenção – o que decorria da conjugação da alínea b) do n.º 3 do artigo 28.º da Sexta Directiva com o n.º 10 do seu anexo F.[189] Essa possibilidade consiste em estender a isenção consignada na alínea b) do n.º 1 do artigo 132.º da Directiva do IVA a todos os organismos privados, ainda que exclusivamente com fins lucrativos ou que não actuem em condições de exploração económico-sociais análogas às dos organismos públicos.

Por outro lado, ainda em relação à legislação interna portuguesa, não é de descurar a hipótese de que, face à dispersão por duas normas jurídicas da isenção em matéria de serviços médicos e sanitários, algumas das posições inicialmente adoptadas pela administração fiscal se tenham alicerçado na perspectiva de que a isenção prevista na alínea 1) do artigo 9.º do CIVA se destinaria apenas a pessoas singulares que exercessem uma profissão médica ou paramédica de um modo independente, estando todas as pessoas colectivas que prosseguissem tais actividades e, eventualmente, as pessoas singulares titulares de um estabelecimento comercial

---

[189] Tal possibilidade foi concedida a Portugal através da alínea b) do capítulo IV do anexo XXXII do Acto Relativo às Condições de Adesão do Reino da Espanha e da República Portuguesa e às Adaptações dos Tratados. A mesma encontra-se actualmente vertida na Directiva do IVA, decorrendo da conjugação do seu artigo 377.º com a alínea 7) da parte B do seu anexo X.

abrangidas pela alínea 2) do mesmo artigo. Inclusivamente, tal acepção pode ter estado subjacente, por exemplo, ao teor do ofício-circulado n.º 147532, de 20 de Dezembro de 1989, da ex-DSCA, no qual, relativamente a analistas clínicos, se refere que os médicos analistas e os paramédicos ligados a essa actividade se inseririam no âmbito da alínea 1), ao passo que os laboratórios de análises clínicas estariam abrangidos pela alínea 2) do artigo 9.º do CIVA.[190] Semelhante ponto de vista, porém, não seria sufragado pela jurisprudência do TJUE, já que, como este afirmou em vários arestos, entre outros, no acórdão de 10 de Setembro de 2002 (C-141/00, *Kügler*, Colect. p. I-6833, n.º 26), a isenção prevista na alínea c) do n.º 1 do artigo 132.º da Directiva do IVA tem um carácter objectivo, definindo as operações isentas em função da natureza dos serviços prestados, sem mencionar a forma jurídica do prestador, pelo que basta tratar-se de prestações de serviços médicas ou paramédicas e que estas sejam fornecidas por pessoas que possuam as qualificações profissionais exigidas.

Como o TJUE já evidenciou em diversas ocasiões, de que é exemplo o mencionado acórdão de 10 de Setembro de 2002 (caso *Kügler*, n.º 36), as alíneas b) e c) do n.º 1 do artigo 132.º da Directiva do IVA, embora visem regular as isenções que são aplicáveis aos serviços de assistência médica, têm âmbitos distintos. Assim, enquanto a alínea b) isenta as prestações de serviços de assistência efectuadas no meio hospitalar, incluindo operações estreitamente conexas, a alínea c) destina--se a isentar as prestações de serviços de carácter médico e paramédico fornecidas fora desses locais, seja no domicílio privado do prestador, seja no domicílio do paciente, seja em qualquer outro lugar.

Em relação à interpretação da referida alínea b), o TJUE considerou, no acórdão de 11 de Janeiro de 2001 (C-76/99, Comissão/França, Colect. p. I-249), contrariando a sua frequente referência a que a "*inter-*

---

[190] Tal não parece ter sido, porém, a intenção legislativa, uma vez que "*[a] isenção refere-se ao exercício objectivo das actividades descritas e não à forma jurídica que o caracteriza. São, pois, isentas também as actividades descritas, ainda que desenvolvidas no âmbito de sociedades*" – cf. DGCI/Núcleo do IVA, *Código do Imposto sobre o Valor Acrescentado – Notas Explicativas e Legislação Complementar*, Lisboa: Imprensa Nacional – Casa da Moeda, 1985, p. 68.

pretação estrita" deve prevalecer quando se busca o alcance das isenções do IVA, a propósito dos serviços de hospitalização e de assistência médica e das operações estreitamente conexas, que essa disposição não implica uma "*interpretação estrita*" do seu conteúdo, uma vez que o seu fito é assegurar que o acesso a esses serviços seja generalizado e ocorra ao menor custo possível.

1.2. Serviços prestados no âmbito do internamento hospitalar

No acórdão de 1 de Dezembro de 2005 (C-394/04 e C-395/04, *Athinon-Ygeia*, Colect. p. I-10373), a propósito da isenção actualmente vertida na alínea b) do n.º 1 do artigo 132.º da Directiva do IVA, o TJUE referiu que, embora a disposição não defina o conceito de operações "estreitamente conexas", tal expressão não pode abranger prestações que não apresentem qualquer conexão com a hospitalização dos destinatários dessas operações, nem com a assistência médica recebida por estes. O referido conceito só admite a isenção quando forem efectivamente fornecidas como prestações acessórias da hospitalização dos destinatários ou da assistência médica recebida por estes, sendo de considerar acessórias as que constituam, não um fim em si, mas um meio de beneficiar nas melhores condições do serviço principal. Assim, segundo salientou o TJUE, só as prestações de serviços que se inscrevam logicamente no quadro do fornecimento dos serviços de hospitalização e de assistência médica, que constituem uma etapa indispensável no processo de prestação desses serviços para atingir as finalidades terapêuticas prosseguidas, podem ser consideradas operações estreitamente conexas abrangidas pela isenção. Daí que, na acepção do TJUE, as prestações de serviços que são susceptíveis de melhorar o conforto e o bem-estar das pessoas hospitalizadas, não são, por via de regra, susceptíveis de beneficiar da isenção. Tal sucede, em princípio, com a disponibilização a título oneroso de serviços telefónicos e com a locação de aparelhos de televisão às pessoas hospitalizadas, bem como com o fornecimento de dormidas e refeições aos acompanhantes das pessoas internadas. Só assim não será, se essas prestações revestirem um carácter indispensável para atingir as finalidades terapêuticas prosseguidas pela hospitalização e pela assistência médica, e não se destinarem essencialmente a obter receitas suplementares para o estabelecimento hospitalar que as fornece, através da realização de operações efectuadas em concorrência directa com as de empresas comerciais sujeitas a IVA.

1.3. Cuidados de enfermagem ambulatórios ou domiciliários

Entre outros aspectos, no acórdão de 10 de Setembro de 2002 (C-141/00, *Kügler*, Colect. p. I-6833), o TJUE salientou que a alíneas b) e c) do n.º 1 do artigo 132.º da Directiva do IVA têm âmbitos distintos, uma vez que a alínea b) isenta as prestações efectuadas em meio hospitalar, ao passo que a alínea c) se destina a isentar as prestações médicas fornecidas fora desse meio, seja no domicílio privado do prestador dos serviços, seja no domicílio dos pacientes, seja em outro lugar diverso dos meios hospitalares. No entanto, a referida alínea c) abrange apenas as prestações de serviços de assistência efectuadas, fora do âmbito hospitalar, no exercício de profissões médicas e paramédicas, para fins de prevenção, de diagnóstico ou de cuidados, com exclusão das outras actividades relativas aos cuidados gerais e às prestações de economia doméstica. Assim, de acordo com a decisão tomada no processo em referência, podem beneficiar da isenção estabelecida na alínea c) do n.º 1 do artigo 132.º da Directiva do IVA as prestações de serviços de carácter terapêutico efectuadas por uma entidade que explora um serviço de cuidados ambulatórios, incluindo serviços ao domicílio, fornecidos por pessoal de enfermagem qualificado, excluindo-se, porém, da isenção prevista na referida disposição as prestações de cuidados gerais e de economia doméstica.

1.4. Análises clínicas

No acórdão de 11 de Janeiro de 2001 (C-76/99, Comissão/França, Colect. p. I-249), o TJUE considerou, para efeitos da isenção que vem actualmente prevista na alínea b) do n.º 1 do artigo 132.º da Directiva do IVA, que é indiferente que o laboratório que efectua a colheita sanguínea proceda igualmente à análise ou que recorra a outro laboratório para este efeito. Na isenção incluem-se casos em que, por exemplo, atendendo à natureza da análise a efectuar, o laboratório que efectua a colheita se veja obrigado a transmitir a colheita a um laboratório especializado. Segundo o TJUE, o acto de colheita e a transmissão da colheita a um laboratório especializado constituem prestações estreitamente conexas com a análise clínica, de tal forma que devem seguir o mesmo regime de isenção aplicável a esta.

Por seu turno, no acórdão de 8 de Junho de 2006 (C-106/05, L.u.P., Colect. p. I-5123) considerou-se que a isenção em referência é também aplicável a análises clínicas que tenham por objecto a observação e o exame dos pacientes a título preventivo, uma vez que se aplica também às prestações médicas efectuadas com a finalidade de proteger, incluindo manter ou restabelecer, a saúde das pessoas. Assim, na isenção incluem-se as análises clínicas que são prescritas com vista a contribuir para a manutenção da saúde das pessoas, pois, à semelhança de qualquer prestação médica efectuada a título preventivo, visam permitir a observação e o exame dos pacientes antes mesmo de se tornar necessário diagnosticar, tratar ou curar uma eventual doença. Além disso, não se pode fazer depender a aplicação da isenção vertida na alínea b) do n.º 1 do artigo 132.º da Directiva do IVA da exigência de que as análises clínicas seja realizadas sob controlo médico, em virtude de o conceito de "assistência médica" que figura nessa disposição cobrir, não só as prestações fornecidas directamente por médicos ou por outros profissionais da saúde sob controlo médico, mas também as prestações paramédicas dispensadas em meio hospitalar sob a exclusiva responsabilidade de pessoas que não têm a qualidade de médico.

Segundo o decidido pelo TJUE no acórdão de 20 de Novembro de 2003 (C-307/01, *d'Ambrumenil*, Colect. p. I-13989), desta feita a propósito da isenção hoje em dia vertida na alínea c) do n.º 1 do artigo 132.º da Directiva do IVA, a mesma abrange as prestações médicas que consistam em proceder a colheitas de sangue ou de outras amostras corporais, a fim de detectar a presença de vírus, infecções ou outras doenças, a pedido de entidades patronais ou de companhias de seguros.

Note-se, conforme entendimento veiculado no ofício-circulado n.º 147532, de 20 de Dezembro de 1989, da ex-DSCA, que, para além dos médicos analistas, as actividades dos analistas clínicos paramédicos e dos laboratórios de análises clínicas são consideradas actividades isentas nos termos das alíneas 1) ou 2) do artigo 9.º do CIVA.[191]

1.5. Colheitas para utilização terapêutica futura

Segundo o decidido no acórdão de 10 de Junho de 2010 (C-262/08, *CopyGene*, Colect. p. I-5053), a isenção prevista na alínea b) do n.º 1 do artigo 132.º da Directiva do IVA não abrange actividades que consistem na colheita, transporte, análise de sangue do cordão umbilical e armazenamento das células estaminais contidas nesse sangue, quando a assistência médica prestada em meio hospitalar – com a qual estas actividades só eventualmente se conectam – não existe, não está em curso ou não está sequer planificada. Em sentido congénere, também por acórdão de 10 de Junho de 2010 (C-86/09, *Future Health Technologies*, Colect. p. I-5215), o TJUE considerou que as isenções previstas nas alíneas b) e c) do n.º 1 do artigo 132.º da Directiva do IVA não são aplicáveis a actividades que consistem no envio de um equipamento para colheita de sangue do cordão umbilical dos recém-nascidos, na análise e processamento desse sangue e, se for caso disso, na conservação das células estaminais contidas nesse sangue com vista a uma eventual utilização terapêutica futura, na medida em que visem unicamente assegurar um recurso que esteja disponível com vista a um tratamento médico na hipótese incerta de este vir a ser alguma vez necessário. Só assim não seria, no que diz respeito à análise do sangue do cordão umbilical, se esta análise tivesse efectivamente por objectivo estabelecer um diagnóstico médico.

---

[191] Em face da jurisprudência do TJUE, nomeadamente do acórdão de 10 de Setembro de 2002 (processo C-141/00, caso *Kügler*, Colect. p. I-6833, n.ºˢ 26 e 36), a aplicação da alínea 1) ou da alínea 2) do artigo 9.º do CIVA não deve ser em função de o prestador dos serviços se tratar, respectivamente, de pessoa singular ou de pessoa colectiva, mas, sim, de se estar perante serviços prestados fora do meio hospitalar ou de serviços prestados no âmbito de um estabelecimento hospitalar.

Por outro lado, no acórdão de 18 de Novembro de 2010 (C-156/09, *Verigen Transplantation Service International*, Colect. p. I-?), em que estava em apreço a extracção de células de cartilagem articular do material cartilaginoso colhido num ser humano, para a sua multiplicação tendo em vista o seu posterior reimplante com fins terapêuticos, tal foi considerado uma prestação de serviços de assistência isenta ao abrigo da alínea c) do n.º 1 do artigo 132.º Directiva do IVA. Nos n.ºs 28 e 29 do acórdão, o TJUE considerou que não punha em causa a aplicação da isenção o facto de os referidos serviços serem prestados por pessoal de laboratório cujos membros não eram médicos qualificados, sendo também irrelevante determinar se as células multiplicadas iriam ser reimplantadas no paciente do qual foram retiradas ou num terceiro. No essencial, a diferente solução adoptada neste aresto relativamente às tomadas nos acórdãos de 10 de Junho de 2010 acima referenciados (casos *CopyGene* e *Future Health Technologies*) prendeu-se, se bem entende, com a circunstância de no acórdão *Verigen Transplantation Service International* não estar em apreço uma utilização terapêutica futura meramente hipotética, mas, sim, reimplantes com fins terapêuticos cuja posterior concretização já se encontrava decidida.

1.6. Exames, atestados e relatórios periciais

Através do acórdão de 14 de Setembro de 2000 (C-384/98, *D.*, Colect. p. I-6795), o TJUE pronunciou-se no sentido de que só ficam abrangidas pela isenção prevista na actual alínea c) do n.º 1 do artigo 132.º da Directiva do IVA as prestações médicas que consistam em prestar assistência a pessoas, diagnosticando e tratando uma doença ou qualquer outra anomalia de saúde. Ao invés, não podem ser abrangidas pela referida isenção as prestações médicas que visem determinar, através de análises biológicas, a afinidade genética entre indivíduos, sendo irrelevante que o médico que agiu como perito tenha sido nomeado por um órgão jurisdicional.

Por idênticos motivos, no acórdão de 20 de Novembro de 2003 (C-212/01, *Unterpertinger*, Colect. p. I-13859) foi considerada inaplicável a isenção às prestações de serviços efectuadas por um médico que consistam em elaborar um relatório pericial quanto ao estado de saúde de uma pessoa, tendo em vista fundamentar ou infirmar um pedido de pagamento de uma pensão de invalidez, sendo irrelevante tratar-se de um perito médico mandatado por um órgão jurisdicional ou por um organismo de seguros de pensões.

Segundo o decidido pelo TJUE também em acórdão datado de 20 de Novembro de 2003 (C-307/01, *d'Ambrumenil*, Colect. p. I-13989), a isenção que vem prevista na alínea c) do n.º 1 do artigo 132.º da Directiva do IVA é extensível a exames médicos efectuados a pedido de entidades patronais ou de companhias de seguros, assim como à emissão de atestados médicos de aptidão, desde que o principal objectivo destas prestações seja proteger a saúde das pessoas em causa. Como ilustrou o TJUE nos n.ºs 65 e 67 deste aresto referente ao caso *d'Ambrumenil*, quando a finalidade da passagem de um atestado sobre a aptidão física é fazer a prova junto de terceiros de que o estado de saúde de uma pessoa impõe limitações a determinadas actividades ou exige que estas sejam efectuadas em determinadas condições, pode considerar-se que o objectivo principal dessa prestação é a protecção da saúde da pessoa em causa. O mesmo sucede, por exemplo, em relação a exames médicos regulares, instituídos por entidades patronais e por companhias de seguros, desde que esses exames tenham por principal objectivo permitir a prevenção e a despistagem de doenças, bem como o acompanhamento do estado de saúde dos trabalhadores ou dos tomadores de seguro.

Ao invés, nesse mesmo acórdão relativo ao caso *d'Ambrumenil*, o TJUE considerou que a isenção não se aplica, por exemplo, a exames destinados à elaboração de relatórios de peritagem médica relativos à avaliação para fins judiciais de danos sofridos por particulares ou destinados à elaboração de relatórios de peritagem médica sobre casos de negligência médica, bem como à emissão de atestados ou relatórios médicos no âmbito da concessão de uma pensão por razões militares. Como vem enunciado nos n.ºs 64 e 66 da decisão, o principal objectivo dos atestados de aptidão, cuja apresentação é exigida como condição prévia para o exercício de uma actividade profissional específica ou para a prática de determinadas actividades que obrigam a que se esteja em boas condições físicas, é fornecer a um terceiro um elemento necessário à sua tomada de decisão, e não a protecção da saúde das pessoas que pretendem exercer as referidas actividades. A mesma exclusão da isenção ocorre quando se efectuem exames médicos, bem como colheitas de sangue ou de outras amostras corporais, com o objectivo de permitir a uma entidade patronal tomar decisões sobre o recrutamento ou as funções a exercer por um trabalhador, ou de permitir a uma companhia de seguros fixar o prémio a exigir a um tomador de seguro.

1.7. Psicólogos e psicoterapeutas

Segundo o decidido no acórdão de 6 de Novembro de 2003 (C-45/01, *Dornier-Stiftung*, Colect. p. I-12911), os serviços prestados por psicólogos diplomados, que não têm a qualidade de médicos, não constituem, em princípio, operações estreitamente conexas com a hospitalização ou a assistência médica, na acepção da alínea b) do n.º 1 do artigo 132.º da Directiva do IVA. Assim não acontece, porém, quando esses tratamentos sejam efectivamente ministrados como prestações acessórias da hospitalização dos destinatários ou da assistência médica recebida por estes. Todavia, segundo o mesmo acórdão, independentemente da forma jurídica que assuma a entidade prestadora dos serviços de psicoterapia, é possível aos Estados membros estabelecerem a respectiva isenção ao abrigo da alínea c) do n.º 1 do artigo 132.º da Directiva do IVA, quando assegurados por pessoas que, não tendo a qualidade de médicos, prossigam actividades consideradas paramédicas, como sejam tratamentos psicoterapêuticos efectuados por psicólogos diplomados.

No caso da legislação interna portuguesa, porém, uma vez que os psicólogos não estão abrangidos pelo Decreto-Lei n.º 261/93, de 24 de Agosto, e pelo Decreto-Lei n.º 320/99, de 11 de Agosto, que regulam o exercício das actividades paramédicas, afigura-se que os mesmos não se enquadram na isenção estabelecida na alínea 1) do artigo 9.º do CIVA, sem prejuízo da possibilidade de isenção ao abrigo da alínea 2) deste artigo quando os serviços sejam prestados no âmbito de estabelecimentos hospitalares, como prestações acessórias da hospitalização dos destinatários ou da assistência médica recebida por estes.

A não inclusão no âmbito da alínea 1) do artigo 9.º do CIVA de psicólogos e profissionais afins que não sejam médicos ou paramédicos, afigura-se corroborada pelo decidido no acórdão de 27 de Abril de 2006 (C-443/04 e C-444/04, *Solleveld e o.*, Colect. p. I-3617), em que o TJUE admitiu que os Estados membros detêm autonomia para definir as profissões paramédicas para efeitos da isenção prevista na alínea c) do n.º 1 do artigo 132.º da Directiva do IVA, desde que não ponham em causa o princípio da neutralidade. Uma vez que os serviços efectuados pelos referidos profissionais se distinguem em diversos aspectos dos serviços prestados por médicos psiquiatras, afigura-se que a sua não inclusão no âmbito da alínea 1) do artigo 9.º do CIVA não colide com o princípio da neutralidade.[192]

Em face do decidido pelo TJUE nos acórdãos *Dornier-Stiftung* e *Solleveld e o.*, os serviços prestados por psicólogos ou psicoterapeutas que não tenham a qualidade de médicos não se afiguram susceptíveis, em nenhuma circunstância, de beneficiar da isenção prevista na alínea 1) do artigo 9.º do CIVA. Em circunstâncias específicas podem, porém, aproveitar da isenção contida na alínea 2) do mesmo artigo 9.º, ou seja, quando os respectivos serviços sejam prestados no âmbito de estabelecimentos hospitalares, como prestações acessórias da hospitalização dos destinatários ou da assistência médica recebida por estes.

Complementarmente, porém, cabe assinalar que no ofício-circulado n.º 904, de 29 de Maio de 1985, da ex-DSCA, se referiu que a actividade de psicólogo é susceptível de beneficiar da isenção que hoje em dia vem prevista na alínea 1) do artigo 9.º do CIVA, quando orientada para prestações de serviços que se consubstanciem na elaboração de diagnósticos (por solicitação de médicos) ou na aplicação de tratamentos, abrangendo assim a isenção os actos praticados por psi-

---

[192] Neste mesmo acórdão de 27 de Abril de 2006 (casos *Solleveld e o.*) foi também analisada a aplicação da isenção constante da alínea c) do n.º 1 do artigo 132.º da Directiva do IVA aos serviços prestados por fisioterapeutas. Em face da legislação interna portuguesa, os serviços de fisioterapia, tal como vêm definidos no n.º 7 do anexo ao Decreto-Lei n.º 261/93, prestados por fisioterapeutas habilitados para o efeito, são susceptíveis de beneficiar da isenção consignada na alínea 1) do artigo 9.º do CIVA, uma vez que se trata de uma actividade qualificada como paramédica.

cólogos no âmbito da psicologia clínica. Em contrapartida, tal isenção não abrange os psicólogos que, em regime de profissão liberal e por solicitação de empresas, de particulares ou de outras entidades públicas ou privadas, realizem actos ligados ao ensino, selecção e recrutamento de pessoal, testes psicotécnicos ou funções relacionadas com a organização do trabalho.

1.8. Cedência de pessoal no sector da saúde

No acórdão de 25 de Março de 2010 (C-79/09, Comissão/Países Baixos, Colect. p. I-40*)[193] – em que os Países Baixos, entre outros aspectos, eram acusados de incumprimento do disposto nas alíneas b) e c) do n.º 1 do artigo 132.º e no artigo 134.º da Directiva do IVA por isentarem as cedências de trabalhadores realizadas no sector da saúde – o TJUE rejeitou a condenação daquele Estado membro, em virtude de a Comissão, por um lado, não ter demonstrado que a colocação de pessoal à disposição não poderia ser considerada uma operação estreitamente conexa e, por outro lado, não ter fornecido ao TJUE elementos que lhe permitissem apurar da existência de distorções de concorrência significativas. Acerca da matéria, embora versem sobre a colocação à disposição de docentes no âmbito de estabelecimentos de ensino, e não sobre a colocação de pessoal à disposição no contexto de estabelecimentos hospitalares, afigura-se que devem ser tomadas em conta, com as devidas adaptações, as considerações feitas

---

[193] Desde 1 de Maio de 2004, salvo decisão em contrário da formação de julgamento, não são publicados na Colectânea da Jurisprudência do Tribunal de Justiça e do Tribunal de Primeira Instância, Parte I – Tribunal de Justiça:
– Os acórdãos proferidos por secções de três juízes em processos não prejudiciais;
– Os acórdãos proferidos por secções de cinco juízes deliberando sem conclusões do advogado-geral em processos não prejudiciais;
– Os despachos.
Estas decisões estão, porém, acessíveis na rede global, no sítio do TJUE (‹http://curia.europa.eu›), nas línguas disponíveis, ou seja, a língua do processo e a língua da deliberação. A partir do fascículo 2006-1, a Colectânea comporta uma secção com informações sobre as decisões não publicadas (páginas numeradas I-1*, I-2*, *etc*.).

pelo TJUE no acórdão de 14 de Junho de 2007 (C-434/05, *Horizon College*, Colect. p. I-4793).[194]

Previamente à questão de saber se determinadas cedências de pessoal podem ser consideradas isentas do IVA ao abrigo das disposições em apreço, é necessário apurar as situações em que as cedências de pessoal devem ser consideradas abrangidas pelo âmbito de incidência do IVA. No ofício-circulado n.º 30019, de 4 de Maio de 2000, da DSIVA, esclarece-se que, por via de regra, as operações de cedência onerosa de pessoal são qualificadas como operações sujeitas a tributação, inseridas no conceito de prestação de serviços constante do n.º 1 do artigo 4.º do CIVA. Em princípio, nele se incluem todas as situações em que exista uma efectiva colocação de pessoal à disposição, independentemente de tais operações se qualificarem ou não, em termos jurídicos, como sendo de cedência de pessoal, e ainda que os respectivos trabalhadores mantenham os seus vínculos laborais originários com as correspondentes entidades patronais. Todavia, assim não será nas situações em que os montantes debitados pelos cedentes aos cessionários correspondam, comprovadamente, ao reembolso exacto de despesas com ordenados ou vencimentos, quotizações para a segurança social e quaisquer outras importâncias obrigatoriamente suportadas pela empresa a que pertence o trabalhador, por força de contrato de trabalho ou previstas na legislação aplicável, como sejam, por exemplo, prémios de seguros de vida, complementos de pensões, contribuições para fundos de pensões. Deve notar-se, porém, como se esclarece no n.º 1.7 do ofício-circulado n.º 30084, de 2 de Dezembro de 2005, da DSIVA, quando se esteja na presença de uma prestação de serviços global com outra natureza, ainda que eventualmente englobe como um dos seus elementos a cedência de pessoal, que este elemento não é susceptível de desagregação daquela prestação de serviços global, para efeitos de aplicação da não sujeição a IVA a que se reporta o ofício-circulado n.º 30019, de 4 de Maio de 2000.

Relativamente à cedência de pessoal médico a fim de assegurar o normal funcionamento de vários hospitais e centros de saúde, em que

---

[194] Sobre este acórdão, veja-se, *infra*, o n.º 2 da subsecção I da secção IV deste capítulo IV.

a entidade cedente se obrigava a assegurar um número determinado de horas de trabalho médico, incluindo a substituição temporária de médicos por motivos de doença ou férias, a administração fiscal considerou que a mesma se encontrava abrangida pela isenção prevista na alínea 2) do artigo 9.º do CIVA.[195]

1.9. Segurança e saúde no trabalho

Em matéria de prestações de serviços efectuadas no quadro legal definido para a segurança, higiene e saúde no trabalho, versa o ofício-circulado n.º 92220, de 11 de Setembro de 1997, da DSIVA. Cabe salientar, porém, que o teor deste ofício-circulado não se encontra actualizado, quer em face da jurisprudência do TJUE sobre a matéria, quer, em particular, pelo facto de os diplomas que anteriormente regulavam a matéria – concretamente, o Decreto-Lei n.º 441/91, de 14 de Novembro, e o Decreto-Lei n.º 26/94, de 1 de Fevereiro – terem sido revogados pela Lei n.º 102/2009, de 10 de Setembro.

Relativamente às medidas necessárias para prevenir os riscos profissionais e promover a segurança e a saúde no trabalho, enumeradas no artigo 98.º da Lei n.º 102/2009, afigura-se que apenas as constantes da sua alínea g) são susceptíveis de beneficiar de isenção, por respeitarem à realização de exames de vigilância da saúde, elaborando os respectivos relatórios e fichas clínicas, bem como a actualização dos registos clínicos e de outros elementos informativos relativos à saúde dos trabalhadores.

1.10. Outras actividades isentas

Na informação n.º 89, de 23 de Abril de 1985, da ex-DSCA, com despacho de 24 de Abril de 1985, do SDG-IVA, considerou-se que os serviços médicos e sanitários prestados por estabelecimentos termais,

---

[195] Cf. despacho de 29 de Abril de 2004, do SDG, em substituição legal do DG (processo I301 2004083), consultado a 27 de Agosto de 2011, a partir da página da rede global com o endereço: ‹http://info.portaldasfinancas.gov.pt/pt/informacao_fiscal/informacoes_vinculativas/despesa/civa/›.

bem como as operações que constituam o prolongamento directo dos cuidados médicos e sanitários prestados aos utentes, estão isentos ao abrigo da actual alínea 2) do artigo 9.º do CIVA, ficando, porém, fora da isenção as prestações de serviços efectuadas no âmbito da hotelaria normalmente existente nos referidos estabelecimentos, ainda que integrada directamente no quadro da exploração da empresa que detenha a exploração da estância termal.[196]

Através do despacho de 21 de Agosto de 2007, do DG (processo I301 2007027),[197] foi entendido que a actividade de acupunctura poderia beneficiar da isenção prevista na alínea 1) do artigo 9.º do CIVA, mas na condição de ser exercida por médicos ou por enfermeiros, no âmbito das respectivas profissões.

De harmonia com o despacho de 22 de Fevereiro de 2007, do SDG, em substituição legal do DG (processo I301 2005133),[198] foi entendido que a actividade de nutricionista se encontra abrangida pela isenção prevista na alínea 1) do artigo 9.º do CIVA, enquanto actividade paramédica na área dietética, consubstanciada na aplicação de conhecimentos de nutrição e dietética na saúde em geral e na educação de grupos e indivíduos, quer em situação de bem-estar quer na doença, designadamente no domínio da promoção e tratamento e da gestão de recursos alimentares. A referida isenção não abrange, porém, de acordo com a mesma decisão, a actividade de formador na área do nutricionismo.

No que respeita a cirurgias plásticas, para que operem as isenções previstas nas alíneas 1) e 2) do artigo 9.º do CIVA, parece ser de adoptar o entendimento de que não basta que as mesmas sejam efectuadas em estabelecimentos hospitalares ou sejam asseguradas por médicos diplomados, sendo necessário também que essas cirurgias tenham

---

[196] Apud PwC, *Base de Dados Inforfisco*, a partir da página da rede global com o seguinte endereço: ‹http://www.pwc.com/pt/pt/pwcinforfisco›. Remissões para a informação disponibilizada na referida base de dados encontram-se em PwC, *Colectânea Tributária Anotada*, Alfragide: Texto Editores, 2012.

[197] Consultado a 27 de Agosto de 2011, a partir da página da rede global com o endereço: ‹http://info.portaldasfinancas.gov.pt/pt/informacao_fiscal/informacoes_vinculativas/despesa/civa/›.

[198] Idem.

lugar por razões terapêuticas, tendo por objectivo prevenir ou tratar problemas de saúde, incluindo de natureza psicológica, ficando exceptuadas da isenção as cirurgias plásticas exclusivamente com motivações de pura cosmética.[199]

1.11. Outras actividades não isentas

Os serviços de apoio prestados aos médicos por centros policlínicos de consultas médicas, nomeadamente através da cedência de instalações, equipamentos e pessoal, estão submetidos a tributação em IVA, por não terem enquadramento na alínea 2) do artigo 9.º do CIVA, conforme informação n.º 811, de 7 de Janeiro de 1988, da ex-DSCA, com despacho de 11 de Março de 1988, do SDG-IVA.[200]

De harmonia com a informação n.º 1098, de 22 de Janeiro de 1992, da ex-DSCA, com despacho de 24 de Janeiro de 1992, do SDG-IVA, não estão abrangidas pela alínea 1) do artigo 9.º do CIVA as actividades de astrólogo e parapsicólogo.[201]

A actividade desenvolvida por um ginásio de recuperação na área da saúde humana, ainda que a ginástica seja ministrada com base em prescrição médica, não está abrangida pela isenção prevista na alínea 2) do artigo 9.º do CIVA, segundo a informação n.º 1492, de 21 de Junho de 2002, com despacho de 26 de Junho de 2002, da SDG-IVA.[202]

As actividades acupunctura, naturopatia e homeopatia não se encontram isentas ao abrigo da alínea 1) do artigo 9.º do CIVA, segundo a informação n.º 1638, de 6 de Setembro de 2002, da DSIVA, com despacho de 17 de Setembro de 2002, da SDG-IVA.[203]

---

[199] Orientação, por larga maioria, adoptada na 94.ª reunião do Comité do IVA, realizada a 19 de Outubro de 2011, constante do documento *taxud.c.1(2012)73142*, da Comissão, de 20 de Janeiro de 2012 (documento de trabalho n.º 715 final).

[200] Apud PwC, *Base de Dados*... cit.. No mesmo sentido, pode ver-se a informação n.º 1294, de 10 de Abril de 2003, da DSIVA, com despacho de 16 de Abril de 2003, do SDG-IVA (apud PwC, *Base de Dados*... cit.).

[201] Idem.

[202] Idem.

[203] Idem. Todavia, no que respeita à actividade de acupunctura, quando exercida por médicos ou por enfermeiros no âmbito das respectivas profissões, há que

Conforme despacho de 17 de Março de 2005, do SDG, em substituição legal do DG (processo I301 2004003),[204] foi entendido que a actividade de quiroprático não se encontra abrangida pela isenção prevista na alínea 1) do artigo 9.º do CIVA.

Por via do despacho de 11 de Junho de 2007, do SDG, em substituição legal do DG (processo I301 2007077),[205] foi entendido que a actividade de podologia não se encontra abrangida pela isenção prevista na alínea 1) do artigo 9.º do CIVA.

Através do despacho de 27 de Julho de 2007, do DG (processo I301 2004054),[206] foi entendido que a actividade de massagista de recuperação não se encontra abrangida pela isenção prevista na alínea 1) do artigo 9.º do CIVA.

1.12. Possibilidade de renúncia à isenção

Nos termos da alínea b) do n.º 1 do artigo 12.º do CIVA, podem renunciar à isenção, optando pela aplicação do IVA às respectivas operações, os estabelecimentos hospitalares, clínicas, dispensários e similares, não pertencentes a pessoas colectivas de direito público ou a instituições privadas integradas no sistema nacional de saúde, que efectuem prestações de serviços médicos e sanitários e operações com elas estreitamente conexas.

As regras e procedimentos respeitantes à renúncia à isenção vêm definidos nos n.ᵒˢ 2, 3 e 7 do artigo 12.º do CIVA, estabelecendo o seguinte:

– O direito de opção é exercido mediante a entrega, em qualquer serviço de finanças ou noutro local legalmente autorizado, da decla-

---

tomar em consideração o despacho de 21 de Agosto de 2007, do DG (processo I301 2007027), mencionado supra, no n.º 1.10 desta subsecção I da secção II do capítulo IV.

[204] Consultado a 27 de Agosto de 2011, a partir da página da rede global com o seguinte endereço: ‹http://info.portaldasfinancas.gov.pt/pt/informacao_fiscal/informacoes_vinculativas/despesa/civa/›.

[205] Idem.

[206] Idem.

ração de início de actividade ou de alterações, consoante o caso, produzindo efeitos a partir da data da sua apresentação;

– Os sujeitos passivos que exerçam a opção pela tributação ficam obrigados a permanecer nesse regime durante um período mínimo de cinco anos;

– Os referidos sujeitos passivos passam a dispor do direito à dedução do IVA suportado nas respectivas aquisições;

– Caso pretendam regressar ao regime de isenção após o referido período de cinco anos, os sujeitos passivos devem apresentar a declaração de alterações no mês de Janeiro de um dos anos seguintes após o cumprimento do prazo mínimo de permanência, a qual produz efeitos a partir de 1 de Janeiro desse ano, devendo também sujeitar a tributação as existências remanescentes e proceder, nos termos do n.º 5 do artigo 24.º do CIVA, à regularização da dedução quanto a bens do activo imobilizado.

Embora as prestações de serviços de assistência médica objectivamente abrangidas pelas alíneas 1) e 2) do artigo 9.º do CIVA sejam as mesmas – com a pequena diferença de a alínea 2) também estender a isenção às operações estreitamente conexas –, a distinção entre as duas situações assume especial relevância. Esta advém do facto de a possibilidade de renúncia à isenção, tal como a mesma vem formulada na alínea b) do n.º 1 do artigo 12.º do CIVA, só ser admitida em relação a sujeitos passivos abrangidos pela alínea 2) do artigo 9.º, não se estendendo aos isentos ao abrigo da alínea 1). Subsistem, porém, justificadas dúvidas sobre qual a disposição que deve ser considerada aplicável, por exemplo, a laboratórios que efectuam análises clínicas ou, de um modo geral, que prossigam actividades de diagnóstico, de monitorização terapêutica e de prevenção no domínio da patologia humana, bem como a unidades de medicina física e reabilitação. Note-se, por um lado, que a referência a estabelecimentos hospitalares e similares, feita na referida alínea 2), parece conduzir à acepção de que se deve estar na presença de estabelecimentos que dispõem da funcionalidade de internamento. A ser assim, dir-se-ia que a possibilidade de renúncia à isenção prevista na alínea b) do n.º 1 do artigo 12.º do CIVA se circunscreveria às unidades privadas de saúde com fins lucrativos quando disponham de instalações para internamento. No entanto, há que ponderar que a redacção da alínea 2) do artigo 9.º do CIVA alude também a "clínicas" e a "dispensários". Quanto ao termo "clínicas", é verdade que se trata de um termo muito abrangente, porquanto tal designação muitas vezes não corresponde a um estabelecimento hospitalar ou similar com internamento, muito embora se afigure perfeitamente curial uma interpretação de harmonia com a qual as clínicas que se limitem a efectuar consultas médicas estejam abrangidas pela alínea 1) do artigo 9.º do CIVA, e não pela alínea 2). Quanto ao termo "dispensários", segundo se julga saber, trata-se de uma terminologia em desuso, tendo, pelo menos na maior parte dos casos, sido reconvertidos em unidades de saúde com outras designações[207], como centros de saúde e demais centros de atendimento sanitário, as quais não dispõem do regime de internamento que é próprio dos estabelecimentos hospitalares e similares. Em qualquer caso, a intenção legislativa que esteve subjacente, pelos menos inicialmente, à possibilidade de renúncia à isenção prevista na alínea b) do n.º 1 do artigo 12.º do CIVA parece ter sido abranger apenas "estabelecimentos privados que prestem serviços médico-sanitários em regime de internamento".[208]

Por outro lado, a alínea b) do n.º 1 do artigo 12.º do CIVA inviabiliza a possibilidade de renúncia à isenção às instituições privadas integradas no sistema nacional de saúde. Desde logo, os organismos públicos e as entidades privadas que prestem serviços de hospitalização e assistência médica em condições análogas aos organismos públicos – como sejam estabelecimentos devidamente reconhecidos cujo exercício da actividade se paute por certas normas ou procedimentos públicos, nomeadamente, pertencentes a organismos de carácter associativo ou de solidariedade social, sem fins lucrativos – não dispõem da possibilidade de renúncia à isenção. Com efeito, a opção pela tributação actualmente prevista no artigo 391.º da Directiva IVA, respeita à hospitalização e assistência médica assegurada por entidades

---

[207] Cf., por exemplo, o artigo 92.º do Decreto-Lei n.º 413/71, de 27 de Setembro (alterado pelo Decreto-Lei n.º 331/72, de 22 de Agosto), e o artigo 9.º do Decreto-Lei n.º 260/75, de 26 de Maio.
[208] Cf. DGCI/Núcleo do IVA, *Código… cit.*, p. 78.

não abrangidas pela isenção da alínea b) do n.º 1 do artigo 132.º da Directiva, ou seja, por entidades privadas que prossigam fins lucrativos e que não sejam estabelecimentos que actuem em condições sociais análogas às que vigoram para os organismos públicos.

Mais precisamente, porém, no plano interno, a formulação constante da alínea b) do n.º 1 do artigo 12.º do CIVA, para além dos estabelecimentos pertencentes a pessoas colectivas de direito público, inviabiliza a renúncia à isenção às *"instituições privadas integradas no sistema nacional de saúde"*. De harmonia com o entendimento que, tanto quanto se sabe, vem sendo adoptado pela administração tributária[209], a impossibilidade de renúncia à isenção abrange, quer as entidades públicas integradas no Serviço Nacional de Saúde (SNS), quer as entidades privadas que celebrem acordos ou convénios com aquele, incluindo os respectivos subsistemas, para a prestação de cuidados de saúde.

Neste último domínio, há razões para crer que a inviabilização da possibilidade de renúncia à isenção aos organismos privados que tenham celebrado acordos ou convénios com o SNS esteja em conformidade com o disposto na alínea b) do n.º 1 do artigo 132.º da Directiva do IVA, uma vez que esta norma parece determinar a obrigatoriedade de os Estados membros isentarem, sem possibilidade de conferirem a renúncia à isenção, quer as instituições públicas, quer as instituições privadas a que cada Estado atribua funções consideradas de interesse público na área da saúde. Sem prejuízo da possibilidade dada a Portugal de estender o âmbito subjectivo da isenção, actualmente consignada no artigo 377.º da Directiva do IVA, a alínea b) do n.º 1 do artigo 132.º, por si só, deixa fora da isenção *"aquelas outras instituições que, prestando serviços nesse mesmo sector, não mereçam reconhecimento público de pertença a um sistema de cuidados de saúde privilegiado"*.[210] Ora, em matéria de serviços de saúde, nos termos do artigo 391.º da

---

[209] Decorrente, nomeadamente, da informação n.º 1746, de 10 de Outubro de 2007, da DSIVA, com despacho de 11 de Outubro de 2007, do SDG-IVA, e da informação n.º 149, de 13 de Dezembro de 2007, do Gabinete do SDG-IVA, sancionada pelo despacho n.º 1446/2007-XVII, de 14 de Dezembro de 2007, do Secretário de Estado dos Assuntos Fiscais.

[210] Cf. J. G. Xavier de Basto, *A Tributação...* cit., p. 234.

Directiva do IVA, os Estados membros só podem conceder a possibilidade de renúncia à isenção às entidades não abrangidas pela alínea b) do n.º 1 do seu artigo 132.º, ou seja, só podem autorizar a opção pela tributação às entidades abrangidas pela alínea 7) da parte B do seu anexo X. Assim, na medida em que as entidades privadas que celebrem acordos ou convénios com o SNS já estariam abrangidas pela isenção prevista na alínea b) do n.º 1 do seu artigo 132.º da Directiva do IVA, o sistema comum do IVA não permitiria que a disposição interna contida na alínea b) do n.º 1 do artigo 12.º do CIVA fosse interpretada no sentido de que a possibilidade de renúncia à isenção aí consignada abrangeria tais entidades.

2. Próteses dentárias

A alínea 3) do artigo 9.º do CIVA prevê a isenção das *"prestações de serviços efectuadas no exercício da sua actividade por protésicos dentários"*.[211] Na alínea e) do n.º 1 do artigo 132.º da Directiva do IVA determina-se que os Estados membros isentem *"[a]s prestações de serviços efectuadas no âmbito da sua actividade por protésicos dentários, e bem assim o fornecimento de próteses dentárias efectuadas por dentistas e protésicos dentários"*. No que concerne à transposição para a legislação interna portuguesa do disposto na alínea e) do n.º 1 do artigo 132.º da Sexta Directiva, há a referir que o rigor da mesma pode eventualmente suscitar algumas dúvidas.

A isenção de IVA que abrange as prestações de serviços praticadas no exercício das profissões de médico dentista, estomatologista ou odontologista vem estabelecida na alínea 1) do artigo 9.º do CIVA. Por outro lado, a alínea 3) do mesmo artigo 9.º estabelece a isenção das prestações de serviços efectuadas no exercício da actividade de

---

[211] Em rigor, actualmente, afigura-se desnecessária a referência específica à actividade de protésico dentário feita na alínea 3) do artigo 9.º do CIVA, pois esta, sendo uma actividade paramédica reconhecida pelo Decreto-Lei n.º 261/93, de 24 de Julho, e pelo Decreto-Lei n.º 320/99, de 11 de Agosto, estaria, desde logo, abrangida pela alínea 1) do mesmo artigo 9.º. Com efeito, no n.º 13 do anexo ao Decreto-Lei n.º 261/93, inserem-se as actividades no domínio do desenho, preparação, fabrico, modificação e reparação de próteses dentárias, mediante a utilização de produtos, técnicas e procedimentos adequados.

protésico dentário. De harmonia com a interpretação do conteúdo destas normas veiculada na informação n.º 84, de 29 de Maio de 1992, da ex-DSCA, com despacho da mesma data do SDG-IVA,[212] bem como no ofício n.º 69258, de 3 de Junho de 1992, da ex-DSCA,[213] a fabricação de próteses dentárias, por parte de qualquer dos profissionais acima referidos, fica submetida a dois regimes distintos, consoante as próteses sejam ou não aplicadas nos próprios pacientes desses profissionais. Assim, se os referidos profissionais fabricarem as próteses que utilizem exclusivamente nos seus pacientes, não há IVA a liquidar, por se entender que aquelas se incluem no âmbito de prestações de serviços isentas ao abrigo da alínea 1) ou da alínea 3) do artigo 9.º do CIVA. Pelo contrário, se fabricarem as próteses para as venderem a terceiros, que não aos seus pacientes, deverão proceder à liquidação do IVA, não se considerando aplicáveis as isenções acima referidas.

Tal doutrina, no que concerne à não aplicação da isenção neste último caso, é susceptível de dar azo a dúvidas, dado que a alínea e) do n.º 1 do artigo 132.º da Directiva do IVA inclui na sua redacção "*o fornecimento de próteses dentárias efectuado pelos dentistas e mecânicos dentistas*". Trecho semelhante constava, aliás, da redacção inicial do então n.º 3 do artigo 9.º do CIVA, tendo, porém, sido objecto de alteração, no sentido actual, pelo Decreto-Lei n.º 202/87, de 16 de Maio. Com efeito, inicialmente, a redacção desse n.º 3 do artigo 9.º do CIVA abrangia o "*fornecimento de próteses dentárias, efectuado por médicos, odontologistas ou protésicos dentários*". Note-se, porém, que à data da publicação do diploma que veio a alterar essa redacção inicial o Estado português não estava ainda obrigado a conformar a respectiva legislação com o sistema comum do IVA, o que só foi obrigatório a partir de 1 de Janeiro de 1989.

No entanto, mesmo atendendo à redacção que veio a ser dada pelo Decreto-Lei n.º 202/87, nos casos de não aplicação das próteses nos próprios pacientes e, portanto, de transmissão das mesmas a um

---

[212] Apud PwC, *Base de Dados...* cit..

[213] *Apud* F. PINTO FERNANDES e NUNO PINTO FERNANDES, *Código do Imposto sobre o Valor Acrescentado e Regime do IVA nas Transacções Intracomunitárias – Anotado e Comentado*, 4.ª ed., Lisboa: Rei dos Livros, 1997, p. 194.

terceiro, está-se normalmente perante próteses fabricadas sob encomenda, na sequência da execução de contratos qualificáveis como de empreitada, com as respectivas especificações ou características adequadas a cada um dos clientes finais, muitas vezes com base num molde que é extraído pelos referidos profissionais protésicos ou pelos próprios profissionais de medicina dentária, clientes daqueles protésicos. É de notar que a fabricação de próteses por encomenda de outros profissionais, embora consista na prestação de um serviço para efeitos do direito privado comum, constitui uma transmissão de bens para efeitos do IVA, quando é efectuada nas condições previstas na alínea e) do n.º 3 do artigo 3.º do respectivo Código. Nestas circunstâncias, dado que as alíneas 1) e 3) do artigo 9.º do CIVA apenas fazem referência a operações qualificadas como prestações de serviços, e não incluem transmissões de bens, parece justificar-se a interpretação veiculada pela administração fiscal, no sentido de ficarem afastadas das referidas isenções as fabricações de próteses destinadas a serem fornecidas a terceiros. Ainda assim, no que diz respeito às simples reparações ou ajustamentos de próteses, efectuadas por um médico dentista ou por um protésico dentário, estar-se-á, em princípio, perante operações qualificadas como prestações de serviços para efeitos do IVA, parecendo ficar em aberto a possibilidade de serem aplicadas as isenções previstas nas alíneas 1) ou 3) do artigo 9.º do CIVA, mesmo nos casos em que o adquirente directo dos serviços de reparação ou adaptação não sejam os próprios pacientes.

Pese embora as diferenças de redacção entre a alínea 3) do artigo 9.º do CIVA e a alínea e) do n.º 1 do artigo 132.º da Directiva do IVA, é de admitir que não esteja em causa a conformidade daquela disposição interna com o sistema comum do IVA. Tal acepção afigura-se decorrer do disposto no artigo 370.º da Directiva do IVA, conjugado com a alínea 1) da parte A do seu anexo X, permitindo aos Estados membros, transitoriamente, continuar a tributar as transmissões de próteses efectuadas por dentistas e por protésicos dentários.[214]

---

[214] Embora se reconheça que a validade do argumento possa não ser absolutamente inabalável, não deve impressionar o facto de a redacção do artigo 370.º da Directiva do IVA se reportar aos Estados membros que já tributassem as referidas operações à data

Por outro lado, como resultou do decidido no acórdão de 14 de Dezembro de 2006 (C-401/05, *VDP Dental*, Colect. p. I-12121), a isenção que vem prevista na alínea e) do n.º 1 do artigo 132.º da Directiva do IVA não pode ser aplicada às transmissões de próteses dentárias que sejam efectuadas por um intermediário que não tenha a qualidade de dentista ou de mecânico dentista, o qual as adquiriu a um mecânico dentista e, seguidamente, as transmitiu a um dentista.

Através do acórdão de 7 de Dezembro de 2006 (C-240/05, *Eurodental*, Colect. p. I-11479), o TJUE também se pronunciou acerca da isenção que vem vertida na alínea e) do n.º 1 do artigo 132.º da Directiva do IVA, embora não tenha estado propriamente em causa o conteúdo dessa isenção, mas um aspecto de ordem mais geral, comum às várias transmissões de bens isentas ao abrigo daquele artigo. Do mencionado aresto decorre que uma transmissão de bens abrangida por uma das isenções previstas no artigo 132.º da Directiva do IVA não é susceptível de proporcionar o direito à dedução do imposto suportado a montante, ainda que esses bens sejam objecto de uma transmissão com destino a outro Estado membro, independentemente do regime do IVA que lhe seja aplicado no Estado membro de destino dos bens.

---

de 1 de Janeiro de 1978. Em alguma jurisprudência, o TJUE tem considerado, em relação aos Estados membros cuja adesão ocorreu posteriormente, que certas referências temporais definidas em disposições transitórias devem ser consideradas reportadas à legislação em vigor nesse novo Estado membro no momento imediatamente anterior àquele em que ficou obrigado a dar cumprimento ao sistema comum do IVA. A este propósito considere-se, por exemplo, o decidido em matéria de exclusões do direito à dedução ao abrigo do artigo 176.º da Directiva do IVA, relativamente às quais os acórdãos de 8 de Janeiro de 2002 (C-409/99, *Metropol e o.*, Colect. p. I-81, n.º 41) e de 23 de Abril de 2009 (C-74/08, *PARAT Automotive Cabrio*, Colect. p. I-3459, n.º 24) reconheceram que o disposto no segundo parágrafo desse artigo é também aplicável a um Estado membro cuja adesão tenha ocorrido em data posterior à entrada em vigor da Sexta Directiva, desde que à data da adesão a impossibilidade de dedução já constasse da legislação interna desse Estado membro. Recorde-se, em relação a Portugal, no que respeitou à implementação das várias directivas em matéria do IVA, que foi concedido um período transitório de três anos, a contar da data da adesão. Esta dilação veio prevista no capítulo II do Anexo XXXVI do Acto de Adesão, implicando que Portugal só tenha ficado obrigado a implementar o IVA em conformidade com o direito da UE a partir de 1 de Janeiro de 1989.

3. Transmissões de órgãos, sangue e leite humanos

Nos termos da alínea 4) do artigo 9.º do CIVA, estão isentas do imposto as transmissões de órgãos, sangue e leite humanos. Esta alínea 4) tem por base o disposto na alínea d) do n.º 1 do artigo 132.º da Directiva do IVA, que prevê a isenção das *"entregas de órgãos, sangue e leite humanos"*.

Segundo o ofício-circulado n.º 80867, de 18 de Abril de 1991, da ex-DSCA, a isenção aplica-se ao sangue total e aos derivados do sangue, obtidos por processos mecânicos, sem adição de outras substâncias, estando fora da isenção os produtos sanguíneos destinados a análises clínicas, designadamente, grupos sanguíneos e factores sanguíneos, por não serem preparados inteiramente a partir do sangue humano, contendo matérias provenientes de outras fontes.

De harmonia com o decidido pelo TJUE no acórdão de 3 de Junho de 2010 (C-237/09, *De Fruytier*, Colect. p. I-4985), a isenção deve ser interpretada no sentido de que não é aplicável a uma actividade de transporte, efectuada a título independente, de órgãos e de produtos biológicos de origem humana, por conta de hospitais ou de laboratórios.

4. Transporte de doentes ou feridos

Ainda no domínio das isenções ligadas à saúde humana, há a referir a prevista na alínea 5) do artigo 9.º do CIVA, respeitando às prestações de serviços de transporte de doentes ou feridos em ambulâncias ou em outros veículos apropriados, efectuados por organismos devidamente autorizados. Esta alínea 5) tem por base o disposto na alínea p) do n.º 1 do artigo 132.º da Directiva do IVA, que prevê a isenção do *"transporte de doentes ou de feridos efectuado por organismos devidamente autorizados em veículos especialmente equipados para o efeito"*.

Subsecção II

Isenções em importações de bens

1. Substâncias terapêuticas de origem humana

Nos termos da alínea a) do n.º 1 do artigo 36.º do Decreto-Lei n.º 31/89, de 25 de Janeiro, estão isentas do IVA as importações de substâncias terapêuticas de origem humana. Por "substâncias terapêuticas de origem humana", entende-se, na definição da alínea a) do n.º 2 do mesmo artigo 36.º, *"o sangue humano e os seus derivados (sangue humano total, plasma humano liofilizado, albumina humana e soluções estáveis de proteínas plasmáticas humanas, imoglubina humana e fibrinogénio humano)"*.

Em face do disposto no artigo 38.º do Decreto-Lei n.º 31/89, a isenção na importação é extensível às embalagens especiais indispensáveis para o transporte de substâncias terapêuticas de origem humana, assim como aos solventes e acessórios necessários para a sua utilização eventualmente incluídos nas remessas.

Nos termos do artigo 37.º do mesmo diploma, a isenção está limitada aos produtos que se destinem a organismos ou laboratórios reconhecidos pelo ministro responsável pela área das Finanças, que sejam para uso exclusivo em fins médicos ou científicos, com exclusão de quaisquer operações de carácter comercial. Além disso, para que a isenção na importação seja aplicável, os produtos devem ser acompanhados de um certificado de conformidade emitido por um organismo habilitado para esse efeito no país de proveniência, e devem estar contidos em recipientes com um rótulo especial de identificação.

Esta isenção na importação tem por base actual o previsto na alínea a) do n.º 1 e na alínea a) do n.º 2 do artigo 37.º e nos artigos 38.º e 39.º da Directiva 2009/132/CE.

Note-se, em face do disposto na alínea a) do n.º 1 do artigo 13.º do CIVA, que estão também isentas do IVA as importações definitivas de bens cuja transmissão no território nacional estaria isenta. É o que sucede, por exemplo, no caso de importações de órgãos, sangue e leite humanos, já que a respectiva transmissão no território nacional estaria isenta ao abrigo da alínea 4) do artigo 9.º do CIVA.

2. Reagentes para determinação de grupos sanguíneos ou tissulares

Nos termos das alíneas b) e c) do n.º 1 do artigo 36.º do Decreto-Lei n.º 31/89, estão isentas do IVA as importações de reagentes para determinação de grupos sanguíneos ou de grupos tissulares. Considera-se "reagentes para determinação de grupos sanguíneos", nos termos da alínea b) do n.º 2 do mesmo artigo 36.º, todos os reagentes de origem humana, vegetal ou outra para a determinação de grupos sanguíneos e a detecção de incompatibilidades sanguíneas. Por seu turno, "reagentes para determinação de grupos tissulares", na definição constante da alínea c) do referido n.º 2, são todos os reagentes de origem humana, animal, vegetal ou outra para determinação de grupos tissulares humanos.

Em face do disposto no artigo 38.º do Decreto-Lei n.º 31/89, a isenção na importação é extensível às embalagens especiais indispensáveis para o transporte de reagentes para determinação de grupos sanguíneos ou tissulares, assim como aos solventes e acessórios necessários para a sua utilização eventualmente incluídos nas remessas.

Nos termos do artigo 37.º do mesmo diploma, a isenção está limitada aos produtos que se destinem a organismos ou laboratórios reconhecidos pelo ministro responsável pela área das Finanças, que sejam para uso exclusivo em fins médicos ou científicos, com exclusão de quaisquer operações de carácter comercial. Além disso, para que a isenção na importação seja aplicável, os produtos devem ser acompanhados de um certificado de conformidade emitido por um organismo habilitado para esse efeito no país de proveniência, e devem estar contidos em recipientes com um rótulo especial de identificação.

Esta isenção na importação tem por base actual o previsto nas alíneas b) e c) do n.º 1 e nas alíneas b) e c) do n.º 2 do artigo 37.º e nos artigos 38.º e 39.º da Directiva 2009/132/CE.

3. Substâncias para controlo da qualidade dos medicamentos

De harmonia com o disposto no artigo 39.º do Decreto-Lei n.º 31/89, estão isentas do IVA as importações de amostras de substâncias químicas de referência, autorizadas pela Organização Mundial de Saúde, destinadas ao controlo de qualidade das matérias utilizadas no fabrico de medicamentos, quando sejam enviadas a destinatários reconhecidos pelo ministro responsável pela área das Finanças como competentes para receber tais remessas com isenção.

Esta isenção na importação tem por base actual o previsto no artigo 40.º da Directiva 2009/132/CE.

4. Produtos farmacêuticos utilizados por ocasião de manifestações desportivas internacionais

Nos termos do artigo 40.º do Decreto-Lei n.º 31/89, beneficiam de isenção do IVA na importação os produtos farmacêuticos para medicina humana ou veterinária, destinados ao uso de pessoas ou de animais que participem em manifestações desportivas internacionais, no limite das suas necessidades durante a permanência no território nacional.

Esta isenção na importação tem por base actual o previsto no artigo 41.º da Directiva 2009/132/CE.

SUBSECÇÃO III

Isenções em aquisições intracomunitárias de bens

Quando as aquisições intracomunitárias de bens estiverem abrangidas pelas regras de incidência do IVA[215], as disposições contidas nas alíneas a) e b) do n.º 1 do artigo 15.º do RITI isentam, ainda assim, as que respeitem a bens cuja transmissão interna ou importação estivesse isenta do imposto.

Desse modo, dado que a alínea a) do n.º 1 do artigo 15.º do RITI isenta do IVA as aquisições intracomunitárias de bens cuja transmissão no território nacional esteja isenta, beneficiam de isenção as aquisições intracomunitárias de órgãos, sangue e leite humanos, atendendo

---

[215] Sobre a matéria, veja-se, supra, os n.ºs 2 e 5 da secção III do capítulo I.

a que a respectiva transmissão no território nacional se encontra isenta ao abrigo da alínea 4) do artigo 9.º do CIVA.

Por outro lado, uma vez que a alínea b) do n.º 1 do artigo 15.º do RITI isenta as aquisições intracomunitárias relativas a bens que, caso fossem objecto de importação, também beneficiariam de isenção[216], dela decorre a isenção das aquisições intracomunitárias de substâncias terapêuticas de origem humana, de reagentes para determinação de grupos sanguíneos ou tissulares, de substâncias para controlo da qualidade dos medicamentos e de produtos farmacêuticos utilizados por ocasião de manifestações desportivas internacionais, efectuadas em condições idênticas às importações previstas nos artigos 36.º a 40.º do Decreto-Lei n.º 31/89, de 25 de Janeiro.[217]

SECÇÃO III
Actividades de assistência e segurança sociais

SUBSECÇÃO I
Isenções em operações internas

1. Aspectos gerais

As alíneas 6), 7) e 18) do artigo 9.º do CIVA estabelecem um conjunto de isenções ligadas à assistência social e à segurança social. Tais isenções têm por base o previsto nas alíneas g), h) e k) do n.º 1 do artigo 132.º da Directiva do IVA, correspondentes anteriormente às alíneas g), h) e k) do n.º 1 da parte A do artigo 13.º da Sexta Directiva.

De início, por via da decisão proferida no acórdão do TJUE de 11 de Agosto de 1995 (C 153/93, *Bulthuis Griffioen*, Colect. p. I 2341),

---

[216] Do ponto de vista literal, a mencionada disposição da legislação interna portuguesa só alude à isenção das *"aquisições intracomunitárias de bens cuja importação seja isenta nos termos do artigo 13.º do Código do IVA"*. Contudo, a mesma não deveria remeter apenas para as isenções na importação previstas no artigo 13.º do CIVA, mas também para as previstas na legislação complementar – como resulta, aliás, da redacção da alínea b) do artigo 140.º da Directiva do IVA –, carecendo, por isso, a alínea b) do n.º 1 do artigo 15.º do RITI, de interpretação extensiva.

[217] Sobre esta matéria, veja-se, supra, a subsecção II desta secção II do capítulo IV.

foi entendido que a expressão "*outros organismos de carácter social reconhecidos como tal pelo Estado-Membro em causa*", a que se reportam aquelas alíneas g) e h), só poderia referir-se a pessoas colectivas, e não a pessoas singulares. No entanto, a partir do acórdão de 7 de Setembro de 1999 (C-216/97, *Gregg*, Colect. p. I-4947), o TJUE passou a entender que a referida expressão abrange, quer as pessoas colectivas, quer as pessoas singulares que explorem uma empresa.

A possibilidade de um Estado membro estender as isenções previstas nas mencionadas alíneas g) e h) a entidades que prossigam fins lucrativos, desde que satisfaçam as condições exigidas por esse Estado membro, foi confirmada pelo acórdão de 26 de Maio de 2005 (C-498/03, *Kingcrest*, Colect. p. I-4427), sem prejuízo da necessidade de serem respeitados os princípios da igualdade de tratamento e da neutralidade fiscal.

A propósito da eventual aplicação das isenções actualmente vertidas nas alíneas g) e h) do n.º 1 do artigo 132.º da Directiva do IVA a prestações de serviços de intermediação estreitamente ligadas à assistência ou segurança sociais, o TJUE pronunciou-se através do acórdão de 9 de Fevereiro de 2006 (C-415/04, *Kinderopvang Enschede*, Colect. p. I-1385). Nele, não afastou a possibilidade de as referidas isenções poderem abranger um mediador cujo papel seja proporcionar o contacto entre as pessoas que procuram e as entidades que oferecem, por exemplo, um serviço de guarda de crianças, quando tal mediação seja realizada por um estabelecimento de direito público ou por um organismo reconhecido de carácter social pelo Estado membro em causa. Todavia, para que tais serviços de intermediação possam beneficiar de uma isenção nos termos daquelas alíneas g) ou h), é necessário que se verifiquem cumulativamente as seguintes situações:

– O próprio serviço principal, com o qual a intermediação se relaciona, preencha os requisitos de isenção previstos nas referidas disposições;

– O serviço de intermediação seja de uma natureza ou de uma qualidade tais que os adquirentes dos serviços não poderiam ter a certeza de beneficiar de um serviço principal com a mesma valia sem recorrerem ao serviço de mediação;

– Os serviços de mediação não se destinarem essencialmente a proporcionar receitas suplementares ao prestador mediante a realização de operações efectuadas em concorrência directa com as de sociedades comerciais sujeitas a IVA.

2. Assistência e segurança sociais em geral

Nos termos da primeira parte da alínea 6) do artigo 9.º do CIVA, estão isentas do imposto as transmissões de bens e as prestações de serviços ligadas à assistência ou segurança sociais, efectuadas no âmbito do sistema de segurança social, incluindo as efectuadas pelas IPSS. A isenção é também aplicável às demais transmissões de bens que estejam conexas com as operações acima referidas.

De acordo com a segunda parte da mesma alínea 6), estão também isentas do IVA as pessoas singulares ou colectivas que realizem operações ligadas à assistência ou segurança sociais por conta do respectivo sistema nacional, desde que não recebam em troca das mesmas qualquer contraprestação paga pelos adquirentes dos bens ou destinatários dos serviços. Nesta segunda parte da referida alínea afiguram-se susceptíveis de inserção, por exemplo, os denominados "ajudantes familiares", a que se reporta o Decreto-Lei n.º 141/89, de 28 de Abril,[218] que realizam tarefas de apoio e assistência social domiciliária, na sequência de contrato de prestação de serviços com instituições de solidariedade e segurança sociais. Outras figuras que podem estar abrangidas por esta isenção são as famílias de acolhimento familiar ou profissional de crianças e jovens, a que se reporta a lei de protecção de crianças e jovens em perigo, aprovada pela Lei n.º 147/99, de 1 de Setembro,[219] assim como o Decreto-Lei n.º 11/2008, de 17 de Janeiro.

Da isenção estabelecida na alínea 6) do artigo 9.º do CIVA não estão necessariamente excluídas as entidades privadas que prossigam fins lucrativos, desde que o façam por conta do sistema nacional de segurança social e que não obtenham a remuneração pelos respec-

---

[218] Alterado pelo Decreto-Lei n.º 328/93, de 25 de Setembro.
[219] Alterado pela Lei n.º 31/2003, de 22 de Agosto.

tivos serviços directamente dos utentes ou beneficiários. Como se assinalou na informação n.º 1716, de 4 de Julho de 1989, da ex--DSCA, com despacho de 5 de Julho de 1989, do SDG-IVA, a expressão relativa ao não recebimento de "qualquer contraprestação dos adquirentes dos bens ou destinatários dos serviços" deve entender-se como inviabilizando que haja uma contraprestação recebida dos próprios utentes do sistema nacional de segurança ou assistência sociais, mas não dos organismos públicos por conta de quem os serviços são prestados.[220]

Em conformidade com o decidido no acórdão de 10 de Setembro de 2002 (C-141/00, *Kügler*, Colect. p. I-6833), as prestações de cuidados gerais e de economia doméstica, fornecidas por um serviço de cuidados ambulatórios a pessoas em estado de dependência física ou económica, constituem prestações de serviços estreitamente ligadas à assistência social e à segurança social na acepção da alínea g) do n.º 1 do artigo 132.º da Directiva do IVA.

No que concerne à colocação à disposição de trabalhadores entre instituições ligadas à assistência social, efectuada a título oneroso, no acórdão de 25 de Março de 2010 (C-79/09, Comissão/Países Baixos, Colect. p. I-40★) – em que este Estado membro, entre outros aspectos, era acusado de incumprimento do disposto na alínea g) do n.º 1 do artigo 132.º e no artigo 134.º da Directiva do IVA por isentar as referidas cedências de trabalhadores – o TJUE rejeitou a condenação, em virtude de a Comissão, por um lado, não ter demonstrado que a colocação de pessoal à disposição não poderia ser considerada uma operação estreitamente conexa e, por outro lado, não ter fornecido ao TJUE elementos que lhe permitissem apurar da existência de distorções de concorrência significativas. Embora versem sobre a colocação à disposição de docentes no âmbito de estabelecimentos de ensino, e não sobre a colocação de pessoal à disposição no domínio da assistência social, afigura-se que devem ser tomadas em conta, com as devidas adaptações, as considerações feitas pelo TJUE no acórdão de 14 de

---

[220] Apud PwC, *Base de Dados... cit.*.

Junho de 2007 (C-434/05, *Horizon College*, Colect. p. I-4793).[221] Em matéria de incidência do IVA em operações de cedência de pessoal, veja-se também o ofício-circulado n.º 30019, de 4 de Maio de 2000, da DSIVA.[222]

3. Creches, lares, centros de férias ou de reabilitação e outros equipamentos sociais

Em conformidade com a alínea 7) do artigo 9.º do CIVA, estão isentas do IVA as prestações de serviços efectuadas no exercício da sua actividade habitual, por parte de pessoas colectivas de direito público, de IPSS e por outras entidades cuja utilidade social seja reconhecida pelas autoridades competentes, no quadro da exploração das seguintes categorias de estabelecimentos:
– Creches, jardins-de-infância e centros de actividades de tempos livres;
– Estabelecimentos para crianças e jovens desprovidos de meio familiar normal ou para crianças e jovens deficientes;
– Centros de reabilitação de inválidos;
– Casas de trabalho;
– Lares residenciais;
– Lares de idosos, centros de dia e centros de convívio para idosos;
– Colónias de férias e albergues de juventude;
– Outros equipamentos sociais.
A isenção é também aplicável às transmissões de bens que estejam estreitamente conexas com as prestações de serviços enumeradas nessa alínea 7).
Segundo o entendimento veiculado no n.º 8 do ofício-circulado n.º 115934, de 19 de Dezembro de 1988, da ex-DSCA, a isenção abrange somente as transmissões de bens e prestações de serviços efec-

---

[221] Sobre esta matéria, veja-se, *infra*, o n.º 2 da subsecção I da secção IV deste capítulo IV.
[222] A cujo conteúdo se alude supra, no n.º 1.8 da subsecção I da secção II deste capítulo IV.

tuadas aos próprios utentes dos estabelecimentos ou equipamentos referidos na norma de isenção, não se aplicando a eventuais prestações de serviços efectuadas a terceiros, ainda que o sejam no exercício da sua actividade normal ou como consequência desta.[223]

O reconhecimento da utilidade social dos estabelecimentos de apoio social em que são exercidas actividades no âmbito da segurança social relativas a crianças, jovens, pessoas idosas ou com deficiência, assim como as destinadas à prevenção e reparação das situações de carência, de disfunção e de marginalização social, vem regulado no Decreto-Lei n.º 64/2007, de 14 de Março.

A respeito da isenção hoje em dia prevista na alínea 7) do artigo 9.º do CIVA, no ofício-circulado n.º 30071, de 24 de Junho de 2004, da DSIVA, vem esclarecido, nomeadamente, que a isenção abrange as prestações de serviços e as transmissões de bens estreitamente conexas efectuadas, no exercício da sua actividade habitual, por quaisquer estabelecimentos sociais pertencentes a pessoas colectivas de direito público ou a instituições particulares de solidariedade social, bem como por quaisquer outras entidades que explorem equipamentos sociais do mesmo tipo, prossigam ou não uma finalidade lucrativa. Todavia, em relação a estas entidades, é necessário que lhes tenha sido concedida a respectiva licença de funcionamento, a qual, à luz da redacção inicial do artigo 11.º do Decreto-Lei n.º 64/2007, de 14 de Março, é atribuída pelo Instituto da Segurança Social, I. P..[224]

Como se refere no mencionado ofício-circulado, os estabelecimentos que obtenham a licença de funcionamento são considerados de utilidade social – aspecto que vem previsto no actual artigo 23.º do

---

[223] No mesmo sentido, se pronunciou o despacho de 7 de Novembro de 2006, do SDG, em substituição do DG (processo A419 2006025), consultado a 14 de Novembro de 2011, a partir da página da rede global com o seguinte endereço: ‹http://info.portaldasfinancas.gov.pt/pt/informacao_fiscal/informacoes_vinculativas/despesa/civa/›.

[224] Deve atentar-se, porém, que o Decreto-Lei n.º 133-A/97, de 30 de Maio, a que se faz alusão no referido ofício-circulado, que estabelecia o regime de licenciamento e fiscalização dos estabelecimentos e serviços de apoio social do âmbito da segurança social, já se encontra revogado. Com excepção do seu capítulo IV, aquele diploma foi revogado e substituído pelo Decreto-Lei n.º 64/2007, de 14 de Março.

Decreto-Lei n.º 64/2007 –, sendo o licenciamento prévio, por via de regra, uma condição para a aplicação da isenção. Ainda assim, como o artigo 19.º do Decreto-Lei n.º 64/2007, à semelhança do que sucedia no diploma que o precedeu, continua a admitir a possibilidade de ser concedida uma autorização provisória pelo prazo de 180 dias, sem inviabilizar os benefícios inerentes ao reconhecimento da utilidade social, afigura-se manter actualidade o entendimento veiculado nos n.ºs 7 a 9 do ofício-circulado n.º 30071, no sentido de que a isenção prevista na alínea 7) do artigo 9.º do CIVA é também aplicável aos estabelecimentos que disponham de uma autorização provisória de funcionamento, enquanto esta vigorar.

Se, após o decurso do prazo de vigência da autorização provisória, for indeferido o pedido de licenciamento, nos termos previstos no n.º 3 do artigo 19.º do Decreto-Lei n.º 64/2007, cessa o benefício da isenção, devendo o sujeito passivo passar a enquadrar-se no regime geral de tributação, como também se esclarece no n.º 10 do referido ofício-circulado. O mesmo sucede, aliás, nos casos em que ocorra a caducidade da licença definitiva, a que alude o artigo 21.º do diploma em referência.

Quando não se verificarem as condições para que os estabelecimentos referidos nesta alínea 7) do artigo 9.º do CIVA beneficiem de isenção, por não serem explorados por pessoas colectivas de direito público, por IPSS ou por outras entidades cuja utilidade social seja reconhecida, devem tomar-se em consideração, com as necessárias actualizações em matéria de taxas do IVA, as instruções constantes do ofício-circulado n.º 72258, de 15 de Junho de 1992, da ex-DSCA.[225]

Saliente-se, complementarmente, que só a partir do momento em que o sujeito passivo seja detentor de uma licença provisória ou definitiva de funcionamento, emitidos pela entidade competente, é que as prestações de serviços e as transmissões de bens estreitamente conexas, efectuadas por lares de idosos, centros de dia, centros de convívio e demais estabelecimentos referidos na alínea 7) do artigo 9.º do CIVA, podem beneficiar de isenção. Todavia, enquanto vigorar

---

[225] Sobre esta matéria, veja-se, *infra*, o n.º 1 da secção III do capítulo V.

a licença provisória ou a partir do momento em que seja obtida a licença definitiva, o enquadramento no âmbito da isenção das operações a que se refere aquela alínea 7) passa a ser obrigatório, sem possibilidade de renúncia à isenção. Assim, no caso de um sujeito passivo ficar inicialmente enquadrado no regime geral de tributação por falta do licenciamento provisório ou definitivo, a posterior obtenção deste licenciamento implica a necessidade de apresentação da declaração de alterações a que se reporta actualmente o artigo 32.º do CIVA, no prazo de quinze dias a contar do momento em que obtenha a licença provisória ou definitiva. Nesta situação, havendo afectação a uma actividade isenta de bens que, quando da respectiva aquisição tenham conferido a possibilidade de dedução total ou parcial do respectivo IVA, tal afectação é considerada uma transmissão de bens, nos termos da alínea g) do n.º 3 do artigo 3.º do CIVA, devendo o sujeito passivo proceder ao apuramento do correspondente imposto a favor do Estado. Para tanto, o valor tributável das referidas operações assimiladas, para efeitos do IVA, a transmissões de bens corresponde ao preço de custo ou de aquisição desses bens ou de bens similares, reportados ao momento da realização das operações, em conformidade com o disposto na alínea b) do n.º 2 do artigo 16.º do CIVA.[226]

4. Cedência de pessoal por instituições religiosas ou filosóficas

A alínea 18) do artigo 9.º do CIVA estabelece a isenção da cedência de pessoal por instituições religiosas ou filosóficas para a realização de actividades isentas nos termos do CIVA ou para fins de assistência espiritual.

Uma vez que as instituições religiosas e filosóficas estão, por via de regra, fora do âmbito do imposto, considerou-se dever isentar as cedências remuneradas de pessoal efectuadas por essas instituições,

---

[226] Cf. despacho de 9 de Fevereiro de 2005, do DG (processo I301 2004095), consultado a 27 de Agosto de 2011, a partir da página da rede global com o endereço: ‹http://info.portaldasfinancas.gov.pt/pt/informacao_fiscal/informacoes_vinculativas/despesa/civa/›.

quando destinado ao desenvolvimento de actividades também isentas ou para fins de assistência pessoal.[227]

5. Meios de transporte para uso próprio de pessoas com deficiência

Nos termos do n.º 8 do artigo 15.º do CIVA, estão isentas do IVA as transmissões dos meios de transporte a seguir indicados, para uso próprio de pessoas com deficiência, de harmonia com os condicionalismos previstos no Código do Imposto sobre Veículos (CISV):[228]
– Triciclos;
– Cadeiras de rodas, com ou sem motor;
– Automóveis ligeiros de passageiros ou mistos.

O benefício da isenção do IVA deve ser requerido aos serviços aduaneiros competentes, nos termos previstos no CISV.

Os sujeitos passivos do regime geral de tributação, que comercializem os meios de transporte abrangidos por esta isenção, dispõem do direito à dedução do IVA suportado a montante, conforme previsto na subalínea IV) da alínea b) do n.º 1 do artigo 20.º do CIVA.

O n.º 9 do artigo 15.º do CIVA determina as consequências em sede deste imposto no caso de os proprietários de veículos adquiridos com isenção procederam à respectiva alienação antes de decorridos cinco desde a data da aquisição dos veículos. Nesse caso, devem, junto dos serviços aduaneiros, efectuar o pagamento do IVA correspondente ao preço de venda. O valor tributável desta transmissão, porém, não pode ser inferior ao que resulta da aplicação ao preço do veículo novo à data de venda, com exclusão do IVA, das percentagens referidas no n.º 2 do artigo 3.º-A do Decreto-Lei n.º 143/86, de 16 de Junho.

---

[227] Cf. DGCI/Núcleo do IVA, *Código...* cit., p. 71.
[228] Sobre isenção congénere em matéria de importação de bens versa a alínea j) do n.º 1 do artigo 13.º do CIVA, a que se faz alusão *infra*, no n.º 2.1 da subsecção II desta secção III do capítulo IV.

6. Bens para posterior distribuição gratuita a pessoas carenciadas

De harmonia com o disposto na primeira parte do n.º 10 do artigo 15.º do CIVA, beneficiam da isenção do IVA as transmissões gratuitas de bens, para posterior distribuição a pessoas carenciadas, que sejam efectuadas a IPSS ou a organizações não governamentais sem fins lucrativos.

Os sujeitos passivos do regime geral de tributação, que realizem as referidas transmissões gratuitas de bens, dispõem do direito à dedução do IVA suportado a montante, conforme previsto na subalínea IV) da alínea b) do n.º 1 do artigo 20.º do CIVA.

7. Livros entregues gratuitamente a determinadas instituições

Na sequência da alteração da redacção do n.º 10 do artigo 15.º do CIVA, promovida pela Lei n.º 22/2010, de 23 de Agosto, aquela disposição de isenção passou a abranger também as transmissões de livros a título gratuito efectuadas ao departamento governamental na área da cultura, a instituições de carácter cultural e educativo, a centros educativos de reinserção social e a estabelecimentos prisionais.

Nos termos da subalínea IV) da alínea b) do n.º 1 do artigo 20.º do CIVA, a referida transmissão gratuita não prejudica a dedução do imposto suportado a montante a que tenha havido lugar.

8. Bens que se destinem a ser exportados por organismos humanitários ou caritativos

Na alínea o) do n.º 1 do artigo 14.º do CIVA vem prevista uma isenção nas transmissões internas de bens efectuadas a organismos devidamente reconhecidos, no âmbito, nomeadamente, das suas actividades humanitárias ou caritativas, quando tais bens se destinem a ser exportados pelos referidos organismos para fora da UE, desde que o direito à isenção seja objecto de reconhecimento prévio.

Esta isenção tem por base o disposto na alínea c) do n.º 1 do artigo 146.º da Directiva do IVA, correspondente ao anterior n.º 12 do artigo 15.º da Sexta Directiva.

SUBSECÇÃO II

Isenções em importações de bens

1. Bens importados por organizações de natureza caritativa ou filantrópica

Nos termos das alíneas a) a c) do artigo 41.º do Decreto-Lei n.º 31/89, de 25 de Janeiro, está isenta do IVA a importação dos bens a seguir indicados, efectuada por organismos do Estado, ou por organismos com fins caritativos ou filantrópicos reconhecidos pelo ministro responsável pela área das Finanças, desde que não dê lugar a abusos ou a distorções de concorrência:

– Bens de primeira necessidade para serem distribuídos gratuitamente a pessoas necessitadas, considerando-se como tais os bens indispensáveis à satisfação das necessidades imediatas das referidas pessoas, tais como géneros alimentícios, medicamentos, vestuário e cobertores;

– Mercadorias de qualquer natureza enviadas gratuitamente por uma pessoa ou por um organismo estabelecido fora do território nacional, sem qualquer intenção de ordem comercial, para obtenção de fundos em manifestações ocasionais de beneficência em favor de pessoas necessitadas;

– Bens de equipamento e materiais de escritório enviados gratuitamente por uma pessoa ou um organismo estabelecido fora do território nacional, sem qualquer intenção de ordem comercial, para serem utilizados exclusivamente nas necessidades do seu funcionamento e na realização dos objectivos de organismos com fins caritativos, filantrópicos ou humanitários reconhecidos.

Em qualquer caso, estão excluídos da referida isenção, como estabelece expressamente o artigo 42.º do Decreto-Lei n.º 31/89, bebidas alcoólicas, tabaco, chá e café, bem como veículos a motor com excepção de ambulâncias.

Determina o artigo 43.º do Decreto-Lei n.º 31/89 que as isenções previstas no seu artigo 41.º só podem ser concedidas a organismos cuja escrita permita às autoridades competentes controlar as operações e que ofereçam todas as garantias consideradas necessárias.

Por outro lado, de harmonia com as condições de isenção previstas no artigo 44.º, os serviços aduaneiros devem ser previamente informados de uma eventual afectação dos bens a fins diferentes dos previstos nas alíneas a) e b) do n.º 1 do artigo 41.º, sejam tais bens objecto de empréstimo, de aluguer ou de cessão onerosa ou gratuita. No caso de o empréstimo, aluguer ou cessão ser feito a um outro organismo susceptível de beneficiar das isenções previstas no artigo 41.º, a isenção poderá manter-se, desde que os bens continuem afectos aos fins estipulados nesse artigo. Caso contrário, o empréstimo, aluguer ou cessão ficará sujeito ao pagamento prévio do IVA devido na importação, junto dos serviços aduaneiros, sendo tomado em consideração o valor dos bens à data do empréstimo, aluguer ou cessão, e aplicada a taxa do IVA em vigor nessa data.

Nos termos do artigo 45.º do Decreto-Lei n.º 31/89, o dever de comunicação prévia aos serviços aduaneiros e a obrigação de pagamento do IVA devido na importação, a efectuar em condições idênticas às acima mencionadas, também ocorrem em relação a bens importados que se encontrem na posse dos organismos que beneficiaram da isenção, na eventualidade de estes organismos deixarem de satisfazer as condições de isenção, assim como no caso de utilização dos bens em fins diferentes dos previstos no artigo 41.º.

Esta isenção na importação tem por base actual o previsto nos artigos 42.º a 47.º da Directiva 2009/132/CE.

2. Bens importados em benefício de pessoas com deficiência

2.1. Meios de transporte

Nos termos da alínea j) do n.º 1 do artigo 13.º do CIVA, estão isentas do imposto as importações dos seguintes meios de transporte, para uso próprio de pessoas com deficiência, de harmonia com os condicionalismos previstos no CISV:[229]

---

[229] Sobre isenção congénere em matéria de transmissões internas de bens, versa o n.º 10 do artigo 15.º do CIVA, a que se fez alusão supra, no n.º 5 da subsecção I desta secção III do capítulo IV.

– Triciclos;
– Cadeiras de rodas, com ou sem motor;
– Automóveis ligeiros de passageiros ou mistos.

O benefício da isenção do IVA deve ser requerido aos serviços aduaneiros competentes, nos termos previstos no CISV.

O n.º 9 do artigo 15.º do CIVA determina as consequências em sede deste imposto no caso de os proprietários de veículos importados com isenção procederam à respectiva alienação antes de decorridos cinco anos desde a data da importação dos veículos. Nesse caso, devem, junto dos serviços aduaneiros, efectuar o pagamento do IVA correspondente ao preço de venda. O valor tributável desta transmissão, porém, não pode ser inferior ao que resulta da aplicação ao preço do veículo novo à data de venda, com exclusão do IVA, das percentagens referidas no n.º 2 do artigo 3.º-A do Decreto-Lei n.º 143/86, de 16 de Junho.

2.2. Outros bens importados em benefício de pessoas com deficiência

Nos termos dos n.ºs 1 e 3 do artigo 46.º do Decreto-Lei n.º 31/89, estão isentas do IVA as importações de bens especificamente concebidos para fins de educação, emprego ou promoção social de invisuais e de outras pessoas física ou mentalmente deficientes, quando:

– Sejam importados por instituições que tenham como actividade principal a educação ou a assistência a pessoas com deficiência, reconhecidas pelo ministro responsável pela área das Finanças como competentes para receber os referidos bens com isenção;

– Os bens sejam remetidos a título gratuito, e sem qualquer finalidade de ordem comercial por parte do doador, a uma dessas instituições;

– Os bens se destinem exclusivamente a ser utilizados para fins de educação, emprego ou promoção social de invisuais e de outras pessoas com deficiência.

Segundo se esclarece no n.º 2 do mesmo artigo, a isenção aplica-se às peças sobressalentes, elementos ou acessórios específicos que se adaptem aos objectos considerados, assim como às ferramentas a utilizar na manutenção, controlo, calibragem ou reparação dos referidos objectos, desde que sejam importados simultaneamente com os objectos mencionados ou, quando importados posteriormente, se reconheça que se destinam a objectos importados anteriormente com isenção, ou susceptíveis de dela beneficiarem no momento em que for pedida para aqueles bens.

De harmonia com o disposto no artigo 47.º do Decreto-Lei n.º 31/89, os bens em causa podem ser objecto de empréstimo, aluguer ou cessão, sem fins lucrativos, a invisuais ou outros deficientes de que as referidas instituições se ocupem. Todavia, uma eventual afectação a fins diferentes deve ser objecto de comunicação prévia aos serviços aduaneiros. O empréstimo, aluguer ou cessão em condições diversas das especificamente determinadas para efeitos de isenção na importação fica subordinada ao pagamento prévio do IVA, de acordo com a taxa em vigor à data do empréstimo, aluguer ou cessão, em conformidade com a sua natureza e tomando por base o valor reconhecido ou aceite nessa data pelos serviços aduaneiros.

Nos termos do artigo 48.º do mesmo diploma, os serviços aduaneiros também devem ser informados se as instituições abrangidas pelo artigo 46.º deixarem de satisfazer as condições requeridas para beneficiarem da isenção, assim como quando estas tenham em vista a utilização de um bem importado com isenção em fins diferentes dos previstos. Nesses casos, para efeitos do pagamento do IVA que se torna devido, será aplicada a taxa do imposto em vigor à data em que deixar de estar satisfeita qualquer das condições de isenção, de acordo com a natureza dos bens e tomando por base o valor reconhecido ou aceite nessa data pelos serviços aduaneiros.

Esta isenção na importação tem por base actual o previsto nos artigos 48.º a 50.º da Directiva 2009/132/CE.

3. Bens importados em benefício de vítimas de catástrofes

Nos termos do n.º 1 do artigo 49.º do Decreto-Lei n.º 31/89, beneficiam de isenção do IVA os bens importados por organismos com fins caritativos ou filantrópicos, como tal reconhecidos pelo ministro responsável pela área das Finanças, quando os bens tenham um dos seguintes destinos:

– Sejam distribuídos gratuitamente a vítimas de catástrofes que tenham afectado o território nacional;
– Sejam postos gratuitamente à disposição das vítimas de tais catástrofes, mantendo-se propriedade dos organismos em causa.

Por efeito do n.º 2 do mesmo artigo 49.º, a isenção é extensível, em idênticas condições, aos bens que sejam importados pelas unidades de socorro, com vista a cobrir as suas necessidades durante as intervenções acima referidas.

Só podem ficar abrangidas pela isenção, em conformidade com o artigo 52.º do Decreto-Lei n.º 31/89, as entidades cuja escrita permita às autoridades fiscais proceder ao controlo das respectivas operações, e que ofereçam todas as garantias consideradas necessárias.

De harmonia com o estipulado no artigo 51.º do mesmo diploma, a concessão da isenção fica dependente de decisão da Comissão Europeia, actuando a pedido do Estado Português, a qual fixará o âmbito e as condições de aplicação da isenção. Durante o procedimento decisório, o pagamento do IVA relativo à importação dos bens abrangidos pelo artigo 49.º pode ser objecto de suspensão, mediante compromisso do importador dos bens em proceder ao pagamento do IVA, no caso de a isenção não poder vir a ser concedida.

Em qualquer caso, estabelece o artigo 50.º do Decreto-Lei n.º 31/89 que a isenção não abrange os materiais e os equipamentos destinados à reconstrução das zonas sinistradas.

De harmonia com o disposto no artigo 53.º do Decreto-Lei n.º 31/89, os bens em causa não podem ser objecto de empréstimo, aluguer ou cessão, a título oneroso ou gratuito, em condições diferentes das previstas no artigo 49.º, sem que os serviços aduaneiros sejam previamente informados. Nesse caso, a isenção só se manterá se o beneficiário for um outro organismo susceptível de beneficiar da mesma isenção, que utilize os bens para fins idênticos. Quando tal não suceda, para efeitos do pagamento do IVA que se torna devido, será aplicada a taxa do imposto em vigor à data do empréstimo, aluguer ou cessão, de acordo com a natureza dos bens e tomando por base o valor reconhecido ou aceite nessa data pelos serviços aduaneiros.

Por efeito do artigo 54.º do diploma em apreço, o disposto no seu artigo 53.º é também aplicável, com as devidas adaptações, em caso de empréstimo, aluguer ou cessão, a título oneroso ou gratuito, dos bens que sejam postos gratuitamente à disposição das vítimas de tais catástrofes, mas que se mantenham propriedade dos organismos isentos.

Nos termos do artigo 55.º do Decreto-Lei n.º 31/89, os serviços aduaneiros também deve ser informados se os organismos abrangidos pelo artigo 49.º deixarem de satisfazer as condições requeridas para beneficiarem da isenção, assim como quando tenham em vista a utilização de um bem importado com isenção em fins diferentes dos previstos, salvo se os bens forem cedidos para o mesmo fim a um outro organismo susceptível de beneficiar da mesma isenção. Para efeitos do pagamento do IVA que se torna devido, será aplicada a taxa do imposto em vigor à data em que deixar de estar satisfeita qualquer das condições de isenção, de acordo com a natureza dos bens e tomando por base o valor reconhecido ou aceite nessa data pelos serviços aduaneiros.

Esta isenção na importação tem por base actual o previsto nos artigos 51.º a 57.º da Directiva 2009/132/CE.

Subsecção III

Isenções em aquisições intracomunitárias de bens

Quando as aquisições intracomunitárias de bens estiverem abrangidas pelas regras de incidência do IVA[230], as disposições contidas nas alíneas a) e b) do n.º 1 do artigo 15.º do RITI isentam, ainda assim, as que respeitem a bens cuja transmissão interna ou importação estivesse isenta do imposto.

Desse modo, uma vez que a alínea b) do n.º 1 do artigo 15.º do RITI isenta as aquisições intracomunitárias relativas a bens que, caso fossem objecto de importação, também beneficiariam de isenção[231], dela decorre a isenção das aquisições intracomunitárias de meios de trans-

---

[230] Sobre a matéria, veja-se, supra, os n.ºs 2 e 5 da secção III do capítulo I.

[231] Do ponto de vista literal, a mencionada disposição da legislação interna portuguesa só alude à isenção das *"aquisições intracomunitárias de bens cuja importação seja isenta nos termos do artigo 13.º do Código do IVA"*. Contudo, a mesma não deveria remeter apenas para as isenções na importação previstas no artigo 13.º do CIVA, mas também para as previstas na legislação complementar – como resulta, aliás, da redac-

porte destinados a uso próprio de pessoas com deficiência, a que se refere a alínea j) do n.º 1 do artigo 13.º do CIVA.

O mesmo sucede em relação às aquisições intracomunitárias efectuadas por organizações de natureza caritativa, filantrópica ou humanitária, relativamente a bens destinados a pessoas com deficiência ou a bens destinados a vítimas de catástrofes, desde que tais aquisições intracomunitárias sejam efectuadas em condições idênticas às importações previstas nos artigos 41.º a 55.º do Decreto-Lei n.º 31/89, de 25 de Janeiro.[232]

Secção IV
Actividades de ensino ou formação profissional

Subsecção I
Isenções em operações internas

1. Aspectos gerais

Na legislação interna portuguesa, as isenções nos domínios do ensino e da formação profissional constam das alíneas 9) a 11) do artigo 9.º do CIVA. Tais isenções vêm previstas nas alíneas i) e j) do n.º 1 do artigo 132.º da Directiva do IVA, as quais correspondem às anteriormente previstas nas alíneas i) e j) do n.º 1 da parte A do artigo 13.º da Sexta Directiva.

A alínea i) do n.º 1 do artigo 132.º da Directiva do IVA abrange, quer o ensino escolar propriamente dito, ministrado no âmbito de estabelecimentos de ensino básico, secundário ou superior, quer a formação profissional, ministrada aos formandos por estabelecimentos que se dediquem à formação ou reciclagem profissionais. No entanto, o legislador português entendeu mais apropriado dispersar aquela

---

ção da alínea b) do artigo 140.º da Directiva do IVA –, carecendo, por isso, a alínea b) do n.º 1 do artigo 15.º do RITI, de interpretação extensiva.

[232] Sobre esta matéria, veja-se, supra, a subsecção II desta secção III do capítulo IV.

norma de isenção por duas disposições, dedicando a actual alínea 9) do artigo 9.º do CIVA ao ensino propriamente dito, e a actual alínea 10) desse artigo à formação profissional.

Contrariamente ao que normalmente sucede em matéria de interpretação das normas que contêm as isenções do IVA nas operações internas, no acórdão de 20 de Junho de 2002 (C-287/00, Comissão/Alemanha, Colect. p. I-5811) o TJUE afirmou a desnecessidade de uma interpretação estrita da isenção que vem actualmente vertida na alínea i) do n.º 1 do artigo 132.º da Directiva do IVA, por considerar que esta isenção tem em vista assegurar um acesso menos dispendioso aos serviços ligados ao ensino.

Complementarmente, a alínea 11) do artigo 9.º do CIVA reporta-se à isenção das lições ministradas a título pessoal, *maxime* as explicações particulares, relacionadas com matérias do ensino básico, secundário ou superior, dando execução ao previsto na alínea j) do n.º 1 do artigo 132.º da Directiva do IVA.

2. Estabelecimentos de ensino

Na alínea 9) do artigo 9.º do CIVA está prevista a isenção do IVA das prestações de serviços que tenham por objecto o ensino, efectuadas por estabelecimentos integrados no Sistema Nacional de Educação ou reconhecidos como tendo fins análogos pelos ministérios competentes. Incluem-se também na isenção as transmissões de bens e prestações de serviços conexas com ensino, como sejam o fornecimento de alojamento e alimentação.

As prestações de serviços isentas são as efectuadas aos alunos por estabelecimentos de ensino público, privado e cooperativo, integrados no Sistema Nacional de Educação ou reconhecidos com tendo fins análogos. Estão excluídos do âmbito da isenção prevista na alínea 9) do artigo 9.º do CIVA, os serviços de ensino prestados por professores, monitores e demais educadores, ainda que devidamente habilitados para ministrar as lições aos alunos, que, na qualidade de profissionais independentes, contratem os respectivos serviços com os estabelecimentos de ensino isentos ou com quaisquer outros estabelecimentos de ensino.

Os transportes escolares assegurados por estabelecimentos de ensino que beneficiem de isenção constituem prestações de serviços estreitamente conexas com o ensino, incluindo-se também no âmbito da isenção prevista na alínea 9) do artigo 9.º do CIVA.[233] Na informação n.º 1651, de 6 de Junho de 1990, da ex-DSCA,[234] consideraram-se abrangidas pela isenção as vendas aos respectivos alunos de suportes áudio com aulas gravadas, efectuadas por um estabelecimento de ensino de línguas, por constituírem transmissões de bens estreitamente conexas com os serviços de ensino prestados aos alunos, uma vez que operavam como complemento desses serviços.

Na informação n.º 1601, de 30 de Maio de 1990, da ex-DSCA, esclarece-se que a simples autorização para o funcionamento de um estabelecimento de ensino não pode, por si só, sustentar a aplicação da isenção, uma vez que a alínea 9) do artigo 9.º do CIVA exige uma certificação, pelo ministério competente, de que esse estabelecimento prossegue fins análogos aos dos estabelecimentos integrados no Sistema Nacional de Educação.[235]

Como o TJUE assinalou no acórdão de 14 de Junho de 2007 (C-434/05, *Horizon College*, Colect. p. I-4793, n.ºˢ 17 a 20), sendo certo que a norma contida na alínea i) do n.º 1 do artigo 132.º da Directiva do IVA não contém nenhuma definição das diversas formas de ensino abrangidas pela mesma disposição, a existência de uma transmissão de conhecimentos e de competências entre um professor e os estudantes é um aspecto especialmente importante da actividade de ensino, sendo esta constituída por um conjunto de elementos que incluem, simultaneamente, os relativos às relações entre professores e estudantes e os relativos à estrutura organizacional do estabelecimento em causa.

---

[233] Cf. informação n.º 521, de 31 de Março de 1987, da ex-DSCA, com despacho de 3 de Abril de 1987, do Secretário de Estado dos Assuntos Fiscais, publicada em *CTF*, n.ºˢ 340-342, pp. 575-582. Nesta informação se refere também, quando os transportes escolares são assegurados pelas autarquias locais, que os mesmos se incluem no âmbito do regime de não sujeição previsto no n.º 2 do artigo 2.º do CIVA, o que vem reafirmado no n.º 1.2 do oficio-circulado n.º 174229, de 20 de Novembro de 1991, da ex-DSCA.

[234] Apud Emanuel Vidal Lima, *Imposto sobre o Valor Acrescentado: Comentado e Anotado*, 9.ª ed., Porto: Porto Editora., 2003, p. 195.

[235] Apud PwC, *Base de Dados… cit..*

De harmonia com o despacho de 4 de Setembro de 2008, do SDG, em substituição legal do DG (processo I301 2007121),[236] consideram-se englobadas na isenção prevista na alínea 9) as actividades de enriquecimento curricular efectuadas pelas respectivas entidades promotoras, previstas no Regulamento de acesso ao financiamento do programa das actividades de enriquecimento curricular no primeiro ciclo do ensino básico, a que se refere actualmente o despacho n.º 14460/2008, de 15 de Maio, da Ministra da Educação, publicado no D.R. n.º 100, 2.ª série, de 26 de Maio de 2008.[237] O n.º 9 do despacho n.º 14460/2008 prevê como actividades de enriquecimento curricular no primeiro ciclo do ensino básico as que incidam nos domínios desportivo, artístico, científico, tecnológico e das tecnologias da informação e comunicação, de ligação da escola com o meio, de solidariedade e voluntariado e da dimensão europeia da educação, nomeadamente, actividades de apoio ao estudo, ensino de línguas estrangeiras, actividade física e desportiva, ensino da música ou de outras expressões artísticas. De harmonia com a alínea c) do artigo 2.º do referido Regulamento de acesso, as entidades promotoras podem ser autarquias locais, associações de pais e de encarregados de educação, IPSS ou agrupamentos de escolas.

No acórdão de 20 de Junho de 2002 (C-287/00, Comissão/Alemanha, Colect. p. I-5811), o TJUE afastou do âmbito da isenção as actividades de investigação exercidas a título oneroso por estabelecimentos públicos de ensino superior, em cumprimento de contratos de investigação celebrados com entidades terceiras. Como vem salientado no n.º 48 do texto decisório, *"embora a realização desses projectos possa ser considerada muito útil para o ensino universitário, não é indispensável para atingir o objectivo visado por este, a saber, nomeadamente, a formação*

---

[236] Consultado a 8 de Julho de 2011, a partir da página da rede global com o endereço: ‹http://info.portaldasfinancas.gov.pt/pt/informacao_fiscal/informacoes_vinculativas/despesa/civa/›.

[237] A decisão da administração fiscal reportou-se ainda ao despacho n.º 12591/2006 (2.ª série), de 26 de Maio, da Ministra da Educação, publicado no D.R. n.º 115, II Série, de 16 de Junho de 2006, que anteriormente se referia às actividades de enriquecimento curricular.

dos estudantes para lhes permitir exercerem uma actividade profissional. Com efeito, é forçoso reconhecer que muitos estabelecimentos de ensino universitário atingem este objectivo sem efectuarem projectos de investigação a título oneroso e que existem outras formas de garantir a existência de uma relação entre o ensino universitário e a vida profissional."[238]

No acórdão de 14 de Junho de 2007 (C-434/05, *Horizon College*, Colect. p. I-4793), o TJUE considerou que a isenção, em princípio, seria insusceptível de abranger a colocação de um professor, a título oneroso, à disposição de um outro estabelecimento de ensino, no qual esse professor iria assegurar temporariamente funções docentes sob a responsabilidade deste último, mesmo que o próprio estabelecimento que coloca o professor à disposição seja um organismo de direito público com finalidades educativas ou outro organismo que o Estado membro em causa reconheça ter finalidades análogas.[239] Todavia, dado que a isenção se alarga a operações estreitamente conexas com o ensino, da conjugação da alínea i) do n.º 1 do artigo 132.º e do artigo 134.º da Directiva do IVA, a colocação, a título oneroso, de um professor à disposição de outro estabelecimento de ensino pode constituir uma operação isenta de IVA, se essa colocação à disposição constituir um meio para que o ensino em causa, considerado a prestação principal, seja ministrado nas melhores condições, desde que estejam cumulativamente reunidos os seguintes pressupostos:

– Tanto a prestação principal como a colocação à disposição com ela estreitamente conexa sejam efectuadas por estabelecimentos de ensino susceptíveis de beneficiar de isenção, de acordo com as condições definidas por cada Estado membro;

---

[238] A respeito desta decisão e, baseando-se nela, do tratamento em IVA preconizado para os contratos de investigação e desenvolvimento tecnológico outorgados por estabelecimentos de ensino, veja-se ALEXANDRA MARTINS e LÍDIA SANTOS, "Regime de IVA nas Actividades de Investigação e Desenvolvimento Realizadas por Estabelecimentos do Ensino Superior ou Institutos Públicos: O Caso Particular dos Contratos de Investigação e Desenvolvimento Tecnológico", *Fiscalidade*, n.º 24, Outubro-Dezembro de 2005, pp. 5-18.

[239] Em matéria de incidência do IVA em operações de cedência de pessoal, veja-se o ofício-circulado n.º 30019, de 4 de Maio de 2000, da DSIVA, a que se fez alusão supra, no n.º 1.8 da subsecção I da secção II deste capítulo IV.

– A colocação à disposição seja de uma natureza ou de uma qualidade tais que, na falta desse serviço, não poderia ser assegurado que o ensino ministrado aos alunos pelo estabelecimento destinatário teria valor equivalente;

– A colocação à disposição não se destine, essencialmente, a obter receitas suplementares mediante a realização de operações efectuadas em concorrência directa com empresas comerciais sujeitas a IVA.

3. Entidades que se dediquem à formação profissional

3.1. Âmbito da isenção

Nos termos da alínea 10) do artigo 9.º do CIVA estão isentas do IVA as prestações de serviços de formação profissional, efectuadas por organismos de direito público ou por entidades reconhecidas, pelos ministérios competentes, como tendo competência nos domínios da formação e reabilitação profissionais. Incluem-se também na isenção as transmissões de bens e prestações de serviços conexas com a formação profissional, como sejam o fornecimento de alojamento, alimentação e material didáctico.

Esta disposição do CIVA, assim como a norma que lhe serve de matriz, que integra a alínea i) do n.º 1 do artigo 132.º da Directiva do IVA[240], é composta por um elemento de ordem objectiva, que consiste na promoção de cursos ou acções que visam a iniciação, a qualificação, o aperfeiçoamento, a reconversão ou a especialização profissional dos formandos. Por outro lado, a norma comporta também um elemento de índole subjectiva, consistindo este na necessidade, para que a isenção opere, de que os serviços sejam prestados por um organismo de direito público ou por uma entidade formadora reconhecida como tendo competência no domínio da formação profissional.

---

[240] Note-se que, para além da actividade de formação profissional, autonomizada na alínea 10) do artigo 9.º do CIVA, a alínea i) do n.º 1 do artigo 132.º da Directiva do IVA reporta-se também ao ensino, o qual é autonomizado na alínea 9) do artigo 9.º do CIVA.

No artigo 44.º do Regulamento de Execução (UE) n.º 282/2011 esclarece-se que os serviços de formação ou reciclagem profissional prestados nas condições da alínea i) do n.º 1 do artigo 132.º da Directiva do IVA abrangem a formação directamente relacionada com um sector ou uma profissão, assim como qualquer formação ministrada tendo em vista a aquisição ou a actualização de conhecimentos para fins profissionais, sendo irrelevante a duração da formação ou da reciclagem profissional.

Susceptíveis de beneficiar da isenção prevista na alínea 10) do artigo 9.º do CIVA são as entidades formadoras certificadas. O Decreto-Lei n.º 396/2007, de 31 de Dezembro, estabelece o regime jurídico do Sistema Nacional de Qualificações e define as estruturas que asseguram o seu funcionamento. Na alínea e) do seu artigo 3.º define-se "entidade formadora certificada" como a entidade com personalidade jurídica, dotada de recursos e de capacidade técnica e organizativa para desenvolver processos associados à formação, objecto de avaliação e reconhecimento oficiais de acordo com o referencial de qualidade estabelecido para o efeito. O sistema de certificação das entidades formadoras é obtido através da Direcção-Geral do Emprego e das Relações de Trabalho, nos termos regulamentados na Portaria n.º 851/2010, de 6 de Setembro.

A Lei n.º 46/86, de 14 de Outubro (Lei de Bases do Sistema Educativo)[241], trata a formação profissional inserida no sistema educativo no âmbito da educação escolar e extra-escolar. Esta é estruturada de forma a desenvolver acções de iniciação, qualificação, aperfeiçoamento e reconversão profissionais. O funcionamento dos cursos e dos módulos pode ocorrer, entre outros locais, em escolas do ensino básico e secundário, ou em estabelecimentos de ensino superior, por via de cursos pós-secundário, visando a formação profissional especializada.[242]

---

[241] Republicada e renumerada, na sua totalidade, em anexo à Lei n.º 49/2005, de 30 de Agosto, posteriormente alterada pela Lei n.º 85/2009, de 27 de Agosto.

[242] Cf., em especial, o n.º 4 do artigo 4.º, os artigos 16.º e 22.º, e a alínea d) do n.º 3 do artigo 26.º da Lei n.º 46/86.

Apenas se integram na isenção actualmente prevista na alínea 10) do artigo 9.º do CIVA as prestações de serviços de formação profissional e as operações estreitamente conexas, quando sejam efectuadas por organismos de direito público ou por entidades formadoras devidamente reconhecidas pelos ministérios competentes. Nos termos do n.º 1 do artigo 16.º do Decreto-Lei n.º 396/2007, o elenco de entidades formadoras do Sistema Nacional de Qualificações é susceptível de abranger estabelecimentos de ensino básico e secundário, bem como estabelecimentos de ensino superior de harmonia com o previsto em legislação específica, centros de formação profissional e de reabilitação profissional de gestão directa e protocolares, entidades integradas em ministérios e noutras pessoas colectivas de direito público, estabelecimentos de ensino particular e cooperativo com paralelismo pedagógico ou reconhecimento de interesse público, escolas profissionais, centros de novas oportunidades e entidades do sector privado com estruturas formativas certificadas.

O âmbito da isenção do IVA em matéria de formação profissional é objecto do ofício-circulado n.º 30083, de 2 de Dezembro de 2005, da DSIVA, havendo que tomar em consideração, porém, que alguma da legislação de carácter extra-fiscal aí referida, como são os casos do Decreto-Lei n.º 401/91, de 16 de Outubro, e do Decreto Regulamentar n.º 66/94, de 18 de Novembro, já não se encontram em vigor.

3.2. Exclusão do âmbito da isenção

A isenção prevista na alínea 10) do artigo 9.º do CIVA não abrange os formadores, instrutores, monitores, professores, animadores, tutores de formação e outros agentes que prestem serviços às referidas entidades, ainda que as respectivas competências técnico-científicas e pedagógico-didácticas tenham sido devidamente reconhecidas de acordo com a legislação respectiva e se encontrem munidos de um certificado de aptidão profissional.[243]

---

[243] O Decreto-Lei n.º 92/2011, de 27 de Julho, que criou o Sistema de Regulação do Acesso a Profissões (SRAP), visou simplificar e eliminar as barreiras no acesso a profissões e actividades profissionais, incluindo a actividade de formador,

A inaplicabilidade da isenção aos formadores, instrutores, monitores, professores, animadores, tutores de formação, *etc.* foi objecto de esclarecimento por via do ofício-circulado n.º 30083, de 2 de Dezembro de 2005, da DSIVA. Neste domínio, o ofício-circulado veio reiterar o que já se afirmara em anteriores instruções administrativas, nomeadamente no ofício-circulado n.º 99716, de 28 de Maio de 1991, da ex-DSCA, cujo n.º 2 esclarecia, a dado passo, que *"quando a formação é efectuada pelo próprio promotor, a operação é isenta de IVA, nos termos do n.º 11 do artigo 9.º do CIVA (cf. ofício-circulado n.º 55466, de 87.06.22). Porém, toda a formação dada por empresas e profissionais a montante dos promotores é sujeita a IVA, que não é dedutível pelos promotores desde 88.06.09 (anteriormente considerou-se excepcionalmente dedutível, cf. ofício-circulado n.º 53206, de 88.06.19)"*.

---

como decorre da alínea a) do n.º 1 do seu artigo 2.º, conjugada com o anexo do mesmo diploma. Por este motivo, foram revogados, pelas alíneas h) e i) do n.º 1 do artigo 21.º do Decreto-Lei n.º 92/2011, o Decreto Regulamentar n.º 66/94, de 18 de Novembro, relativo à regulamentação da actividade profissional de formador inserida no mercado de emprego, e o Decreto Regulamentar n.º 68/94, de 26 de Novembro, relativo à emissão dos certificados de aptidão profissional. O no n.º 1 do artigo 2.º do Decreto Regulamentar n.º 66/94 definia como formador "*o profissional que, na realização de uma acção de formação, estabelece uma relação pedagógica com os formandos, favorecendo a aquisição de conhecimentos e competências, bem como o desenvolvimento de atitudes e formas de comportamento, adequados ao desempenho profissional*". Até às alterações promovidas a este diploma pelo Decreto Regulamentar n.º 26/97, de 18 de Junho, a anterior versão do n.º 2 do artigo 2.º referia que "*o formador pode ter outras designações decorrentes da metodologia e da organização da formação, nomeadamente instrutor, monitor, animador e tutor da formação*". Ainda antes da revogação do Decreto Regulamentar n.º 66/94 pelo Decreto-Lei n.º 92/2011, o n.º 1 do artigo 1.º da Portaria n.º 994/2010, de 29 de Setembro, estabelecera que os certificados de aptidão pedagógica de formador, emitidos ao abrigo do Decreto Regulamentar n.º 66/94, incluindo aqueles que tivessem sido renovados nos termos da Portaria n.º 1119/97, de 5 de Novembro, se consideravam emitidos sem dependência de qualquer período de validade, não carecendo de ser objecto de renovação. As referências legais ou regulamentares a certificados de aptidão profissional emitidos ao abrigo do Decreto-Lei n.º 95/92, 23 de Maio (regime jurídico da certificação profissional relativa a formação inserida no mercado de emprego e aos outros requisitos do exercício das actividades profissionais), também revogado pelo Decreto-Lei 92/2011, entendem-se feitas para certificados de qualificações, de harmonia com o disposto no artigo 17.º deste último diploma.

3.3. Possibilidade de renúncia à isenção

As entidades formadoras, susceptíveis de beneficiarem de isenção do IVA ao abrigo da alínea 10) do artigo 9.º do CIVA, podem renunciar à isenção relativamente às operações que realizem no âmbito da formação e reciclagem profissional, optando pela aplicação do IVA em relação a todas essas operações, em conformidade com o previsto na alínea a) do n.º 1 do artigo 12.º do CIVA.

Cabe salientar que a possibilidade de renúncia à isenção se limita às operações abrangidas pela alínea 10), não sendo extensível às prestações de serviços que tenham por objecto o ensino, a que respeita a alínea 9) do artigo 9.º do CIVA.

As regras e procedimentos respeitantes à renúncia à isenção vêm definidos nos n.ºˢ 2, 3 e 7 do artigo 12.º do CIVA.[244]

4. Lições ministradas a título pessoal

4.1. Âmbito objectivo da isenção

Na alínea 11) do artigo 9.º do CIVA isentam-se as prestações de serviços que consistam em lições ministradas, a título pessoal, sobre matérias do ensino escolar ou superior, englobando as chamadas "explicações particulares". Esta isenção tem por base a alínea j) do n.º 1 do artigo 132.º da Directiva do IVA, que alude à isenção de *"lições ministradas por docentes, a título particular, relacionadas com o ensino escolar ou universitário"*.[245] Uma vez que, como se viu acima, a isenção que vem prevista na alínea 9) do artigo 9.º do CIVA é insusceptível de abranger os serviços prestados, como profissionais independentes, pelos professores aos estabelecimentos de ensino, a interpretação do âmbito da isenção prevista na alínea 11) do mesmo artigo assume particular relevância.

---

[244] A propósito das regras e procedimentos relativos ao direito à dedução, veja-se, supra, o trecho inicial do n.º 1.12 da subsecção I da secção II deste capítulo IV.

[245] Correspondente à anterior alínea j) do n.º 1 da parte A do artigo 13.º da Sexta Directiva.

Entre outros aspectos, o acórdão de 14 de Junho de 2007 (C-445/05, *Haderer*, Colect. p. I-4841) versou sobre o conceito de matérias "relacionadas com o ensino escolar ou universitário", constante da referida alínea j). Nos n.ᵒˢ 24 a 27 do acórdão, o TJUE considerou que, se se adoptasse uma interpretação especialmente rigorosa do conceito de "ensino escolar ou universitário", assim como de "escola" e de "universidade", tal poderia criar divergências na aplicação do regime do IVA de um Estado membro para outro, devido ao facto de os sistemas de ensino de cada um dos Estados membros estarem organizados de modo diferente. Nessa perspectiva, o indicado conceito não se limita apenas às modalidades de ensino em que é necessário fazer exames para se obter uma qualificação ou que permitem adquirir uma formação com o objectivo de exercer uma actividade profissional. O conceito de "ensino escolar ou universitário" é, assim, susceptível de abranger outras actividades em que a instrução é dada em escolas ou em universidades tendo em vista desenvolver os conhecimentos e as aptidões dos alunos ou dos estudantes, desde que essas actividades não tenham carácter puramente recreativo. Particularmente em causa no processo, estavam aulas de apoio e aulas de cerâmica e de olaria, ministradas por um docente em universidades populares e em centros de ensino para adultos, tendo o TJUE entendido que competia ao órgão jurisdicional de reenvio verificar, à luz dos elementos interpretativos fornecidos, se as actividades em causa se poderiam considerar relativas ao ensino escolar ou universitário, na acepção da norma actualmente vertida na alínea j) do n.º 1 do artigo 132.º da Directiva do IVA.

Também quanto ao âmbito objectivo da isenção se pronunciou, numa das suas vertentes, o acórdão de 28 de Janeiro de 2010 (C-473/08, *Eulitz*, Colect. p. I-907, n.ᵒˢ 28 a 37). Particularmente em causa estavam prestações de serviços de docente e de examinador, realizadas por um engenheiro num instituto de formação, no âmbito de ciclos de formação avaliados por um exame. Os ciclos de formação eram destinados a engenheiros, arquitectos ou outros profissionais com formação equivalente. Sobre a matéria, o TJUE considerou que os serviços prestados na qualidade de docente podiam ser qualificados como lições relativas ao ensino escolar ou universitário, na acepção da alínea j) do n.º 1 do artigo 132.º da Directiva do IVA. Para esse efeito, o termo "lições" deve ser entendido no sentido de que engloba, no essencial, a transmissão de conhecimentos e de competências entre um docente e os alunos. Ainda assim, tal qualificação pode abranger outras actividades para além da docência propriamente dita, como sucede no caso do exercício cumulativo da função de examinador. Para tanto, não deixa de ser necessário, porém, que tais actividades sejam desenvolvidas no âmbito da transmissão de conhecimentos e de competências entre um docente e os respectivos alunos. Por outro lado, embora as lições ministradas num instituto de formação profissional possam não representar, sem mais, ensino de âmbito escolar ou universitário, essas prestações podem ser abrangidas pelo conceito de "*lições dadas [...] por docentes, relativas ao ensino escolar ou universitário*", na medida em que abrangem, no essencial, a transmissão de conhecimentos e de competências entre um docente e os alunos, no âmbito de uma formação para o exercício de uma actividade profissional. Neste domínio, não há que distinguir entre um ensino ministrado a alunos que recebem uma primeira formação escolar ou universitária e um ensino ministrado a pessoas que já são titulares de um diploma escolar ou universitário e que, com base nesse diploma, prosseguem a sua formação profissional.

4.2. Âmbito subjectivo da isenção

No acórdão de 14 de Junho de 2007 (C-445/05, *Haderer*, Colect. p. I-4841, n.os 28 a 37) o TJUE analisou se, para efeitos da referida isenção, deve existir um vínculo directo entre o professor, enquanto prestador das lições, e os alunos ou os estudantes, enquanto destinatários destas, o que implica que estes últimos remunerem directamente o professor. Segundo o TJUE trata-se de serviços que são efectuados por docentes, actuando por sua própria conta e sob a sua própria responsabilidade, em que se incluem as explicações, nada impedindo, porém, que as lições sejam ministradas simultaneamente a várias pessoas. Por outro lado, a exigência de que as lições sejam dadas a título pessoal não impõe necessariamente que haja um vínculo contratual directo entre os seus destinatários e o professor que as ministra, já que esse vínculo contratual pode ocorrer com pessoas diferentes dos referidos destinatários, como pais de alunos ou de estudantes. No entanto, a isenção não abrange todos os docentes que exerçam a sua actividade de modo independente, já que a isenção prevista na alínea j) não é comparável nem é complementar em relação à isenção prevista na alínea i) do n.º 1 do mesmo artigo 132.º, a qual abrange o ensino ministrado pelos organismos mencionados nesta última disposição. De acordo com o ponto de vista do TJUE, poderia eventualmente ser indiciador de que a actuação do docente ocorrera por sua própria conta e sob a sua própria responsabilidade a circunstância de aquele não ter direito a remuneração em caso de impedimento, e ter de suportar o risco da perda da remuneração se as aulas forem canceladas. Assim não é, porém, salvo em caso de cancelamento de aulas por falta de alunos ou de estudantes, se a remuneração que o docente recebe é fixada numa base horária, independentemente do número de participantes nas aulas. Outro aspecto indiciador de que as lições não seriam ministradas por conta própria e sob a própria responsabilidade do docente residia no facto de o docente beneficiar de um apoio financeiro para as suas contribuições para a reforma e o seguro de doença, bem como de um subsídio de férias calculado de modo proporcional. No mesmo sentido propendia o facto de os centros de ensino para adultos serem administrados por uma entidade terceira, na circunstância por uma autoridade pública regional. Em face dessas considerações, o TJUE entendeu que a situação do docente neste caso *Haderer*, que ministrava aulas de apoio e aulas de cerâmica e de olaria, indiciava que aquele, longe de dar aulas por sua própria conta e sob a sua própria responsabilidade, se havia colocado na qualidade de professor à disposição de uma entidade terceira, que o remunerou enquanto prestador de serviços em proveito do sistema educativo administrado por tal entidade.

No acórdão de 28 de Janeiro de 2010 (C-473/08, *Eulitz*, Colect. p. I-907, n.ºs 44 a 54), o TJUE reiterou que um docente não pode beneficiar da isenção prevista na alínea j) do n.º 1 do artigo 132.º da Directiva do IVA pelo simples facto de exercer a actividade a título de profissional independente. Na situação em apreço no processo referente a este caso *Eulitz*, o docente actuava no âmbito de cursos de formação propostos por um organismo terceiro, sendo este último a entidade responsável pelo instituto de formação no âmbito do qual o docente deu lições e forneceu prestações de formação aos participantes nos cursos. Na opinião do TJUE, esta circunstância era, por si só, susceptível de excluir a possibilidade de se considerar que o docente ministrara lições a título pessoal, na acepção da referida alínea j). Invocando o anteriormente entendido em relação ao caso *Haderer*, o TJUE voltou a afirmar que não pode aproveitar da isenção em apreço um docente que se põe à disposição de um estabelecimento de ensino que o remunera como prestador de serviços, no âmbito do sistema educativo administrado por esse estabelecimento.

Em várias decisões, a administração fiscal portuguesa tem-se pronunciado no sentido de que a isenção actualmente prevista na alínea 11) do artigo 9.º do CIVA apenas se aplica quando as lições são ministradas a título pessoal, isto é, quando facturadas directamente pelo professor ou explicador ao explicando, pressupondo uma relação directa entre as duas partes, sem interferência de qualquer outra entidade.[246] Em traços gerais, um tal entendimento parece estar tendencialmente em conformidade com a jurisprudência do TJUE acima mencionada, sendo, no entanto, de tomar em consideração, por um lado, que a relação contratual directa não tem de ser obrigatoriamente estabelecida com os explicandos, podendo sê-lo, por exemplo, com os respectivos pais. Por outro lado, embora seja sempre exigível que os professores ou explicadores se encontrem a actuar por sua própria conta e sob a sua própria responsabilidade, nada impede que as explicações sejam ministradas simultaneamente a vários alunos.

5. Bens que se destinem a ser exportados por organismos de carácter educativo

Na alínea o) do n.º 1 do artigo 14.º do CIVA vem prevista uma isenção nas transmissões internas de bens efectuadas a organismos devidamente reconhecidos, no âmbito, nomeadamente, das suas acti-

---

[246] Cf., por exemplo, o despacho de 2 de Janeiro de 2008, do SDG, em substituição legal do DG (processo F400 2007035), consultado a 16 de Janeiro de 2012, a partir da página da rede global com o seguinte endereço: ‹http://info.portaldasfinancas.gov.pt/pt/informacao_fiscal/informacoes_vinculativas/despesa/civa/›.

vidades de carácter educativo, quando tais bens se destinem a ser exportados pelos referidos organismos para fora da UE, desde que o direito à isenção seja objecto de reconhecimento prévio.

Esta isenção tem por base o disposto na alínea c) do n.º 1 do artigo 146.º da Directiva do IVA, correspondente ao anterior n.º 12 do artigo 15.º da Sexta Directiva.

SUBSECÇÃO II

Isenções em importações de bens

1. Enxoval, material escolar e outros bens móveis de estudantes

Nos termos do n.º 1 do artigo 20.º do Decreto-Lei n.º 31/89, estão isentas do IVA as importações do enxoval, de material escolar e de bens móveis usados que constituam o mobiliário normal de um quarto de estudante, que se destinem ao seu uso pessoal, pertencentes a estudantes que venham residir no território nacional, a fim de aqui efectuarem os seus estudos.

De acordo com as definições constantes das alíneas a) a c) do n.º 2 do mesmo artigo, considera-se:

– «Estudante», qualquer pessoa inscrita num estabelecimento de ensino, para aí seguir a tempo inteiro os cursos ministrados;

– «Enxoval», a roupa de uso pessoal ou de casa, mesmo nova;

– «Material escolar», os objectos e instrumentos, incluindo máquinas de calcular e computadores[247], normalmente utilizados pelos estudantes na realização dos seus estudos.

A referida isenção pode ser concedida uma ou mais vezes ao longo de cada ano escolar, conforme refere o artigo 21.º do Decreto-Lei n.º 31/89.

Esta isenção na importação tem por base actual o previsto nos artigos 21.º e 22.º da Directiva 2009/132/CE.

---

[247] Na realidade, a alínea c) do n.º 2 do artigo 20.º do Decreto-Lei n.º 31/89 faz ainda referência a máquinas de escrever, parecendo, porém, justificar-se uma interpretação actualista.

2. Animais de laboratório e substâncias biológicas ou químicas destinadas à investigação

Nos termos do artigo 35.º do Decreto-Lei n.º 31/89[248], estão isentas do IVA as importações dos bens abaixo indicados, quando se destinem a estabelecimentos públicos ou de utilidade pública que tenham como actividade principal o ensino ou a investigação científica, bem como estabelecimentos privados que prossigam a mesma actividade principal e sejam reconhecidos para efeitos de isenção pelo ministro responsável pela área das Finanças:

– Animais especialmente preparados para uso laboratorial;

– Substâncias biológicas ou químicas, quando não exista produção equivalente no território aduaneiro da UE, que sejam importadas exclusivamente para fins não comerciais, desde que constem da lista anexa ao Regulamento (CEE) n.º 2288/83, da Comissão, de 29 de Julho de 1983.[249]

Esta isenção na importação tem por base actual o previsto no artigo 36.º da Directiva 2009/132/CE.

3. Mercadorias importadas para exames, análises ou ensaios

Nos termos do artigo 70.º do Decreto-Lei n.º 31/89, estão isentas do IVA as importações de bens com vista a serem objecto de exames, análises ou ensaios, que tenham por finalidade determinar a sua composição, qualidade ou outras características técnicas, quer para fins de informação, quer para fins de investigação de carácter industrial ou

---

[248] Note-se que a subalínea i) da alínea b) do n.º 1 do artigo 35.º do Decreto-Lei n.º 31/89, referente a substâncias biológicas ou químicas provenientes, a título gratuito, de outro Estado membro da UE, foi revogada pelo artigo 8.º do Decreto-Lei n.º 290/92, de 28 de Dezembro, uma vez que, a partir de 1 de Janeiro de 1993, tais operações passaram a ser qualificadas, para efeitos do IVA, como aquisições intracomunitárias de bens, e não como importações de bens.

[249] Alterado por: Regulamento (CEE) n.º 1798/84, da Comissão, de 27 de Junho de 1984; Regulamento (CEE) n.º 2340/86, da Comissão, de 25 de Julho de 1986; Regulamento (CEE) n.º 3692/87, da Comissão, de 9 de Dezembro de 1987; e Regulamento (CEE) n.º 213/89, da Comissão, de 27 de Janeiro de 1989.

comercial. O prazo para a realização dos exames, análises ou ensaios, assim como as formalidades administrativas a cumprir para garantir a utilização das mercadorias para os fins previstos, são fixados pelos serviços aduaneiros, em conformidade com o artigo 76.º do Decreto-Lei n.º 31/89.

Nos termos dos artigos 72.º e 73.º do mesmo diploma, estão excluídas da isenção as importações de mercadorias utilizadas em exames, análises ou ensaios que constituam, por si próprios, operações de promoção comercial, assim como as quantidades que excedam o estritamente necessário à realização do objectivo para o qual foram importadas.

Da conjugação do artigo 71.º com os artigos 74.º e 75.º do Decreto-Lei n.º 31/89, resulta que é condição de isenção que os bens em causa sejam inteiramente consumidos ou destruídos durante esses exames, análises ou ensaios, salvo quando os produtos remanescentes, sob controlo dos serviços aduaneiros, sejam completamente destruídos ou transformados de forma a ficarem sem valor comercial, sejam abandonados, sem qualquer encargo, a favor da Fazenda Pública, ou sejam exportados em circunstâncias devidamente justificadas. Caso contrário, os produtos remanescentes ficam sujeitos a IVA à taxa em vigor à data em que esses exames, análises ou ensaios tenham terminado, em conformidade com a sua natureza e tomando por base o valor reconhecido ou aceite nessa data pelos serviços aduaneiros.

Esta isenção na importação tem por base actual o previsto nos artigos 72.º a 78.º da Directiva 2009/132/CE.

Subsecção III

Isenções em aquisições intracomunitárias de bens

Quando as aquisições intracomunitárias de bens estiverem abrangidas pelas regras de incidência do IVA[250], as disposições contidas nas alíneas a) e b) do n.º 1 do artigo 15.º do RITI isentam, ainda assim, as que respeitem a bens cuja transmissão interna ou importação estivesse isenta do imposto.

---

[250] Sobre a matéria, veja-se, supra, os n.os 2 e 5 da secção III do capítulo I.

Uma vez que a alínea b) do n.º 1 do artigo 15.º do RITI isenta as aquisições intracomunitárias relativas a bens que, caso fossem objecto de importação, também beneficiariam de isenção[251], dela decorre a isenção das aquisições intracomunitárias de animais de laboratório e substâncias biológicas ou químicas destinadas à investigação, assim como de mercadorias importadas para exames, análises ou ensaios, efectuadas em condições idênticas às importações previstas nos artigos 35.º e 70.º a 75.º do Decreto-Lei n.º 31/89, de 25 de Janeiro.[252]

No caso da expedição para território nacional, a partir de outro Estado membro, dos bens que integram o enxoval, material escolar e outros bens móveis de estudantes, dado que constituem bens, por via de regra, exclusivamente afectos a fins privados, não parece de prefigurar que a mesma possa representar uma aquisição intracomunitária de bens susceptível de ser abrangida pelas regras de incidência do IVA. No entanto, ainda que tal viesse residualmente a ocorrer, a alínea b) do n.º 1 do artigo 15.º do RITI permitiria isentar as aquisições intracomunitárias relativas a bens que consistam no enxoval, material escolar e outros bens móveis de estudantes, efectuadas em condições idênticas às importações previstas nos artigos 20.º e 21.º do Decreto-Lei n.º 31/89, de 25 de Janeiro.[253]

---

[251] Do ponto de vista literal, a mencionada disposição da legislação interna portuguesa só alude à isenção das *"aquisições intracomunitárias de bens cuja importação seja isenta nos termos do artigo 13.º do Código do IVA"*. Contudo, a mesma não deveria remeter apenas para as isenções na importação previstas no artigo 13.º do CIVA, mas também para as previstas na legislação complementar – como resulta, aliás, da redacção da alínea b) do artigo 140.º da Directiva do IVA –, carecendo, por isso, a alínea b) do n.º 1 do artigo 15.º do RITI, de interpretação extensiva.

[252] Sobre esta matéria, veja-se, supra, os n.ºs 2 e 3 da subsecção II desta secção IV do capítulo IV.

[253] Sobre esta matéria, veja-se, supra, o n.º 1 da subsecção II desta secção IV do capítulo IV.

Secção V

Actividades culturais, recreativas e desportivas

Subsecção I

Isenções em operações internas

1. Estabelecimentos ou instalações destinados à prática de actividades artísticas, recreativas ou desportivas

1.1. Âmbito objectivo da isenção

Nos termos da alínea 8) do artigo 9.º do CIVA, estão isentas do imposto as prestações de serviços efectuadas por organismos sem finalidade lucrativa que explorem estabelecimentos ou instalações destinados à prática de actividades artísticas, desportivas, recreativas e de educação física, tendo como destinatárias pessoas que pratiquem essas actividades.

De harmonia com a nota explicativa inicialmente elaborada pela administração fiscal portuguesa, inserem-se nesta disposição *"as actividades desportivas amadoras que não sejam desenvolvidas em espectáculos pagos e sejam praticadas em estabelecimentos de educação física e instalações desportivas pertencentes e explorados por organismos sem finalidade lucrativa"*.[254] Cabe salientar, porém, que tal afirmação foi proferida a respeito da redacção inicial da norma (na altura correspondente ao n.º 9 do artigo 9.º do CIVA), que lhe fora dada pelo Decreto-Lei n.º 394-B/84, de 26 de Dezembro, razão pela qual a citada nota explicativa se limita a fazer referência a actividades ligadas à prática desportiva e à educação física. Posteriormente, na sequência da alteração promovida pelo n.º 2 do artigo 30.º da Lei n.º 9/86, de 30 de Abril, a isenção em apreço passou a incluir também a exploração de estabelecimentos ou instalações para a prática de actividades artísticas ou recreativas.

No que respeita à exploração de estabelecimentos ou instalações destinados à prática de desporto ou de educação física, a isenção tem

---

[254] Cf. DGCI/Núcleo do IVA, *Código...* cit., pp. 69-70.

por base a alínea m) do n.º 1 do artigo 132.º da Directiva do IVA[255], a qual prevê que os Estados membros isentem "*[d]eterminadas prestações de serviços estreitamente relacionadas com a prática de desporto ou de educação física, efectuadas por organismos sem fins lucrativos a pessoas que pratiquem desporto ou educação física*".

Acerca desta alínea m), o TJUE foi chamado a pronunciar-se no acórdão de 18 de Janeiro de 2001 (C-150/99, *Stockolm Lindöpark*, Colect. p. I-493), relativamente à possibilidade de isenção da exploração de um campo de golfe, cujos destinatários eram exclusivamente empresas que proporcionavam ao seu pessoal e aos seus clientes a prática do golfe. Na sua decisão, o TJUE não pôs em causa que a referida exploração pudesse ser abrangida pela referida alínea m), não tendo, porém, subsumido a entidade exploradora no âmbito da isenção, uma vez que essa entidade não era um organismo sem finalidade lucrativa, o que seria uma condição incontornável para efeitos da mencionada isenção, como expressamente exige a redacção da norma. Paralelamente, o TJUE debruçou-se sobre a possibilidade de inserção da exploração em causa na isenção que abrange a locação de bens imóveis, à data prevista na alínea b) da parte B do artigo 13.º da Sexta Directiva, correspondente à actual alínea l) do n.º 1 do artigo 135.º da Directiva do IVA. Sobre este aspecto, nos n.ºs 22 e 26 do acórdão considerou-se que, em circunstâncias especiais, não seria totalmente de pôr de parte que a cedência de locais para a prática do desporto ou da educação física pudesse constituir uma locação de um bem imóvel. No entanto, aquela norma de isenção não permite isentar de um modo genérico o conjunto das prestações ligadas à prática do desporto e da educação física, sem distinguir, de entre estas, as que constituem locação de bens imóveis e as restantes prestações. No caso da actividade de exploração de um campo de golfe, a mesma implica, de um modo geral, não apenas a colocação passiva do terreno à disposição dos clientes, mas também a prestação de um grande número de serviços complementares, como a supervisão, a gestão, a manutenção e a colocação à disposição de outras instalações, pelo que a isenção

---

[255] Correspondente à anterior alínea m) do n.º 1 da parte A do artigo 13.º da Sexta Directiva.

relativa à locação de bens imóveis não podia ser aplicada. Além disso, no n.º 27 do mesmo aresto, o TJUE reafirmou a jurisprudência precedente em relação à qualificação como "locação" de um contrato relativo a um bem imóvel, ao salientar que a duração do gozo do imóvel seria também um elemento essencial a ter em conta em conta para efeitos da sua qualificação como tal, sendo certo que a colocação à disposição de um terreno para a prática do golfe é normalmente limitada quanto ao seu objecto e quanto à duração do período de utilização.[256]

Quando se trate de serviços prestados por organismos sem finalidade lucrativa, para além da própria cedência aos praticantes da utilização por um determinado período de tempo de campos de jogos, pavilhões, ginásios, ringues e outros recintos para a prática desportiva ou de educação física, afigura-se que a isenção prevista na alínea 8) do artigo 9.º do CIVA se estende, por exemplo, à cedência de utilização de balneários e ao aluguer de bolas ou de equipamentos, quando efectuadas pelos referidos organismos no contexto da explo-

---

[256] Embora expressa de uma forma bastante mais mitigada e cautelosa, a distinção aflorada no referido acórdão, de certo modo, parece ter pretendido fazer eco das afirmações feitas no processo pelo advogado-geral Jacobs, o qual referiu o seguinte nos n.ºs 34 e 35 das suas conclusões apresentadas a 18 de Janeiro de 2001: «*Se um terreno destinado à prática do desporto pertencente a um proprietário privado é posto à disposição exclusiva de um clube ou de outra entidade por um período muito longo, mediante remuneração, essa operação enquadra-se claramente na definição [de locação]. Se, pelo contrário, um particular paga a entrada para ter acesso, juntamente com outros particulares e por um curto período, a uma piscina pública, será alargar o conceito para além do limite razoável considerar essa operação como locação de um bem imóvel. [...] No que respeita, mais especialmente, a um terreno de golfe, estamos perante um contraste do mesmo tipo. O facto de uma pessoa ou uma entidade pagar pelo uso exclusivo de um terreno durante um determinado período – por exemplo, para organização de um torneio ou de um campeonato – tendo simultaneamente o direito de obrigar os jogadores e/ou os espectadores a pagarem a entrada, enquadra-se de forma bastante clara na locação. Não é esse o caso, contudo, de um praticante ocasional de golfe ou de um grupo de praticantes que vêm disputar um jogo. Mesmo que seja, evidentemente, difícil jogar golfe se não existir um terreno para o efeito, o serviço prestado neste caso consiste na possibilidade proporcionada ao interessado de jogar e não na possibilidade de ocupar o terreno. Efectivamente, pode dizer-se que o praticante de golfe não ocupa o terreno, mas sim que o atravessa. O praticante tem apenas direito a deslocar-se de um sector do terreno para o seguinte, a um ritmo normalmente determinado em parte pelos restantes utilizadores do terreno, com o único objectivo de usufruir das instalações proporcionadas para cada etapa. Nisto, os dezoito primeiros buracos não se distinguem talvez, na essência, do décimo nono.*»

ração dos mencionados locais. A isenção, porém, não se estende às operações que sejam qualificadas como transmissões de bens, seja por efeito da própria redacção da referida norma interna, seja por imperativo decorrente da redacção da alínea m) do n.º 1 do artigo 132.º da Directiva do IVA, que aludem apenas às operações qualificadas como prestações de serviços.

Por seu turno, no que concerne à exploração de estabelecimentos ou instalações destinados à prática de actividades artísticas ou recreativas, também prevista na alínea 8) do artigo 9.º do CIVA, afigura-se que a mesma tem por base a alínea n) do n.º 1 do artigo 132.º da Directiva do IVA[257], que estabelece que os Estados membros estão em condições de isentar "*[d]eterminadas prestações de serviços culturais, e bem assim entregas de bens com elas estreitamente relacionadas, efectuadas por organismos de direito público ou por outros organismos culturais reconhecidos pelo Estado-Membro em causa*".

Também nestes casos, parecerem ser de considerar abrangidas pela isenção – para lá da própria cedência, a artistas, companhias de artistas ou núcleos artísticos, da utilização de estúdios, auditórios, cineteatros, salões de festas e outros recintos onde sejam levadas a cabo actividades artísticas ou recreativas – outras prestações de serviços efectuadas no contexto da exploração desses locais por organismos sem finalidade lucrativa, como sejam, por exemplo, a cedência de utilização de camarins, o aluguer de adereços, de aparelhagens sonoras ou de equipamentos de iluminação, ligada à utilização dos referidos locais. Ficam à margem da isenção, porém, por não estarem previstas na alínea 8) do artigo 9.º do CIVA, como se assinalou para o caso da exploração de estabelecimentos ou instalações desportivas, as operações qualificadas como transmissões de bens.

1.2. Qualidade dos prestadores dos serviços

Um outro aspecto a focar prende-se com a circunstância de a norma de isenção actualmente contida na alínea 8) do artigo 9.º do

---

[257] Correspondente à anterior alínea n) do n.º 1 da parte A do artigo 13.º da Sexta Directiva.

CIVA, como condição subjectiva para que esta opere, fazer apenas alusão a organismos sem finalidade lucrativa, não mencionando as pessoas colectivas de direito público.

Neste domínio, há que recordar que algumas das disposições de isenção previstas no artigo 9.º do CIVA, como é o caso das suas alíneas 13) e 14), fazem expressa referência, quer a pessoas colectivas de direito público, quer a organismos sem finalidade lucrativa. Daí que a indicação de que a isenção se aplica apenas aos organismos sem fins lucrativos, sem invocar também as pessoas colectivas de direito público, como sucede no caso da alínea 8) do artigo 9.º do CIVA, poderia conduzir ao entendimento de que, em princípio, não visa abranger as pessoas colectivas de direito público. Observe-se que, com esta afirmação, não se pretende negar que os organismos de direito público, como regra, também sejam destituídos do objectivo de porfiar o lucro. O que acontece é que a autónoma referência a organismos sem fins lucrativos e a organismos de direito público feita noutras disposições que consagram isenções, bem como alguns elementos do próprio conceito de organismo sem finalidade lucrativa desenhado no artigo 10.º do CIVA, parecem fazer crer que a alínea 8) do seu artigo 9.º deixaria à margem da isenção as pessoas colectivas de direito público.

A administração fiscal portuguesa, porém, para efeitos de subsunção na isenção actualmente contida na alínea 8) do artigo 9.º do CIVA (correspondente ao anterior n.º 9 do artigo 9.º do CIVA), não tem retirado particulares ilações do facto de aquela disposição aludir apenas aos organismos sem finalidade lucrativa, uma vez que, tanto quanto se sabe, não vem procedendo a qualquer distinção entre pessoas colectivas de direito público e organismos sem finalidade lucrativa para efeitos de aplicação da isenção em causa. É o que decorre do teor do ofício-circulado n.º 174229, de 20 de Novembro de 1991, da ex-DSCA, versando sobre o enquadramento em IVA de um vasto conjunto de operações realizadas pelas câmaras municipais, em que incluiu no âmbito da isenção a frequência de aulas de dança, ginástica, *etc.*, ministradas pelas câmaras municipais, assim como a utilização de instalações desportivas, incluindo piscinas, quando directamente exploradas por aquelas pessoas colectivas de direito público.

Uma vez verificado este foco de possível divergência entre o alcance da disposição e a interpretação que vem sendo veiculada pela administração tributária, cumpre atentar nas normas da UE que se afigura servirem de base a essa isenção, em ordem a determinar se imporiam a adopção de uma ou de outra das perspectivas em cotejo. Desde logo, cabe recordar que o plausível sustentáculo no sistema comum do IVA da isenção contida na alínea 8) do artigo 9.º do CIVA assenta nas alíneas m) e n) do n.º 1 do artigo 132.º da Directiva do IVA. Por um lado, a alínea m), ao referir-se a determinadas prestações de serviços estreitamente relacionadas com a prática de desporto ou de educação física *"efectuadas por organismos sem fins lucrativos"*, parece ter acolhimento literal na alínea 8) do artigo 9.º do CIVA, na parte em que esta se refere ao desporto e à educação física. Ao invés, já a alínea n) do n.º 1 do artigo 132.º da Directiva do IVA se reporta a prestações de serviços culturais *"efectuadas por organismos de direito público ou por organismos culturais reconhecidos pelo Estado-Membro"*, o que parece conduzir à necessidade de proceder a uma interpretação extensiva da qualidade dos organismos que podem realizar operações isentas ao abrigo da alínea 8) do artigo 9.º do CIVA. Além disso, mesmo no caso da mencionada alínea m) do n.º 1 do artigo 132.º da Directiva do IVA, que versa sobre o desporto e a educação física, é provável que a mesma pretenda excluir da isenção os organismos de direito público, já que o n.º 1 daquele artigo 132.º, em nenhuma das suas alíneas, procede a uma distinção ou autonomização entre organismos de direito público e organismos sem finalidade lucrativa, mas, sim, entre os primeiros e outros organismos reconhecidos pelos Estados membros, estes últimos não necessariamente organismos sem finalidade lucrativa.[258] Acresce que, em ambas as alíneas em que o n.º 1 do artigo 132.º alude expressamente a organismos sem finalidade lucrativa[259], estes constituem a única categoria de organismos mencionada nessas disposições, não havendo, por isso, quaisquer indícios de que o sistema comum do IVA,

---

[258] A este propósito, veja-se as alíneas b), g), h), i) e n) do n.º 1 do artigo 132.º da Directiva do IVA.

[259] O que sucede nas alíneas l) e m) do n.º 1 do artigo 132.º da Directiva do IVA.

naquele contexto, pretenda fazer uma distinção entre organismos de direito público que não prossigam o lucro e organismos de direito privado que também o não prossigam.

Em prol da perspectiva acabada de enunciar, parece concorrer também o facto de no proémio do artigo 133.º da Directiva do IVA – contrariamente ao que sucede no proémio do artigo 10.º do CIVA – não se recorrer à expressão "organismos sem finalidade lucrativa" para se designarem as entidades em relação às quais os Estados membros estão autorizados a impor determinadas condições para que possam ser contempladas nas isenções previstas nas alíneas b), g), h), i), l), m) e n) do n.º 1 do artigo 132.º. Tal diferença terminológica entre o CIVA e o sistema comum do imposto é denunciadora de que, quando as alíneas l) e m) do n.º 1 do artigo 132.º da Directiva do IVA se referem a organismos sem finalidade lucrativa, não estão a circunscrever o âmbito de aplicação subjectiva dessas duas disposições aos organismos sem finalidade lucrativa na acepção do artigo 10.º do CIVA.

Aliás, a formulação do proémio do artigo 133.º da Directiva do IVA é, por si só, bastante ilustrativa do ponto de vista de que a isenção consignada na alínea 8) do artigo 9.º do CIVA – mesmo na parte em que se baseia no disposto na alínea m) do n.º 1 do artigo 132.º – não se pode circunscrever aos organismos sem finalidade lucrativa na acepção do artigo 10.º do CIVA. Note-se que naquele proémio se estatui que os Estados membros gozam da faculdade de estabelecer certas condições para isentar os organismos *"que não sejam de direito público"*. Tal só pode significar que os organismos de direito público, à partida, já se encontram contemplados nas disposições de isenção que vêm enumeradas nesse proémio, entre elas a isenção prevista na alínea m) do n.º 1 do artigo 132.º da Directiva do IVA.

Nas circunstâncias descritas, é de crer que o facto de o elemento literal da alínea 8) do artigo 9.º do CIVA se ater unicamente na expressão "organismos sem finalidade lucrativa", sem cuidar de invocar também as pessoas colectivas de direito público, se deva ao próprio historial da referida norma. Recorde-se, como se assinalou mais acima, que o anterior n.º 9 do artigo 9.º começou por constituir apenas uma transposição da então alínea m) do n.º 1 da parte A do artigo 13.º da Sexta Directiva, cuja redacção só alude a organismos sem finalidade lucrativa – embora sem que tal represente, como se viu, no contexto daquela disposição da UE, uma intenção de afastar da isenção as pessoas colectivas de direito público sem finalidade lucrativa. Só mais tarde, com a alteração da versão inicial do então n.º 9 do artigo 9.º do CIVA, promovida pela Lei n.º 9/86, de 30 de Abril, foram aditadas à isenção as actividades artísticas e recreativas, tendo por base, se bem se apreende, a alínea n) do n.º 1 da parte A do artigo 13.º da Sexta Directiva. Ora, apesar de a redacção dessa alínea n) se referir, por um lado, a organismos de direito público e, por outro lado, a organismos culturais reconhecidos pelo Estado membro, é de admitir que o legislador português não tenha sido na altura sensível ao detalhe terminológico que tinha estado presente na transposição para o direito interno das opções facultadas pelo sistema comum do IVA, em particular quanto ao âmbito de aplicação subjectiva de certas isenções e ao modo como tais opções vinham expressas em outras disposições do artigo 9.º do CIVA, bem como no seu artigo 10.º.

Em qualquer caso, cabe referir que a isenção prevista na alínea 8) do artigo 9.º do CIVA nunca é extensível às entidades com finalidade lucrativa, sendo de salientar, quando tais entidades explorem estabelecimentos ou instalações destinados à prática de actividades artísticas, desportivas, recreativas e de educação física, que também não lhes aproveita a isenção na locação de bens imóveis a que se refere a alínea 29) do mesmo artigo 9.º, em virtude da exclusão prevista na respectiva subalínea c).[260]

1.3. Qualidade dos destinatários dos serviços

Ainda a respeito da norma de isenção contida na alínea 8) do artigo 9.º do CIVA, particularmente no que concerne à interpretação do sentido da expressão "*a pessoas que pratiquem essas actividades*", a administração fiscal portuguesa nem sempre tem tido uma posição completamente uniforme. Assim, por exemplo, na informação n.º 2279, de 27 de Setembro de 1989, da ex-DSCA, sancionada por

---

[260] A este respeito se pronunciou, por exemplo, a informação n.º 1974, de 6 de Julho de 1993, da ex-DSCA – *apud* EMANUEL VIDAL LIMA, *Imposto*... cit., pp. 230-231.

despacho de 14 de Dezembro de 1989, do SDG-IVA,[261] bem como em várias outras informações, a administração fiscal pronunciou-se no sentido de que a isenção apenas seria aplicável quando a utilização dos referidos estabelecimentos ou instalações *"for debitada a pessoas singulares ou a um grupo de pessoas singulares"*, não sendo aplicável *"se o débito for efectuado a uma pessoa colectiva, dado que esta não é uma utilizadora directa"*.[262] De harmonia com esse entendimento, a utilização de instalações desportivas, proporcionada por organismos sem finalidade lucrativa, apenas beneficiaria da isenção prevista na actual alínea 8) do artigo 9.º do CIVA quando fosse debitada a pessoas singulares ou a um grupo de pessoas singulares, não beneficiando de tal isenção quando o débito fosse efectuado a uma pessoa colectiva, com o argumento de que esta não é uma utilizadora directa. Todavia, esta interpretação do âmbito da isenção prevista na alínea 8) do artigo 9.º do CIVA não se mostra em conformidade com o sistema comum do IVA, tal como foi interpretado pelo TJUE. Com efeito, a aplicabilidade às pessoas colectivas da isenção actualmente prevista na alínea m) do n.º 1 do artigo 132.º da Directiva do IVA, foi objecto de apreciação no acórdão do TJUE de 16 de Outubro de 2008 (C-253/07, *Canterbury Hockey Club e o.*, Colect. p. I-7821).[263] Nesse aresto, o TJUE decidiu que a isenção em causa é igualmente aplicável às prestações de serviços que tenham como destinatárias pessoas colectivas, desde que tenham uma estreita conexão com a prática do desporto e sejam indispensáveis à sua realização, quando efectuadas por organismos sem fins lucrativos, e quando os beneficiários efectivos das referidas prestações sejam pessoas que praticam desporto. Nesse contexto, a expressão *"certas prestações de serviços estreitamente conexas com a prática do desporto"*, utilizada na referida norma de isenção, não autoriza os Estados membros a restringir a isenção em função dos destinatários das prestações de serviços em causa serem pessoas singulares ou colectivas.

---

[261] Apud PwC, *Base de Dados...* cit..
[262] *Apud* EMANUEL VIDAL LIMA, *Imposto...* cit., p. 194.
[263] Sobre este acórdão, veja-se RUI LAIRES, "Anotação ao acórdão de 16 de Outubro de 2008 (processo C-253/07, caso *Canterbury Hockey Club e o.*)", *CTF*, n.º 424, Jul.-Dez., 2009, pp. 185-198.

Atendendo à obrigação de a administração fiscal e dos tribunais portugueses adequarem a interpretação da correspondente norma interna ao teor da decisão tomada pelo TJUE naquele seu acórdão, a interpretação da alínea 8) do artigo 9.º do CIVA deve ser uniformizada no sentido de que a isenção é susceptível de também abranger as pessoas colectivas que sejam adquirentes dos serviços aí definidos. Note-se, para o efeito, uma vez que a alínea 8) do artigo 9.º do CIVA se alarga também à exploração de espaços com outras finalidades que não apenas as ligadas à prática desportiva e à educação física, que tal implica que a referida interpretação do TJUE seja extensível à locação de espaços para a prática de actividades artísticas ou recreativas. A necessidade de uma tal extensão decorre, quer da redacção da alínea n) do n.º 1 do artigo 132.º da Directiva do IVA, quer dos próprios princípios e critérios frequentemente apontados pelo TJUE em relação à interpretação da generalidade das normas de isenção actualmente previstas naquele artigo.

Assim, por ser aquela que se afigura consentânea com o direito da UE, parece não dever deixar de ser generalizadamente adoptada a posição defendida na informação n.º 96, de 6 de Agosto de 2003, do Gabinete do SDG-IVA, sancionada por despacho de 11 de Agosto de 2003, do DG, que versou sobre uma cessão temporária de um auditório para a prossecução de uma actividade de carácter artístico. De acordo com essa decisão, tal cessão foi considerada abrangida pela isenção prevista na alínea 8) do artigo 9.º do CIVA, independentemente de o cessionário se tratar de pessoa singular ou colectiva, desde que este fosse uma entidade que utilizasse o auditório para manifestações daquela natureza e não o destinasse à realização de espectáculos ou outros eventos pagos. Tal significa, portanto, para que a isenção opere, que a entidade locatária tem de ser, ela própria, o consumidor final dos serviços, ou seja, que não vá por sua vez debitá-los a um terceiro, seu efectivo consumidor final. Assim, por exemplo, se a locação dos referidos espaços se destinar a sublocação, à realização pelos locatários de espectáculos pagos ou, de um modo geral, à exploração comercial dos estabelecimentos ou instalações pelos respectivos locatários, não tem lugar a aplicação da isenção àquelas prestações de serviços de locação.

Note-se, por outro lado, que à locação ou sublocação de estabelecimentos, de instalações ou de outros espaços preparados para a realização de eventos ou de actividades artísticas, culturais, recreativas ou desportivas não é aplicável a isenção que abrange a locação de bens imóveis prevista na alínea 29) do artigo 9.º do CIVA, em face das exclusões a essa isenção enumeradas nas subalíneas c) e e) da alínea 29).[264]

As isenções previstas na alínea 8) e na alínea 29) do artigo 9.º do CIVA também não são susceptíveis de abranger a locação de espaços para publicidade ou a prestação de quaisquer outros serviços publicitários, ainda que sejam efectuadas nos estabelecimentos ou instalações previstos nesta alínea 8) e sejam assegurados por pessoas colectivas de direito público ou por organismos sem finalidade lucrativa.[265]

1.4. Cedência de exploração de restaurantes e cafetarias

Sucede com alguma frequência que organismos sem finalidade lucrativa, nos respectivos estabelecimentos ou instalações destinados à prática de actividades artísticas, recreativas ou desportivas, optem por ceder a terceiros a exploração de restaurantes, cafetarias, bares ou espaços com fins similares, eventualmente integrados naqueles seus estabelecimentos ou instalações.

Na medida em que se está perante a figura da cessão de exploração ou locação de estabelecimento comercial ou industrial, não represen-

---

[264] No despacho de 23 de Março de 2009, do SDG, em substituição legal do DG (processo A200 2009005), afirma-se, inclusive, que *"se a locação do espaço implicar equipamento ou serviços, por exemplo salas devidamente equipadas ou que disponham de serviços de apoio, a operação consubstancia uma prestação de serviços [...] excluída da isenção do n.º 29 do art.º 9.º da referida disposição legal, pela alínea c) do mesmo número, tributada à taxa normal em vigor, nos termos da alínea c) do n.º 1 do art.º 18.º do CIVA"* – consultado a 16 de Janeiro de 2012, a partir da página da rede global com o seguinte endereço: ‹http://info.portaldasfinancas.gov.pt/pt/informacao_fiscal/informacoes_vinculativas/despesa/civa/›.

[265] Neste sentido, veja-se, por exemplo, o despacho de 16 de Setembro de 1993, proferido no processo D054 93 003, da DSIVA – *apud* F. PINTO FERNANDES e NUNO PINTO FERNANDES, *Código...* cit., p. 204.

tando, portanto, a transmissão definitiva deste, tal cedência temporária não é susceptível, em caso algum, de ficar abrangida pela regra de não sujeição decorrente do n.º 4 do artigo 3.º e do n.º 5 do artigo 4.º do CIVA.[266]

Por outro lado, tal cedência de exploração também não é susceptível de beneficiar, por exemplo, das isenções previstas nas alíneas 8) ou 29) do artigo 9.º do CIVA. Em relação à alínea 8), é de notar que não se está perante prestações de serviços efectuadas aos praticantes das actividades enunciadas na norma, mas, sim, prestações de serviços que têm como destinatárias as entidades que passarem a explorar tais restaurantes, bares, cafetarias ou estabelecimentos afins. Por seu turno, em relação à isenção que abrange a locação de bens imóveis, prevista na alínea 29) do artigo 9.º do CIVA, é de notar que a respectiva subalínea c) exclui da isenção as cedências de exploração de estabelecimentos comerciais ou industriais.

A este respeito, não tem aplicação, no caso da legislação interna portuguesa, a hipótese deixada no ar no acórdão de 12 de Janeiro de 2006 (C-246/04, *Waldburg*, Colect. p. I-589, n.º 41), de eventual aplicação à locação de um bar da isenção relativa à locação de bens imóveis, já que a exclusão da isenção que consta da parte final da referida subalínea c) da alínea 29) do artigo 9.º do CIVA é exercida ao abrigo da faculdade dada aos Estados membros no segundo parágrafo do n.º 2 do artigo 135.º da Directiva do IVA.

2. Locação de livros, discos e outros suportes culturais

Nos termos da alínea 12) do artigo 9.º do CIVA, está isenta do imposto a locação de livros e outras publicações, partituras musicais, discos, bandas magnéticas e outros suportes de cultura, desde que efectuadas por organismos sem finalidade lucrativa. Esta isenção abrange também as transmissões de bens e as prestações de serviços estreitamente conexas com as referidas locações.

---

[266] Sobre a cessão definitiva de instalações destinadas a actividades artísticas ou culturais, veja-se, supra, o n.º 1 da secção II do capítulo II.

Para efeitos do IVA, as operações que consistam na locação dos suportes culturais acima mencionados, incluindo a locação financeira, são qualificadas como prestações de serviços, nos termos da definição genérica prevista no n.º 1 do artigo 4.º do CIVA. Só assim não acontece na eventualidade de se estar perante um contrato de locação acompanhado de uma cláusula vinculativa, para ambas as partes, de transmissão da propriedade dos objectos locados, caso em que, nos termos da alínea a) do n.º 3 do artigo 3.º do CIVA, a operação no seu todo é de qualificar como uma transmissão de bens.

A isenção prevista na alínea 12) do artigo 9.º do CIVA tem por base a actual alínea n) do n.º 1 do artigo 132.º da Directiva do IVA.

Cabe salientar que a alínea 12) do artigo 9.º do CIVA abrange apenas o aluguer das publicações e outros suportes nela indicados, assim como transmissões de bens e prestações de serviços estreitamente conexas com a mesma, não sendo extensível à venda das referidas publicações ou dos mencionados suportes.[267] Do mesmo modo, caso se esteja na presença de uma "locação-venda" qualificada como transmissão de bens por força da mencionada alínea a) do n.º 3 do artigo 3.º do CIVA, a referida isenção não é aplicável.

3. Ingresso em museus, galerias de arte, monumentos, parques e outros locais afins

Nos termos da alínea 13) do artigo 9.º do CIVA, estão isentas do imposto as prestações de serviços que consistam em proporcionar a visita, guiada ou não, a museus, galerias de arte, castelos, palácios, monumentos, parques, perímetros florestais, jardins botânicos, zoológicos e semelhantes, pertencentes ao Estado, a outras pessoas colectivas de direito público ou a organismos sem finalidade lucrativa,

---

[267] Também neste sentido se pronunciou o despacho de 4 de Outubro de 2006, do SDG, em substituição do DG (processo A200 2005005), consultado a 14 de Novembro de 2011, a partir da página da rede global com o seguinte endereço: ‹http://info.portaldasfinancas.gov.pt/pt/informacao_fiscal/informacoes_vinculativas/despesa/civa/›.

desde que efectuadas única e exclusivamente por intermédio dos seus próprios agentes. A isenção abrange também as transmissões de bens estreitamente conexas com as referidas prestações de serviços.

A disposição em referência tem também por base actual a alínea n) do n.º 1 do artigo 132.º da Directiva do IVA.

A alusão pela alínea 13) do artigo 9.º do CIVA aos locais acima indicados tem um carácter exemplificativo, ficando, de igual modo, abrangidas pela isenção, como a norma expressamente refere, as visitas a locais semelhantes. Nesse contexto, têm já sido consideradas também isentos ao abrigo desta norma, por exemplo, passeios tidos como "viagens culturais e de estudo" ao estuário do rio Tejo em embarcações típicas objecto de reutilização para esse fim[268], assim como visitas a um "parque biológico" situado numa serra[269], em ambos os casos proporcionados por câmaras municipais, e visitas a uma embarcação qualificada como "navio histórico", proporcionadas por um organismo sem fins lucrativos.[270]

Saliente-se que esta alínea 13), no caso de visitas guiadas aos locais nela referidos, estabelece, como condição de isenção, que as mesmas sejam asseguradas pelo pessoal ao serviço dos próprios organismos susceptíveis de beneficiar da isenção, deixando, assim, à margem da isenção as prestações efectuadas aos visitantes por guias turísticos ou outros profissionais que se encontrem ao serviço de entidades diferentes ou a actuar de modo independente.

Quanto à própria venda dos bilhetes de ingresso, de acordo com uma interpretação divulgada pela administração fiscal portuguesa, considera-se que "*[a] isenção não abrange, porém, a venda daqueles bilhetes*

---

[268] Informação n.º 2670, de 7 de Dezembro de 1993, da ex-DSCA, com despacho concordante de 10 de Dezembro de 1993, do SDG-IVA.

[269] Informação n.º 1784, de 25 de Setembro de 2002, da DSIVA, com despacho concordante de 22 de Setembro de 2002, da SDG-IVA.

[270] Cf. despacho de 13 de Outubro de 2005, do DG (processo S265 2003001), consultado a 27 de Agosto de 2011, a partir da página da rede global com o endereço: ‹http://info.portaldasfinancas.gov.pt/pt/informacao_fiscal/informacoes_vinculativas/despesa/civa/›.

de entrada efectuada por intermédio de terceiros".[271] Todavia, não deixa de se aditar, no que concerne à venda por terceiros dos próprios bilhetes de ingresso nos referidos locais, quando actuem por conta dos organismos susceptíveis de beneficiar da isenção, que se admite como defensável que a mesma se encontre também abrangida pela isenção, tendo em consideração que a norma em causa alude à actuação desses organismos "*por intermédio dos seus próprios agentes*". Em qualquer caso, a isenção não parece que possa ser extensível às comissões cobradas pelos agentes intermediários, seja aos próprios organismos isentos, seja directamente aos visitantes.

Por outro lado, pode suscitar-se a dúvida de saber se a isenção em apreço abrange também as vendas de livros, brochuras, postais ilustrados, diapositivos, recordações, *etc.*, efectuadas em lojas situadas nos locais indicados na norma de isenção, dado que esta se reporta também às transmissões de bens estreitamente conexas com as prestações de serviços em referência.[272] A doutrina administrativa sobre a matéria tem pendido, por vezes, no sentido de uma acepção relativamente ampla do que constituem transmissões de bens estreitamente conexas, ao ter já afirmado, por exemplo, no âmbito da actividade de um centro de divulgação científica e tecnológica, que também seriam abrangidas pela isenção as vendas de borrachas, lápis, canetas, réguas, camisolas, relógios de pulso, *pins*, ímanes, *etc.*, na medida em que destes objectos constava o nome ou o logótipo da entidade em questão.[273] Por seu turno, no sentido da inclusão no quadro da isenção da venda de postais ilustrados, efectuada no âmbito da actividade das entidades abrangidas pela isenção, sem desvio dos seus fins estatutários, pronun-

---

[271] Cf. DGCI/Núcleo do IVA, *Código...* cit., p. 70. Afirmação idêntica é proferida por ANTÓNIO JOAQUIM DE CARVALHO e JOÃO AMARAL TOMÁS, *Manual do Imposto sobre o Valor Acrescentado*, Porto: Porto Editora, 1986, p. 207, e por F. PINTO FERNANDES e NUNO PINTO FERNANDES, *Código...* cit. p. 216.

[272] No sentido dessa inclusão, veja-se ANTÓNIO JOAQUIM DE CARVALHO e JOÃO AMARAL TOMÁS, *Manual...* cit., p. 207.

[273] Cf. despacho de 11 de Abril de 2006, do SDG, em substituição legal do DG, proferido no processo A100 2004121, consultado a 27 de Agosto de 2011, a partir da página da rede global com o endereço: ⟨http://info.portaldasfinancas.gov.pt/pt/informacao_fiscal/informacoes_vinculativas/despesa/civa/⟩.

ciou-se o despacho de 5 de Setembro de 1988.[274] Noutras ocasiões, a posição adoptada não se mostra tão abrangente, apenas considerando transmissões estreitamente conexas com as visitas a museus "*a venda de catálogos, publicações, posters e postais, que estejam directamente relacionadas com o mesmo*", deixando-se expressamente de fora da isenção a venda de alfinetes, brincos, botões de punho e outros artigos de "*merchandising*".[275]

A esse respeito incumbe recordar que a noção de transmissões de bens estreitamente conexas com as entradas ou com as visitas guiadas aos locais mencionados devem ter um carácter acessório das visitas, também elas próprias isentas, e ser indispensáveis à realização das mesmas nas melhores condições, não se destinando, no essencial, a obter para o organismo sem finalidade lucrativa receitas suplementares mediante a realização de operações efectuadas em concorrência directa com as empresas comerciais abrangidas pelo IVA, como decorre da jurisprudência do TJUE sobre a matéria. Ainda de harmonia com o critério enunciado na jurisprudência sobre a matéria, as operações estreitamente conexas não devem representar, por si pró-

---

[274] *Apud* F. PINTO FERNANDES e NUNO PINTO FERNANDES, *Código...* cit., pp. 216--217.

[275] Tal sucedeu, por exemplo, por via da informação n.º 1164, de 11 de Fevereiro de 2009, da DSIVA, com despacho de 25 de Fevereiro de 2009, do SDG, em substituição legal do DG, assim como do despacho de 23 de Março de 2009, do SDG, em substituição legal do DG (processo A200 2009005), consultado a 16 de Janeiro de 2012, a partir da página da rede global com o seguinte endereço: ‹http://info.portaldasfinancas.gov.pt/pt/informacao_fiscal/informacoes_vinculativas/despesa/civa/›. E, mais precisamente, afirma-se nos n.ºs 16 e 17 da informação n.º 96, de 6 de Agosto de 2003, do Gabinete do SDG-IVA, com despacho de 11 de Agosto de 2003, do DG, que a isenção abrange "*as vendas, efectuadas na unidade museológica, de artigos estreitamente ligados a essas visitas, nomeadamente livros, catálogos, folhetos e outras publicações disponibilizados [...] de um modo exclusivo e que se destinem a explicar ou a enquadrar os autores e as obras expostas. [...] A isenção não abrange, por seu turno, as vendas de artigos não exclusivos ou não directamente ligados à compreensão e ao desfrute do museu e das respectivas obras expostas, particularmente livros, catálogos, folhetos e outras publicações de âmbito mais geral [...], não abrangendo também outros artigos que não reúnam os pressupostos descritos [...], nomeadamente serigrafias, cartazes, gravuras, etc., bem como azulejos e puzzles.*"

prias, um fim para o cliente, mas apenas um meio de este beneficiar nas melhores condições da prestação principal.[276]

Ainda assim, se é certo que a administração tributária, em decisões casuísticas de que são exemplo algumas das acima mencionadas, tem por vezes adoptado uma interpretação que se afigura demasiado lata da isenção das transmissões de bens estreitamente conexas com os serviços enumerados na alínea 13) do artigo 9.º do CIVA, tal não parece que decorra do critério enunciado no ofício-circulado n.º 174229, de 20 de Novembro de 1991, da ex-DSCA. Nas instruções administrativas divulgadas pelo referido ofício-circulado, no trecho respeitante à aplicação pelas câmaras municipais da isenção actualmente consignada naquela alínea 13), esclarece-se que a mesma abrange as *"visitas a museus e semelhantes pertencentes à própria Câmara, incluindo a venda de postais, roteiros, etc. relacionados com a visita"*, pelo que a isenção de certas transmissões de bens, ao abrigo daquela alínea, só deve ocorrer na medida em que se relacionem com as visitas efectuadas.

Neste contexto, afigura-se que devem ser consideradas estreitamente conexas com as visitas prefiguradas na alínea 13) do artigo 9.º do CIVA as transmissões de catálogos ou brochuras directamente ligados às exposições ou aos locais visitados, que tenham um carácter exclusivo e cuja aquisição contribua para um melhor enquadramento das próprias visitas e uma melhor informação sobre essas exposições ou locais, ou seja, para que o visitante usufrua em melhores condições do serviço principal que está a ser prestado.

Por seu turno, a referida isenção não deve abranger as transmissões de bens que não tenham um carácter exclusivo ou que não tenham directamente a ver com o objecto das visitas efectuadas, entre outros, livros e outras brochuras sobre temáticas diversas, laterais ou apenas tenuemente relacionadas com o objecto da visita, bem como outros artigos por vezes comercializados nas lojas integrantes ou contíguas aos locais em questão, como sejam, entre muitos, serigrafias, cartazes, gravuras, marcadores de livros, relógios, porta-chaves, galhardetes, artigos em louça ou em metais, azulejos, jogos, artigos de vestuário, chocolates, *etc.*.

---

[276] Sobre esta matéria veja-se, *infra*, com mais detalhe, a secção X deste capítulo IV.

4. Congressos, colóquios, conferências, seminários, cursos e manifestações análogas

4.1. Âmbito geral da isenção

Nos termos da alínea 14) do artigo 9.º do CIVA, estão isentas do imposto as prestações de serviços relativas a congressos, colóquios, conferências, seminários, cursos e manifestações análogas de natureza científica, cultural, educativa ou técnica, efectuadas por pessoas colectivas de direito público e organismos sem finalidade lucrativa. A referida isenção abrange também as transmissões de bens conexas com as prestações de serviços acima enumeradas.

A isenção contida na alínea 14) do artigo 9.º do CIVA afigura-se ter por base as actuais alíneas i) e n) do n.º 1 do artigo 132.º da Directiva do IVA[277], respectivamente, em matéria de ensino e formação profissional, e em matéria de prestações de serviços culturais.

A respeito da isenção contida na alínea 14) do artigo 9.º do CIVA, a mesma abrange, desde logo, as inscrições pagas pelo público, em geral, para assistir aos referidos eventos, quando cobradas por organismos de direito público e por organismos sem finalidade lucrativa.[278]

No que respeita à inclusão na norma de isenção das transmissões de bens conexas com os eventos nela enumerados, afigura-se que a mesma abrange a disponibilização aos participantes de material ou documentação especificamente relacionados com as intervenções feitas pelos oradores nesses eventos. Ao invés, não se afigura de considerar incluídas no âmbito da isenção transmissões de bens que não assumam um carácter acessório, como sejam, por exemplo, a venda, através de bancas situadas no mesmo local ou em local contíguo, de livros e outras publicações cuja distribuição aos participantes não

---

[277] Correspondentes às anteriores alíneas i) e n) do n.º 1 da parte A do artigo 13.º da Sexta Directiva.

[278] No ofício-circulado n.º 174229, de 20 de Novembro de 1991, da ex-DSCA, esclarece-se que à realização de congressos, colóquios, conferências, seminários, cursos e manifestações análogas de natureza científica, cultural, educativa ou técnica, por parte das câmaras municipais, se aplica a isenção nessa altura prevista n.º 15 do artigo 9.º do CIVA, correspondente à actual alínea 14) deste artigo.

esteja directamente inserida no objecto dos eventos em questão ou que não esteja incluída no preço de inscrição pago pelos participantes.

Sendo esse, inclusivamente, o sentido que tem vindo a ser adoptado na doutrina emanada pela administração tributária, não pode, de modo algum, corroborar-se a acepção de que apenas se enquadrariam nesta norma *"as operações efectuadas pelas entidades ali referidas, no seu próprio âmbito, ou seja, os cursos, colóquios e[,] de uma forma geral, as manifestações culturais e científicas devem ter como destinatários os próprios organismos ou os seus quadros, e não personalidades alheias aos mesmos"*, isto é, que *"[o]s serviços prestados para com terceiros não se podem incluir no campo daquela isenção ainda que o seu objectivo seja cultural ou científico"*.[279] É certo que a afirmação acabada de reproduzir, tanto quanto se compreende, foi proferida num contexto em que estava em apreço a locação de um anfiteatro, por parte de um organismo público dedicado à investigação científica, para que a entidade locatária nele viesse a realizar conferências, cursos, congressos e simpósios. Tal não pode representar, porém, uma acepção geral de que a isenção actualmente constante da alínea 14) do artigo 9.º do CIVA não respeitaria a serviços prestados a terceiros, mesmo sendo verdade que a mencionada disposição não parece susceptível de abranger a locação de auditórios, enquanto operação situada a montante da própria realização das conferências, seminários, cursos e manifestações análogas.

Por outro lado, há também a salientar que a isenção em referência não é susceptível de abranger os serviços onerosos prestados, pelos próprios oradores nas conferências ou por outros participantes, às entidades organizadoras ou promotoras dos eventos.

4.2. Locação de espaços no contexto de congressos e manifestações análogas

Paralelamente, uma outra questão que pode ser equacionada respeita ao enquadramento da locação ou cessão temporária de utiliza-

---

[279] Cf. despacho de 8 de Setembro de 1987 – *apud* F. PINTO FERNANDES e NUNO PINTO FERNANDES, *Código*... cit., pp. 217-218.

ção de espaços, por parte das entidades promotoras dos congressos, colóquios, conferências, seminários, cursos e manifestações análogas, a entidades participantes nesses eventos, com vista, por exemplo, à montagem por estas de bancas para a promoção da sua imagem ou para a divulgação ou venda dos seus produtos.

Desde logo, quanto à isenção prevista na alínea 14) do artigo 9.º do CIVA, não parece que a mesma seja aplicável, uma vez que as prestações de serviços acima prefiguradas não são relativas a congressos, colóquios, conferências, *etc.*, ainda que possam ser efectuadas no âmbito desses eventos.

Também no que concerne à isenção constante da alínea 8) do artigo 9.º do CIVA – na qual se prevê a isenção das prestações de serviços efectuadas por organismos sem finalidade lucrativa que explorem estabelecimentos ou instalações destinados à prática de actividades artísticas, desportivas ou recreativas –, afigura-se que a mesma não tem aplicação, já que o objectivo de promoção da imagem do destinatário dos serviços, bem como a divulgação ou venda dos produtos deste, não representa a prossecução de actividades artísticas, desportivas ou recreativas.

Um derradeiro enquadramento a cogitar, consiste na eventual inserção no âmbito da isenção prevista na alínea 29) do artigo 9.º do CIVA, que respeita à locação de bens imóveis. Neste domínio, poderia pretender estabelecer-se algum paralelismo entre as situações acabadas de prefigurar e a que vem enunciada no n.º 2 do ofício-circulado n.º 174229, de 20 de Novembro de 1991, da ex-DSCA. Através destas instruções administrativas, divulga-se o entendimento de que a autorização para a ocupação simples de espaços em feiras e mercados, sem inclusão de equipamentos instalados ou de serviços de armazenagem, se consubstancia numa locação de bens imóveis abrangida pela isenção então prevista n.º 30 do artigo 9.º do CIVA, correspondente à actual alínea 29) deste artigo. No entanto, da situação prefigurada no ofício-circulado n.º 174229 fica salvaguarda, desde logo, a eventualidade de a locação incluir equipamentos instalados no local, uma vez que a subalínea c) da alínea 29) do artigo 9.º do CIVA exclui expressamente do âmbito da isenção a locação de máquinas e outros equipamentos de instalação fixa. Além disso, em qualquer caso, a subalínea e) da mesma alínea 29), ao excluir também a locação de espaços para exposições ou publicidade, afigura-se deixar à margem da isenção as cessões de espaços para a promoção da imagem ou para a divulgação ou venda de produtos efectuadas aos participantes em congressos, colóquios, conferências, seminários, cursos e outras manifestações análogas.[280]

5. Livros editados e vendidos pelo autor

Nos termos da alínea 17) do artigo 9.º do CIVA, estão isentas do imposto "*[a] transmissão de exemplares de qualquer obra literária, científica, técnica ou artística editada sob forma bibliográfica pelo autor, quando efectuada por este, seus herdeiros ou legatários, ou ainda por terceiros, por conta deles, salvo quando o autor for pessoa colectiva*".

De harmonia com as notas explicativas inicialmente divulgadas pela administração fiscal portuguesa, "*[a] isenção não abrange as comissões pagas a distribuidores e livreiros e implica a não dedutibilidade do imposto respeitante às despesas da edição – tipografia, papel, comissões, etc.*".[281]

A conformidade da alínea 17) do artigo 9.º do CIVA com o sistema comum do IVA em vigor na UE suscita algumas dúvidas. Desde logo, afigurar-se-ia pouco consistente justificar esta isenção com base na alínea n) do n.º 1 do artigo 132.º da Directiva do IVA, por aí se mencionarem prestações de serviços, ao passo que naquela alínea 17) estão em apreço operações qualificadas como transmissões de bens. E embora a referida alínea n) do sistema comum do IVA englobe as transmissões de bens estreitamente conexas com as prestações de serviços culturais que estejam isentas, nos casos em apreço na alínea 17) do artigo 9.º do CIVA as transmissões de bens aí referidas não estão

---

[280] Em sentido idêntico se pronunciou a informação n.º 1969, de 24 de Junho de 1992, com despacho da mesma data, do SDG-IVA (apud PwC, *Base de Dados...* cit.), bem como o despacho de 11 de Janeiro de 2008, do SDG, em substituição legal do DG, proferido no processo T120 2007523, consultado a 7 de Julho de 2011, a partir da página da rede global com o endereço: ⟨http://info.portaldasfinancas.gov.pt/pt/informacao_fiscal/informacoes_vinculativas/despesa/civa/⟩.

[281] Cf. DGCI/Núcleo do IVA, *Código...* cit., p. 71.

numa qualquer ligação de subsidiariedade em relação a qualquer prestação de serviços isenta.

O mesmo se poderia dizer em relação à derrogação de que beneficia o Estado português, actualmente prevista no artigo 377.º da Directiva do IVA, conjugado com a alínea 2) da parte B do seu anexo X, nos termos da qual pode continuar a isentar as "*[p]restações de serviços de autores*", uma vez que aí também se alude apenas a prestações de serviços, e não a transmissões de bens.[282]

Por outro lado, na parte em que a alínea 17) do artigo 9.º do CIVA exclui expressamente do benefício da isenção as pessoas colectivas, de igual modo se levantam dúvidas sobre a sua conformidade com o direito da UE, muito embora tudo leve a crer que tal consista numa salvaguarda residual e de pouca ou nenhuma monta no contexto das situações prefiguradas na referida norma. Ainda assim, cabe recordar, em conformidade com reiterada jurisprudência do TJUE, independentemente daquela que possa ser uma maior ou menor margem de discricionariedade atribuída aos Estados membros na definição do âmbito de aplicação das isenções do IVA, que a mesma não comporta a possibilidade de estabelecer uma diferenciação entre pessoas singulares e pessoas colectivas.[283]

6. Cedência de bandas de música, sessões de teatro e ensino de música ou de bailado

Nos termos das subalíneas a) a c) da alínea 35) do artigo 9.º do CIVA, estão isentas do imposto as prestações de serviços a seguir indicadas quando levadas a cabo por organismos sem finalidade lucrativa que sejam associações de cultura e recreio:[284]

---

[282] A este respeito, veja-se o decidido no acórdão de 7 de Março de 2002 (C-169/00, Comissão/Finlândia, Colect. p. I-2433).

[283] Acerca desta problemática, veja-se o que é dito *infra*, a propósito da isenção que abrange o direito de autor, no n.º 3.1.2 da secção VI deste capítulo IV.

[284] Esta isenção correspondia inicialmente ao n.º 38 do artigo 9.º, o qual foi aditado ao CIVA por via das alterações estabelecidas pelo artigo 1.º do Decreto-Lei n.º 185/86, de 14 de Julho, no uso da autorização legislativa concedida pela alínea a) do n.º 1 do artigo 30.º da Lei n.º 9/86, de 30 de Abril.

– Cedência de bandas de música;
– Sessões de teatro;
– Ensino de *ballet* e de música.

A isenção em referência tem também por base actual a alínea n) do n.º 1 do artigo 132.º da Directiva do IVA.

Em relação à subalínea a) desta alínea 35) do artigo 9.º do CIVA, cabe salientar que os serviços prestados por bandas de música aos respectivos promotores se encontram isentos ao abrigo da alínea 15) do mesmo artigo. Por outro lado, no caso de uma banda de música ser a promotora do seu próprio espectáculo, cobrando os respectivos ingressos directamente ao público, afigura-se muito duvidoso, atendendo ao respectivo elemento literal, que a venda dos bilhetes se possa considerar coberta por esta subalínea a) da alínea 35), ainda que se trate de uma banda de música pertencente a uma associação de cultura e recreio. Com efeito, é de crer que a exploração da bilheteira dificilmente se mostre compatível com o elemento literal da isenção em causa, o qual se refere à cedência de bandas de música, e não, por exemplo, à actuação de bandas de música ou a sessões musicais efectuadas pelas bandas.[285] A ser assim, o efeito mais relevante desta subalínea a) residirá na sua aplicação aos casos em que não seja aplicável a isenção prevista na alínea 15) do artigo 9.º do CIVA, por não se estar perante serviços prestados a promotores.[286] Tal pode suceder, por exemplo, com a cedência de bandas de música para actuarem no âmbito de festas ou de outros eventos de carácter privado mediante o recebimento de um *cachet*, nomeadamente, quando a sua actuação seja contratada directamente com os organizadores desses eventos e estes assumam o papel de consumidores finais. Na eventualidade de se entender dever adoptar a interpretação restritiva veiculada no oficio-

---

[285] No entanto, não deixa de ser equacionável a razão por que a subalínea b) desta alínea 35) isenta do imposto a venda de bilhetes para as sessões de teatro promovidas pelas associações de cultura e recreio, ao passo que a sua subalínea a) não parece permitir a isenção na venda dos bilhetes para a actuação de bandas de música pertencentes a associações de cultura e recreio, sempre que essa actuação seja promovida directamente por tais associações.

[286] Sobre o âmbito da isenção prevista na alínea 15) do artigo 9.º do CIVA, veja--se, *infra*, a secção VII deste capítulo IV.

-circulado n.º 30109, de 9 de Março de 2009, da DSIVA, acerca do âmbito da isenção prevista na alínea 15) do artigo 9.º do CIVA, a isenção constante da subalínea a) da sua alínea 35) permite abarcar as demais cedências de bandas de música que não sejam directamente contratadas com promotores de espectáculos, na condição de tais prestações de serviços serem efectuadas por organismos sem finalidade lucrativa que sejam associações de cultura e recreio.

As sessões de teatro, a que se refere a subalínea b) da alínea 35) do artigo 9.º do CIVA, são as apresentadas perante o público por organismos sem finalidade lucrativa que sejam associações de cultura e recreio, beneficiando nesse caso de isenção. Nas demais situações, a venda de ingressos para sessões de teatro é objecto de tributação em IVA à taxa intermédia, por se encontrar abrangida pela verba 2.6 da lista II anexa ao CIVA.[287] Note-se, por seu turno, que os serviços prestados por actores ou por companhias de teatro aos respectivos promotores se encontram isentos ao abrigo da alínea 15) do mesmo artigo 9.º.

Em relação ao ensino de música ou de bailado que não esteja abrangido pela subalínea c) desta alínea 35), o mesmo pode eventualmente beneficiar da isenção prevista na alínea 9) do artigo 9.º do CIVA, quando seja assegurado por estabelecimentos de ensino integrados no sistema nacional de educação ou reconhecidos como tendo fins análogos pelos ministérios competentes.

Na medida em que pratiquem operações isentas nos termos do artigo 9.º do CIVA, as associações de cultura e recreio suportam IVA nas aquisições de bens e de serviços necessárias à prossecução dos seus fins, imposto esse que não é dedutível ou reembolsável nos termos gerais do IVA. Ainda assim, no Decreto-Lei n.º 128/2001, de 17 de Abril, vem prevista a possibilidade de ser obtida a restituição de montantes correspondentes ao valor do IVA não dedutível, suportado em aquisições de instrumentos, fardamentos e trajes a determinadas bandas de música, filarmónicas, escolas de música, tunas, fanfarras, ranchos

---

[287] A Lei n.º 64-B/2011, de 30 de Dezembro (Orçamento do Estado para 2012) revogou a anterior verba 2.15 da lista I anexa ao CIVA, tendo criado na lista II a verba 2.6.

folclóricos e outras agremiações culturais que se dediquem à actividade musical, que sejam pessoas colectivas de direito privado sem fins lucrativos.[288]

7. Desportistas e artistas tauromáquicos

Nos termos da subalínea b) da alínea 15) do artigo 9.º do CIVA, estão isentas do IVA "*[a]s prestações de serviços efectuadas aos respectivos promotores [...] [p]or desportistas e artistas tauromáquicos, actuando quer individualmente quer integrados em grupos, em competições desportivas e espectáculos tauromáquicos*".[289]

A isenção contida nesta subalínea b) da alínea 15) do artigo 9.º afigura-se ter por actual base as alíneas m) e n) do n.º 1 do artigo 132.º da Directiva do IVA, não obstante, em particular no caso dos artistas tauromáquicos, os mesmos poderem estar também abrangidos pela derrogação de que o Estado português é beneficiário, que se encontra agora vertida no artigo 377.º da Directiva do IVA, conjugado com a alínea 2) da parte B do seu anexo X.

O entendimento administrativo divulgado através do ofício-circulado n.º 30109, de 9 de Março de 2009, da DSIVA, não se refere expressamente ao âmbito da isenção dos serviços prestados por desportistas e por artistas tauromáquicos, embora seja natural que a administração tributária o considere extensível, com as devidas adaptações, a estes serviços.

---

[288] Sobre esta restituição, veja-se, *infra*, o n.º 5 da secção V do capítulo VI.

[289] Corresponde à anterior alínea c) do n.º 16 do artigo 9.º do CIVA. Na versão inicial do CIVA, o então n.º 16 do seu artigo 9.º continha três alíneas, tendo, posteriormente, sido revogada a sua alínea a) pelo Decreto-Lei n.º 122/88, de 20 de Abril, a qual consagrava a isenção das prestações de serviços efectuadas aos respectivos promotores por conferencistas actuando em conferências, colóquios e manifestações similares. Relativamente aos serviços prestados por artistas, a que se refere a actual subalínea a) da alínea 15) do artigo 9.º do CIVA, veja-se, *infra*, a secção VII deste capítulo IV.

Subsecção II

Isenções em importações de bens

1. Museus, galerias de arte e estabelecimentos similares

Nos termos da alínea r) do artigo 79.º do Decreto-Lei n.º 31/89, de 25 de Janeiro, estão isentas do IVA as importações de objectos de colecção e obras de arte de carácter cultural, que não se destinem a venda, quando importados por museus, galerias de arte e estabelecimentos similares pertencentes ao Estado, pessoas colectivas de direito público e outras entidades sem finalidade lucrativa, desde que tais objectos sejam importados a título gratuito ou, se importados a título oneroso, forem adquiridos a particulares ou a instituições congéneres das que beneficiam da isenção.

Esta isenção na importação tem por base actual o disposto na alínea r) do n.º 1 e no n.º 2 do artigo 81.º da Directiva 2009/132/CE.

2. Organismos competentes em matéria de protecção do direito de autor

Nos termos do artigo 77.º do Decreto-Lei n.º 31/89, estão isentas do IVA as importações de marcas, modelos ou desenhos, incluindo os processos relativos ao seu registo ou depósito, bem como os processos de patentes de invenção ou semelhantes, destinados aos organismos competentes em matéria de protecção de direitos de autor ou de protecção da propriedade industrial ou comercial.

Esta isenção na importação tem por base actual o disposto no artigo 79.º da Directiva 2009/132/CE.

3. Livros e outros documentos para reuniões ou manifestações de carácter cultural, turístico ou desportivo

Nos termos da alínea a) do artigo 78.º do Decreto-Lei n.º 31/89, estão isentas as importações dos seguintes bens:

«Os prospectos desdobráveis, brochuras, livros, revistas, guias, cartazes emoldurados ou não, fotografias e ampliações fotográficas não emolduradas, mapas geográficos ilustrados ou não, diapositivos encaixilhados, calendários ilustrados destinados a serem distribuídos gratuitamente e que tenham por objectivo essencial levar o público a visitar países estrangeiros, nomeadamente a assistir a reuniões ou a manifestações de carácter cultural, turístico, desportivo, religioso ou profissional, desde que tais documentos não contenham mais de 25% de publicidade comercial privada e que a sua finalidade de propaganda de carácter geral seja evidente».

De harmonia com o previsto na alínea b) do artigo 78.º do mesmo diploma, estão isentas do IVA as importações dos seguintes bens:

«As listas e anuários de hotéis estrangeiros publicados por organismos oficiais de turismo ou sob os seus auspícios e os horários relativos aos serviços de transporte explorados no estrangeiro que se destinem a ser distribuídos gratuitamente e não contenham mais de 25% de publicidade comercial privada».

Por seu turno, nos termos da alínea c) do artigo 78.º do Decreto-Lei n.º 31/89, estão isentas do IVA as importações dos seguintes bens:

«O material técnico enviado aos representantes acreditados ou aos correspondentes designados pelos organismos oficiais nacionais de turismo, não destinado a distribuição, isto é, anuários, listas telefónicas ou de telex, listas de hotéis, catálogos de feiras, amostras de produtos do artesanato de valor insignificante, documentação sobre museus, universidades, estações termais e outras instituições análogas.»

Estas isenções na importação têm por base actual o disposto, respectivamente, nas alíneas a), b) e c) do artigo 80.º da Directiva 2009/132/CE.

4. Fotografias importadas por agências noticiosas, jornais e outras publicações

Nos termos da alínea p) do artigo 79.º do Decreto-Lei n.º 31/89, estão isentas do IVA as importações de fotografias, diapositivos e cartões para matrizes de fotografias, com ou sem legendas, enviados a agências de notícias, editores de jornais ou de publicações periódicas.[290]

---

[290] Esta disposição respeita às importações dos mencionados bens em suporte físico.

Esta isenção na importação tem por base actual o disposto na alínea p) do n.º 1 do artigo 81.º da Directiva 2009/132/CE.

5. Condecorações em homenagem a actividades desenvolvidas

Nos termos da alínea b) do artigo 56.º do Decreto-Lei n.º 31/89, estão isentas do IVA as importações dos seguintes bens:

«As taças, medalhas e objectos com carácter essencialmente simbólico que, atribuídos num país estrangeiro a pessoas que tenham a sua residência normal no território nacional, a título de homenagem à actividade desenvolvida em domínios como os das artes, ciências, desportos, serviços públicos ou em reconhecimento pelos seus méritos, por ocasião de um acontecimento particular, sejam importados por essas mesmas pessoas».

Idêntica isenção na importação vem prevista na alínea c) do mesmo artigo 56.º do Decreto-Lei n.º 31/89, quando se trate dos seguintes bens:

«As taças, medalhas e objectos semelhantes, com carácter essencialmente simbólico, oferecidos gratuitamente por autoridades ou pessoas estabelecidas no estrangeiro, a fim de serem atribuídos, com os mesmos objectivos referidos na alínea b) [do artigo 56.º], no território nacional».

As isenções na importação de bens previstas nas alíneas b) e c) do referido artigo 56.º do Decreto-Lei n.º 31/89 aplicam-se mediante justificação apresentada pelos interessados e aceite pelos serviços aduaneiros, na condição de se tratar de operações desprovidas de qualquer carácter comercial, como determina o proémio daquele artigo.

Estas isenções na importação têm por base actual o disposto, respectivamente, nas alíneas b) e c) do artigo 58.º da Directiva 2009/132/CE.

6. Bens destinados a eventos culturais, recreativos ou desportivos

Nos termos da alínea a) do n.º 1 do artigo 65.º do Decreto-Lei n.º 31/89, conjugada com os seus artigos 66.º e 69.º, estão isentas as importações de pequenas amostras representativas de mercadorias destinadas a exposição ou manifestação similar, quando não se trate de produtos alcoólicos, de tabacos e produtos do tabaco, e de combustíveis e carburantes, desde que as referidas amostras satisfaçam as seguintes condições:

a) Sejam importadas gratuitamente nessa qualidade ou obtidas na manifestação a partir de mercadorias importadas a granel;

b) Sirvam exclusivamente para fins de distribuição gratuita ao público por ocasião da manifestação, destinando-se a ser utilizadas ou consumidas pelas pessoas a quem tenham sido distribuídas;

c) Sejam identificáveis como amostras de carácter publicitário de reduzido valor unitário;

d) Não sejam susceptíveis de comercialização e, se for caso disso, sejam apresentadas em embalagens que contenham uma quantidade de mercadoria inferior à quantidade mínima da mesma mercadoria efectivamente vendida no mercado;

e) No que diz respeito aos produtos alimentares e bebidas não acondicionados, sejam consumidos no próprio local por ocasião da manifestação;

f) Sejam, tanto pelo seu valor global como pela quantidade, adequados à natureza da manifestação, ao número de visitantes e à importância da participação do expositor.

Nos termos da alínea b) do n.º 1 do artigo 65.º do Decreto-Lei n.º 31/89, conjugada com os seus artigos 67.º e 69.º, estão isentas as importações de mercadorias exclusivamente destinadas a demonstração ou para a demonstração de máquinas e de aparelhos, apresentados em exposição ou manifestação similar, quando não se trate de produtos alcoólicos, de tabacos e produtos do tabaco, e de combustíveis e carburantes, e desde que as mercadorias satisfaçam as seguintes condições:

a) Sejam consumidas ou destruídas no decurso da manifestação;

b) Sejam, tanto pelo valor global como pela quantidade, adequadas à natureza da manifestação, ao número de visitantes e à importância da participação do expositor.

Nos termos da alínea c) do n.º 1 do artigo 65.º do Decreto-Lei n.º 31/89, estão isentas as importações de materiais diversos de valor reduzido, tais como tintas, vernizes, papéis decorativos, que se destinem a ser utilizados na construção, arranjo e decoração de pavilhões provisórios em exposições ou manifestações similares, desde que esses materiais sejam insusceptíveis de reutilização.

Nos termos da alínea d) do n.º 1 do artigo 65.º do Decreto-Lei n.º 31/89, conjugada com o seu artigo 68.º, estão isentas as importações de impressos, catálogos, prospectos, listas de preços correntes, cartazes publicitários, calendários ilustrados ou não, fotografias não encaixilhadas e demais artigos fornecidos gratuitamente a fim de serem utilizados a título de publicidade aos bens apresentados em exposições ou manifestações similares, desde que:

a) Se destinem exclusivamente a ser distribuídos gratuitamente ao público no local da manifestação;

b) Sejam, tanto pelo seu valor global como pela quantidade, adequados à natureza da manifestação, ao número de visitantes e à importância da participação do expositor.

Para efeitos das isenções enumeradas no n.º 1 do artigo 65.º do Decreto-Lei n.º 31/89, o n.º 2 do mesmo artigo define como "exposição ou manifestação similar" os seguintes eventos, com excepção das exposições organizadas, a título particular, em armazéns ou instalações comerciais, para a venda de mercadorias:

a) As exposições, feiras, salões e manifestações similares relacionadas com o comércio, a indústria, a agricultura ou o artesanato;

b) As exposições ou manifestações organizadas principalmente com um fim filantrópico;

c) As exposições ou manifestações organizadas principalmente com um fim cientifico, técnico, artesanal, artístico, educativo ou cultural, desportivo, religioso ou de culto, sindical ou turístico, ou ainda no sentido de promover o entendimento entre os povos;

d) As reuniões de representantes de organizações ou de colectividades internacionais;

e) As cerimónias e manifestações de carácter oficial ou comemorativo.

Os artigos 65.º a 69.º do Decreto-Lei n.º 31/89 têm actualmente por base, respectivamente, os artigos 67.º a 71.º da Directiva 2009/132//CE.

SUBSECÇÃO III

Isenções em aquisições intracomunitárias de bens

Quando as aquisições intracomunitárias de bens estiverem abrangidas pelas regras de incidência do IVA[291], as disposições contidas nas alíneas a) e b) do n.º 1 do artigo 15.º do RITI isentam, ainda assim, as que respeitem a bens cuja transmissão interna ou importação estivesse isenta do imposto.

Uma vez que a alínea b) do n.º 1 do artigo 15.º do RITI isenta as aquisições intracomunitárias relativas a bens que, caso fossem objecto de importação, também beneficiariam de isenção[292], dela decorre, nomeadamente, a isenção das aquisições intracomunitárias de bens efectuadas em condições idênticas às importações previstas nos artigos 56.º, 65.º a 69.º, 77.º e 78.º, e nas alíneas p) e r) do artigo 79.º, todos do Decreto-Lei n.º 31/89.[293]

SECÇÃO VI

Direito de autor

1. Aspectos gerais

A exploração de direitos de carácter patrimonial sobre uma obra intelectual, através da oneração ou transmissão do direito de autor, assim como da autorização para a sua utilização, representa a realização de operações qualificadas como prestação de serviços nos termos do n.º 1 do artigo 4.º do CIVA. Quando se esteja perante prestações

---

[291] Sobre a matéria, veja-se, supra, os n.ºˢ 2 e 5 da secção III do capítulo I.

[292] Do ponto de vista literal, a mencionada disposição da legislação interna portuguesa só alude à isenção das *"aquisições intracomunitárias de bens cuja importação seja isenta nos termos do artigo 13.º do Código do IVA"*. Contudo, a mesma não deveria remeter apenas para as isenções na importação previstas no artigo 13.º do CIVA, mas também para as previstas na legislação complementar – como resulta, aliás, da redacção da alínea b) do artigo 140.º da Directiva do IVA –, carecendo, por isso, a alínea b) do n.º 1 do artigo 15.º do RITI, de interpretação extensiva.

[293] Sobre esta matéria, veja-se, supra, a subsecção II desta secção V do capítulo IV.

de serviços efectuadas no território nacional[294], a título oneroso, por sujeitos passivos a actuar nessa qualidade, tais operações encontram-se contempladas no âmbito de incidência do IVA, por força do disposto na alínea a) do n.º 1 do artigo 1.º do Código.[295]

A alínea 16) do artigo 9.º do CIVA, porém, isenta do imposto as prestações de serviços que consistam na *"transmissão do direito de autor e a autorização para a utilização da obra intelectual, definidas no Código de Direito de Autor, quando efectuadas pelos próprios autores, seus herdeiros ou legatários, ou ainda por terceiros, por conta deles, salvo quando o autor for pessoa colectiva".*[296] A redacção acabada de reproduzir é a vigente a partir de 1 de Janeiro de 2012, na sequência da alteração promovida pelo artigo 119.º da Lei n.º 64-B/2011, de 30 de Dezembro (Orçamento do Estado para 2012). A versão anterior da alínea 16) do artigo 9.º do CIVA previa a isenção na *"transmissão do direito de autor e a autorização para a utilização da obra intelectual, definidas no Código de Direito de Autor, quando efectuadas pelos próprios autores, seus herdeiros ou legatários".* Como se verá mais adiante, já a redacção anterior suscitava alguns problemas interpretativos, os quais a nova redacção não contribuiu para colmatar, com a agravante de esta, por via da exclusão das pessoas colectivas do âmbito da isenção, não parecer que esteja em conformidade com a jurisprudência do TJUE em matéria de isenções conferidas pelo sistema comum do IVA.

Antes do mais, cabe referir que isenção estabelecida na alínea 16) do artigo 9.º do CIVA tem por base a derrogação de que o Estado português beneficia ao abrigo do actual artigo 377.º da Directiva do

---

[294] Sobre os critérios de localização no território nacional das prestações de serviços relativas à cessão do direito de autor, veja-se, supra, a secção VI do capítulo III.

[295] Para efeitos do IVA, há que assinalar que a transmissão do direito de propriedade sobre o suporte físico em que a obra de arte assenta, se materializa ou se comunica, isto é, a simples transmissão do *corpus mechanicum* (v.g. livro, quadro, estátua, escultura, *etc.*), representa uma operação qualificada como transmissão de bens nos termos do n.º 1 do artigo 3.º do CIVA, por estar em causa a transferência onerosa do direito de propriedade sobre um bem corpóreo.

[296] Relativamente à isenção de certas importações de bens efectuadas por organismos competentes em matéria de protecção de direitos de autor, veja-se o n.º 2 da subsecção II da secção V deste capítulo IV, supra.

IVA, e não a possibilidade de isenção de certos serviços culturais prevista na alínea n) do n.º 1 do artigo 132.º da Directiva do IVA. Tal afigura-se ser a conclusão a retirar da decisão proferida pelo TJUE no acórdão de 17 de Outubro de 1991 (C-35/90, Comissão/Espanha, Colect. p.I-5073). Nesta decisão foi considerado que a legislação interna espanhola, à data, não estava em conformidade com o sistema comum do IVA ao isentar *"os serviços profissionais, incluindo aqueles cuja contraprestação consiste em direitos de autor, prestados por artistas plásticos, escritores, colaboradores literários, gráficos e fotográficos de jornais e revistas, compositores de música, autores de obras teatrais e autores de argumentos, adaptações, guiões ou diálogos de obras audiovisuais"*. Esta decisão do TJUE baseou-se no facto de a Espanha, na altura, contrariamente ao que sucedia com Portugal, não beneficiar de uma derrogação para aplicação de uma isenção às operações relativas às cessões do direito de autor, aspecto que mais tarde acabou por ser colmatado através do aditamento de um n.º 3-A ao artigo 28.º da Sexta Directiva (actual artigo 376.º da Directiva do IVA), promovido pela Directiva 91/680/CEE, do Conselho, de 16 de Dezembro de 1991.

A isenção prevista na alínea 16) do artigo 9.º do CIVA tem a sua génese no n.º 1 do artigo 378.º do Acto Relativo às Condições de Adesão do Reino da Espanha e da República Portuguesa e as Adaptações dos Tratados, que se encontra em anexo ao Tratado de Adesão desses dois países. Aí se estabelecia que as disposições indicadas no seu anexo XXXII seriam aplicáveis aos dois Estados membros nas condições nele fixadas. No domínio do IVA, a alínea b) do n.º 3 do mencionado capítulo IV daquele anexo XXXII conferiu a Portugal a faculdade de isentar as operações indicadas nas alíneas 2), 3), 6), 9), 10), 16), 17), 18), 26) e 27) do então anexo F da Sexta Directiva. A alínea 2) do anexo F da Sexta Directiva reportava-se à possibilidade de os Estados membros isentarem as *"[p]restações de serviços dos autores, artistas e intérpretes de obras de arte, advogados e outros membros de profissões liberais, [...] desde que não se trate das prestações referidas no anexo B da Segunda Directiva do Conselho, de 11 de Abril de 1967"*.

2. Obras protegidas pelo direito de autor e por direitos conexos

2.1. Direito de autor

O Código do Direito de Autor e dos Direitos Conexos (CDADC)[297] visa a protecção legal do direito de autor consagrado no n.º 2 do artigo 42.º da Constituição da República Portuguesa, tendo como objecto a obra criativa na sua forma ideal. Nos termos do n.º 1 do artigo 1.º do CDADC, é objecto de protecção o direito dos autores das obras que se consubstanciem em criações intelectuais no domínio literário, científico e artístico, por qualquer modo exteriorizadas. Conforme se enumera no n.º 1 do artigo 2.º do CDADC, as criações intelectuais do domínio literário, científico e artístico, quaisquer que sejam o género, a forma de expressão, o mérito, o modo de comunicação e o objectivo, compreendem nomeadamente:

«a) Livros, folhetos, revistas, jornais e outros escritos;

«b) Conferências, lições, alocuções e sermões;

«c) Obras dramáticas e dramático-musicais e a sua encenação;

«d) Obras coreográficas e pantomimas, cuja expressão se fixa por escrito ou por qualquer outra forma;

«e) Composições musicais, com ou sem palavras;

«f) Obras cinematográficas, televisivas, fonográficas, videográficas e radiofónicas;

«g) Obras de desenho, tapeçaria, pintura, escultura, cerâmica, azulejo, gravura, litografia e arquitectura;

«h) Obras fotográficas ou produzidas por quaisquer processos análogos aos da fotografia;

«i) Obras de artes aplicadas, desenhos ou modelos industriais e obras de *design* que constituam criação artística, independentemente da protecção relativa à propriedade industrial;

«j) Ilustrações e cartas geográficas;

---

[297] Aprovado pelo Decreto-Lei n.º 63/85, de 14 de Março, e alterado por vários diplomas posteriores. A actual versão do CDADC foi republicada no anexo I à Lei n.º 16/2008, de 1 de Abril.

«l) Projectos, esboços e obras plásticas respeitantes à arquitectura, ao urbanismo, à geografia ou às outras ciências;

«m) Lemas ou divisas, ainda que de carácter publicitário, se se revestirem de originalidade;

«n) Paródias e outras composições literárias ou musicais, ainda que inspiradas num tema ou motivo de outra obra.»

Nos termos do n.º 1 do artigo 3.º do CDADC, são equiparados a originais:

«a) As traduções, arranjos, instrumentações, dramatizações, cinematizações e outras transformações de qualquer obra, ainda que esta não seja objecto de protecção;

«b) Os sumários e as compilações de obras protegidas ou não, tais como selectas, enciclopédias e antologias que, pela escolha ou disposição das matérias, constituam criações intelectuais;

«c) As compilações sistemáticas ou anotadas de textos de convenções, de leis, de regulamentos e de relatórios ou de decisões administrativas, judiciais ou de quaisquer órgãos ou autoridades do Estado ou da Administração.»

Conforme decorre do n.º 1 do artigo 9.º e do artigo 11.º do CDADC, o direito de autor, salvo disposição expressa em contrário, pertence ao criador intelectual da obra, o qual, para além dos direitos de natureza pessoal, denominados direitos morais, dispõe dos direitos de carácter patrimonial. No caso de obra em colaboração, prevê o n.º 1 do artigo 17.º do CDADC que o direito de autor, na sua unidade, pertence a todos os que nela tiverem colaborado como autores, aplicando-se as regras da compropriedade.

No exercício dos direitos de carácter patrimonial, aponta o n.º 2 do artigo 9.º do CDADC, o autor tem o direito exclusivo de dispor da sua obra e de fruí-la e utilizá-la, bem como de autorizar a sua fruição ou utilização por terceiro, total ou parcialmente. Nessa matéria, o artigo 67.º do CDAC acrescenta que uma das facetas do direito do autor é o direito do autor explorar economicamente a obra, no qual, do ponto de vista económico, reside o objecto fundamental da protecção legal.

No que toca à disponibilidade desses poderes patrimoniais, o artigo 40.º do CDADC estabelece que o titular originário do direito de autor, bem como os seus sucessores ou transmissários, podem autorizar a utilização da obra por terceiro, ou transmitir ou onerar, no todo ou em parte, o conteúdo patrimonial do direito de autor sobre essa obra.

Resulta do n.º 1 do artigo 10.º do CDADC, o direito de autor sobre a obra, enquanto coisa incorpórea, é independente do direito de propriedade sobre as coisas materiais que sirvam de suporte à sua fixação ou comunicação. Daí que a transmissão de exemplares de um livro ou de um disco, assim como a venda de um quadro ou de uma peça de escultura ou de estatuária, não representem, por si só, a transmissão, a oneração ou a cedência de utilização de qualquer dos direitos de carácter patrimonial contidos no direito de autor.

Por último, cabe referir que, nos termos do n.ºs 2 e 3 do artigo 1.º do Decreto-Lei n.º 252/94, de 20 de Outubro, aos programas de computador que tiverem carácter criativo é atribuída protecção análoga à conferida às obras literárias, englobando o material de concepção preliminar dos programas de computador. Este diploma, que transpôs para o ordenamento interno a Directiva 91/250/CEE, do Conselho, de 14 de Maio de 1991,[298] prevê a protecção jurídica dos programas de computador, mediante a concessão de direitos de autor sobre esses programas, incluindo o material de concepção.[299]

2.2. Direitos conexos

Entre os vários tipos de criações intelectuais nos domínios literário, científico e artístico, qualquer que seja o seu género, a sua forma de expressão, o seu mérito, o seu modo de comunicação e o seu objectivo, as alíneas c), e), f) e n) do n.º 1 do artigo 2.º do CDADC enumeram, respectivamente, a título de exemplo, as obras dramáticas e dramático-musicais, as composições musicais, com ou sem palavras, as obras cinematográficas, televisivas, fonográficas, videográficas

---

[298] Com as alterações decorrentes da Directiva 93/98/CEE, do Conselho, de 29 de Outubro de 1993.

[299] Para desenvolvimento da matéria extra-fiscal, consulte-se, por exemplo, José Alberto Vieira, *A Protecção dos Programas de Computador no Ordenamento Jurídico Português*, Lisboa: Lex, 2005.

e radiofónicas, bem como as paródias e outras composições literárias ou musicais, ainda que inspiradas num tema ou motivo de outra obra, sendo equiparados a originais, nos termos da alínea a) do n.º 1 do artigo 3.º do CDADC, os arranjos, instrumentações, dramatizações, "cinematizações" e outras transformações de qualquer obra, ainda que esta não seja objecto de protecção.

Além do direito de autor, o CDADC estabelece a protecção a título de direitos conexos com o direito de autor, de harmonia com o definido nos seus artigos 176.º e seguintes, das prestações dos artistas intérpretes ou executantes[300], bem como dos produtores de fonogramas e videogramas e dos organismos de radiodifusão. De harmonia com o disposto no n.º 1 do artigo 176.º do CDADC, são protegidas, a título de direitos conexos com o direito de autor, "*[a]s prestações dos artistas intérpretes ou executantes, dos produtores de fonogramas e de videogramas e dos organismos de radiodifusão.*"

2.3. Gestão colectiva de direitos

Nos termos do artigo 72.º do CDADC, os poderes relativos à gestão do direito de autor são exercidos pelos próprios titulares ou por intermédio de representantes destes, podendo desempenhar essas funções, ao abrigo do n.º 1 do artigo 73.º do CDADC, associações e outros organismos, nacionais ou estrangeiros, constituídos para proceder a essa gestão. A constituição, organização, funcionamento e atribuições das entidades de gestão colectiva do direito de autor e dos direitos conexos, cuja criação é de livre iniciativa dos respectivos titulares, vem definida na Lei n.º 83/2001, de 3 de Agosto.

A respeito da gestão colectiva prevista no CDADC e na Lei n.º 83/2001, cabe salientar que a gestão de direitos de autor, tendo começado por ser uma prática essencialmente individual, assegurada pelos próprios titulares do direito, sofreu necessariamente uma inflexão decorrente da utilização e consumo massivo das obras protegidas,

---

[300] Nos termos do n.º 2 do artigo 176.º do CDADC, "*[a]rtistas intérpretes ou executantes são os actores, cantores, músicos, bailarinos e outros que representem, cantem, recitem, declamem, interpretem ou efectuem de qualquer maneira obras literárias ou artísticas*".

potenciado por avanços tecnológicos como a digitalização e outros suportes de comunicação, o que já não se compadece com a possibilidade de fruição e de controlo individual desse direito. Tal tornou problemático o exercício individual do direito em causa, pelo que a gestão colectiva se assumiu como o meio tradicional de funcionamento do mercado.[301] Aos autores e titulares do direito de autor seria quase impossível controlar a exploração por terceiros das obras protegidas, dado que estas são passíveis de utilização múltipla e simultânea em vários locais, apresentando-se a gestão colectiva como a única solução satisfatória, quer para os autores e titulares dos direitos, quer para os próprios utilizadores.[302]

Com efeito, a obtenção de licenças de utilização globais que permitam um uso generalizado das obras – que são normalmente obtidas por empresas de radiodifusão ou radiotelevisão, discotecas, bares, restaurantes, hotéis, outros estabelecimentos abertos ao público, escritórios de empresas, *etc.* – não se compadeceria com a aquisição de um licenciamento caso a caso junto dos criadores intelectuais das obras. Em face disso, as entidades incumbidas da gestão colectiva dos referidos direitos negoceiam com os utilizadores as autorizações a conceder e o montante das correspondentes remunerações, controlam as utilizações feitas das obras protegidas e recebem os valores acordados com os utilizadores, distribuindo-os seguidamente pelos titulares dos direitos protegidos, deduzidos da taxa de administração ou comissão.[303]

Também as obras *multimedia*, pela diversidade técnica e artística requerida, associam normalmente vários criadores intelectuais ou vários titulares do direito de autor, implicando a respectiva gestão colectiva, de modo a aglutinar os múltiplos titulares dos direitos envolvidos.[304]

---

[301] Cf. PEDRO CORDEIRO, "A Gestão Colectiva na Sociedade da Informação", in *Direito da Sociedade da Informação*, vol. II, Coimbra: Coimbra Editora, 2001, pp. 33 e 38.

[302] Cf. ALEXANDRE DIAS PEREIRA, "Gestão Individual e Colectiva do Direito de Autor e dos Direitos Conexos na Sociedade da Informação", in *Direito da Sociedade da Informação*, vol. IV, Coimbra: Coimbra Editora, 2003, pp. 436-437.

[303] Cf. PEDRO CORDEIRO, "A Gestão Colectiva..." cit., in *Direito da Sociedade...* e loc. cits., pp. 35 e 37.

[304] Ibidem, p. 37.

3. Âmbito da isenção prevista na alínea 16) do artigo 9.º do CIVA

3.1. Âmbito subjectivo da isenção

3.1.1. *Conceito de «autor» a que se reporta a isenção*

Para a determinação do respectivo âmbito subjectivo, um dos aspectos relevantes consiste em apurar se a isenção prevista na alínea 16) do artigo 9.º do CIVA é apenas aplicável aos criadores intelectuais das obras protegidas (incluindo os seus herdeiros ou legatários), se é aplicável aos titulares originários do direito ou se é aplicável, de um modo geral, às entidades que sejam titulares do direito de autor, *maxime* da vertente patrimonial desses direitos.

No contexto do CDADC, o termo "autor" é utilizado em três acepções possíveis. Pode reportar-se exclusivamente aos criadores da obra; aos titulares originários da vertente patrimonial do direito de autor; ou aos titulares da vertente patrimonial do direito de autor, originários ou não.[305]

Nesse domínio, há a registar que a perspectiva ampla se encontra referida no n.º 3 do artigo 27.º do CDADC, de harmonia com o qual as referências a autor são susceptíveis de abranger também os sucessores e os transmissários dos respectivos direitos. Tal significa que, no seu sentido mais amplo a que se reportam certas disposições do CDADC, o termo "autor" pode significar qualquer titular do direito de autor, por qualquer modo adquirido, incluindo os transmissários que o adquiriram ao titular originário. A norma contida no n.º 3 do seu artigo 27.º parece indicar, assim, uma preocupação do CDADC com a titularidade do direito de autor em geral, e não com a sua titularidade originária. No entanto, no quadro do CDADC, a aplicabilidade de uma tal extensão do conceito de autor acaba por ter um âmbito de aplicação muito limitado, uma vez que,

---

[305] Cf. JOSÉ DE OLIVEIRA ASCENÇÃO, *Direito Civil: Direito de Autor e Direitos Conexos*, Coimbra: Coimbra Editora, 1992, pp. 105-106.

em várias outras normas, a referência a autor não significa uma alusão a todos os que sejam titulares do direito de autor, podendo a restrição resultar, quer de disposição expressa em contrário, quer de interpretação da própria disposição que alude ao conceito de autor.[306] A este respeito, refira-se que o CDADC, em particular quando se reporta aos direitos morais contidos no direito de autor, utiliza o conceito de autor restringido ao de criador intelectual da obra, como sucede, por exemplo, no n.º 3 do seu artigo 9.º, no n.º 1 do seu artigo 56.º e no seu artigo 62.º. Por seu turno, nas disposições do CDADC que têm em vista a negociação do direito de autor, as referências ao autor não se reportam apenas ao sentido mais restrito de criador intelectual, mas também não acolhem a perspectiva mais ampla que abrange todo e qualquer titular do direito de autor. Nestas disposições ligadas ao âmbito patrimonial do direito, as referências ao autor dizem respeito aos chamados contratos primários, ou seja, aos que são outorgados pelos titulares originários do direito de autor, mesmo que esses titulares originários não sejam os criadores intelectuais das obras protegidas.[307]

No domínio do IVA, há a dizer, num primeiro momento, que não parece que a delimitação do âmbito subjectivo da isenção prevista na alínea 16) do artigo 9.º do CIVA se deva obrigatoriamente cingir aos criadores intelectuais das obras protegidas, uma vez que estes, em muitos casos, nunca chegaram sequer a ser os titulares da vertente patrimonial do direito de autor. Com efeito, a distinção entre o criador intelectual e o titular originário da vertente económica do direito de autor, decorrente, nomeadamente, dos artigos 11.º, 13.º e 14.º do CDADC, pode ser resultante de disposição legal expressa ou de prévia convenção entre as partes, o que sucede nos casos de obras subvencionadas ou financiadas, assim como de obras realizadas por encomenda ou no âmbito de um contrato de trabalho.[308] O titular

---

[306] Ibidem, p. 105.
[307] Ibidem, p. 106.
[308] Também no caso de obras colectivas, como jornais e outras publicações periódicas, a que se refere o artigo 19.º do CDADC, o direito de autor, por via de regra, é atribuído à entidade singular ou colectiva que tiver organizado e dirigido a sua criação, e em nome de quem tiver sido divulgada ou publicada.

da vertente patrimonial do direito de autor pode, assim, em resultado de disposição legal ou convencional, ser originariamente uma pessoa singular ou colectiva diferente do criador intelectual da obra.

Não parece, pois, de perfilhar a tese de que a alínea 16) do artigo 9.º do CIVA vise apenas os criadores intelectuais das obras protegidas (assim como os seus herdeiros ou legatários), uma vez que estes, sem prejuízo dos direitos morais de que são sempre detentores, poderiam nunca ter sido os titulares da vertente patrimonial do direito de autor, sendo certo que é apenas a faceta patrimonial ou económica aquela que é susceptível de assumir relevância no domínio do IVA.[309]

Por outro lado, como se viu, no seu sentido mais amplo a que se reportam certas disposições do CDADC, o termo "autor" pode significar qualquer titular, originário ou não, da faceta patrimonial do direito de autor, independentemente da forma como esse direito foi obtido, incluindo, portanto, os transmissários que o tenham adquirido ao titular originário. Todavia, no caso da alínea 16) do artigo 9.º do CIVA, a expressão "quando efectuadas pelos próprios autores, seus herdeiros ou legatários" comporta necessariamente uma limitação do âmbito subjectivo da isenção, resultando que nem todos os titulares de direitos de autor possam ser abrangidos pela isenção. A este respeito, note-se que a referida limitação não resulta apenas de um, mas de vários elementos que constituem a redacção da norma.

Desde logo, o recurso ao termo "quando", estabelecendo uma circunstância condicional, permite constatar que a norma em causa não pretende abranger todos os casos de transmissão ou de autorização para a utilização do direito de autor. Se assim fosse, o legislador teria exprimido a sua intenção redigindo a norma sem mencionar a condição acima transcrita, ou seja, dizendo apenas "*[a] transmissão do direito de autor e a autorização para a utilização da obra intelectual, definidas no Código de Direito de Autor*", e ficando-se por aí.

---

[309] Note-se que, nos termos do artigo 42.º do CDADC, os direitos morais não são, em princípio, susceptíveis de transmissão ou oneração por acto *inter vivos*, sendo, como se estatui no n.º 2 do artigo 56.º do CDADC, inalienáveis, irrenunciáveis e imprescritíveis.

Em segundo lugar, também ilustrativa da limitação do âmbito subjectivo da isenção é a utilização da expressão "próprios autores". Com efeito, a utilização do termo "próprios" remete para a acepção de que a norma de isenção trata apenas daqueles que sejam *ab initio* os titulares do direito de autor, e não aqueles que tenham adquirido o direito em momento posterior.

Em terceiro lugar, a ressalva de que a norma abrange também, para além dos próprios autores, os seus herdeiros ou legatários, se é certo que, por um lado, alarga a isenção a casos em que o titular do direito de autor não é o titular originário do direito, tal significa, por outro lado, que o único alargamento pretendido se reporta apenas àqueles que tenham obtido o seu direito por via sucessória. Daí resulta que o expresso alargamento da isenção aos sucessores do titular originário do direito de autor, e não aos transmissários desse direito por via contratual, significa forçosamente que a isenção não pretende abranger estes últimos. E compreende-se que assim seja, já que a obtenção por herança ou legado não faz presumir uma intenção do herdeiro ou legatário em proceder a uma exploração de carácter empresarial do direito de autor, nem a uma actividade comercial permanente ou reiterada alicerçada no mesmo, contrariamente ao que presumivelmente sucede com aquele que adquire por contrato esse direito.

Nas circunstâncias expostas, afigura-se, portanto, que a isenção prevista na alínea 16) do artigo 9.º do CIVA é aplicável aos titulares originários da vertente patrimonial do direito de autor, ainda que estes não sejam os criadores intelectuais da obra protegida, não sendo, porém, aplicável aos titulares do direito de autor que não sejam titulares originários do mesmo (salvo se herdeiros ou legatários daqueles).

Deve dizer-se que idêntico ponto de vista – no sentido de que a isenção, por um lado, não abrange apenas os criadores intelectuais das obras protegidas, mas, por outro lado, é apenas aplicável aos titulares originários do direito – resulta do teor de anteriores informações da administração fiscal, nomeadamente, da informação n.º 127, de 5 de Dezembro de 2001, do Gabinete do SDG-IVA, sancionada por despacho de 31 de Janeiro de 2002, do SDG, em substituição legal do DG, na qual estava em causa a gestão colectiva da compensação auferida pela reprodução ou gravação de obras, ao abrigo do artigo 82.º do CDADC e da Lei n.º 62/98, de 1 de Setembro. Com efeito, os n.ºs 11.5 e 11.7 da mencionada informação assinalam, respectivamente, que a isenção em causa é aplicável *"quando os destinatários finais dessas importâncias [remunerações previstas no artigo 82.º do CDADC] sejam os próprios titulares originários do direito de autor, seus herdeiros ou legatários"*, e que *"[d]a mesma isenção beneficiam os próprios titulares originários do direito de autor, seus herdeiros ou legatários"*.

3.1.2. *Forma jurídica dos sujeitos passivos*

Como se disse, a transmissão, oneração e autorização de utilização do direito de autor constituem-se como prestações de serviços abrangidas pela alínea a) do n.º 1 do artigo 1.º e pelo n.º 1 do artigo 4.º do CIVA, pelo que, quando efectuadas por um sujeito passivo agindo como tal nos termos da alínea a) do n.º 1 do artigo 2.º do CIVA, tais operações encontram-se abrangidas pelo âmbito de incidência do IVA. A inclusão nas normas de incidência do imposto não implica, porém, que as referidas operações devam ser necessariamente objecto de tributação, em virtude da norma de isenção constante da alínea 16) do artigo 9.º do CIVA. Cabe assinalar que as redacções da anterior alínea 2) do anexo F da Sexta Directiva e da actual alínea 2) da parte B do anexo X da Directiva do IVA não comportam uma restrição do âmbito da isenção às pessoas singulares. O mesmo sucedia em relação à redacção da alínea 16) do artigo 9.º do CIVA antes da sua alteração promovida pela Lei n.º 64-B/2011, de 30 de Dezembro (Orçamento do Estado para 2012). Como se enunciou acima, há razões para admitir que esta alteração não esteja conforme com o sistema comum do IVA, tendo em conta a jurisprudência emanada do TJUE, ao pretender que a isenção não abranja os titulares do direito de autor que sejam pessoas colectivas. Em várias decisões em matéria de isenções do IVA, o TJUE assinalou que – salvo no caso de uma disposição do sistema comum conter expressamente uma condição de ordem subjectiva – o princípio da neutralidade inviabiliza que operadores económicos que efectuam o mesmo tipo de operações sejam objecto de um tratamento diferente, nomeadamente em função da forma jurídica adoptada. Por esse motivo, para efeitos de isenções do IVA, os Estados membros não podem estabelecer uma diferenciação entre pessoas singulares e pessoas colectivas, quando realizem as mesmas operações. Entre várias decisões, este ponto de vista é confirmado, por exemplo, pelo acórdão de 11 de Agosto de 1995 (C-453/93, *Bulthuis-Griffioen*, Colect. p. I-2341, n.º 18), no qual se afirma que as normas de isenção do IVA se reportam a conceitos autónomos de direito da UE, e que "*tal deve ser igualmente o caso das condições específicas que são exigidas para beneficiar destas isenções e, em particular, das que se referem à qualidade ou à identidade do operador económico que efectua prestações abrangidas pela isenção*". Por seu turno, no acórdão de 16 de Setembro de 2004 (C-382/02, *Cimber Air*, Colect. p. I-8379, n.º 24), o TJUE evidenciou que "*o princípio da neutralidade fiscal opõe-se a que os operadores económicos que efectuam as mesmas operações sejam tratados de forma diferente em matéria de cobrança do IVA*". Daí que a aplicação das isenções do IVA não possa, por via de regra, estar dependente da forma jurídica adoptada pelos sujeitos passivos do imposto.[310] Só assim não sucederá nos casos em que a própria redacção da norma do sistema comum do IVA exigir, para que a isenção se concretize, a verificação de um elemento relativo à natureza da entidade que pratica as operações previstas, como vem afirmado no acórdão de 11 de Julho de 1985 (107/84, Comissão/Alemanha, Recueil p. 2655, n.º 13).

Note-se que a circunstância de se estar na presença de uma norma de isenção que é de adopção facultativa pelo Estado português não significa que este disponha de uma margem de autonomia no domínio em apreço. Com pleno paralelismo, há a mencionar vários casos em que o sistema comum do IVA dá aos Estados membros a faculdade de definirem o âmbito, as condições ou os limites de uma isenção, mas que o TJUE considerou que tal possibilidade não se estende ao estabelecimento de uma diferenciação entre pessoas singulares e pes-

---

[310] Para além dos citados, pode ver-se também os acórdãos de 7 de Setembro de 1999 (C-216/97, *Gregg*, Colect. p. I-4947, n.º 20), de 10 de Setembro de 2002 (C-141/00, *Kügler*, Colect. p. I-6833, n.º 30) e de 6 de Novembro de 2003 (C-45/01, *Dornier-Stiftung*, Colect. p. I-12911, n.º 20).

soas colectivas.[311] Especificamente no quadro da possibilidade dada a alguns Estados membros de isentarem os autores de obras de arte, no n.º 41 das conclusões do advogado-geral Fennely, datadas de 18 de Junho de 1998 (C-134/97, *Victoria Films*, Colect. p. I-7023) assinala--se que a actual alínea 2) da parte B do anexo X da Directiva do IVA engloba forçosamente os entes colectivos, uma vez que "*o princípio da neutralidade fiscal, bem como a necessidade de evitar distorções da concorrência, exige que não sejam tratados de modo diferente, para efeitos de IVA, dos que decidiram não adoptar tal forma jurídica*".[312]

É de concluir, portanto, que a alínea 16) do artigo 9.º do CIVA deveria continuar a abranger, para efeitos da aplicação da isenção aí consignada, quer os titulares originários da vertente patrimonial do direito de autor que sejam pessoas singulares, quer os titulares originários que sejam pessoas colectivas[313], como parecia ser a intenção da legislação interna portuguesa até à alteração trazida pela Lei n.º 64-B/2011, de 30 de Dezembro.[314]

---

[311] A este respeito, veja-se, por exemplo, o acórdão de 10 de Setembro de 2002 (C-141/00, *Kügler*, Colect. p. I-6833), apesar de a alínea c) do n.º 1 do artigo 132.º da Directiva do IVA determinar que a isenção é aplicada nas condições definidas por cada Estado membro, assim como o acórdão de 3 de Abril de 2003 (C-144/00, *Hoffmann*, Colect. p. I-2921), apesar de a alínea n) do n.º 1 do artigo 132.º da Directiva do IVA definir que a isenção é aplicada a organismos culturais que sejam reconhecidos pelos Estados membros.

[312] O TJUE não chegou a pronunciar-se sobre a matéria de fundo, uma vez que, conforme acórdão proferido a 12 de Novembro de 1998, entendeu que o órgão nacional que suscitara as questões prejudiciais não tinha legitimidade para o efeito, por não se tratar de um órgão jurisdicional.

[313] Não podendo deixar de cogitar-se, até, nas circunstâncias descritas, o efeito directo do disposto no artigo 377.º da Directiva do IVA, conjugado com a alínea 2) da parte B do seu anexo X, dado o legislador interno ter optado pelo exercício da faculdade aí previsto de isentar os autores de obras de arte. Sobre a jurisprudência do TJUE relativa ao efeito directo de normas de isenção previstas no sistema comum do IVA, veja-se RUI LAIRES, *Apontamentos sobre a Jurisprudência Comunitária em Matéria de Isenções do IVA*, Coimbra: Almedina, 2006, pp. 22-24.

[314] Esta acepção não era contrariada, sequer, pelo facto de a mencionada alínea 16) não aludir apenas aos autores, mas também aos seus herdeiros ou legatários. Com efeito, a referência expressa aos herdeiros e legatários não se mostra decisiva, uma vez que, se é verdade que as pessoas colectivas não podem ter herdeiros ou legatários, o certo é que as mesmas podem ser herdeiras ou ser objecto de legados testamentários.

3.1.3. Entidades de gestão colectiva do direito de autor

São subsumíveis na alínea 16) do artigo 9.º do CIVA as importâncias cobradas pelas entidades de gestão colectiva a título de direitos de autor, em representação de titulares originários de direitos de autor. Esta acepção – que já decorria de uma adequada interpretação da norma anterior, corroborada, aliás, pela doutrina emanada da administração fiscal portuguesa[315] – está agora expressamente consagrada na letra da referida disposição na sequência da modificação de redacção operada pela Lei n.º 64-B/2011, de 30 de Dezembro (Orçamento do Estado para 2012).

3.2. Âmbito objectivo da isenção

3.2.1. Negócios jurídicos relativos ao direito de autor

Uma interpretação actualista da alínea 16) do artigo 9.º do CIVA parece justificar a inclusão na isenção de outros negócios jurídicos susceptíveis ter o direito de autor por objecto ou de novos domínios abrangidos pelo direito de autor, como sucede com a oneração do direito de autor (v.g. constituição de usufruto), a qual, embora não viesse prevista no Código do Direito de Autor (CDA), aprovado pelo Decreto-Lei n.º 46980, de 27 de Abril de 1966, é defensável que esteja também abrangida pela isenção, por se tratar de um negócio jurídico susceptível de recair sobre o direito de autor, previsto no CDADC, a par da sua transmissão ou de autorização para a sua utilização. Note-se, uma vez que a referida alínea 16) faz expressa alusão a dois negócios jurídicos com efeitos patrimoniais bastante diferencia-

---

[315] Tal interpretação esteve presente, desde logo, na informação n.º 141/87, de 21 de Maio de 1987, do Gabinete do Secretário de Estado dos Assuntos Fiscais, sancionada por despacho da mesma data, do Secretário de Estado dos Assuntos Fiscais, enquadrando no âmbito da isenção em causa a cobrança de direitos de autor por uma entidade que procede à gestão colectiva de direitos autorais (apud PwC, *Base de Dados...* cit.). O mesmo sucedeu, por exemplo, por via da informação n.º 127, de 5 de Dezembro de 2001, do Gabinete do SDG-IVA, sancionada por despacho de 31 de Janeiro de 2002, do SDG, em substituição legal do DG.

dos – ou seja, por um lado, à transmissão definitiva do direito e, por outro lado, à mera autorização para a utilização da obra –, que não se vislumbrariam razões para que um negócio jurídico com consequências patrimoniais intermédias em relação àqueles dois, como sucede com a constituição de usufruto, não se considerasse também abrangido pela isenção.

Do mesmo modo, parece ser de admitir que uma interpretação actualista da alínea 16) do artigo 9.º do CIVA não deixe fora da isenção as remunerações devidas aos autores pelos direitos de aluguer e de comodato, a que se referem os artigos 5.º e 6.º do Decreto-Lei n.º 332/97, de 27 de Novembro, bem como as que sejam decorrentes da comunicação ao público por satélite ou da retransmissão por cabo, previstas nos artigos 6.º e 7.º do Decreto-Lei n.º 333/97, de 27 de Novembro.

3.2.2. *Exclusão dos direitos conexos*

Um outro aspecto que importa abordar respeita ao enquadramento, em sede do IVA, das remunerações decorrentes dos direitos conexos com o direito de autor auferidas pelos artistas intérpretes ou executantes de obras de arte, nos termos dos artigos 176.º e seguintes do CDADC.

Nas actuações em espectáculos ao vivo, por via de regra, não estão em causa direitos conexos com o direito de autor, uma vez que as actuações dos artistas intérpretes ou executantes são objecto de contratos de prestação de serviços. Assim, em princípio, no caso de espectáculos ao vivo, só estarão em causa direitos conexos quando haja lugar à fixação, reprodução ou radiodifusão das actuações daqueles, bem como se em cena forem reproduzidos fonogramas ou videogramas editados comercialmente, sendo nestes casos devida uma remuneração equitativa a produtores e artistas a título de direitos conexos.[316] Todavia, uma vez que a isenção consignada na subalínea a) da alínea 15) do artigo 9.º do CIVA se alarga às prestações dos artistas "*para a realização de filmes, e para a edição de discos e de outros suportes de som*

---

[316] Cf. ANTÓNIO XAVIER, *As Leis dos Espectáculos e Direitos Autorais – Do Teatro à Internet*, Coimbra: Almedina, 2002, p. 27.

ou imagem", poderá suscitar-se a questão de saber, para além da isenção das prestações artísticas com vista à fixação propriamente dita das obras, se tal isenção se estenderá aos eventuais direitos conexos com o direito de autor que venham eventualmente a ser auferidos pelos artistas, nomeadamente, em resultado da utilização, reprodução ou radiodifusão das mesmas.

Pelos motivos adiante expostos, sou de opinião que as remunerações obtidas a título de direitos conexos não estão abrangidas pela isenção respeitante ao direito de autor, prevista na actual alínea 16) do artigo 9.º do CIVA. A exclusão do âmbito da referida norma de isenção é extensível, assim, aos direitos conexos auferidos pelos artistas intérpretes ou executantes em razão, nomeadamente, do disposto no artigo 178.º[317] e

---

[317] O artigo 178.º do CDADC estabelece o seguinte:

«1 – Assiste ao artista intérprete ou executante o direito exclusivo de fazer ou autorizar, por si ou pelos seus representantes:

a) A radiodifusão e a comunicação ao público, por qualquer meio, da sua prestação, excepto quando a prestação já seja, por si própria, uma prestação radiodifundida ou quando seja efectuada a partir de uma fixação;

b) A fixação, sem o seu consentimento, das prestações que não tenham sido fixadas;

c) A reprodução directa ou indirecta, temporária ou permanente, por quaisquer meios e sob qualquer forma, no todo ou em parte, sem o seu consentimento, de fixação das suas prestações quando esta não tenha sido autorizada, quando a reprodução seja feita para fins diversos daqueles para os quais foi dado o consentimento ou quando a primeira fixação tenha sido feita ao abrigo do artigo 189.º e a respectiva reprodução vise fins diferentes dos previstos nesse artigo;

d) A colocação à disposição do público, da sua prestação, por fio ou sem fio, por forma que seja acessível a qualquer pessoa, a partir do local e no momento por ela escolhido.

2 – Sempre que um artista intérprete ou executante autorize a fixação da sua prestação para fins de radiodifusão a um produtor cinematográfico ou audiovisual ou videográfico, ou a um organismo de radiodifusão, considerar-se-á que transmitiu os seus direitos de radiodifusão e comunicação ao público, conservando o direito de auferir uma remuneração inalienável, equitativa e única, por todas as autorizações referidas no n.º 1, à excepção do direito previsto na alínea d) do número anterior. A gestão da remuneração equitativa única será exercida através de acordo colectivo celebrado entre os utilizadores e a entidade de gestão colectiva representativa da respectiva categoria, que se considera mandatada para gerir os direitos de todos os titulares dessa categoria, incluindo os que nela não se encontrem inscritos.

no n.º 3 do artigo 184.º[318] do CDADC, bem como no artigo 8.º do Decreto-Lei n.º 332/97, de 27 de Novembro[319], e no artigo 8.º do Decreto-Lei n.º 333/97, de 27 de Novembro.[320]

Faz-se notar, porém, que há casos em que os intérpretes, enquanto tal, também podem ser titulares de um direito de autor em relação à sua própria interpretação criativa, desde que esta seja originariamente pressuposta pelo autor, nos termos previstos no n.º 2 do artigo 16.º do CDADC[321], sendo, portanto, nesses casos, beneficiários da isenção

---

3 – A remuneração inalienável e equitativa a fixar nos termos do número antecedente abrangerá igualmente a autorização para novas transmissões, a retransmissão e a comercialização de fixações obtidas para fins exclusivos de radiodifusão.
4 – O direito previsto na alínea d) do n.º 1 só poderá ser exercido por uma entidade de gestão colectiva de direitos dos artistas, que se presumirá mandatada para gerir os direitos de todos os titulares, incluindo os que nela não se encontrem inscritos, assegurando-se que, sempre que estes direitos forem geridos por mais que uma entidade de gestão, o titular possa decidir junto de qual dessas entidades deve reclamar os seus direitos.»

[318] O artigo 184.º do CDADC estabelece o seguinte nesse seu número:
«3 – Quando um fonograma ou videograma editado comercialmente, ou uma reprodução dos mesmos, for utilizado por qualquer forma de comunicação pública, o utilizador pagará ao produtor e aos artistas intérpretes ou executantes uma remuneração equitativa, que será dividida entre eles em partes iguais, salvo acordo em contrário.»

[319] O Decreto-Lei n.º 332/97, de 27 de Novembro (alterado pelas Leis n.ºˢ 24/2006, de 30 de Junho, e 16/2008, de 1 de Abril), dispõe no seu artigo 8.º o seguinte:
«A celebração de um contrato de produção de filme entre artistas intérpretes ou executantes e o produtor faz presumir, salvo disposição em contrário, a cessão em benefício deste do direito de aluguer do artista, sem prejuízo do direito irrenunciável a uma remuneração equitativa pelo aluguer, nos termos do n.º 2 do artigo 5.º.»

[320] O Decreto-Lei n.º 333/97, de 27 de Novembro, dispõe no seu artigo 8.º o seguinte:
«Aplicam-se aos artistas ou executantes, produtores de fonogramas e videogramas e organismos de radiodifusão, no respeitante à comunicação ao público por satélite das suas prestações, fonogramas, videogramas e emissões e à retransmissão por cabo, as disposições dos artigos 178.º, 184.º e 187.º do Código do Direito de Autor e dos Direitos Conexos e, bem assim, dos artigos 6.º e 7.º do presente diploma.»

[321] O n.º 2 do artigo 16.º do CDADC estabelece que "*[a] obra de arte aleatória em que a contribuição criativa do ou dos intérpretes se ache originariamente prevista considera-se obra feita em colaboração*".

que abrange o direito de autor, consignada na alínea 16) do artigo 9.º do CIVA, nas circunstâncias aí previstas.

Acerca da não subsunção dos direitos conexos no âmbito da isenção do IVA dirigida ao direito de autor, cabe assinalar que o CIVA, desde o início, no então n.º 17 [actual alínea 16)] do seu artigo 9.º, se refere exclusivamente aos autores e ao direito de autor, fazendo, além disso, expressa remissão para o Código do Direito de Autor, ou seja, para o Código aprovado pelo Decreto-Lei n.º 46980, de 27 de Abril de 1966, em vigor à data da aprovação do CIVA[322], e que só mais tarde veio a ser revogado para dar lugar ao CDADC. Sucede que o CDA respeitava apenas ao direito de autor, sendo a matéria actualmente constante do título III do CDADC, relativo aos direitos conexos, inovadora e sem correspondência no anterior CDA.[323]

Ora, se é verdade que uma interpretação actualista da alínea 16) do artigo 9.º do CIVA pode justificar a inclusão na isenção de outros negócios jurídicos susceptíveis de ter o direito de autor por objecto, não parece que uma tal interpretação possa ser extensível a direitos que são reconhecidamente distintos do direito de autor, e que já o antigo CDA, de uma forma nítida, não considerava como tal, afastando-os expressamente do seu âmbito. Nesta matéria, o próprio preâmbulo do referido Decreto-Lei n.º 46980 referenciava que os então chamados "direitos vizinhos do direito de autor" se encontravam fora do âmbito do CDA, ficando reservados para um diploma autónomo. Dando corpo àquela advertência preambular, estabelecia já o artigo 16.º do CDA, no que concerne a obras fonográficas, que se consideravam autores os criadores da letra ou da música gravada ou registada, esclarecendo que "*[o]s executantes, agentes técnicos e os produtores do fonograma não podem reivindicar qualquer direito de autor em relação à obra fonográfica, sem prejuízo da remuneração que se convencione*". Também a título de exemplo, no que dizia respeito às obras radiofónicas, o n.º 1 do artigo 15.º do CDA considerava como autores os respectivos autores da letra, da música ou da composição

---

[322] Recorde-se que o CIVA foi aprovado pelo Decreto-Lei n.º 394-B/84, de 26 de Dezembro.

[323] Cf. Luiz Francisco Rebello, *Código do Direito de Autor e dos Direitos Conexos*, 3.ª ed., rev. e act., Lisboa: Âncora Editora, 2002, p. 232.

artística transmitida, esclarecendo o n.º 2 do mesmo artigo que "*[a]s pessoas singulares ou colectivas que intervenham como intérpretes, executantes e agentes técnicos na radiodifusão da obra, ou que a promovam, não podem invocar relativamente a esta qualquer direito dos contidos no direito de autor em relação à mesma obra*".[324]

Acresce que, antes da aprovação do CIVA, a legislação interna portuguesa, em diplomas autónomos em relação ao CDA, já consagrava a protecção de certos direitos conexos, como sucedia, por exemplo, através da Lei n.º 41/80, de 12 de Agosto, que introduziu medidas destinadas a salvaguardar os direitos dos produtores fonográficos, mais tarde alargadas aos produtores videográficos por via do Decreto-Lei n.º 219/82, de 26 de Junho. Nesse contexto, a exclusiva referência a direitos de autor e a expressa invocação do CDA, que foi feita com vista à delimitação objectiva e subjectiva da isenção inicialmente consagrada no n.º 17 [actual alínea 16)] do artigo 9.º do CIVA, militam também no sentido de que a intenção legislativa presente naquela disposição se concentrou unicamente no direito de autor que vinha definido e regulado no CDA, com intencional exclusão de outros direitos – ainda que conexos, vizinhos ou afins – então previstos noutros diplomas legislativos. Com efeito, na redacção do então n.º 17 do artigo 9.º do CIVA, o legislador não só se limitou a mencionar apenas os autores (e seus herdeiros ou legatários) e as operações relativas ao direito de autor – o que por si só já afastava da isenção os direitos conexos – como aditou que a expressão "*definidas no Código de Direito de Autor*". Sendo certo que era conhecido que o CDA, não só não respeitava a direitos conexos (que constavam de legislação autónoma à data da aprovação do CIVA), como excluía expressamente os direitos conexos do âmbito da sua regulação, a expressa remissão para o CDA afigura-se significativa.

---

[324] Tal não impedia, é certo, que as partes envolvidas pudessem convencionar uma remuneração para os produtores fonográficos ou para os organismos de radiodifusão, a qual, no entanto, como resultava expressamente dos artigos 15.º e 16.º do CDA, não representava um direito de autor, nem se tratava de um direito estabelecido ou regulado pelo CDA.

Aliás, ainda não há muito, através do Decreto-Lei n.º 102/2008, de 20 de Junho, o CIVA e o RITI foram objecto de uma republicação, na sequência das modificações promovidas por aquele diploma com vista a serem *"integradas todas as alterações que lhe tenham sido introduzidas e que, sem alteração do sentido substancial dos preceitos vigentes, sejam efectuados os ajustamentos necessários a estes diplomas legais, em termos de coerência sistemática, remissiva e terminológica"*.[325] Pese embora este desiderato, o legislador parece ter entendido por conveniente verter na íntegra na actual alínea 16) do artigo 9.º do CIVA a redacção do anterior n.º 17 desse artigo, não procedendo, assim, em relação a este normativo específico, a qualquer actualização de natureza remissiva ou terminológica, o que se afigura indiciador da intenção de não lhe alterar o seu sentido substancial, risco em que poderia inadvertidamente incorrer se não se tivesse abstido de intervir. O mesmo sucedeu, aliás, na recente alteração àquela alínea 16), promovida pela Lei n.º 64-B/2011, de 30 de Dezembro (Orçamento do Estado para 2012).

Além do mais, pese embora estejam hoje em dia contemplados no CDADC, cabe salientar que, mesmo na actualidade, os direitos conexos não se confundem nem se identificam com o direito de autor, nem tais direitos conexos podem prejudicar ou afectar o direito dos autores.[326]

É, portanto, incontroverso que à data da criação do então n.º 17 [actual alínea 16)] do artigo 9.º do CIVA os direitos conexos não eram contemplados na isenção em causa, não se vislumbrando razões para que, na sequência da revogação do CDA e da entrada em vigor do actual CDADC, viessem a considerar-se inseridas na isenção realidades que o próprio CDADC, hoje em dia, também não qualifica como direito de autor.[327]

---

[325] Cf. terceiro parágrafo do preâmbulo do Decreto-Lei n.º 102/2008, de 20 de Junho.

[326] Cf. Luiz Francisco Rebello, *Código...* cit., p. 235.

[327] Inicialmente, o próprio CDADC, na versão do Decreto-Lei n.º 63/85, de 14 de Março, limitava-se a contemplar o direito dos autores e os direitos conexos dos artistas, tendo, no entanto, alterações posteriores motivadas por preocupações de carácter empresarial, promovidas pela Lei n.º 45/85, de 17 de Setembro, passado a incluir os produtores fonográficos e videográficos no rol de titulares de direitos conexos – cf. José de Oliveira Ascenção, *Direito...* cit., p. 248.

Por seu lado, sucede, até, no caso dos produtores de fonogramas e de videogramas e dos organismos de radiodifusão, que os respectivos direitos conexos são protegidos mesmo que as respectivas produções ou emissões não comportem ou não digam respeito a obras literárias, artísticas ou científicas.[328] Assim, uma eventual inclusão dos direitos conexos auferidos por essas entidades na isenção prevista na alínea 16) do artigo 9.º do CIVA exorbitaria, também por essa via, o objectivo da norma, uma vez que a isenção em causa se reporta apenas a obras que consistam em criações intelectuais no domínio literário, científico ou artístico, nos termos do actual n.º 1 do artigo 1.º do CDADC. Aliás, em relação ao direito da UE, se é certo que a alínea 2) da parte B do anexo X da Directiva do IVA, ao fazer também alusão aos intérpretes e executantes de obras de arte permitiria incluir na alínea 16) do artigo 9.º do CIVA esses titulares de direitos conexos, o facto é que a norma em causa do sistema comum do IVA não alude aos produtores fonográficos e videográficos, nem às empresas de radiodifusão.[329]

Saliente-se, a respeito das obras fonográficas e videográficos, nos termos definidos no artigo 24.º do CDADC, que são protegidos pelo direito de autor os autores do texto ou da música fixada, bem como, no segundo caso, os realizadores, sendo portanto estes e os seus herdeiros ou legatários, e não os titulares dos direitos conexos, os sujeitos passivos que podem beneficiar da isenção prevista na alínea 16) do artigo 9.º do CIVA.

No entanto, esta interpretação do âmbito da alínea 16) do artigo 9.º do CIVA, ao abranger em exclusivo o direito de autor, significa apenas que os direitos conexos auferidos pelas empresas produtoras fonográficas e videográficas e pelos organismos de radiodifusão ficam à margem da possibilidade de lhes ser aplicada qualquer isenção ao

---

[328] Cf. JOSÉ DE OLIVEIRA ASCENÇÃO, *Direito...* cit., p. 14.
[329] Note-se que a não inclusão dos intérpretes e executantes de obras de arte no âmbito da isenção prevista na alínea 16) do artigo 9.º do CIVA não significa, obrigatoriamente, que os direitos conexos por eles auferidos não possam beneficiar de isenção do IVA, aspecto a ponderar no quadro da interpretação da alínea 15) do mesmo artigo, de que se cuida *infra*, no n.º 4.3. da secção VII deste capítulo IV. Certo é, porém, que à semelhança da alínea 16) também a alínea 15) do artigo 9.º do CIVA não prevê a isenção dos direitos conexos dos produtores de obras fonográficas ou videográficas.

abrigo do artigo 9.º do CIVA.[330] No que concerne aos direitos conexos de que são titulares os artistas intérpretes ou executantes de obras de arte, a inaplicabilidade da alínea 16) daquele artigo 9.º não conduz necessariamente à respectiva tributação em sede de IVA, uma vez que se lhes afigura aplicável a isenção prevista na subalínea a) da alínea 15) do mesmo artigo 9.º.[331]

---

[330] Pese embora a alínea 37) do artigo 9.º do CIVA continue a isentar *"[a]s actividades das empresas públicas de rádio e televisão que não tenham carácter comercial"*, é de crer que, hoje em dia, mesmo o operador público de radiodifusão (conceito em que se inclui a radiotelevisão), não satisfaz a condição subjectiva imposta pela norma. Pelo menos, assim foi entendido no despacho de 18 de Junho de 1999, do Ministro das Finanças, sob proposta de decisão do Secretário de Estado dos Assuntos Fiscais, datada de 1 de Junho de 1999, em que foi firmado o entendimento que a referida norma de isenção, então prevista no n.º 41 do artigo 9.º, *"apenas se refere a empresas públicas, sendo duvidoso que pretendesse aplicar-se também a sociedades de capitais públicos, sob forma comercial (e a RTP é desde a Lei n.º 21/92, [de 14 de Agosto,] uma sociedade anónima de capitais exclusivamente públicos e não uma empresa pública)"*. E mais adiante, ainda de harmonia com o mesmo despacho, considera-se que *"[n]o caso da RTP, transformada que foi esta de empresa pública em sociedade anónima e abolidas que foram as taxas de utilização, este número deixou de ter aplicação prática"*.

[331] Saliente-se, porém, quanto à posição da administração fiscal sobre a inclusão dos direitos conexos no âmbito da isenção actualmente prevista na alínea 16) do artigo 9.º do CIVA, que os pronunciamentos ao longo do período de vigência deste imposto em Portugal, de que se tem conhecimento, por parte da DSIVA, não se mostram suficientemente esclarecedores, nem a questão dos direitos conexos vem, específica e detalhadamente, equacionada nos textos que sustentaram as correspondentes decisões. Em tais actos opinativos da administração tributária sobre a referida disposição do CIVA, se é certo que a questão da aplicação ou não da isenção em causa aos direitos conexos poderia ter estado latente em algumas das situações prefiguradas nas respectivas consultas, a realidade é que as correspondentes decisões a que se teve acesso não procedem a uma problematização, análise e tomada de posição objectivas sobre tal questão, fazendo alusão apenas ao enquadramento das importâncias auferidas a título de direitos de autor. Assim sucede, por exemplo, nas seguintes informações da DSIVA: n.º 1630, de 22 de Abril de 1992, com despacho da mesma data, do SDG-IVA (apud PwC, *Base de Dados...* cit.), e n.º 1700, de 12 de Julho de 2001, com despacho de 23 de Julho de 2001, da SDG-IVA. O mesmo ocorre nas já mencionadas informações n.º 141/87, de 21 de Maio de 1987, do Gabinete do Secretário de Estado dos Assuntos Fiscais, e n.º 127, de 5 de Dezembro de 2001, do Gabinete do SDG-IVA.

Secção VII
Serviços prestados por artistas[332]

1. Aspectos gerais

Na incidência do IVA estão incluídas as operações qualificadas na legislação do imposto como prestações de serviços, considerando-se como tal, numa formulação genérica, as operações onerosas realizadas no exercício de uma actividade económica que não se enquadrem nos conceitos de transmissão de bens, de aquisição intracomunitária de bens ou de importação de bens. Esta formulação decorrente do n.º 1 do artigo 4.º do CIVA conduz, a par do disposto na alínea a) do n.º 1 do seu artigo 1.º e na alínea a) do n.º 1 do seu artigo 2.º, à inclusão no âmbito de incidência do IVA das prestações de serviços efectuadas no território nacional, a título oneroso, por actores, músicos, bailarinos e outras categorias de artistas, quando não se encontrem a exercer a respectiva actividade profissional na qualidade de trabalhadores por conta de outrem. Todavia, embora abrangidas com carácter geral e abstracto pelo âmbito de incidência do IVA, as referidas prestações de serviços são susceptíveis, nas circunstâncias previstas na subalínea a) da alínea 15) do artigo 9.º do CIVA, de beneficiar de isenção do imposto. Nos termos desta disposição, estão isentas do IVA *"[a]s prestações de serviços efectuadas aos respectivos promotores [...] [p]or actores, chefes de orquestra, músicos e outros artistas, actuando quer individualmente quer integrados em conjuntos, para a execução de espectáculos teatrais, cinematográficos, coreográficos, musicais, de music-hall, de circo e outros, para a realização de filmes, e para a edição de discos e de outros suportes de som ou imagem"*.[333]

---

[332] Esta secção VII do capítulo IV contém uma versão adaptada do seguinte texto: Rui Laires, "A isenção do IVA aplicável aos serviços prestados por artistas", in *Estudos em Memória do Prof. Doutor J. L. Saldanha Sanches*, vol. IV, Coimbra: Coimbra Editora, 2011, pp. 397-437.

[333] Para além da actual subalínea a) acabada de reproduzir, a alínea 15) do artigo 9.º do CIVA contém ainda uma subalínea b), que respeita aos serviços prestados aos respectivos promotores por desportistas e por artistas tauromáquicos, actuando em competições desportivas e em espectáculos tauromáquicos, os quais foram objecto de abordagem supra, no n.º 7 da subsecção I da secção V deste capítulo IV.

A isenção contida na subalínea a) da alínea 15) do artigo 9.º do CIVA foi adoptada com base na faculdade que vinha conferida na alínea b) do n.º 3 do artigo 28.º da Sexta Directiva, conjugada com o Acto Relativo às Condições de Adesão do Reino da Espanha e da República Portuguesa e às Adaptações dos Tratados, que se encontra em anexo ao Tratado de Adesão à CEE desses dois países. A alínea b) do n.º 3 do artigo 28.º da Sexta Directiva – que constitui actualmente o artigo 371.º da Directiva do IVA – previu a possibilidade, durante um período transitório ainda a decorrer, de os Estados membros continuarem a isentar as operações enumeradas no então Anexo F da Sexta Directiva, o qual corresponde actualmente à parte B do anexo X da Directiva do IVA. Por seu turno, no n.º 1 do artigo 378.º do mencionado Acto Relativo às Condições de Adesão definia-se que as disposições do direito da então CEE indicadas no seu anexo XXXII seriam aplicáveis nas condições nele fixadas. No domínio do IVA, a alínea b) do n.º 3 do mencionado capítulo IV daquele anexo XXXII deu a Portugal a possibilidade de isentar as operações indicadas nas alíneas 2), 3), 6), 9), 10), 16), 17), 18), 26) e 27) do anexo F da Sexta Directiva. A alínea 2) do anexo F da Sexta Directiva reportava-se à faculdade de os Estados membros isentarem as "*[p]restações de serviços dos autores, artistas e intérpretes de obras de arte, advogados e outros membros de profissões liberais, [...] desde que não se trate das prestações referidas no anexo B da Segunda Directiva do Conselho, de 11 de Abril de 1967*". Actualmente, o proémio da alínea 2) da parte B do anexo X da Directiva do IVA apresenta formulação congénere, contendo, porém, uma pequena modificação que não se afigura crucial em termos de interpretação do seu conteúdo, ao referir-se, não a "*artistas e intérpretes de obras de arte*", mas a "*artistas, intérpretes ou executantes de obras de arte*".[334] A possibilidade de Portugal continuar a isentar as operações enumeradas naquela alínea 2) consta agora do artigo 377.º da Directiva do IVA.

---

[334] Como decorre do terceiro considerando do preâmbulo da Directiva do IVA e vem concretizado no seu artigo 412.º, só nos casos expressamente indicados neste artigo é que é de admitir que a intenção legislativa tenha sido alterar o conteúdo do anteriormente disposto na Sexta Directiva, ou, pelo menos, visado obter uma interpretação uniforme de disposições da Sexta Directiva que eram reconhecidamente objecto de interpretações divergentes.

Ainda no domínio das disposições do sistema comum, a alínea n) do n.º 1 do artigo 132.º da Directiva do IVA, correspondente anteriormente à alínea n) do n.º 1 da parte A do artigo 13.º da Sexta Directiva, determina que os Estados membros isentem *"certas prestações de serviços culturais, e bem assim as entregas de bens com elas estreitamente conexas, efectuadas por organismos de direito público ou por outros organismos culturais reconhecidos pelo Estado-Membro em causa"*.

Por via do ofício-circulado n.º 30109, de 9 de Março de 2009, da DSIVA, a administração fiscal procedeu à divulgação de uma interpretação administrativa acerca do âmbito da isenção prevista na subalínea a) da alínea 15) do artigo 9.º do CIVA, em que, em suma, se afirma o seguinte:

– No tocante à realização de espectáculos para o público, a isenção só opera quando os artistas nela indicados prestem os respectivos serviços directamente a promotores de espectáculos, como tal registados na Inspecção-Geral das Actividades Culturais (IGAC)[335], e submetidos à obrigação de entregar semestralmente à IGAC uma lista identificativa dos espectáculos realizados, nos termos dos artigos 24.º e 25.º do Decreto-Lei n.º 315/95, de 28 de Novembro;

– Para além das situações acabadas de enumerar, no tocante a actuações ao vivo, a isenção também pode ser aplicada se se tratar de serviços prestados pelos referidos artistas directamente a entidades promotoras que realizem espectáculos ocasionais, cuja receita seja destinada a fins culturais ou humanitários, por estas estarem dispensadas do referido registo, ao abrigo do n.º 5 do artigo 24.º do Decreto-Lei n.º 315/95;

– Ao invés, sempre que os referidos artistas não efectuem os respectivos serviços directamente aos promotores de espectáculos acima indicados, ou seja, quando não emitam a correspondente factura dirigida directamente a estes, mas dirigida, por exemplo, a um seu agente ou *manager* intermediário, os referidos serviços prestados pelos artistas não podem beneficiar da isenção consignada na subalínea a) da alínea 15) do artigo 9.º do CIVA;

---

[335] O ofício-circulado da DSIVA faz referência à Direcção-Geral dos Espectáculos (DGESP), mas tais atribuições incumbem à IGAC desde a extinção daquela e criação desta pelo Decreto-Lei n.º 80/97, de 8 de Abril.

– No caso de prestações de serviços dos artistas não ligadas a espectáculos ao vivo, mas relacionadas com filmes, discos e outros suportes de som ou imagem, a isenção prevista na subalínea a) da alínea 15) do artigo 9.º do CIVA opera quando os referidos serviços sejam prestados directamente às entidades que exerçam actividades no âmbito da realização de filmes, edição de discos e edição de outros suportes de som ou imagem;
– Não se incluem no âmbito da isenção os serviços prestados pelos artistas quando, independentemente do destinatário, estiverem relacionados com a realização de anúncios publicitários de carácter comercial, pois, caso contrário, estaria em desconformidade com o disposto na alínea d) do n.º 2 da parte B do anexo X da Directiva.

A interpretação adoptada no referido ofício-circulado, em alguns aspectos, não esteve em linha com anteriores pronunciamentos da administração fiscal portuguesa sobre a matéria, justificando-se tomar aqui posição sobre a interpretação que se considera ser mais consentânea com o alcance da isenção prevista na subalínea a) da alínea 15) do artigo 9.º do CIVA.

Complementarmente, por constituírem também aspectos relevantes relacionados com a definição do âmbito da isenção em apreço, aborda-se o enquadramento da participação de artistas em filmes ou na gravação de videogramas e fonogramas, e dos direitos conexos com o direito de autor auferidos por artistas intérpretes ou executantes de obras de arte, assim como a problemática da participação de artistas na realização de acções e de anúncios publicitários.

2. Anterior doutrina administrativa sobre a matéria

Uma vez que o entendimento divulgado através do ofício-circulado n.º 30019 não corresponde, pelo menos em inúmeros casos, ao que vinha sendo até aí veiculado pela administração tributária, afigura-se relevante começar por trazer aqui notícia de anteriores informações e decisões administrativas sobre a matéria.

Para tanto, recorrendo aos elementos publicamente disponíveis, começa por denotar-se, logo segundo despacho datado de 4 de Abril de 1988, em relação ao enquadramento em sede de IVA da actividade prosseguida por um grupo coral, que o esclarecimento veiculado foi no sentido de que "*[s]e a actuação for efectuada através de um promotor, será a respectiva prestação isenta por se encontrar abrangida pela alínea b) do n.º 16 do art. 9.º do CIVA. [...] Se[,] pelo contrário, a actuação não for efectuada através de um promotor, ou seja, se o Coro nas suas actuações cobra directamente os bilhetes de entrada, está o mesmo sujeito a imposto [...]*".[336] Do mesmo modo, na informação n.º 1677, de 12 de Agosto de 1997, da DSIVA, se refere que "*[r]elativamente à actividade de músico, actuando como trabalhador independente 'profissional livre' prestando os seus serviços aos respectivos promotores, essa actividade está isenta ao abrigo da alínea b) do n.º 16 do artigo 9.º do CIVA*", ao passo que "*[s]e os referidos profissionais actuarem directamente ficarão sujeitos ao imposto e dele não isentos, a não ser que lhes seja aplicável o regime especial de isenção do artigo 53.º do CIVA*".[337]

Por seu turno, na informação n.º 1078, de 2 de Fevereiro de 1996, da DSIVA, com despacho de 29 de Fevereiro de 1996, do SDG-IVA, está presente o carácter relativamente alargado e não formal do conceito de promotor para efeitos da isenção sob análise, ao afirmar-se, em relação a serviços de locução e apresentação prestados a um órgão de comunicação televisiva, que "*pela forma como estes serviços são efectuados – nunca directamente ao público – ainda que não tenha subjacente a figura de um promotor e considerando que é possível configurar a entidade à qual são prestados os referidos serviços [...] como promotores, deve entender-se que tais prestações de serviços beneficiam da isenção prevista na alínea b) do n.º 16 do artigo 9.º do CIVA*".[338] Denotando também o carácter informal e alargado de promotor, indicou-se na informação n.º 1615, de 18 de Abril de 1991, da ex-DSCA, com despacho de 22 de Abril

---

[336] Apud F. PINTO FERNANDES e NUNO PINTO FERNANDES, *Código...* cit., p. 220.

[337] Apud EMANUEL VIDAL LIMA, *Imposto...* cit., p. 203.

[338] Apud F. PINTO FERNANDES e NUNO PINTO FERNANDES, *Código...* cit., p. 221. Reproduz-se aqui este excerto da referida informação, embora com fortes reservas sobre a possibilidade de inclusão na isenção de, pelo menos, certos serviços de locução e de apresentação de programas televisivos, já que o relevante no presente contexto é salientar o carácter material e amplo atribuído ao conceito de promotor, bem como a expressa referência – transversal a outras informações e decisões coevas – de que, não se tratando de serviços prestados directamente ao público, a isenção estaria em condições de actuar.

de 1991, do SDG-IVA, que *"os bares, hotéis e restaurantes onde estes profissionais actuam são considerados promotores, sendo por sua vez considerados como consumidores finais os respectivos clientes. De facto, de entre os serviços prestados por aqueles estabelecimentos aos seus utentes, nomeadamente serviços de bar e restaurantes inclui-se a promoção do espectáculo propriamente dito. [...] Se os referidos profissionais actuarem directamente, ficarão sujeitos ao imposto e dele não isentos, a não ser que evidentemente, lhes seja aplicável o regime especial de isenção consignado no art. 53.º do CIVA."*[339] Concretizando tal acepção, veio aditado na informação n.º 1072, de 31 de Janeiro de 2000, da DSIVA, com despacho da mesma data da SDG-IVA, que *"[n]ão está em causa, como critério determinante da aplicação do dispositivo da isenção a natureza da entidade que promova tais exibições, interessa sim que exista um intermediário, promotor, requisito essencial da referida isenção"*.[340]

As informações e decisões acabadas de mencionar apontam, assim, para um entendimento reiterado em que se estabelece uma dicotomia entre os serviços prestados pelos artistas directamente ao público consumidor final e os serviços prestados pelos artistas em que há recurso a um promotor. No primeiro caso, o entendimento no passado era que os serviços em questão não poderiam beneficiar da isenção então prevista na alínea b) do n.º 16 do artigo 9.º do CIVA [actual subalínea a) da sua alínea 15)]. No segundo caso, por não considerar necessário recorrer a uma acepção formal ou restritiva do termo "promotor", era entendido que a isenção em causa seria sempre aplicável.

Não parece que fosse outra, com efeito, a interpretação a dar ao teor das informações e decisões acima reproduzidas. Os excertos citados, ao aludirem à hipótese em que a isenção não se aplica, indicam sempre como único caso a circunstância de os serviços artísticos serem prestados directamente ao público, isto é, quando os artistas prestam os seus serviços directamente ao público consumidor final, *maxime* nas situações em que sejam eles próprios os promotores do espectáculo. Além disso, as anteriores decisões também não procedem a uma colagem entre o termo "promotores", constante do proémio da alínea

---

[339] Apud PwC, *Base de Dados...* cit..
[340] Idem.

15) do artigo 9.º do CIVA, e a acepção de que tal termo teria forçosamente de dizer respeito a promotores de espectáculos, admitindo a isenção no caso de os adquirentes dos serviços prestados pelos artistas serem, por exemplo, os respectivos agentes ou promotores artísticos.

Com efeito, se alguma dúvida subsistisse sobre qual seria a real intenção que se deveria atribuir às decisões acima reproduzidas, atente-se na forma explícita como no despacho de 24 de Setembro de 1993, do SDG-IVA, proferido na informação n.º 2101, de 22 de Julho de 1993, da ex-DSCA, se esclarece, expressa e cabalmente, que beneficiariam da isenção em apreço os serviços prestados pelos artistas a um intermediário, não forçosamente a um promotor de espectáculos, ao mesmo tempo que se assegurava a tributação na relação estabelecida entre esse intermediário e o próprio promotor do espectáculo:

«Quando o artista passa o recibo ao manager, este último está a assumir o papel de 'promotor' do artista, pelo que a actividade está isenta ao abrigo da alínea b) do n.º 16 do artigo 9.º do Código do IVA, isto é, o artista não liquida imposto ao manager, mas também não pode deduzir o imposto que suportar nas aquisições.

«Quando, por sua vez, o manager debita, directamente, o [...] realizador do espectáculo, fica sujeito a imposto (à taxa normal) e dele não isento, a não ser que, evidentemente, lhe seja aplicável o regime especial de isenção consignado no art.º 53.º do CIVA [...]».[341]

3. Aspectos a considerar na delineação do âmbito da isenção

3.1. Elemento literal da norma de isenção

A explanação constante dos trechos acima transcritos aponta, portanto, para uma interpretação segundo a qual a isenção não operaria quando os serviços fossem debitados directamente ao público, designadamente, por via da venda em nome dos próprios artistas de

---

[341] *Apud* F. PINTO FERNANDES e NUNO PINTO FERNANDES, *Código...* cit., pp. 220--221. Formulação idêntica constou da informação n.º 1860, de 14 de Setembro de 2001, da DSIVA, com despacho da mesma data, da SDG-IVA (apud PwC, *Base de Dados...* cit.).

ingressos para assistir à respectiva actuação. Em contrapartida, a interpretação era no sentido de que a isenção teria aplicação nos casos em que os destinatários directos dos serviços prestados pelos artistas não fossem o público assistente, mas entidades que se interpusessem entre os artistas e o público.

Todavia, na actual acepção sobre o alcance do proémio da alínea 15) do artigo 9.º do CIVA, plasmada no oficio-circulado n.º 30019, está presente, entre outros aspectos, a obrigatoriedade de os serviços em causa serem prestados directamente aos promotores dos espectáculos.

Deve dizer-se, antes do mais, atendendo ao sentido literal daquele proémio, que a condição de se estar perante uma prestação efectuada directamente a promotores não é expressamente exigida na respectiva formulação. Desse ponto de vista, nada pareceria impedir, portanto, atendendo à forma como a norma está redigida, que a referência a promotores dela constante fosse entendida como reportando-se, por exemplo, a serviços prestados pelos artistas "através" de promotores, "por meio" de promotores ou "com recurso" a promotores.[342] Qualquer destas três leituras possíveis – que no fundo determinariam um, e um só, sentido – não implicaria que os serviços em causa fossem obrigatoriamente prestados, de forma directa, aos promotores de espectáculos. Bastaria que na cadeia de prestação dos serviços artísticos até à sua chegada ao consumidor final houvesse, no momento anterior a esta, a intervenção de uma entidade promotora do espectáculo. Nesse ponto de vista se alicerçaram algumas das decisões anteriormente adoptadas pela administração tributária, conduzindo a que só no caso de os serviços serem prestados directamente pelos artistas ao público, não havendo, portanto, a mediação de uma terceira entidade promotora do espectáculo, é que a isenção não poderia operar. É verdade que as expressões "através de", "por meio de" ou "com recurso a" não constam expressamente da redacção da norma, mas não é menos ver-

---

[342] Nesta linha, note-se que, quer em DGCI/Núcleo do IVA, *Código...* cit., p. 70, quer no despacho de 4 de Abril de 1998 acima mencionado, se afirma que a actuação dos artistas, para que a isenção se aplique, deve ser assegurada "através" de promotores.

dade que a expressão "directamente a promotores" e, muito menos, a expressão "directamente a promotores de espectáculos" também não integram a redacção da disposição sob análise.

Por outro lado, ainda que se entendesse que a norma em apreço exigiria que os serviços artísticos fossem prestados directamente a promotores, é de notar que o respectivo elemento literal não faz referência a promotores de espectáculos, pelo que não deixa de ser compaginável com o mesmo a acepção de que a isenção também poderia ter lugar sendo os serviços prestados a entidades promotoras dos artistas, *maxime* promotoras das respectivas carreiras, não forçosamente promotoras dos próprios espectáculos. Neste ponto de vista se alicerçaram algumas das citadas decisões tomadas pela administração tributária, levando a que a isenção pudesse operar desde que os serviços artísticos fossem prestados a promotores dos artistas, mediando entre estes e os promotores dos espectáculos (os quais só apareceriam em fase mais adiantada do circuito económico), de modo que, também nesta acepção, só no caso de os serviços serem prestados directamente pelos artistas ao público é que a isenção não poderia operar.

As duas possíveis acepções acabadas de explicitar, ou seja, a de que a isenção se poderia aplicar quando os serviços são prestados com recurso a promotores de espectáculos, ou – formulando de outro modo – quando os serviços são prestados e facturados a promotores, incluindo os promotores dos próprios artistas, teria adesão ao elemento literal da disposição em causa e desencadearia um idêntico resultado. Esse resultado interpretativo levaria a que a isenção só deixasse de ter aplicação quando os serviços artísticos fossem prestados directamente ao público consumidor final.

3.2. Contexto e objectivo da isenção

O objectivo de não submeter a IVA os artistas indicados na subalínea a) da alínea 15) do artigo 9.º do CIVA assenta em esteira comum às várias isenções internas que abrangem um conjunto relativamente vasto de actividades ou de serviços culturais, como sucede em relação às actuais alíneas 8), 12), 13), 14), 16), 17), 19) e 35) do artigo

9.º do CIVA. Note-se que, praticamente, todas estas isenções foram adoptadas ao abrigo do disposto na então alínea n) do n.º 1 da parte A do artigo 13.º da Sexta Directiva[343], nos termos da qual incumbe aos Estados membros isentar do imposto "*certas prestações de serviços culturais*".[344] Aliás, como acabou por se apurar por via do acórdão do TJUE de 3 de Abril de 2003 (C-144/00, *Mathias Hoffmann*, Colect. p. I-2921), a própria isenção contida na subalínea a) da alínea 15) do artigo 9.º do CIVA poderia, sem necessidade da autorização derrogatória específica prevista no Acto Relativo às Condições de Adesão, ter sido criada ao abrigo da alínea n) do n.º 1 da parte A do artigo 13.º da Sexta Directiva. Com efeito, no referido aresto, relativo ao enquadramento em IVA da actividade de músico solista, o TJUE admitiu que os Estados membros têm a faculdade de isentar as profissões artísticas ao abrigo daquela alínea n), quer os artistas actuem individualmente quer actuem inseridos em grupos, não estando também obrigados a restringir a isenção aos casos em que essa actividade não tenha finalidade comercial e não vise a obtenção de lucros com carácter de permanência.[345]

É reconhecido, aliás, que a alínea n) do n.º 1 da parte A do artigo 13.º da Sexta Directiva, vertida na actual alínea n) do n.º 1 do artigo 132.º da Directiva do IVA, conferia aos Estados membros uma ampla margem de discricionariedade na adopção de tal isenção.[346] Essa mar-

---

[343] Correspondente à actual alínea n) do n.º 1 do artigo 132.º da Directiva do IVA.

[344] A única possível excepção é a contida na alínea 16) do artigo 9.º do CIVA, em matéria de direito de autor. Há a registar que a própria inclusão das actividades culturais na redacção da alínea 19) do artigo 9.º do CIVA se verifica ao abrigo da actual alínea n) do n.º 1 do artigo 132.º da Directiva do IVA, já que a alínea l) desse mesmo n.º 1, em que se enumeram as restantes actividades previstas naquela alínea 19), não alude a actividades ou serviços culturais.

[345] Como salientou o advogado-geral L. A. Geelhoed, no n.º 53 das suas conclusões apresentadas no mesmo processo, com data de 14 de Novembro de 2002, a isenção que pode ser aplicada aos serviços prestados pelos artistas ao abrigo da alínea b) do n.º 3 do artigo 28.º da Sexta Directiva (actual artigo 371.º da Directiva do IVA) constitui, de certa forma, uma duplicação da possibilidade de isenção que vinha à data prevista na alínea n) do n.º 1 da parte A do artigo 13.º da Sexta Directiva.

[346] Cf. J. G. Xavier de Basto, *A Tributação...* cit., p. 237.

gem resulta, por um lado, de a disposição do sistema comum do IVA aludir a *"certas prestações de serviços culturais"* sem especificar nenhuma em concreto, bem como, por outro lado, de a mesma deixar inteiramente ao critério dos Estados membros a definição das entidades que podem beneficiar da isenção, salvaguardando apenas a obrigatoriedade de isenção em relação a organismos de direito público.

Em face da possibilidade que lhe era dada de restringir significativamente, quer as prestações em si, quer as entidades que as realizam, passíveis de ficar abrangidas pela isenção enunciada na referida alínea n), não se pode dizer, portanto, que o legislador interno, no domínio do IVA, não tenha pretendido atribuir às isenções relacionadas com actividades ou serviços culturais um carácter relativamente abrangente, ao ponto de estas actividades ou serviços virem contemplados em nove das alíneas do artigo 9.º do CIVA. Não se encontraria também por aqui, portanto, razão para recorrer a uma interpretação demasiado restritiva do alcance da isenção consignada na subalínea a) da alínea 15) do artigo 9.º do CIVA, uma vez que é notório, em face do seu enquadramento sistemático no âmbito das isenções concedidas no CIVA às prestações de serviços culturais, que houve uma intenção legislativa de dar um cunho relativamente abrangente à não tributação em IVA de boa parte dessas actividades ou serviços.

Por outro lado, em plano mais pragmático, a isenção visa uma simplificação de procedimentos, consistente na não criação de obrigações declarativas e de pagamento no domínio do IVA, reduzindo ao mesmo tempo os potenciais riscos de evasão fiscal, num mercado muito específico, com uma oferta bastante heterogénea e atomizada, criando naturais dificuldades de protecção e controlo da receita por parte da administração tributária. Como é sabido, a liquidação e repercussão do IVA nos serviços em causa implica, por um lado, a faculdade de dedução do IVA suportado a montante pelos artistas prestadores, e, por outro lado, a inerente dedução do imposto que é repercutido por aqueles aos sujeitos passivos adquirentes desses serviços, tenha ou não ocorrido a sua efectiva entrega ao Estado por parte dos prestadores dos serviços. Pode dizer-se, portanto, que a simplificação pretendida com a isenção se alcandora a um duplo objectivo: simplificar o cumprimento de obrigações ficais por parte dos artistas e a própria tarefa da administração tributária em matéria de gestão e controlo do imposto, sem que tal, ao mesmo tempo, represente para esta uma efectiva erosão da receita fiscal, já que a receita do IVA é recuperada na totalidade na fase seguinte do circuito económico.[347]

Sendo certo que as relações contratuais entre os artistas e os promotores de espectáculos são, na maior parte das vezes, concretizadas por via da intermediação de promotores artísticos e de agentes artísticos, os objectivos visados pela isenção em apreço ficam bastante mitigados com a interpretação que passou a ser recentemente adoptada.[348]

3.3. Jurisprudência do TJUE sobre as normas de isenção

Uma vez chegados aqui, cumpre salientar que a interpretação a burilar não se encontra particularmente espartilhada pelas orientações e critérios interpretativos relativos às disposições do sistema comum que estabelecem as isenções do IVA.[349]

Como se viu, em resultado de autorização específica concedida no respectivo Acto Relativo às Condições de Adesão à então CEE, Portugal está em condições de isentar, em geral, as prestações de serviços efectuadas por artistas a actuar no âmbito das respectivas actividades artísticas, sem prejuízo de também ter a faculdade de fazê-lo ao abrigo da disposição de isenção prevista no sistema comum do IVA que se reporta a *"certos serviços culturais"*, como decorre de posterior decisão do TJUE já aqui citada.

Cabe recordar, antes do mais, que o recurso a uma interpretação estrita das normas de isenção não significa que se recorra forçosa-

---

[347] Cf. DGCI/Núcleo do IVA, *Código...* cit., p. 74.

[348] O papel dos agentes artísticos como intermediários entre os artistas e os promotores de espectáculos é há longas décadas reconhecido, contendo, inclusivamente, os Decretos-Lei n.ᵒˢ 43181 e 43190, de 23 de Setembro de 1960, até à sua recente revogação pela Lei n.º 4/2008, de 7 de Fevereiro, uma definição do conceito de "agente artístico", considerando como tal *"a pessoa ou empresa que, mediante remuneração, sirva de intermediário entre os profissionais [artistas] e as entidades que explorem espectáculos ou divertimentos públicos, para efeitos de colocação, incluindo os apoderados tauromáquicos"*.

[349] Sobre as orientações e os critérios interpretativos definidos pelo TJUE relativamente às normas que prevêem as isenções do IVA, veja-se Rui Laires, *Apontamentos...* cit., pp. 24-47.

mente a uma interpretação restritiva desses preceitos. Tal acepção deve ser entendida no sentido de se adoptar preferencialmente – sem prejuízo de aspectos de ordem sistemática ou outros – uma interpretação declarativa ou literal, ou seja, uma interpretação que tenha em conta o sentido próprio e exacto (o estrito sentido) das palavras que o texto compreende.[350]

Acontece, porém, que a necessidade de se adoptar, por via de regra, uma interpretação estrita das normas de isenção consiste num resultado interpretativo que incide, em primeira linha, sobre as disposições do sistema comum do IVA atinentes à matéria. Uma vez respeitada a fronteira imposta pelo direito da UE, as normas da legislação interna portuguesa que transpõem as isenções do IVA não estão submetidas a semelhante restrição, devendo ser interpretadas de acordo com os critérios interpretativos da generalidade das normas fiscais, decorrentes do artigo 11.º da Lei Geral Tributária (LGT), na condição de o resultado obtido não exorbitar o âmbito de aplicação estrita da isenção delineada no plano da UE.

Assim, na medida em que as regras do sistema comum do IVA lhe permitem a isenção das prestações de serviços efectuadas pelos artistas, quer sejam efectuadas através de promotores, quer sejam realizadas directamente ao público consumidor final[351], tal significa que o Estado português não extravasa os limites da interpretação estrita imposta pelo direito da UE se isentar do IVA os intérpretes e os executantes de obras de arte, bem como outros artistas, quando os respectivos serviços sejam prestados, ainda que não directamente, através de entidades promotoras de serviços de carácter artístico.

O mesmo é dizer, portanto, ainda que viesse a entender-se que a interpretação acima preconizada constituiria uma interpretação extensiva do âmbito da subalínea a) da alínea 15) do artigo 9.º do CIVA – o que nem sequer é o caso –, que tal não colidiria com a necessidade de interpretação estrita das normas do sistema comum

---

[350] Sobre a matéria, veja-se, supra, o n.º 4 da secção I deste capítulo IV.
[351] Neste sentido veja-se também os n.ᵒˢ 47 a 53 das já referidas conclusões do advogado-geral L. A. Geelhoed no processo C-144/00 (caso *Matthias Hoffmann*).

do IVA que estabelecem as isenções, uma vez que o resultado interpretativo da norma interna ficaria, apesar disso, aquém dos limites de isenção proporcionados pelas pertinentes disposições da UE.

Acresce, aliás, como já se deixou antever, que desde o acórdão proferido pelo TJUE em relação ao caso *Mathias Hoffmann* (C-144/00), acima melhor identificado, passou a ficar claro que a própria norma que à data constava da alínea n) do n.º 1 da parte A do artigo 13.º da Sexta Directiva permitiria acolher a isenção internamente consignada na subalínea a) da alínea 15) do artigo 9.º do CIVA, sem necessidade da disposição derrogatória do sistema comum do IVA de que Portugal é destinatário. Ora, a referida alínea n) concedeu aos Estados membros uma ampla margem relativamente às prestações de serviços de carácter cultural susceptíveis de beneficiar da isenção do imposto, pelo que, igualmente por esta via, se chegaria à conclusão de que a interpretação do disposto na subalínea a) da alínea 15) do artigo 9.º do CIVA não é objecto de um particular constrangimento decorrente do direito da UE.

Com efeito, à luz do sistema comum do IVA, quer fosse por via da autorização concedida no Acto Relativo às Condições de Adesão, quer fosse por via da alínea n) do n.º 1 do artigo 132.º da Directiva do IVA, Portugal estaria em condições de isentar as referidas prestações de serviços sem necessidade de especificação de quaisquer condições.

3.4. Interpretação veiculada pelos autores portugueses

Um outro aspecto a recensear, susceptível de constituir um elemento adicional para a delineação do âmbito de aplicação da isenção em causa, reside na interpretação que, desde o início da vigência do IVA em Portugal, vem sendo perfilhada pelos autores portugueses.

Desde logo, em obra explicativa das disposições do CIVA, publicada pouco depois da aprovação deste pelo Decreto-Lei n.º 394-B/84, de 26 de Dezembro, evidencia-se, a respeito da isenção em causa, que "*[a] economia do imposto exigirá que os artistas e conferencistas, isentos do imposto, prestem os seus serviços exclusivamente através de promotores, já que a prestação de serviços directa a consumidores finais exigirá o seu registo, possibilitando o direito à dedução*".[352]

Como se vê, também o trecho acabado de reproduzir apresenta a dicotomia acima enunciada, plasmada na anterior doutrina administrativa, pondo de um lado os serviços prestados pelos artistas directamente ao público consumidor final, submetidos a tributação, e do outro lado os serviços prestados por artistas "*através de promotores*", isentos do imposto. Idêntico contraponto sobre o enquadramento das duas situações se verifica na caracterização do modo como a isenção opera, que tem sido feita, ao longo dos tempos, pelos autores portugueses que afloraram a matéria.

Assim sucede com Correia dos Santos (Neto), afirmando que "*a relação entre o promotor e o prestador está isenta, ao contrário da relação promotor-público, que é tributada; se o prestador for simultaneamente o promotor, estará sujeito a tributação, havendo[,] neste caso, direito à dedução*".[353]

Do mesmo modo, com António Joaquim de Carvalho e João Amaral Tomás, que referem que "*estas isenções só existem quando os serviços forem prestados através de promotores e não directamente pelos prestadores aos utentes*", concluindo mais adiante que "*se os serviços forem efectuados directamente pelos prestadores agindo também como promotores, o imposto é de igual forma repercutido nos preços dos bilhetes cobrados aos espectadores, observando-se de igual forma apenas uma liquidação do IVA*".[354]

Também com F. Pinto Fernandes e Nuno Pinto Fernandes, salientando que o "*[o] imposto que for devido pelos bilhetes de ingresso é liquidado pelo promotor, pelo que esta isenção, constituindo embora um desvio ao mecanismo do imposto, não traz qualquer prejuízo à sua produtividade, simplificando grandemente a sua arrecadação*", ao passo que "*[s]e os profis-

---

[352] Cf. DGCI/Núcleo do IVA, *Código...* cit., p. 70. Note-se que na altura ainda era feita referência aos conferencistas, cuja isenção acabou por ser eliminada, por via da revogação da então alínea a) do n.º 16 do artigo 9.º do CIVA pela Lei n.º 122/88, de 20 de Abril.

[353] Cf. A. cit., *Código do IVA – Edição Anotada e Comentada*, 2.ª ed., Lisboa: Editorial Presença, 1986, p. 82.

[354] Cf. AA. cits., *Manual...* cit., p. 208.

sionais actuarem directamente a isenção não tem lugar, como é óbvio, ficando eles próprios sujeitos ao imposto".[355]

E, ainda recentemente, com Clotilde Celorico Palma, que, apesar de dar notícia da produção do ofício-circulado em referência, caracteriza a isenção reiterando, a título de singular exemplo de não aplicabilidade da mesma, que *"[s]e os profissionais em causa actuarem directamente ficarão sujeitos a imposto e dele não isentos, a não ser que lhes seja aplicável o regime especial de isenção previsto no artigo 53.º"*.[356]

Posto isto, é altura de tomar posição sobre qual das interpretações – se a anterior, se a actual – pareceria ser a interpretação mais correcta do âmbito da isenção que vem prevista na subalínea a) da alínea 15) do artigo 9.º do CIVA.

4. Âmbito da isenção que abrange os serviços prestados por artistas

4.1. Actuação em espectáculos de natureza artística

4.1.1. *Enquadramento geral*

Considerando o elemento literal da norma em apreço, bem como o seu contexto e objectivo, só se a disposição em referência determinasse expressamente que a isenção pressuporia que os serviços em causa fossem prestados e facturados directamente pelos artistas aos promotores de espectáculos é que a verificação de uma tal condição seria, em princípio, incontornável para efeitos de reconhecimento da isenção. Não se trata, portanto, de se pender aqui para uma interpretação extra-literal do preceito em questão, uma vez que, na realidade, nem a exigência de os serviços serem prestados e facturados directamente pelos artistas aos promotores, nem a de apenas serem considerados como tal os promotores de espectáculos, constam expressamente do texto legal. Trata-se aqui de adoptar uma interpretação

---

[355] Cf. AA. cits., *Código...* cit., pp. 219-220.
[356] Cf. A. cit., *Introdução...* cit., p. 162.

que tem em conta os elementos histórico e teleológico da norma[357], a qual, ao mesmo tempo, não deixa de ter adesão ao elemento literal da norma.

Neste domínio, mesmo que o proémio da alínea 15) do artigo 9.º do CIVA se referisse, de forma expressa, a serviços prestados directamente a promotores, cabe salientar que haveria, ainda assim, lugar à ponderação sobre quais as possíveis categorias de promotores a que a norma se reportaria. Com efeito, mesmo que viesse a considerar-se que a intenção legislativa teria sido reportar-se à entidade com quem o próprio artista celebra o seu contrato e a quem factura directamente a respectiva prestação, mostrar-se-ia necessário averiguar aquilo que, no contexto da norma e dos seus objectivos, se deveria entender por "promotores" – em particular, se seriam unicamente os promotores de espectáculos a que se refere o Decreto-Lei n.º 315/95, de 28 de Novembro, que regula a instalação e o funcionamento dos recintos de espectáculos e divertimentos públicos e estabelece o regime jurídico dos espectáculos de natureza artística.[358]

Em matéria de actuações em espectáculos públicos, a recente interpretação considera que a disposição só abrange os serviços pres-

---

[357] Reflectidos em DGCI/Núcleo do IVA, *Código...* cit., p. 70 – obra que se baseou nos trabalhos preparatórios que deram lugar ao CIVA –, não só denotando a intenção de não oneração em IVA de um acervo significativo de serviços culturais, entre eles os prestados pelos artistas actuando enquanto tal, bem como de simplificação de procedimentos para os próprios e para a administração tributária, sem que tal represente uma perda de receita fiscal.

[358] Paralelamente, coexistem diplomas que estabelecem regras e competências municipais para o licenciamento de outros locais para os mesmos fins. Entre eles, conta-se o Decreto-Lei n.º 309/2002, de 16 de Dezembro (alterado e republicado pelo Decreto-Lei n.º 268/2009, de 29 de Setembro), relativo a recintos de diversão e recintos principalmente destinados a espectáculos considerados de natureza não artística, bem como recintos de diversão provisória, como sejam estádios e pavilhões desportivos quando são utilizados para espectáculos de natureza artística. O artigo 27.º do Decreto-Lei n.º 309/2002, de 16 de Dezembro, revogou os artigos 20.º a 23.º do Decreto-Lei n.º 315/95, e também os seus artigos 1.º, 2.º, 3.º, 35.º, 37.º e 43.º a 46.º, na parte relativa aos recintos de espectáculos e de divertimentos públicos previstos nesse diploma. O mesmo se passa com o Decreto-Lei n.º 268/2009, de 29 de Setembro, em relação a recintos itinerantes e recintos improvisados, incluindo-se nestes últimos tendas, palanques, estrados e palcos.

tados a promotores de espectáculos mencionados no artigo 24.º do Decreto-Lei n.º 315/95. Por essa razão, para que a isenção possa operar, o ofício-circulado impõe que o promotor esteja registado como tal na IGAC (ex-DGESP), e que, nos termos do artigo 25.º do mesmo diploma, entregue semestralmente naquele organismo a lista dos espectáculos realizados.

Diga-se, neste capítulo, entre outros aspectos discutíveis, que não se afigura adequada a remissão que é feita para os artigos 24.º e 25.º do Decreto-Lei n.º 315/95, parecendo justificar-se uma acepção mais ampla de promotor para efeitos da referida isenção, por tal ser mais consentâneo com o contexto e o objectivo subjacentes à criação da isenção, que acima se enumeraram – acepção que, aliás, como se viu, vinha reflectida em várias decisões anteriores da administração fiscal portuguesa.

Em relação ao disposto no Decreto-Lei n.º 315/95, cabe começar por salientar que o mesmo se aplica aos espectáculos de natureza artística, os quais vêm definidos no respectivo artigo 4.º como sendo, designadamente, os ligados a actividades de canto, dança, música, teatro, literatura[359], cinema, tauromaquia e circo.[360] Por seu turno, o n.º 1 do artigo 24.º do Decreto-Lei n.º 315/95 estabelece a necessidade de inscrição na actual IGAC dos promotores de espectáculos de natureza artística, com excepção, prevista no n.º 3 do mesmo artigo, das entidades que realizem espectáculos ocasionais cuja receita se destine a fins culturais ou humanitários.[361] Nos termos do artigo 25.º do Decreto-

---

[359] Em relação à literatura, o espectáculo de natureza artística consiste na leitura, recitação ou declamação de obras literárias – cf. ANTÓNIO XAVIER, *As Leis dos Espectáculos e Direitos Autorais – Do Teatro à Internet*, Coimbra: Almedina, 2002, p. 26, nota 33.

[360] Como refere ANTÓNIO XAVIER, *As Leis...* cit., p. 26, trata-se de uma enumeração não exaustiva, cuja formulação, ainda assim, na opinião do autor, é discutível. Segundo este, teria sido preferível adoptar as designações já constantes do Decreto-Lei n.º 396/82, de 21 de Setembro, relativo à classificação dos espectáculos, o qual refere o cinema e as exibições públicas por vídeo, o teatro, os concertos musicais e similares, a ópera, o bailado, o circo e a tauromaquia.

[361] Além da excepção referida, não são considerados espectáculos ou divertimentos públicos, estando genericamente excluídos do âmbito do Decreto-Lei n.º 315/95 pelo artigo 47.º deste diploma, os espectáculos e divertimentos que,

-Lei n.º 315/95, os promotores de espectáculos estão obrigados a apresentar semestralmente junto da IGAC a lista dos espectáculos realizados no semestre anterior, da qual deverá constar, nomeadamente, o nome do espectáculo e o local e a data da sua realização, bem como o número de espectadores.

Se é certo que nada de substancial haveria a censurar se o ofício--circulado tivesse enveredado por uma delimitação objectiva da isenção que abrangesse as actividades de natureza artística acima enunciada[362], não parece que se justifique, porém, a limitação de carácter subjectivo nele veiculada, que se baseia numa restritiva definição da natureza da actividade do sujeito passivo adquirente dos serviços prestados pelos artistas e no cumprimento por este de obrigações extra--fiscais previstas nos artigos 24.º e 25.º do Decreto-Lei n.º 315/95.

4.1.2. *Actividades abrangidas*

Ainda assim, mesmo quanto às actividades artísticas abrangidas pela isenção, mostra-se oportuno proceder a algumas ressalvas e a algumas considerações adicionais.

A isenção consignada na subalínea a) da alínea 15) do artigo 9.º do CIVA não se limita às prestações de serviços de artistas enquanto intérpretes ou executantes de obras de arte, abrangendo outros artistas, como sejam as actuações de artistas de circo e de variedades, incluindo ilusionistas, prestidigitadores, malabaristas, imitadores, *etc.*. Note-se, por exemplo, que para além de uma possível definição das actividades artísticas acima reproduzida, que vem feita no artigo 4.º do Decreto--Lei n.º 315/95, uma outra definição congénere consta do n.º 2 do artigo 1.º da Lei n.º 4/2008, de 7 de Fevereiro, que regula o contrato de trabalho especial entre uma pessoa que desenvolve uma actividade artística destinada a espectáculos públicos e a entidade produtora ou

---

sendo de natureza familiar, se realizem sem fins lucrativos, para recreio dos membros da família e convidados, quer tenham lugar no próprio domicílio privado, quer em recinto obtido para o efeito.

[362] Os espectáculos tauromáquicos, porém, estão expressamente previstos na subalínea b) da alínea 15) do artigo 9.º do CIVA, e não na subalínea a) dessa alínea 15).

organizadora desses espectáculos.[363] Embora este último diploma contenha uma definição mais detalhada do que a que figura no diploma mencionado em primeiro lugar, é de notar que a enumeração adoptada no Decreto-Lei n.º 315/95 não colide com a prevista na Lei n.º 4/2008, pois assume um carácter meramente exemplificativo, como resulta da redacção do artigo 4.º do Decreto-Lei n.º 315/95. Pese embora se trate de uma definição para efeitos da Lei n.º 4/2008, como decorre expressamente do n.º 2 do seu artigo 1.º, a circunstância de se tratar de um diploma específico que regula o regime jurídico das profissões artísticas (ainda que quando desenvolvidas em regime de trabalho por conta de outrem) parece convidar à sua tomada em consideração para efeitos da delineação das actividades artísticas abrangidas pela isenção em apreço, atenta a formulação relativamente aberta da subalínea a) da alínea 15) do artigo 9.º do CIVA.[364]

Ainda a respeito do mesmo tema, cabe salientar que a formulação actualmente constante do proémio da alínea 2) da parte B do anexo X da Directiva do IVA, conjugado com o seu artigo 377.º, autoriza Portugal a isentar as prestações de serviços dos *"artistas, intérpretes ou executantes de obras de arte"*. Em face desta actual formulação pode suscitar-se a dúvida de saber se se está na presença de uma faculdade copulativa, no sentido de ser admissível isentar os artistas em geral, incluindo-se entre eles os artistas intérpretes ou executantes de obras de arte, ou se apenas estes últimos.[365] A redacção que a prece-

---

[363] Nos termos do n.º 2 do artigo 1.º da Lei n.º 4/2008, de 7 de Fevereiro, *"são consideradas artísticas, nomeadamente, as actividades de actor, artista circense ou de variedades, bailarino, cantor, coreógrafo, encenador, realizador, cenógrafo, figurante, maestro, músico, toureiro, desde que exercidas com carácter regular"*.

[364] Para os fins da isenção, porém, não é relevante se as referidas actividades artísticas são desenvolvidas ou não com carácter regular, aspecto que é contemplado no segmento final do n.º 2 do artigo 1.º da Lei n.º 4/2008.

[365] Sobre a distinção, veja-se JOSÉ DE OLIVEIRA ASCENÇÃO, *Direito...* cit., pp. 552--555, pronunciando-se em sede de direitos conexos com o direito de autor, salientando que a expressão adequada é *"artistas intérpretes ou executantes de obras de arte"*, sem prejuízo, quanto à acepção de "actividade artística", de esta abranger os artistas que não interpretam ou executam obras literárias ou artísticas, como sucede com os artistas de circo e de variedades.

deu – "*artistas e intérpretes de obras de arte*"[366] – não sendo também feliz uma vez que os intérpretes de obras de arte já estão necessariamente incluídos no conjunto dos "*artistas*", por ser um subconjunto daquele, parece reforçar a acepção de que se trata de uma faculdade copulativa. A ser assim, resultando do terceiro considerando do respectivo preâmbulo e do artigo 412.º da Directiva do IVA que não houve qualquer intenção de alterar o anterior conteúdo da alínea 2) do anexo F da Sexta Directiva, é de admitir que a possibilidade de isenção se estenda a outros artistas, que não apenas aos artistas intérpretes ou executantes de obras de arte. Em qualquer caso, ainda que assim não fosse, recorde-se que a isenção prevista na alínea n) do n.º 1 do artigo 132.º da Directiva do IVA confere aos Estados membros, não apenas uma certa margem de autodeterminação na definição dos serviços culturais abrangidos pela isenção, como da natureza das entidades que são susceptíveis de beneficiar da mesma, tendo já sido reconhecido pelo TJUE que esta norma de isenção é susceptível de ser aplicada, de um modo geral, às prestações de serviços de artistas.

Já no que concerne à inclusão dos serviços prestados por locutores ou apresentadores de rádio e de televisão, actuando enquanto tal, não parece ser de sufragar a sua inserção no âmbito da isenção, na medida em que tais serviços correspondam, de uma forma geral, à apresentação ou locução de programas, à leitura de textos escritos pelos próprios ou por outrem, à apresentação de comentários ou de reportagens sobre acontecimentos diversos, à condução de entrevistas ou de debates ou a actividades afins[367], as quais, aliás, em parte, são

---

[366] Constante da alínea 2) do anexo F da Sexta Directiva.
[367] Não se segue, portanto, nesta parte, o acto opinativo praticado na sequência da informação n.º 1078, de 2 de Fevereiro de 1996, da DSIVA (*apud* F. PINTO FERNANDES e NUNO PINTO FERNANDES, *Código...* cit., p. 221), relativamente a um caso concreto de serviços de locução e de apresentação prestados a um órgão de comunicação televisiva, a que se fez referência supra. Pelos motivos expostos, também não se afigura significativo que, na sua vigência, o Decreto-Lei n.º 328/93, de 25 de Setembro (alterado pelo Decreto-Lei n.º 240/96, de 14 de Dezembro, pelo Decreto-Lei n.º 397/99, de 13 de Outubro, pelo Decreto-Lei n.º 159/2001, de 18 de Maio, e pelo Decreto-Lei n.º 119/2005, de 22 de Julho), relativo ao regime geral de segurança social dos trabalhadores independentes, incluísse na categoria dos artis-

realizadas no exercício da profissão de jornalista ou de uma actividade de comentador convidado a participar em programas radiodifundidos.

Também se encontram excluídas do âmbito da isenção as actividades de carácter técnico, ainda que inseridas no quadro de uma produção ou de um evento de natureza artística, como sejam as operações de iluminação e sonorização de espectáculos teatrais, musicais e outros, a projecção de filmes ou de diapositivos, a captação e retransmissão ou gravação de sons ou de imagens, *etc.*.

4.1.3. Destinatários dos serviços

Ao restringir a aplicação da isenção às situações em que os serviços dos artistas sejam prestados directamente a promotores de espectáculos, a interpretação veiculada no ofício-circulado n.º 30019 deixa à margem da isenção, em qualquer das fases do circuito económico, por exemplo, todo um conjunto de eventos de carácter artístico promovidos e organizados nas condições que actualmente estruturam a actividade da indústria musical, *maxime* as actuações em espectáculos públicos.[368] E, também noutros domínios artísticos, como sucede nos casos do teatro, do bailado e do circo, a orientação plasmada no

---

tas intérpretes ou executantes os *"locutores-apresentadores"*, por intermédio da alínea e) do seu artigo 9.º, para efeitos de presunção da respectiva actividade como sendo exercida de modo independente para efeito do regime contributivo. Aliás, não veio prevista disposição congénere no Código dos Regimes Contributivos do Sistema Previdencial de Segurança Social, aprovado pela Lei n.º 110/2009, de 16 de Setembro.

[368] No trecho inicial do seu artigo "Organisation of music festivals in Switzerland" [in Xavier Oberson (éd.), *International Taxation of artistes & sportsmen*, Brulylant/Schulthess, Bruxelas/Genebra, 2009, pp. 243-264], Raymond Bech faz a seguinte caracterização do que considera representar, à escala mundial, significativas mudanças estruturais da indústria musical e da organização dos espectáculos ao vivo nas décadas mais recentes, que abrangem, quer os artistas de renome internacional, quer os artistas menos famosos:

«For many years now, the public appearances by musicians have rarely been organized or structured directly by the artistes themselves, but increasingly and nearly exclusively by third parties acting in the name of the artistes (direct representation). In addition, most stage performances are set in the context of multi-date tours (national, European, worldwide) which are centrally and globally managed by dedicated professional organizations specialized in setting up such events, generally

ofício-circulado é susceptível de inviabilizar a aplicação da isenção. Tal sucede quando os artistas prestem os seus serviços directamente a companhias de teatro, de bailado ou de circo, que não sejam, elas próprias, as empresas promotoras do espectáculo. E o mesmo pode suceder em caso de aquisição pelos promotores de espectáculos de produções preexistentes, quando os serviços sejam prestados pelos artistas às entidades produtoras e não directamente às entidades promotoras dos espectáculos.[369]

Por outro lado, há a acrescentar que não parece encontrar sustentação, à luz da jurisprudência do TJUE, a exigência, para efeitos de isenção, de que os promotores se encontrem registados na IGAC e remetam a esta a lista semestral dos espectáculos que organizam. Uma exigência desse tipo não parece que se compagine com a jurisprudência do TJUE em matéria de isenções do IVA, a qual propende no sentido de que estas, por via de regra, se aplicam independentemente das operações em causa serem consideradas lícitas ou de os operadores económicos que as realizam se encontrarem devidamente licenciados para o efeito.[370]

---

acting for more than one artiste or group of musicians (production companies). The dates are then 'sold' to the local promoters of a festival or concert.

«The production companies [expressão que o autor afirma usar em sinonímia com *"producer"*, *"tour promoter"* e *"tour management companies"*] propose full packages to the on-site organizers. These packages are the reflection of a global budget estabilished by the tour management companies, and include full logistical costs inherent to the tour dates, and not only the direct remuneration remitted to the artistes for the individual public performance.

«The contractual relationship is generally established between the production company and the local organizer, whereby the latter has no access to the effective remuneration agreed upon between the musicians themselves and the tour promoter as this remuneration is included in the global fee agreed upon between the parties.»

Segundo o mesmo autor, esta significativa mudança estrutural não foi, ainda, assimilada pelas autoridades fiscais.

[369] Sobre as modalidades de organização dos espectáculos de teatro, teatro musicado, ópera e bailado, entre outros espectáculos, veja-se ANTÓNIO XAVIER, *As Leis...* cit., pp. 55-59.

[370] Cf., entre outros, o acórdão de 11 de Junho de 1998 (C-283/95, *Fischer*, Colect. p. I-3369, n.os 21, 22 e 28) e o acórdão de 25 de Fevereiro de 1999 (C-349/96, *CPP*, Colect. p. I-973, n.os 33 a 36).

Assim, ao pretender fazer depender a isenção do facto de os promotores estarem devidamente registados na IGAC e apresentarem a lista semestral de espectáculos que organizam, não parece que tal exigência se encontre em conformidade com a jurisprudência do TJUE em matéria de isenções. E não se diga, por não se tratar de uma isenção de concessão obrigatória em face do sistema comum do IVA, que os Estados membros têm uma total autonomia neste domínio. Com efeito, conforme decorre do afirmado no acórdão de 11 de Junho de 1998 (C-283/95, *Fischer*, Colect. p. I-3369, n.ºs 27 e 28), a obrigação de respeitar o princípio da neutralidade, que enforma o sistema comum do IVA, impõe-se, de igual modo, quando se esteja perante normas que possibilitem aos Estados membros definir os limites e as condições de aplicação da isenção. Com efeito, foi acentuado pelo TJUE nessa decisão que *"ao reconhecer aos Estados-Membros esta faculdade, o legislador comunitário não os autorizou a atentar contra o princípio da neutralidade fiscal"*, e que este *"se opõe, em matéria de cobrança do IVA, a uma diferenciação generalizada entre as transacções ilícitas e as transacções lícitas"*.

Acresce que, para além de promotores de espectáculos, a cadeia de prestação de serviços artísticos comporta também outras categorias de promotores. Entre eles, contam-se os promotores artísticos, que não só têm uma função de ligação entre os artistas e os promotores de espectáculos como assumem um papel importante na concepção, realização e divulgação dos espectáculos, assim como os agentes artísticos, que são as entidades que normalmente estabelecem a ligação entre os artistas e os promotores de espectáculos sem colaborarem activamente na realização destes.[371] Sucede, aliás, que mesmo os agentes artísticos não deixam de ser também promotores – já não aqui no sentido de organizadores dos espectáculos propriamente ditos, mas de promotores da actividade e da carreira dos artistas por si representados. A este respeito, note-se que a actividade de agente artístico, não

---

[371] Definições englobadas numa proposta legislativa sobre espectáculos artísticos, divulgada no sítio da rede global da "ADAPCDE – Associação para o Desenvolvimento das Actividades em Portugal de Circos, Divertimentos e Espectáculos", consultada a 26 de Novembro de 2010 e confirmada a 14 de Janeiro de 2012, obtida na página com o endereço seguinte: ‹http://www.adapcde.org/espectaculos/legis/legislacao.htm›.

sendo definida por um diploma autónomo, tem o respectivo regime jurídico estabelecido no Decreto-Lei n.º 178/86, de 3 de Julho, que regula o contrato de agência. Ora, nos termos do n.º 1 do artigo 1.º do Decreto-Lei n.º 178/86 (com a redacção dada pelo Decreto-Lei n.º 118/93, de 13 de Abril), o contrato de agência é definido como *"o contrato pelo qual uma das partes se obriga a promover por conta da outra a celebração de contratos, de modo autónomo e estável e mediante retribuição, podendo ser-lhe atribuída certa zona ou determinado círculo de clientes"*. Veja-se, portanto, que também o agente artístico, na acepção do regime jurídico do contrato de agência, o qual enforma a sua actividade, é um promotor da celebração de contratos para a actuação dos artistas por si representados, ou seja, um promotor das actuações e da carreira artística destes.

Sendo assim, ainda que se partisse do pressuposto de que a correcta interpretação do proémio da alínea 15) do artigo 9.º do CIVA exigiria que os serviços fossem prestados pelos artistas directamente a promotores, não se revelaria adequado considerar que a aplicação da isenção se cingisse aos promotores de espectáculos definidos no Decreto-Lei n.º 315/95, de 28 de Novembro.

Em face do exposto, considerando o contexto e as razões que levaram à criação da isenção actualmente prevista na subalínea a) da alínea 15) do artigo 9.º do CIVA, afigura-se que a possibilidade de isenção ao abrigo daquela disposição deveria subsistir, quer se trate de serviços prestados pelos artistas directamente a quaisquer entidades promotoras de espectáculos – incluindo entidades que explorem quaisquer locais onde se realizem actuações perante o público, como restaurantes, bares, discotecas, salões de festas, salões de baile e outros recintos –, quer se trate de serviços prestados pelos artistas indirectamente às referidas entidades, em resultado da interposição de promotores artísticos, agentes artísticos ou outros intermediários entre as duas partes.

Neste capítulo refira-se, em concordância com o que vem apontado entre parêntesis no n.º 3 do ofício-circulado em referência, que não prejudica a aplicação da isenção a circunstância de o espectáculo poder vir a ser de acesso livre. A possibilidade de a isenção operar em caso de entrada franca já vinha sendo anteriormente reconhecida na doutrina administrativa, de que é exemplo a informação n.º 1776, de 21 de Julho

de 2000, da DSIVA, sancionada por despacho da mesma data, da SDG-
-IVA, na qual se assinalava que, mesmo nessas situações, por via de regra,
o imposto é liquidado e repercutido pelo promotor através dos consumos efectuados pelo público assistente ao espectáculo.

Em qualquer caso, a isenção apenas se verificaria em fases precedentes da cadeia de prestações de serviços artísticos, ou seja, em relação aos serviços prestados pelos próprios artistas a uma entidade terceira que não seja o público consumidor final. Com efeito, as fases do circuito subsequentes às que correspondem aos contratos celebrados pelos próprios artistas seriam insusceptíveis de beneficiar da isenção em causa. Assim, por exemplo, quando um promotor artístico ou um outro agente intermediário, por sua vez, factura um terceiro, nomeadamente o promotor do espectáculo, já a isenção em causa não pode ter aplicação, como adequadamente se esclarecia na citada informação n.º 2101, de 22 de Julho de 1993, da ex-DSCA, que deu lugar ao despacho de 24 de Setembro de 1993, do SDG-IVA. Ao invés, em face da interpretação expendida no ofício-circulado n.º 30109, há inúmeros casos em que a isenção não tem aplicação seja qual for a fase da cadeia cujo enquadramento em IVA se esteja a subsumir.

Por último, cabe ressalvar que não se pretende com a interpretação aqui preconizada retirar a conclusão de que todos os serviços prestados, no âmbito da sua actividade, pelos artistas referidos na subalínea a) da alínea 15) do artigo 9.º do CIVA beneficiam dessa isenção. É inegável que a mesma comporta uma limitação, já que, se assim não fosse, o legislador teria optado, no proémio da disposição, por uma formulação que aludisse apenas às prestações de serviços em termos objectivos, omitindo qualquer referência à necessidade de os serviços artísticos serem assegurados através da intervenção de entidades promotoras. Tal restrição, porém, significa apenas – como no passado fora assinalado pela doutrina administrativa e pelos autores supracitados – que a isenção não pode operar no caso de serviços prestados directamente pelos artistas a consumidores finais, *maxime* quando são os próprios artistas os promotores do espectáculo, ou quando a sua actuação é acertada entre os artistas e os consumidores finais, de quem recebem directamente o respectivo *cachet*, como pode suceder em certos casos de actuação em festas e outros eventos de carácter privado.

4.2. Participação em filmes e na gravação de videogramas e fonogramas

Para além das actuações em espectáculos ao vivo, a isenção prevista na subalínea a) da alínea 15) do artigo 9.º do CIVA abrange "*[a]s prestações de serviços efectuadas aos respectivos promotores [...] [p]or actores, chefes de orquestra, músicos e outros artistas, [...] para a realização de filmes, e para a edição de discos e de outros suportes de som ou imagem*".

No que respeita à necessidade de os serviços artísticos para a realização de filmes[372], videogramas[373] ou fonogramas[374] serem prestados

---

[372] Nos termos do n.º 3 do artigo 183.º do CDADC, por "filme" entende-se uma obra cinematográfica ou audiovisual, incluindo toda e qualquer sequência de imagens em movimento, acompanhadas ou não de som. A Lei n.º 42/2004, de 18 de Agosto (Lei de Arte Cinematográfica e do Audiovisual), nas alíneas a) a c) do seu artigo 2.º, define os conceitos de "obras cinematográficas", "obras audiovisuais" e "actividades cinematográficas e audiovisuais", para efeitos daquele diploma. Por "obras cinematográficas", entendem-se "*as criações intelectuais expressas por um conjunto de combinações de palavras, música, sons, textos escritos e imagens em movimento, fixadas em qualquer suporte, destinadas prioritariamente à distribuição e exibição em salas de cinema, bem como a sua comunicação pública por qualquer meio ou forma, por fio ou sem fio*". Por "obras audiovisuais", entendem-se "*as criações intelectuais expressas por um conjunto de combinações de palavras, música, sons, textos escritos e imagens em movimento, fixadas em qualquer suporte, destinadas prioritariamente à teledifusão, bem como a sua comunicação pública por qualquer meio ou forma, por fio ou sem fio*". "Actividades cinematográficas e audiovisuais" considera-se "*o conjunto de processos e actos relacionados com a criação, incluindo a sua interpretação e execução, a realização, a produção, a distribuição, a exibição e a difusão de obras cinematográficas e audiovisuais*".

[373] Nos termos do n.º 5 do artigo 176.º do CDADC, "videograma" é o registo resultante da fixação, em suporte material, de imagens, acompanhadas ou não de sons, bem como a cópia de obras cinematográficas ou audiovisuais. Idêntica definição consta do n.º 1 do artigo 1.º do Decreto-Lei n.º 39/88, de 6 de Fevereiro. O n.º 2 do mesmo artigo 1.º (na redacção dada pelo Decreto-Lei n.º 121/2004, de 21 de Maio) determina que "*[s]ão igualmente considerados videogramas, independentemente do suporte material, forma de fixação ou interactividade, os videojogos ou jogos de computador*". Segundo o n.º 3 do artigo 1.º do mesmo Decreto-Lei n.º 39/88 (na redacção dada pelo Decreto-Lei n.º 121/2004, de 21 de Maio), "*é considerado suporte material o suporte analógico ou digital, no qual está incorporado o videograma, através de cujo acesso é permitida a visualização da obra, designadamente, cartridges, disquettes, videocassetes, CD em todas as suas especificações, DVD em todas as suas especificações, chips e outras formas de fixação que possam vir a ser determinadas pela inovação tecnológica*".

[374] Nos termos do n.º 4 do artigo 176.º do CDADC, "fonograma" é o registo resultante da fixação, em suporte material, de sons provenientes de uma prestação ou de outros sons, ou de uma representação de sons.

aos respectivos promotores, afigura-se, pelas razões invocadas acima, que a aplicação da isenção também não deveria estar dependente de tais prestações de serviços terem como destinatárias directas as entidades produtoras de filmes, de videogramas ou de fonogramas.

Aliás, para o registo de entidades promotoras previsto no n.º 1 do artigo 24.º do Decreto-Lei n.º 315/95, que é invocado no ofício-circulado em matéria de espectáculos públicos, remetem vários diplomas relacionados com as actividades acima referidas, conduzindo a que se entenda como promotor de espectáculos *"qualquer entidade, singular ou colectiva, que promova espectáculos de natureza artística financiando a sua produção e assumindo as responsabilidades inerentes à realização dos mesmos, bem como as entidades que exercem várias actividades relacionadas com filmes, videogramas e fonogramas"*.[375] Em relação às actividades relacionadas com filmes, o artigo 21.º da Lei n.º 42/2004, de 18 de Agosto, prevê que o registo de empresas cinematográficas e audiovisuais, regularmente constituídas, seja obrigatório para as entidades sediadas ou estabelecidas no território nacional que tenham por actividade comercial a produção, distribuição ou exibição, bem como os laboratórios e estúdios de rodagem, dobragem e legendagem, e as empresas de equipamentos e meios técnicos.[376] Por seu turno, o artigo 2.º do Decreto-Lei n.º 39/88, de 6 de Fevereiro,[377] determina a aplicação do disposto

---

[375] Definição obtida no sítio com o endereço «www.igac.pt», na secção dedicada à resposta a perguntas frequentes, intitulada «O que é um promotor de espectáculos?», consultada a 26 de Novembro de 2010 e confirmada a 14 de Janeiro de 2012.

[376] Nos termos do n.º 1 do artigo 43.º do Decreto-Lei n.º 227/2006, de 15 de Novembro, o registo das empresas cinematográficas e audiovisuais é da competência do actual Instituto do Cinema e Audiovisual, I. P. (ICA, I. P.), criado pelo Decreto-Lei n.º 95/2007, de 29 de Março, resultante da reestruturação do antigo Instituto do Cinema, Audiovisual e Multimédia (ICAM). A fiscalização do cumprimento da obrigação de registo incumbe à IGAC, nos termos do n.º 1 do artigo 48.º do Decreto-Lei n.º 227/2006. Até à alteração da respectiva redacção pelo Decreto-Lei n.º 121/2004, de 21 de Maio, o artigo 2.º do Decreto-Lei n.º 39/88, de 6 de Fevereiro (na redacção que lhe fora dada pelo n.º 3 do artigo 48.º do Decreto-Lei n.º 315/95, de 28 de Novembro), determinava a aplicação do disposto no n.º 1 do artigo 24.º do Decreto-Lei n.º 315/95, referente à obrigação de registo na IGAC dos promotores de espectáculos de natureza artística, às entidades importadoras e distribuidoras de filmes.

[377] Cuja actual redacção lhe é dada pelo Decreto-Lei n.º 121/2004, de 21 de Maio.

no artigo 24.° do Decreto-Lei n.° 315/95, no que concerne à obrigação de registo na IGAC dos promotores de espectáculos de natureza artística, às entidades que procedam à edição, reprodução, distribuição, venda, aluguer ou troca de videogramas. Também por efeito de remissão para o n.° 1 do artigo 24.° do Decreto-Lei n.° 315/95, feita no n.° 1 do artigo 1.° do Decreto-Lei n.° 227/89, de 8 de Julho,[378] carecem de registo na IGAC as entidades que se dediquem à importação, fabrico, produção, edição, distribuição ou exportação de fonogramas, bem como à impressão das respectivas capas.[379]

Nas situações em apreço, como se acabou de ver, a qualidade de "promotor", em resultado da obrigação de registo como tal no ICA, I.P. ou na IGAC, é extensível a um vasto conjunto de entidades que não apenas as próprias entidades produtoras[380], o que tornaria ainda mais insólito que a isenção, acabando por ser aplicável em relação aos serviços prestados pelos artistas a organismos terceiros cuja actividade por vezes se encontra a montante da própria produção, não o pudesse ser quando os artistas participantes em filmes ou na gravação de suportes videográficos ou fonográficos prestassem tais serviços por intermédio dos seus próprios agentes ou promotores artísticos.

4.3. Direitos conexos de que são titulares os artistas

Quando estejam em causa direitos conexos com o direito de autor, de que são titulares os artistas intérpretes ou executantes de obras de arte, afigura-se que a isenção pode operar, não ao abrigo da alínea 16) do artigo 9.° do CIVA, mas da subalínea a) da alínea 15) desse artigo.

---

[378] Na redacção que lhe é dada pelo n.° 4 do artigo 48.° do Decreto-Lei n.° 315/95 (com Declaração de Rectificação n.° 1-B/96, publicada no Diário da República n.° 26, Suplemento, I Série-A, de 31 de Janeiro de 1996).

[379] Apesar de, *rectius*, o Decreto-Lei n.° 227/89, por força do n.° 2 do seu artigo 1.°, cingir o seu âmbito aos fonogramas que tenham a natureza de cassetes áudio.

[380] No entanto, fica-se na dúvida se tal extensão é abarcada no trecho final do n.° 3 do ofício-circulado n.° 30019, de 9 de Março de 2009, da DSIVA, ao afirmar-se aí que a isenção é aplicável aos serviços artísticos prestados às "*entidades que exerçam actividades no âmbito da realização de filmes, edição de discos e de outros suportes de som ou imagem*".

Em prol da acepção acabada de enunciar, há a salientar que a subalínea a) da alínea 15) do artigo 9.º do CIVA se reporta, do ponto de vista objectivo, às remunerações auferidas por actores, por músicos e por outros artistas, na sequência das actuações ou prestações de carácter artístico que protagonizem, incluindo as relacionadas com a *"execução de espectáculos"*, com a *"realização de filmes"* e com a *"edição de discos e de outros suportes de som ou imagem"*.

Para corroborar este entendimento, contribui, em primeiro lugar, a circunstância de o n.º 3 do artigo 1.º da Lei n.º 4/2008, de 7 de Fevereiro, definir como espectáculos públicos, não só os que se realizam perante o público, como os que se destinam a efectuar gravações de qualquer tipo para posterior difusão pública, nomeadamente, em teatro, cinema, radiodifusão (incluindo televisão) ou em outros suportes audiovisuais, assim como através da rede global (*"internet"*). Também com esse mote, a exibição pública de videogramas é considerada um espectáculo ou divertimento público para todos os efeitos legais, nos termos do n.º 1 do artigo 10.º do Decreto-Lei n.º 39/88, de 6 de Fevereiro.[381] Sucede que é precisamente na divulgação pública dos registos obtidos e difundidos na sequência das referidas gravações ou na radiodifusão das próprias actuações que, em boa parte, se consubstanciam os direitos conexos de que são titulares os artistas intérpretes ou executantes das obras protegidas, como decorre do disposto no artigo 178.º do CDADC, pelo que tais direitos conexos, embora não abrangidos pela alínea 16) do artigo 9.º do CIVA por não constituírem um direito de autor, não deixam de poder beneficiar de isenção do IVA, ao abrigo do disposto na subalínea a) da alínea 15) daquele mesmo artigo.

E, de igual modo, em meu critério, a norma de isenção abrange a própria edição de discos e de outros suportes de som ou imagem, sendo que "edição", de harmonia com a definição constante do artigo 83.º do CDADC, é *"o contrato pelo qual o autor concede a outrem, nas condições nele estipuladas ou previstas na lei, autorização para produzir por conta própria um número determinado de exemplares de uma obra ou conjunto de obras, assumindo a outra parte a obrigação de os distribuir e vender"*. No seu

---

[381] Na redacção que lhe é dada pelo Decreto-Lei n.º 121/2004, de 21 de Maio.

sentido genérico, a edição resulta de uma autorização para a reprodução de uma obra, qualquer que seja o modo de reprodução em causa, desde que esta seja mecânica e não manual.[382] No que concerne em particular aos artistas intérpretes ou executantes, a reprodução das obras fonográficas ou videográficas em que participem confere-lhes o direito de auferir uma remuneração a título de direitos conexos, nos termos da alínea c) do n.º 1 e do n.º 2 do artigo 178.º do CDADC, a qual vem, assim, contemplada na própria letra da norma de isenção em causa, ao constar dela expressa referência à edição daqueles suportes.

Nas circunstâncias expostas, não parece, portanto, que a isenção prevista na subalínea a) da alínea 15) do artigo 9.º do CIVA deixe à margem as remunerações obtidas pelos artistas a título de direitos conexos com o direito de autor, uma vez que o recebimento desses direitos representa a contrapartida da utilização, exibição pública ou edição dos registos em que se materializam os seus desempenhos, bem como da radiodifusão ou de outras formas de transmissão das suas actuações.[383]

Por último, também não parece que seja susceptível de prejudicar a isenção a circunstância de os direitos conexos de que são titulares os artistas intérpretes ou executantes de obras de arte virem a ser cobrados e, posteriormente, distribuídos àqueles por entidades encarregues da gestão colectiva desses direitos, à semelhança do que sucede no domínio do direito de autor.

4.4. Participação artística em eventos ou anúncios publicitários

Um último aspecto, complementar dos precedentes e igualmente susceptível de gerar dúvidas, abordado no ofício-circulado n.º 30109, de 9 de Março de 2009, da DSIVA, respeita ao entendimento aí mani-

---

[382] Cf. JOSÉ OLIVEIRA ASCENÇÃO, *Direito...* cit., pp. 439-441.
[383] Note-se que a titularidade de direitos conexos por parte dos artistas intérpretes ou executantes não pressupõe sempre a *"materialidade de uma fixação"*, já que pode ter lugar em caso de radiodifusão ou de comunicação ao público, por qualquer meio, das suas prestações – cf. JOSÉ OLIVEIRA ASCENÇÃO, *Direito...* cit., pp. 549-550.

festado, no quarto travessão do seu n.º 5, de que a isenção em causa não é aplicável "*[q]uando se trate de prestações de serviços destinadas à realização de spot ou anúncio publicitário, ainda que prestadas ao respectivo promotor*".

Sobre a matéria incumbe começar por salientar que tal acepção parece ter representado também uma certa inflexão no sentido da anterior doutrina da administração tributária, pelo menos se se comparar com o teor da informação n.º 1145, de 24 de Janeiro de 1992, da ex-DSCA, sancionada por despacho da mesma data, do SDG-IVA. Nessa informação vêm indicadas, a título exemplificativo, como entidades susceptíveis de serem consideradas promotoras, para efeitos da isenção actualmente prevista na subalínea a) da alínea 15) do artigo 9.º do CIVA, entre outras, as empresas produtoras de publicidade.

Diga-se, desde já, salvo melhor opinião, que não se vislumbrariam razões para uma completa modificação desse entendimento, sem prejuízo da evidente necessidade de terem sido feitas as devidas ressalvas, de modo a assegurar um contorno que seja consentâneo com o âmbito objectivo da isenção prevista na subalínea a) da alínea 15) do artigo 9.º do CIVA. Em resultado de uma delimitação da vertente objectiva desta isenção, sobre que se deu a devida ênfase supra, exigível seria que se estivesse na presença de uma prestação de natureza artística, por exemplo, nos domínios da execução musical, do canto, da dança, da representação, da recitação ou da declamação.

Aliás, embora não se pretenda sobrestimar o peso do argumento, pensa-se que também aqui não deixaria de se justificar a tomada em consideração de que a isenção visa, por um lado, simplificar o cumprimento de obrigações ficais por parte dos prestadores de serviços de carácter artístico e, por outro lado, aligeirar as tarefas de controlo e o risco da administração tributária relativamente ao cumprimento das obrigações fiscais.

Acresce, no domínio do direito de autor, ao abrigo da alínea f) do n.º 1 do artigo 2.º do CDADC, que as criações intelectuais protegidas compreendem, nomeadamente, as obras cinematográficas, televisivas, fonográficas, videográficas e radiofónicas, quaisquer que sejam o género, a forma de expressão, o mérito, o modo de comunicação e o objectivo. E, por força da alínea m) do n.º 1 do mesmo artigo, as criações intelectuais protegidas estendem-se, inclusivamente, aos lemas e divisas de carácter publicitário, quando dotados de originalidade.[384] Daí que, nos termos do n.º 1 do artigo 29.º do Código da Publicidade[385], as disposições legais relativas ao direito de autor se apliquem às criações publicitárias.[386]

Por outro lado, contrariamente à argumentação constante do ofício-circulado em referência, afigura-se não ser relevante, para efeitos da delimitação do âmbito da isenção em causa, a excepção que é feita na alínea 2) da parte B do anexo X da Directiva do IVA, em cuja subalínea d) se excepcionam as "*[p]restações de publicidade comercial*". Note-se que tal excepção prevista no sistema comum do IVA não pretende limitar a isenção dos artistas intérpretes ou executantes de obras de arte quando estes actuem como tal no quadro de eventos ou anúncios publicitários. A referida excepção à possibilidade de isen-

---

[384] Embora menos relevantes no presente contexto, os cartazes e desenhos publicitários são também trazidos a bordo pelo artigo 163.º do CDADC.

[385] Aprovado pelo Decreto-Lei n.º 330/90, de 23 de Outubro, e alterado por: Decreto-Lei n.º 74/93, de 10 de Março; Decreto-Lei n.º 6/95, de 17 de Janeiro; Decreto-Lei n.º 61/97, de 25 de Março; Lei n.º 31-A/98, de 14 de Julho; Decreto-Lei n.º 275/98, de 9 de Setembro; Decreto-Lei n.º 51/2001, de 15 de Fevereiro; Decreto-Lei n.º 332/2001, de 24 de Dezembro; Lei n.º 32/2003, de 22 de Agosto; Decreto-Lei n.º 224/2004, de 4 de Dezembro; Lei n.º 37/2007, de 14 Agosto, Decreto-Lei n.º 57/2008, de 26 de Março, e Lei n.º 8/2011, de 11 de Abril.

[386] Na opinião de João Loureiro ("A Publicidade e o Direito de Autor", *Boletim da Ordem dos Advogados*, n.º 21, Jul-Ago de 2002, pp. 44-45), "*[é] incontroverso para o Direito de Autor e está expressamente estatuído no seu Código que as finalidades publicitárias das criações não lhes retiram a dignidade de obra intelectual de pleno direito e, como tal, sujeitas ao enquadramento jurídico daquele ramo especializado*". Aquela aparente generalização é refreada, porém, por J. P. Remédio Marques e M. Nogueira Serens ("Criações Publicitárias – A Atribuição do Direito Patrimonial de Autor e a Utilização das Criações Protegidas por Parte dos Anunciantes", in *Direito da Sociedade da Informação*, vol. VII, Coimbra: Coimbra Editora, 2008, pp. 207-278), que afirmam exigível, como características para a protecção pelo direito autoral, a *cindibilidade* e a *criação artística* ou *originalidade* das obras publicitárias. Sobre a noção de "*cindibilidade*", os referidos autores adiantam que a mesma se consubstancia na presença nas obras de artes aplicadas de uma característica bidimensional, materializada, por um lado, nas componentes utilitárias reportadas à identificação ou às características dos produtos ou serviços oriundos de uma determinada entidade (valores utilitários) e, por outro lado, na criatividade e na originalidade típicas das obras protegidas pelo direito de autor (valores artísticos).

ção, como todas as outras excepções que vêm enumeradas nas várias subalíneas daquela alínea 2), remonta aos tempos da Segunda Directiva.[387] A razão das excepções prende-se com o facto de a Segunda Directiva, enquanto primeiro esboço do sistema comum do IVA, não ter comportado um grau de harmonização acentuado, tendo deixado em aberto a possibilidade de os Estados membros não tributarem um conjunto relativamente vasto de prestações de serviços. Todavia, no sentido de assegurar um acervo mínimo de harmonização nessa matéria, o n.º 2 do artigo 6.º da Segunda Directiva, conjugado com o seu anexo B, obrigava os Estados membros a sujeitar a imposto todo aquele elenco de serviços que hoje consta das várias subalíneas que integram a alínea 2) da parte B do anexo X da Directiva do IVA. À luz do direito da UE, tais prestações de serviços não poderiam, em princípio, ser consideradas isentas pelos Estados membros[388], o que levou a que, referindo-se o proémio dessa subalínea 2), genericamente, à possibilidade de os Estados membros poderem continuar a isentar do IVA certas profissões independentes, mostrou-se necessário excepcionar da isenção aquelas que já a Segunda Directiva inviabilizava isentar. A excepção contida na subalínea d) da alínea 2) da parte B do anexo X da Directiva do IVA não leva, porém, a que se qualifiquem como prestações de serviços de publicidade os serviços artísticos prestados por artistas enumerados na subalínea a) da alínea 15) do artigo 9.º do CIVA, quando estes actuem no quadro da realização de eventos com fins publicitários ou da produção de filmes e de outros suportes publicitários.

De igual modo, não se afigura assumir particular relevo a circunstância de nas decisões a propósito do âmbito da expressão "*prestação*

---

[387] A Sexta Directiva, na alínea 2) do seu anexo F, em lugar de ter optado por enumerar em várias subalíneas as excepções à faculdade de isenção, havia enveredado por uma formulação não directamente enumerativa, exceptuando as "*prestações referidas no anexo B da Segunda Directiva do Conselho, de 11 de Abril de 1967*".

[388] Pese embora a Segunda Directiva, mesmo em relação a estas, ter deixado no ar uma vaga hipótese de virem a ser consideradas isentas, ao referir, na nota 10 do seu anexo A, que "*[o]s Estados membros abster-se-ão, sempre que possível, de isentar as prestações de serviços enumeradas no anexo B*", ressalva, porém, que não assume aqui qualquer relevo.

de serviços de publicidade" – então constante do segundo travessão da alínea e) do n.º 2 do artigo 9.º da Sexta Directiva[389], em matéria de regras de localização das prestações de serviços – o TJUE vir aderindo a uma interpretação relativamente lata do conceito de serviços de publicidade.[390] Segundo aquele órgão jurisdicional, o conceito de serviços de publicidade, para efeitos da mencionada disposição, trata-se de um conceito que envolve as diferentes formas de difusão de uma mensagem destinada a informar o mercado acerca de um produto, normalmente feita através da rádio, da televisão ou da imprensa, muito embora nada impeça que haja um recurso total ou parcial a outros meios. Ainda de harmonia com a jurisprudência do TJUE, integram-se no conceito as prestações de serviços, com os fins acima referidos, inseridas em conferências de imprensa, seminários, *cocktails* ou sessões recreativas[391], assim como a produção de filmes e outros serviços publicitários, mesmo que não sejam facturados directamente ao anunciante, mas a uma agência de publicidade ou a um outro intermediário, que, por seu turno, os facturam ao anunciante.[392] Sucede, todavia, para além de a referida jurisprudência se circunscrever à aplicação das regras de localização das prestações de serviços, que nem sequer parece que a acepção lata de serviços de publicidade, formulada pelo TJUE naquele domínio específico, possa afectar a qualificação dos próprios serviços artísticos prestados por uma pessoa que, no âmbito de um evento com objectivos publicitários ou da gravação de um anúncio publicitário, por exemplo, represente um texto, execute um tema musical, *etc.*.

---

[389] Correspondente à alínea b) do n.º 1 do artigo 56.º da Directiva do IVA, na redacção em vigor até 31 de Dezembro de 2009.

[390] Sobre o conceito de serviços de publicidade para efeitos das regras de localização em sede de IVA das prestações de serviços, veja-se RUI LAIRES, *IVA: A Localização...* cit., pp. 138-139.

[391] Cf. o acórdão de 17 de Novembro de 1993 (C-69/92, Comissão/Luxemburgo, Colect. p. I-5907).

[392] Cf. os acórdãos de 15 de Março de 2001 (C-108/00, *SPI*, Colect. p. I-2361) e de 5 de Junho de 2003 (C-438/01, *Design Concept/Flanders Expo*, Colect. p. I-5617).

Assim, por exemplo, na medida em que o contributo dos protagonistas de um filme publicitário[393] ou de outro suporte com idêntica finalidade constitua uma actuação no âmbito de uma interpretação ou execução artística, afigura-se que esta não deve ser desconsiderada para efeitos da isenção. O que se entende relevante no contexto da participação de pessoas, sejam artistas profissionais ou não, em eventos de carácter publicitário ou em registos audiovisuais, fonográficos ou videográficos com propósitos publicitários reside, portanto, no carácter artístico dessa sua participação e não no fim visado, em ordem a determinar se a respectiva remuneração pode ter enquadramento na isenção prevista na subalínea a) da alínea 15) do artigo 9.º do CIVA.[394]

Além da isenção relativamente à remuneração obtida quando das actuações de natureza artística, independentemente da sua finalidade, não parece que fique fora de cogitação, à semelhança do que sucede em relação ao direito de autor, que a protagonização como artista intérprete ou executante de obras publicitárias protegidas possa, inclusivamente, vir a dar azo a uma remuneração a título de direitos conexos, os quais, como se opinou antes, são de considerar inseridos no âmbito da subalínea a) da alínea 15) do artigo 9.º do CIVA. O mesmo ocorre, por exemplo, no caso de utilização de uma obra musical já fixada como banda sonora de um filme publicitário, havendo lugar

---

[393] Até à sua revogação pela Lei n.º 42/2004, de 18 de Agosto (Lei de Arte Cinematográfica e do Audiovisual), constava da alínea f) do n.º 1 do artigo 2.º do Decreto-Lei n.º 350/93, de 7 de Outubro (que regulava a actividade cinematográfica, no seu conjunto, e o apoio à produção audiovisual e à sua comercialização e difusão, bem como as relações entre o cinema e os restantes meios de difusão audiovisual), uma definição de "filme publicitário" para efeitos daquele diploma, considerado como um filme realizado com o objectivo de promover o fornecimento de bens ou serviços no âmbito de uma actividade comercial, industrial, artesanal ou liberal, bem como promover ideias, princípios, iniciativas ou instituições.

[394] Um caso duvidoso de inclusão no âmbito da isenção poderá ser, por exemplo, a publicidade testemunhal, prevista no artigo 15.º do Código da Publicidade, embora, por outro lado, haja que levar em conta que mesmo os depoimentos genuínos e comprováveis ligados à experiência do depoente ou de quem ele represente, a que alude aquela disposição, não deixam de ter presente, pelo menos em alguns casos, a prévia formulação de um texto ou guião e a necessidade da respectiva interpretação (representação).

à remuneração dos respectivos intérpretes ou executantes a título de direitos conexos.

Por último, em face da posição aqui defendida relativamente à delimitação subjectiva do âmbito da isenção, também não se afigura determinante, para efeitos da sua aplicação, que o destinatário directo dos serviços artísticos seja o próprio anunciante, seja uma agência de publicidade ou seja um agente intermediário entre o artista e qualquer daquelas entidades.

Secção VIII

Actividades de certos organismos sem finalidade lucrativa no interesse colectivo dos seus membros

1. Aspectos gerais

Nos termos da alínea 19) do artigo 9.º do CIVA[395], estão isentas do imposto as prestações de serviços e as transmissões de bens com elas conexas efectuadas por organismos sem finalidade lucrativa, que tenham como única contraprestação uma quota fixada nos termos dos estatutos, quando constituam operações realizadas no interesse colectivo dos associados. Para tanto, esses organismos devem dedicar-se à prossecução de objectivos de natureza política, sindical, religiosa, humanitária, filantrópica, recreativa, desportiva, cultural, cívica ou de representação de interesses económicos. Em traços gerais, a referida disposição procede à transposição para o ordenamento interno da actual alínea l) do n.º 1 do artigo 132.º da Directiva do IVA[396], nos termos da qual os Estados membros devem isentar "*[a]s prestações de serviços, e bem assim as entregas de bens com elas estreitamente relacionadas, efectuadas aos respectivos membros no interesse colectivo por organismos sem*

---

[395] Esta alínea 19) corresponde ao anterior n.º 21 do artigo 9.º do CIVA, com a redacção dada pelo Decreto-Lei n.º 195/89, de 12 de Junho. Antes disso, o n.º 21 tivera em vigor as redacções dadas pelo Decreto-Lei n.º 394-B/84, de 26 de Dezembro, e pelo n.º 3 do artigo 30.º da Lei n.º 9/86, de 30 de Abril.

[396] Correspondente à anterior alínea l) do n.º 1 da parte A do artigo 13.º da Sexta Directiva.

fins lucrativos que prossigam objectivos de natureza política, sindical, religiosa, patriótica, filosófica, filantrópica ou cívica, mediante quotização fixada nos estatutos, desde que tal isenção não seja susceptível de provocar distorções de concorrência".[397]

Para que opere a isenção prevista na alínea 19) do artigo 9.º do CIVA, mostra-se necessária a verificação cumulativa das seguintes condições:

– As prestações de serviços em referência, assim como as transmissões de bens conexas, serem efectuadas por um organismo sem finalidade lucrativa;

– As referidas operações serem realizadas no interesse colectivo dos associados desse organismo;

– A única contraprestação ser uma quota fixada nos termos dos estatutos.

Conforme enunciado no n.º 7 da informação n.º 1021, de 5 de Janeiro de 1998, da DSIVA, *"apenas se encontram abrangidas pela isenção as quotas, fixadas nos estatutos, considerando-se excluídas quaisquer outras receitas, ainda que fixada nos termos dos estatutos"*.[398] No entanto, relativamente às jóias de inscrição, desde que se verifiquem os restantes pressupostos enunciados na alínea 19) do artigo 9.º do CIVA, a administração fiscal tem considerado que também estão cobertas pela isenção nos mesmos termos das quotas[399], conforme entendimento constante, entre outros, do despacho de 14 de Março de 1986 (processo 30 E.N. 554/86)[400]; da alínea d) do n.º 6 da informação n.º 1831, de 28

---

[397] Veja-se, contudo, as observações feitas na parte final deste n.º 1 da secção VIII do capítulo IV, acerca das alíneas m) e n) do n.º 1 do artigo 132.º da Directiva do IVA, bem como acerca da condição relativa à não distorção de concorrência.

[398] *Apud* EMANUEL VIDAL LIMA, *Imposto...* cit., p. 206.

[399] No acórdão do TJUE de 21 de Março de 2002 (C-174/00, *Kennemer Golf*, Colect. p. I-3293, n.º 10) indicava-se que o organismo aí em questão, para além de quotizações anuais, obtinha também dos seus membros uma jóia de inscrição e um empréstimo obrigacionista sem juros. No entanto, o TJUE, no seu pronunciamento, só se referiu expressamente às quotizações anuais, não tendo aludido mais às jóias de inscrição e aos empréstimos obrigacionistas sem juros feitos pelos membros em proveito dos organismos em causa.

[400] *Apud* F. PINTO FERNANDES e NUNO PINTO FERNANDES, *Código...* cit., pp. 227--228.

de Maio de 1992, da ex-DSCA, com despacho de 29 de Maio de 1992, do SDG-IVA; do despacho de 8 de Julho de 2005, do SDG, em substituição legal do DG (processo R139 2003061)[401]; e do n.º 18 do despacho de 1 de Setembro de 2008, do SDG, em substituição legal do DG (processo A419 2004009).[402]

Embora de conteúdo discutível, é também de admitir que possa pretender alicerçar-se na norma de isenção em apreço a interpretação administrativa constante do ofício-circulado n.º 56623, de 18 de Maio de 1998, da DSIVA, que divulgou o entendimento, baseado em despacho de 21 de Fevereiro de 1997, do Secretário de Estado dos Assuntos Fiscais, de que "*a atribuição aos associados de lugares cativos nos estádios de futebol constitui uma operação isenta ao abrigo do artigo 9.º do Código do IVA*", apesar de não vir especificamente indicada a disposição do artigo 9.º que sufragaria uma tal isenção.[403]

A administração fiscal também já chegou a considerar, relativamente a uma "quota suplementar" cobrada por um dado organismo sem finalidade lucrativa – partindo da acepção de que o pagamento de quotas deve estar previsto nos estatutos, mas que o seu valor monetário não teria de estar obrigatoriamente expresso nos estatutos – que, no caso de ser decidida em assembleia-geral uma contribuição excepcional sob a forma de uma quota suplementar para fazer face aos encargos do organismo, a mesma não poderia deixar de ser considerada como uma quotização nos termos dos estatutos, devendo, porém, a assembleia-geral incluir na respectiva ordem de trabalhos o assunto,

---

[401] Consultado a 27 de Agosto de 2011, a partir da página da rede global com o endereço: ‹http://info.portaldasfinancas.gov.pt/pt/informacao_fiscal/informacoes_vinculativas/despesa/civa/›.

[402] Idem.

[403] Ainda mais discutível afigurar-se-ia ser a eventual subsunção na isenção aplicável à locação de bens imóveis, que vem actualmente contida na alínea 29) do artigo 9.º do CIVA, hipótese também prefigurada, mas também não cabalmente perfilhada, no mencionado despacho do Secretário de Estado dos Assuntos Fiscais (apud PwC, *Base de Dados…* cit.). É de notar que o referido ofício-circulado não respeita à utilização de camarotes nos estádios de futebol, nomeadamente no âmbito dos designados "pacotes *corporate*", que é objecto da circular n.º 20/2009, de 28 de Julho de 2009, da DGCI. Sobre esta matéria, veja-se, *infra*, a secção IV do capítulo VI.

relativamente ao qual os associados teriam de manifestar a sua vontade colectiva e aprovar a referida quota suplementar.[404] Cumpre assinalar, todavia, quer em relação a "quotas suplementares", quer em relação a "quotas extraordinárias", que também já foi entendido que as mesmas não estariam abrangidas pela isenção, por se tratar de *"importâncias pagas pelos associados para além da quotização fixada nos estatutos"*.[405]

Em qualquer caso, a isenção não abrange as transmissões de bens ou as prestações de serviços efectuadas aos respectivos membros por solicitação exclusiva destes e submetidas a uma tabela de preços diversa de um sistema de quotizações, ainda que esses membros, em razão da sua qualidade, possam beneficiar de uma redução do preço, relativamente ao valor a pagar por terceiras pessoas.[406] Assim, por exemplo, em relação aos serviços de alimentação e bebidas, prestados em cafetarias, bares, *etc.*, explorados complementarmente pelos referidos organismos sem finalidade lucrativa, não é aplicável a isenção prevista na alínea 19) do artigo 9.º do CIVA.[407] Só assim não seria se a possibilidade de beneficiar de serviços de alimentação e bebidas resultasse única e exclusivamente do pagamento das quotas, sem cobrança de qualquer valor adicional para beneficiar daquele serviço, o que normalmente não sucede. Em relação à eventual disponibilização de jogos, como bilhares, ténis de mesa, matraquilhos, *etc.* aos membros ou associados, há também que tomar em consideração se o acesso a essas actividades se encontra ao dispor dos sócios exclusivamente por via do

---

[404] Cf. parecer n.º 173/92, de 25 de Janeiro de 1993, do CEF, com despacho concordante de 25 de Janeiro de 1993, do Subsecretário de Estado Adjunto da Secretária de Estado Adjunta e do Orçamento (apud PwC, Base de Dados... cit.).

[405] Cf. n.º 9 da informação n.º 1295, de 6 de Março de 2000, com despacho da mesma data, da SDG-IVA.

[406] Neste sentido, veja-se o despacho de 2 de Dezembro de 1986 (processo 30 E.N. 5079/86) – *apud* F. Pinto Fernandes e Nuno Pinto Fernandes, *Código...* cit., p. 229, assim como o despacho de 15 de Maio de 2006, do SDG, em substituição do DG (processo A419 2006007), consultado a 14 de Novembro de 2011, a partir da página da rede global com o seguinte endereço: ‹http://info.portaldasfinancas.gov.pt/pt/informacao_fiscal/informacoes_vinculativas/despesa/civa/›).

[407] Sobre a eventual isenção, ao abrigo do artigo 53.º do CIVA, desse tipo de actividades exploradas acessoriamente por certos organismos sem finalidade lucrativa, veja-se, *infra*, a secção XII deste capítulo IV.

pagamento das quotas, ou se se trata de um serviço individualizado pago autonomamente por aqueles, hipóteses que devem também ser enquadradas com base nas premissas acima descritas.

Sobre a qualificação como contraprestação do pagamento de quotas anuais a uma associação desportiva pronunciou-se o acórdão de 21 de Março de 2002 (C-174/00, *Kennemer Golf*, Colect. p. I-3293), embora não tenha estado especialmente em apreciação a interpretação da norma contida na alínea l), mas, sim, a prevista na alínea m) do n.º 1 do artigo 132.º da Directiva do IVA.[408] A decisão salientou que as prestações de serviços realizadas pelo organismo em causa aos seus associados consistiam na disponibilização por esse organismo, com carácter permanente, das instalações desportivas e das vantagens a elas inerentes, e não em prestações de serviços pontuais efectuadas a pedido dos seus membros. Assim, o pagamento das quotas representava a contraprestação dos serviços que a associação desportiva prestava, mesmo quanto aos membros que não utilizavam as instalações ou não as utilizavam regularmente.

Acerca dos organismos que prossigam objectivos de natureza sindical, o TJUE pronunciou-se no seu acórdão de 12 de Novembro de 1998 (C-149/97, *Institute of the Motor Industry*, Colect. p. I-7053). Embora tivesse recordado, no n.º 17 do acórdão, que as isenções devem ser objecto de uma interpretação estrita, o mesmo admitiu, no n.º 20, que a isenção em causa poderia abranger um organismo que, não sendo exactamente um sindicato de trabalhadores, prosseguisse como objectivo principal a defesa dos interesses colectivos dos seus membros e a sua representação perante terceiros, nomeadamente face às autoridades públicas, quer estes fossem trabalhadores, empregadores, titulares de profissões liberais ou operadores que exerçam uma dada actividade económica. Com alguma relevância no presente contexto, cabe assinalar que o TJUE não enveredou por uma interpretação demasiado estrita da referida alínea l), em relação ao alcance do termo "sindical", assim como não adoptou uma posição tão afirmativa

---

[408] À data da decisão correspondiam, respectivamente, às alíneas l) e m) do n.º 1 parte A do artigo 13.º da Sexta Directiva.

quanto a que vinha preconizada pelo advogado-geral Cosmas, nas suas conclusões datadas de 14 de Maio de 1998, em relação à natureza dos objectivos prosseguidos pelo organismo em causa, deixando-o à apreciação do tribunal nacional.[409] Por outro lado, no n.º 19 do acórdão, o TJUE delimitou negativamente a isenção relativamente ao âmbito do termo "sindical", frisando que não bastaria, para esse efeito, o organismo promover os interesses dos seus membros, sem que esse objectivo se concretizasse através da defesa ou representação dos seus interesses colectivos.

A decisão tomada em relação ao caso *Institute of the Motor Industry* permite confirmar a adequação ao sistema comum da alínea 19) do artigo 9.º do CIVA, na parte em que alude a organismos cujo objectivo seja a representação de interesses económicos, embora estes não venham expressamente mencionados na alínea l) do n.º 1 do artigo 132.º da Directiva do IVA. Por seu turno, também não parece que constitua uma diferença de substância o facto de o elemento literal desta alínea l) se reportar a objectivos de natureza patriótica ou filosófica, que não vêm expressamente mencionados na alínea 19) do artigo 9.º do CIVA, ao passo que esta última inclui objectivos humanitários não integrantes do elemento literal daquela alínea l). Quanto à referência a objectivos de carácter recreativo, desportivo ou cultural indicados na alínea 19) do artigo 9.º, é possível que os mesmos não tenham cabimento no âmbito da alínea l) do n.º 1 do artigo 132.º a não ser que se adopte uma interpretação muito lata de objectivos de natureza cívica, sendo certo, porém, que as alíneas m) e n) desse n.º 1 dão aos Estados membros uma boa margem de manobra na isenção de prestações de serviços relacionadas com o desporto, a educação física e a cultura, pelo que nada parece impedir que a alínea 19) do artigo 9.º do CIVA também faça alusão aos referidos objectivos.

Um outro aspecto que poderia denotar alguma divergência entre a alínea 19) do artigo 9.º do CIVA e a alínea l) do n.º 1 do artigo 132.º

---

[409] No n.º 12 do texto do acórdão esclarecia-se que os objectivos da associação em causa eram "*a melhoria do nível profissional dos seus membros, das suas estruturas de carreira dentro dos diversos sectores da indústria [automóvel] e o consequente benefício em termos de imagem da indústria e das pessoas que nela trabalham*".

da Directiva do IVA é o facto de esta última conter a condição de que a isenção não seja susceptível de provocar distorções de concorrência, condição esta que o legislador interno não terá considerado necessário aditar. É de notar que a isenção em causa respeita exclusivamente a organismos sem finalidade lucrativa, e o conceito de organismo não lucrativo, adoptado para efeitos do IVA na legislação interna, está submetido a condições mais rigorosas do que as mínimas exigidas pelo sistema comum do IVA, sendo uma delas não entrar em concorrência directa com entidades submetidas a tributação, em conformidade com o disposto na alínea d) do artigo 10.º do CIVA. Neste contexto, é de prefigurar que o legislador interno tenha admitido que o benefício da isenção prevista na alínea 19) do artigo 9.º do CIVA nunca seja susceptível de provocar distorções de concorrência.

A caracterização dos organismos sem finalidade lucrativa, para efeitos de isenção do IVA, assim como o conceito de transmissões de bens estreitamente conexas, são mais adiante objecto de desenvolvimento.[410] Em relação às demais condições para que opere a isenção prevista na alínea 19) do artigo 9.º do CIVA, afigura-se oportuno deixar aqui algumas notas complementares.

2. A quota como única contraprestação

No contexto da alínea 19) do artigo 9.º do CIVA, assume relevância analisar se a disposição em causa, ao estabelecer a condição de que as prestações de serviços isentas tenham como "única contraprestação" uma quota, inviabiliza a aplicação da isenção quando os montantes cobrados não sejam únicos e uniformes.

Nesse capítulo, cabe referir, num primeiro momento, que se mostraria duvidosa a acepção de que todas as prestações de serviços realizadas por um organismo sem finalidade lucrativa, para serem isentas, deveriam ter necessariamente uma quota única e uniforme como correspectivo, independentemente da natureza dos serviços disponibilizados, da sua amplitude e da frequência com que cada associado

---

[410] Estes conceitos vêm desenvolvidos, *infra*, nas secções X e XI deste capítulo IV.

pudesse ser destinatário dos mesmos. Com efeito, no sentido de apreciar a natureza das contraprestações a que se reporta a alínea 19) do artigo 9.º do CIVA, não deve deixar de se tomar em consideração a circunstância de a alínea l) do n.º 1 do artigo 132.º da Directiva do IVA, que serve de base àquela disposição da legislação interna, se referir a *"quotização"*, e não apenas a *"uma quota"*. Também noutras versões linguísticas, como sucede com a francesa e a espanhola, a mencionada disposição do sistema comum do IVA reporta-se, respectivamente, a *"cotisation"* e a *"cotización"*, parecendo remeter para um conceito de "quotização", ou seja, de um sistema de quotas.

Complementarmente, cabe assinalar que as disposições interna e da UE em apreço não estabelecem que o organismo em causa, em relação a toda a sua actividade, apenas poderia obter contraprestações sob a forma de quotas, mas, sim, que apenas são isentas as prestações de serviços cuja única contraprestação seja a quota.

3. Fixação da quota pelos estatutos

Por outro lado, a alínea 19) do artigo 9.º do CIVA faz referência a *"quota fixada nos termos dos estatutos"*, pelo que não parece que seja de exigir que a fixação quantitativa ou actualização periódica do montante das quotas a pagar pelos associados aos organismos sem finalidade lucrativa deva ficar incondicionalmente circunscrita aos próprios estatutos dos organismos. Tal representaria uma exigência excessiva, uma vez que o objectivo de uma correcta e simples aplicação das isenções, a que alude o artigo 131.º da Directiva do IVA, em nada sairia beneficiado se, exclusivamente para cumprimento de uma formalidade fiscal, até a simples actualização anual do valor das quotas, por exemplo, exigisse uma revisão dos estatutos dos organismos. Não se vislumbra, ademais, as vantagens na aplicação das regras do IVA que uma tal exigência traria, sendo certo que a fixação ou actualização das quotas processada de harmonia com os critérios e os procedimentos previstos nos estatutos dos organismos parece assegurar os objectivos pretendidos. Tais objectivos, salvo melhor entendimento, consistem em identificar com clareza quais os tipos de serviços que são objecto de reconhecimento pelo próprio organismo como prestados no interesse colectivo dos associados, bem como os montantes das quotas que estes devem pagar para obter acesso a eles, permitindo distingui-los, assim, de outros serviços que visem meros objectivos particulares de alguns associados ou de terceiros, ou, em geral, que não se destinem à prossecução dos próprios fins colectivos que justificaram a criação do organismo.

É verdade que a versão portuguesa da alínea l) do n.º 1 do artigo 132.º da Directiva do IVA se reporta a quotização *"fixada nos estatutos"*. No entanto, outros idiomas apresentam elemento literal diferente, o que sucede, por exemplo, no caso francês, espanhol, italiano e inglês, que enunciam, respectivamente, *"cotisation fixée conformément aux statuts»*, *«cotización fijada de conformidad con los estatutos"*, *"quote fissate in conformità dello statuto"* e *"subscription fixed in accordance with their rules"*, ou seja, apontam para uma fixação em conformidade com os estatutos, e não necessariamente para uma fixação expressa e exaustiva do valor das quotas nos próprios estatutos dos organismos.

A acepção aqui prefigurada como mais consentânea com o âmbito da alínea 19) do artigo 9.º do CIVA comporta algum paralelismo com a defendida no parecer n.º 173/92, de 25 de Janeiro de 1993, do CEF,[411] de harmonia com o qual a condição aí prevista de que a única contraprestação seja uma quota fixada nos termos dos estatutos deve ser interpretada no sentido da existência de uma contribuição periódica do sócio para fazer face aos encargos materiais da associação, e não necessariamente um valor monetário expresso nos próprios estatutos.

4. O interesse colectivo dos associados

Quanto à condição de os serviços serem prestados no interesse colectivo dos associados, é de crer que tal não signifique que esses serviços não possam representar um benefício na esfera jurídica de cada um dos associados. Com efeito, uma eventual acepção de que,

---

[411] Com despacho concordante de 25 de Janeiro de 1993, do Subsecretário de Estado Adjunto da Secretaria de Estado Adjunta e do Orçamento (apud PwC, *Base de Dados...* cit.).

para que beneficiasse da isenção prevista na alínea 19) do artigo 9.º do CIVA, as prestações de serviços teriam de ser dirigidas, simultânea e indiscriminadamente, a todos os associados poderia mostrar-se excessiva. A ser assim, tal significaria que a isenção só tenderia a ter aplicação quando não fosse possível apurar, em termos objectivos e causais, qualquer benefício na esfera jurídica dos associados. Ora, não pode deixar de ser levado em linha de conta que o conceito genérico de prestação de serviços, para efeitos do IVA, exige que o montante pago pelo destinatário constitua uma contrapartida efectiva de um serviço individualizado, fornecido no âmbito de uma relação jurídica em que sejam trocadas prestações recíprocas, como se evidencia em várias decisões do TJUE.[412] Em face disso, não parece que possa merecer acolhimento uma eventual acepção de que a aplicação da isenção não teria lugar quando, em termos objectivos e causais, se estivesse na presença de serviços destinados à esfera jurídica própria de cada um dos associados. Neste caso, seria bastante duvidoso, desde logo, que tais operações fossem de qualificar como prestações de serviços para efeitos do IVA, o que conduziria a que estivesse em causa a própria razão da existência de uma norma que se destinasse a isentar realidades não abrangida pela própria incidência do imposto. A este propósito, recorde-se que é jurisprudência reiterada do TJUE, pese embora o critério de interpretação estrita de semelhantes normas de isenção, que tal critério não deve conduzir a que tais disposições fiquem praticamente destituídas de conteúdo.[413]

Assim, afigura-se que a condição de que os serviços sejam prestados no interesse colectivo dos associados remete para categorias de prestações de serviços que assegurem a prossecução das finalidades dos organismos, ponderadas as circunstâncias que levaram à respectiva

---

[412] Cf., por exemplo, acórdãos de 8 de Março de 1988 (102/86, *Apple and Pear*, Colect. p. 1443, n.ºs 11 e 12) e de 21 de Março de 2002 (C-174/00, *Kennemer Golf*, Colect. p. I-3293, n.º 39).

[413] Cf., por exemplo, os seguintes acórdãos: de 18 de Novembro de 2004 (C-284/03, *Temco Europe*, Colect. p. I-11237, n.º 17); de 20 de Junho de 2002 (C-287/00, Comissão/Alemanha, Colect. p. I-5811, n.º 47); de 14 de Junho de 2007 (C-445/05, *Haderer*, Colect. p. I-4841, n.º 18); e de 23 de Abril de 2009 (C-357/07, *TNT Post UK*, Colect. p. I-3025, n.º 31).

criação e os motivos que, em termos médios e objectivamente considerados, levou o conjunto dos destinatários dos serviços a associar-se ou a tornar-se membro de um dado organismo.

Secção IX
Manifestações ocasionais para angariação de fundos

Nos termos da alínea 20) do artigo 9.º do CIVA, estão isentas do imposto as transmissões de bens e as prestações de serviços efectuadas por entidades cujas actividades habituais se encontram isentas nos termos das alíneas 2), 6), 7), 8), 9), 10), 12), 13), 14) ou 19) daquele artigo, quando ocorram no âmbito de manifestações ocasionais destinadas à angariação de fundos em seu proveito exclusivo, desde que esta isenção não provoque distorções de concorrência.

Contempla-se na isenção a realização de eventos, com carácter excepcional, que tenham como finalidade a obtenção de recursos financeiros próprios pelas entidades em questão, eventos esses susceptíveis de revestir diversos tipos de iniciativas, entre estas a organização de festas, espectáculos, confraternizações, exposições e outras manifestações de carácter cultural, recreativo ou desportivo, as quais incluem, por vezes, a venda ou o serviço de géneros alimentares, a realização de quermesses ou de sorteios.

No plano da UE, disposição congénere vem prevista na alínea o) do n.º 1 do artigo 132.º da Directiva do IVA[414], isentando as transmissões de bens e as prestações de serviços efectuadas pelos organismos referidos nas alíneas b), g), h), i), l), m) e n) daquele n.º 1, quando, em seu proveito exclusivo, organizem eventos destinados à angariação de fundos, desde que essa isenção não seja susceptível de provocar distorções de concorrência. Os Estados membros, ao abrigo do n.º 2 do mesmo artigo 132.º, podem, no entanto, introduzir as restrições que considerem adequadas, designadamente, limitando o número de manifestações ou o montante das receitas que conferem o direito à isenção.

---

[414] Correspondente à anterior alínea o) do n.º 1 da parte A do artigo 13.º da Sexta Directiva.

A isenção prevista na alínea 20) do artigo 9.º do CIVA vem regulamentada no Despacho Normativo n.º 118/85, de 31 de Dezembro[415], que define o número máximo anual e exemplifica o tipo de eventos susceptíveis de ficar abrangidos pela isenção.

Por via do n.º 2 do Despacho Normativo n.º 118/85, para efeitos da mencionada isenção, encontra-se fixado em oito o número máximo de eventos ocasionais realizados anualmente pelas referidas entidades.[416] No entanto, a título excepcional, na sequência de requerimento devidamente fundamentado, a administração tributária pode autorizar que aquele número máximo de eventos seja ultrapassado, de harmonia com a possibilidade prevista no n.º 5 do Despacho Normativo.

Por seu turno, nos termos do seu n.º 3, a isenção actualmente prevista na alínea 20) do artigo 9.º do CIVA abrange o direito de acesso às manifestações e aos espectáculos realizados, assim como as operações efectuadas no âmbito dos mesmos, como sejam, por exemplo, bufete, bar, aluguer de *stands*, venda de programas, lembranças, receitas publicitárias, *etc.*, cujas respectivas receitas pertençam às entidades em questão.

A realização dos eventos ocasionais susceptíveis de beneficiar da isenção encontra-se submetida a prévia comunicação à administração tributária, na qual devem ser indicados o local, a data e o género de manifestação a realizar, em cumprimento do disposto no n.º 4 do Despacho Normativo.

---

[415] Com as alterações decorrentes do n.º 8 do artigo 30.º da Lei n.º 9/86, de 30 de Abril (com declaração de rectificação publicada no D.R. n.º 156, I série, de 10 de Julho de 1986), e do artigo 3.º do Decreto-Lei n.º 199/96, de 18 de Outubro.

[416] Do cumprimento desse número máximo encontram-se dispensados os partidos políticos que gozem de benefícios fiscais, os quais vêm actualmente previstos na Lei n.º 19/2003, de 20 de Junho, conforme decorre do estabelecido no n.º 6 do Despacho Normativo n.º 118/85.

Secção X

Conceito de «operações (estreitamente) conexas» [417]

1. Isenções que se estendem a operações (estreitamente) conexas

Certas disposições de isenção previstas no artigo 9.º do CIVA – o que sucede no caso das enumeradas nas suas alíneas 2), 7), 12) e 13) – incluem no seu âmbito operações "estreitamente conexas" com as categorias de prestações de serviços isentas nelas enunciadas. Trata-se de situações em que, para além da aplicação da isenção às próprias prestações de serviços nomeadas pela norma, a isenção é extensível a certas transmissões de bens ou a certas prestações de serviços que sejam consideradas estreitamente conexas com aquelas. No caso da alínea 2) do artigo 9.º do CIVA, a isenção abrange as *operações estreitamente conexas* com os serviços médicos e sanitários prestados por hospitais, clínicas e estabelecimentos similares. Em relação à alínea 7), alarga-se às *transmissões de bens estreitamente conexas* a isenção nela atribuída aos serviços habitualmente prestados por creches, jardins-de-infância, lares, centros de convívio ou de reabilitação, albergues, colónias de férias, *etc.*, explorados por organismos de direito público, instituições particulares de solidariedade social ou outras entidades cuja utilidade social seja devidamente reconhecida. Quanto à alínea 12), a isenção inclui as *transmissões de bens e prestações de serviços estreitamente conexas* com a locação de livros, discos e outros suportes de obras culturais. No que concerne à alínea 13), a isenção estende-se às "*transmissões de bens estreitamente conexas*" com a entrada ou a visita guiada a monumentos, museus, parques, *etc.*.

Por seu turno, em outras disposições do artigo 9.º do CIVA – como sucede nos casos das suas alíneas 6), 9), 10), 14) e 19) – as respectivas redacções não aludem a operações "estreitamente conexas", mas, simplesmente, a operações "conexas", o que poderia denotar uma inten-

---

[417] Esta secção X do capítulo IV segue de perto, com algumas adaptações, RUI LAIRES, "A noção de 'operações estreitamente conexas'", *TOC*, ano XI, n.º 132, Março de 2011, pp. 55-60.

ção menos restritiva. Na formulação da legislação interna, a isenção prevista na alínea 6) do artigo 9.º do CIVA, em matéria de transmissões de bens e prestações de serviços ligadas à assistência social, estende-se às *"transmissões de bens com elas conexas"*. A isenção contida na alínea 9), relativa ao ensino ministrado por estabelecimentos integrados no sistema educativo nacional ou reconhecidos como prosseguindo fins análogos, abrange as *"transmissões de bens e prestações de serviços conexas"*, incluindo o fornecimento de alojamento e de alimentação. A alínea 10), em que se isenta a formação profissional ministrada por organismos de direito público e por entidades com competência oficialmente reconhecida nessa área, estende a isenção às *"transmissões de bens e prestações de serviços conexas"*, incluindo expressamente o fornecimento de alojamento, alimentação e material didáctico. Em relação à isenção prevista na alínea 14), em matéria de prestações de serviços relativas a congressos, seminários, cursos e outras manifestações análogas, a mesma abrange também as *"transmissões de bens estreitamente conexas"*. Quanto à alínea 19) do artigo 9.º do CIVA, sobre a isenção de certas prestações de serviços efectuadas no interesse colectivo dos seus associados por organismos sem finalidade lucrativa, tal disposição abrange também as *"transmissões de bens directamente conexas"*.

Sucede, ainda assim, quando o âmbito objectivo da norma de isenção se encontre rigorosamente delimitado no sistema comum do IVA e, portanto, não seja dada uma margem de autonomia aos Estados membros para esse efeito, que a interpretação do alcance do termo "conexas" também não pode ir além dos limites que resultarem das normas do sistema comum do IVA e das decisões do TJUE acerca das mesmas.

Todas as disposições da legislação interna portuguesa acima mencionadas foram adoptadas com base no disposto anteriormente na Sexta Directiva, cujas alíneas b), g), h), i), l), m) e n) do n.º 1 da parte A do seu artigo 13.º estendiam as isenções nelas previstas às operações "estreitamente conexas".[418] Actualmente, as normas do sistema

---

[418] Na alínea 2) do artigo 9.º do CIVA, para além da transposição da isenção prevista na alínea b) do n.º 1 do artigo 132.º da Directiva do IVA, é utilizada a faculdade de estender a isenção a todos os outros estabelecimentos hospitalares e similares, ainda que não sejam explorados por organismos de direito público ou em condições análogas às que vigoram para estes. O alargamento do âmbito subjectivo da isenção

comum do IVA que lhe sucederam, constantes das alíneas b), g), h), i), l), m) e n) do n.º 1 do artigo 132.º da Directiva do IVA, utilizam a expressão "estreitamente relacionadas", e não "estreitamente conexas", embora a mudança não represente uma intenção de proceder a qualquer modificação do respectivo conteúdo.

Como se viu, algumas das isenções previstas no artigo 9.º do CIVA estendem-se às operações "conexas" ou "estreitamente conexas" com as que se encontram expressamente indicadas nas normas de isenção, como sucede, por exemplo, no caso das actividades de cariz cultural enumeradas nas alíneas 12), 13), 14) e 19) daquele artigo. A legislação interna portuguesa do IVA não contém uma definição do que deve entender-se por transmissões de bens ou por prestações de serviços "conexas" ou "estreitamente conexas" com as categorias de serviços expressamente enumeradas naquelas disposições de isenção do artigo 9.º do CIVA. No entanto, a interpretação do respectivo alcance tem, necessariamente, de tomar em consideração as disposições pertinentes do sistema comum do IVA, assim como a jurisprudência sobre a matéria emanada do TJUE.

2. Limites para a isenção das operações (estreitamente) conexas

O artigo 134.º da Directiva do IVA visa delimitar o âmbito objectivo das categorias de isenções previstas nas alíneas b), g), h), i), l), m) e n) do n.º 1 do seu artigo 132.º.[419] Nos termos das alíneas a) e b) desse

---

deve-se à possibilidade conferida actualmente no artigo 377.º da Directiva do IVA, conjugado com a alínea 7) da parte B do seu anexo X.

[419] Em traços gerais, a limitação contida no artigo 134.º da Directiva do IVA respeita às isenções previstas no n.º 1 do artigo 132.º nos domínios da hospitalização e da assistência médica hospitalar [alínea b)], da assistência social e da segurança social [alíneas g) e h)], da educação e do ensino [alínea i)], dos organismos que prossigam objectivos de natureza política, sindical, religiosa, patriótica, filosófica, filantrópica ou cívica [alínea l)], do desporto e da educação física [alínea m)] e de certas actividades culturais [alínea n)]. Note-se que no caso das alíneas g), h), l) e n), a isenção é extensível às transmissões de bens estreitamente relacionadas com as actividades ou operações aí indicadas, ao passo que, no caso das alíneas b), i), e m), a isenção é

artigo 134.º, ficam excluídas da isenção as transmissões de bens e as prestações de serviços quando ocorra uma das seguintes condições:

«a) Quando não forem indispensáveis à realização de operações isentas;

«b) Quando se destinarem, essencialmente, a proporcionar ao organismo receitas suplementares mediante a realização de operações efectuadas em concorrência directa com as empresas comerciais sujeitas ao IVA.»

As duas condições enunciadas nas alíneas a) e b) do artigo 134.º da Directiva do IVA não têm de se verificar cumulativamente para que a isenção não possa operar. Ou seja, os Estados membros têm a obrigação de excluir do âmbito da isenção as transmissões de bens e as prestações de serviços que não sejam indispensáveis às actividades definidas como isentas ou cujo principal fito seja proporcionar ao sujeito passivo receitas suplementares mediante a realização de operações efectuadas em concorrência directa com as de empresas comerciais sujeitas a IVA.[420] O mesmo é dizer – *a contrario sensu* – para que uma dada operação possa ser considerada estreitamente relacionada com as categorias de prestações de serviços indicadas na norma de isenção, que essa operação deve ser indispensável para a realização das prestações de serviços que beneficiam da isenção e não deve visar, no essencial, a obtenção de receitas suplementares em concorrência directa com as empresas comerciais submetidas a tributação.[421]

Saliente-se que o proémio do artigo 134.º da Directiva do IVA – ao reportar-se exclusivamente às operações previstas nas alíneas b), g), h), i), l), m) e n) do n.º 1 do seu artigo 132.º – faz alusão, precisamente, às normas deste artigo que se alargam a certas operações "estreitamente relacionadas". Tal circunstância permite reconhecer, portanto, que o artigo 134.º da Directiva do IVA tem como finalidade esta-

---

extensível, quer às transmissões de bens, quer às prestações de serviços, estreitamente relacionadas com as actividades nelas indicadas.

[420] Cf. acórdão de 3 de Abril de 2003 (C-144/00, *Hoffman*, Colect. p. I-2921, n.º 29).

[421] Cf. acórdão de 1 de Dezembro de 2005 (C-394/04 e C-395/04, *Athinon-Ygeia*, Colect. p. I-10373, n.º 35).

belecer os limites a partir dos quais certas operações já não poderão ser consideradas estreitamente relacionadas ou estreitamente conexas com as categorias de prestações de serviços isentas.[422]

No seu acórdão de 14 de Junho de 2007 (C-434/05, *Horizon College*, Colect. p. I-4793, n.ºs 28 e 29), o TJUE pronunciou-se mais detalhadamente sobre a noção de operações estreitamente conexas com as categorias de actividades indicadas nas normas de isenção, no caso concreto a propósito de prestações de serviços estreitamente conexas com o ensino.[423] Nele, começou por afirmar que outras operações, que não constituam elas próprias prestações de serviços de ensino, só podem ser consideradas abrangidas pela isenção "*quando são efectivamente fornecidas enquanto prestações acessórias do ensino, que constitui a prestação principal*". Em face disso, o TJUE entendeu oportuno reproduzir a sua jurisprudência anterior relativa à noção de operações acessórias[424], de acordo com a qual "*uma prestação deve ser considerada acessória em relação a uma prestação principal quando não constitua para a clientela um fim em si, mas um meio de beneficiar, nas melhores condições, do serviço principal do prestador*". Por seu turno, no n.º 36 do mesmo acórdão vem reiterado que uma operação estreitamente conexa só pode estar isenta na medida em que a prestação principal à qual aquela está ligada também seja, ela própria, uma operação isenta.[425] Seguidamente, no n.º 38

---

[422] Anteriormente, idêntico objectivo era prosseguido através de norma congénere da actual, então constante da alínea b) do n.º 2 da parte A do artigo 13.º da Sexta Directiva, a qual tinha por efeito, assim, definir os limites do que deveria entender-se – na expressão da altura – por operações "estreitamente conexas".

[423] Pronunciamento similar foi posteriormente reiterado no acórdão de 25 de Março de 2010 (C-79/09, Comissão/Países Baixos, Colect. p. I-40★, n.ºs 50, 51 e 61), o qual versou sobre a aplicação das alíneas b), g) e i) do n.º 1 do artigo 132.º e do artigo 134.º da Directiva do IVA, relativamente a prestações de serviços de cedência de pessoal no âmbito de actividades sanitárias, de assistência social e de ensino.

[424] Constante, nomeadamente, dos acórdãos de 22 de Outubro de 1998 (C-308/96 e C-94/97, *Madgett e Baldwin*, Colect. p. I-6229, n.º 24), de 25 de Fevereiro de 1999 (C-349/96, *CPP*, Colect. p. I-973, n.º 30), de 11 de Janeiro de 2001 (C-76/99, Comissão/França, Colect. p. I-249, n.º 27), de 6 de Novembro de 2003 (C-45/01, *Dornier-Stiftung*, Colect. p. I-12911, n.º 34) e de 1 de Dezembro de 2005 (C-394/04 e C-395/04, *Athinon-Ygeia*, Colect. p. I-10373, n.º 19).

[425] Respigando o já anteriormente apontado no acórdão de 9 de Fevereiro de 2006 (C-415/04, *Stichting Kinderopvang Enschede*, Colect. p. I-1385, n.º 22).

do acórdão, o TJUE voltou a evidenciar que as transmissões de bens e as prestações de serviços estreitamente conexas com as operações principais isentas só podem beneficiar de isenção se forem indispensáveis à realização dessas operações.[426] De um modo geral, para serem qualificadas como indispensáveis, as operações acessórias de um serviço principal isento devem ser de uma natureza e características tais que, sem recorrer a essas operações, não seria possível assegurar que o serviço principal de que o cliente beneficia tivesse uma valia equivalente, ou seja, por exemplo, que oferecesse a mesma qualidade.[427] Ainda no mesmo acórdão, nos seus n.ºs 42 e 43, o TJUE indicou mais uma vez que, para se poder considerar estreitamente conexa, uma operação acessória não deve destinar-se, no essencial, a obter para o organismo receitas suplementares mediante a realização de operações efectuadas em concorrência directa com as empresas comerciais sujeitas a IVA. Tal exclusão constitui uma expressão específica do princípio da neutralidade fiscal, que se opõe, nomeadamente, a que prestações de serviços semelhantes, que estão, portanto, em concorrência entre si, sejam tratadas de maneira diferente do ponto de vista do IVA.[428] Sobre este aspecto, vem enunciado no acórdão de 9 de Fevereiro de 2006 (C-415/04, *Stichting Kinderopvang Enschede*, Colect. p. I-1385, n.º 29) que a questão de determinar se uma dada operação se destina no essencial a proporcionar a um organismo receitas suplementares, mediante a realização dessa operação em concorrência directa com as sociedades comerciais, exige, basicamente, a apreciação de questões de

---

[426] Reproduzindo o já anteriormente afirmado nos acórdãos de 20 de Junho de 2002 (C-287/00, Comissão/Alemanha, Colect. p. I-5811, n.º 48), de 1 de Dezembro de 2005 (C-394/04 e C-395/04, *Athinon-Ygeia*, Colect. p. I-10373, n.º 26) e de 9 de Fevereiro de 2006 (C-415/04, *Stichting Kinderopvang Enschede*, Colect. p. I-1385, n.º 25).

[427] Cf. acórdãos de 14 de Junho de 2007 (C-434/05, *Horizon College*, Colect. p. I-4793, n.º 39) e de 9 de Fevereiro de 2006 (C-415/04, *Stichting Kinderopvang Enschede*, Colect. p. I-1385, n.ºs 27, 28 e 30).

[428] Cf., também, acórdãos de 23 de Outubro de 2003 (C-109/02, Comissão/Alemanha, Colect. p. I-12691, n.º 20) e de 1 de Dezembro de 2005 (C-394/04 e C-395/04, *Athinon-Ygeia*, Colect. p. I-10373, n.º 32).

facto, que não são da competência do TJUE quando lhe vem submetido um pedido de decisão a título prejudicial.[429]

Uma outra questão que já foi equacionada pelo TJUE consistiu em saber se uma actividade de intermediação para a realização de uma prestação de serviços isenta pode considerar-se uma operação estreitamente conexa com essa prestação de serviços. Em causa estava uma actividade de mediação efectuada por uma associação sem fins lucrativos na contratação pelos pais de amas para o acolhimento e guarda de crianças. A matéria foi analisada no acórdão de 9 de Fevereiro de 2006 (C-415/04, *Stichting Kinderopvang Enschede*, Colect. p. I-1385), tendo sido apreciada à luz das disposições então contidas nas alíneas g), h) e i) do n.º 1 da parte A do artigo 13.º da Sexta Directiva.[430] Do decidido nesse aresto é possível concluir que, caso se trate de uma mediação que consista simplesmente na indicação a uma das partes de possíveis entidades prestadoras do serviço principal visado por aquela, tal actividade mediadora não se pode considerar estreitamente conexa com esse serviço principal. Ao invés, caso a entidade mediadora exerça também outras tarefas, consubstanciadas, por exemplo, na formação dos prestadores do serviço principal ou na verificação e certificação da sua especialização ou competência em assegurar um serviço idóneo e de qualidade, então a actividade do organismo intermediário pode considerar-se estreitamente conexa com a prestação do serviço principal.

Em face da jurisprudência referenciada, deve considerar-se, portanto, em relação às categorias de isenções enumeradas nas alíneas 2), 6), 7), 9, 10), 12), 13), 14) e 19) do artigo 9.º do CIVA, que a extensão das mesmas às operações "conexas" ou "estreitamente conexas" aí referidas se reporta a operações acessórias que, não representando

---

[429] Tal ponto de vista do TJUE estribou-se em idêntica opinião do advogado--geral Jacobs, manifestada no n.º 58 das suas conclusões apresentadas no mesmo processo, com data de 15 de Setembro de 2005. Este acrescentou, porém, que "*[s]e for necessário determinar o objectivo do serviço oferecido, há que levar em conta, por um lado, o estatuto da Associação de entidade sem fins lucrativos e, por outro, o montante e fórmula de cálculo do preço que pratica*".

[430] Correspondentes, na actualidade, às alíneas g), h) e i) do n.º 1 do artigo 132.º da Directiva do IVA.

uma finalidade em si mesma para o cliente, permitem assegurar que o serviço principal seja de maior qualidade ou seja obtido em melhores condições. Nos casos em que as transmissões de bens ou prestações de serviços meramente acessórias sejam consideradas estreitamente conexas com as categorias de prestações de serviços nomeadas na norma de isenção, a não tributação dessas operações acessórias, ainda assim, só deve ter lugar se não provocar distorções de concorrência com outros sujeitos passivos que realizem as mesmas operações e que sejam tributados em IVA pela realização das mesmas.

Secção XI

Conceito de «organismo sem finalidade lucrativa»

1. Aspectos gerais

Várias disposições constantes do artigo 9.º do CIVA estabelecem, como condição para que as operações nelas previstas possam ser isentas, que as mesmas sejam efectuadas por pessoas colectivas de direito público ou por organismos sem finalidade lucrativa. À qualidade de organismo sem finalidade lucrativa fazem referência as normas de isenção previstas nas alíneas 8), 12), 13), 14), 19) e 35) do artigo 9.º do CIVA, todas elas abrangendo actividades de natureza cultural, recreativa ou desportiva.[431]

Para efeito dessas isenções, as alíneas a) a d) do artigo 10.º do CIVA definem as seguintes condições a satisfazer, cumulativamente, para que os organismos possam ser considerados sem finalidade lucrativa:

---

[431] Como decorre do que se referiu antes, não deixam de poder ser aplicáveis aos organismos sem finalidade lucrativa outras isenções previstas no artigo 9.º do CIVA, mas, nessas situações, a prossecução ou não do lucro não tem relevância para efeitos da isenção. Atendendo às actividades normalmente prosseguidas pelas entidades desprovidas de finalidade lucrativa, afiguram-se com frequência enquadráveis nos casos acabados de referir, por exemplo, as isenções previstas nas alíneas 5), 6), 7), 9), 10), 18) e 21) do artigo 9.º do CIVA, sendo, no entanto, relativamente a algumas delas, necessário o reconhecimento de competência nas respectivas áreas de actuação, por parte das autoridades públicas que as tutelam.

«a) Em caso algum distribuam lucros e os seus corpos gerentes não tenham, por si ou interposta pessoa, algum interesse directo ou indirecto nos resultados da exploração;

«b) Disponham de escrituração que abranja todas as suas actividades e a ponham à disposição dos serviços fiscais, designadamente para comprovação do referido na alínea anterior;

«c) Pratiquem preços homologados pelas autoridades públicas ou, para as operações não susceptíveis de homologação, preços inferiores aos exigidos para análogas operações pelas empresas comerciais sujeitas de imposto;

«d) Não entrem em concorrência directa com sujeitos passivos do imposto.»

Quando não estejam em causa pessoas colectivas de direito público, o requisito de as referidas isenções só poderem respeitar a organismos considerados como desprovidos de finalidade lucrativa tem por base a possibilidade dada actualmente no primeiro parágrafo do artigo 133.º da Directiva do IVA.[432] Esta disposição estabelece a faculdade de os Estados membros subordinarem, caso a caso, a concessão das isenções previstas nas alíneas b), g), h), i), l), m) e n) do n.º 1 do artigo 132.º da Directiva do IVA[433] à observância de uma ou mais condições especificadas naquele artigo 133.º.

Tal como vêm expressamente formuladas nas alíneas a) a d) do primeiro parágrafo do artigo 133.º da Directiva do IVA, as referidas condições são as seguintes:

«a) Os organismos em causa não devem ter como objectivo a obtenção sistemática de lucro, não devendo os eventuais lucros ser em caso algum distribuídos, mas sim afectados à manutenção ou à melhoria das prestações fornecidas;

«b) Esses organismos devem ser geridos e administrados essencialmente a título gratuito por pessoas que não tenham, por si mesmas

---

[432] Correspondente no passado à alínea a) do n.º 2 da parte A do artigo 13.º da Sexta Directiva.

[433] Correspondentes, respectivamente, às anteriores alíneas b), g), h), i), l), m) e n) do n.º 1 da parte A do artigo 13.º da Sexta Directiva.

ou por interposta pessoa, qualquer interesse directo ou indirecto nos resultados da exploração;

«c) Esses organismos devem praticar preços homologados pelas autoridades públicas ou que não excedam tais preços ou, no que diz respeito às actividades não susceptíveis de homologação de preços, preços inferiores aos exigidos para actividades análogas por empresas comerciais sujeitas ao IVA;

«d) As isenções não podem ser susceptíveis de provocar distorções de concorrência em detrimento de empresas comerciais sujeitas ao IVA.»

Na fixação das condições subjectivas para que operem as isenções previstas nas alíneas 8), 12), 13), 14), 19) e 35) do artigo 9.º do CIVA, o legislador português aderiu, em traços gerais, à possibilidade de exigência da verificação cumulativa das condições enumeradas no primeiro parágrafo do artigo 133.º da Directiva do IVA. Sendo assim, para que se esteja perante um organismo sem finalidade lucrativa na acepção da legislação interna do IVA, não é bastante que satisfaça a acepção estrita de não procura do lucro para distribuição aos seus membros, sendo exigida a verificação das demais condições indicadas no artigo 10.º do CIVA.[434]

Em contrapartida, de harmonia com a faculdade conferida no proémio do artigo 133.º da Directiva do IVA, a legislação portuguesa

---

[434] A este propósito, faz-se notar, por exemplo, que a circunstância de o n.º 2 do artigo 12.º da Lei n.º 35/98, de 18 de Julho, que define o estatuto das organizações não governamentais de ambiente (ONGA), e o n.º 2 do artigo 15.º da Lei n.º 66/98, de 14 de Outubro, que define o estatuto das organizações não governamentais de cooperação para o desenvolvimento (ONGD), declararem, em relação ao IVA, que nas transmissões de bens e nas prestações de serviços que efectuam as ONGA e as ONGD beneficiam das isenções previstas para os organismos sem fins lucrativos não significa, para serem considerados como tal para efeitos do IVA, que não tenham de satisfazer todas as condições previstas no artigo 10.º do CIVA, como é uma decorrência da interpretação sistemática das regras deste imposto e, inclusive, do princípio da neutralidade que enforma o sistema comum do IVA. Com efeito, as mencionadas disposições daqueles diplomas não representam uma criação supranumerária de isenções em sede do IVA, mas uma declaração de carácter genérico, por via da qual é reproduzida a susceptibilidade de tais organizações beneficiarem das isenções expressamente previstas na legislação do IVA, de acordo com as respectivas condições e nos moldes em que essas isenções operam, válidos para todos os organismos que sejam de considerar como destituídos de escopo lucrativo na acepção deste imposto.

poderia ter limitado a aplicação das isenções às operações realizadas por organismos sem finalidade lucrativa em outros casos, mas não o fez. Em relação às outras isenções a que alude o proémio do primeiro parágrafo do artigo 133.º da Directiva do IVA – ou seja, às alíneas b), g), h) e i) do n.º 1 do seu artigo 132.º, transpostas através das alíneas 2), 6), 7), 9) e 10) do artigo 9.º do CIVA – o legislador português não as circunscreveu aos entes de direito público e aos organismos sem finalidade lucrativa, abrangendo também entidades privadas que prossigam fins lucrativos que verifiquem as condições previstas naquelas alíneas do artigo 9.º do CIVA.

De uma forma geral, verifica-se que o legislador português, no quadro das possibilidades veiculadas pelo sistema comum do IVA em vigor na UE, tomou a opção de estender a certos organismos com escopo lucrativo as isenções ligadas às áreas da saúde, segurança social, assistência social, ensino e formação profissional, não tendo feito essa extensão em relação a uma parte significativa das isenções relativas a actividades culturais, recreativas ou desportivas. Em contrapartida, porém, na vertente objectiva das isenções relacionadas com actividades culturais, não pode dizer-se que o CIVA proceda a uma aplicação restritiva das possibilidades dadas pelo sistema comum do IVA, já que a legislação interna abrange um conjunto relativamente vasto de actividades ligadas à cultura – o que acontece por via das alíneas 8), 12), 13), 14, 15), 16), 17), 19) e 35) do artigo 9.º do CIVA. E sucede, inclusivamente, quanto às isenções previstas nas alíneas 15), 16) e 17) do artigo 9.º do CIVA – respectivamente, em matéria de serviços artísticos, de direitos autorais e de edições bibliográficas dos próprios autores –, que as mesmas descuram se está ou não subjacente a tais actividades um propósito lucrativo.

2. Âmbito do conceito de «organismo»

Como o TJUE já assinalou várias vezes, o princípio da neutralidade, no domínio das isenções do IVA, opõe-se a que as normas do artigo 132.º da Directiva do IVA que se reportam a "estabelecimentos" ou a "organismos" sejam interpretadas no sentido de abrangerem apenas as pessoas colectivas. Neste domínio, a jurisprudência do TJUE, a partir de certa altura, registou uma inflexão quanto ao âmbito subjectivo de aplicação das normas de isenção do IVA que aludem àqueles termos. Inicialmente, por via do acórdão de 11 de Agosto de 1995 (C-453/93, *Bulthuis-Griffioen*, Colect. p. I-2341, n.º 20), começou por entender-se que o termo "organismo" visava contemplar apenas as pessoas colectivas. Considerando, porém, que tal acepção era violadora do princípio da neutralidade e geradora de situações de distorção de concorrência, o TJUE reformulou posteriormente a sua posição. Assim, no acórdão de 7 de Setembro de 1999 (C-216/97, *Gregg*, Colect. p. I-4947, n.ºˢ 17 e 18), acerca das isenções actualmente vertidas nas alíneas b) e g) do n.º 1 do artigo 132.º da Directiva do IVA, o TJUE considerou que *"os termos 'estabelecimento' e 'organismo' são, em princípio, suficientemente amplos para incluir pessoas singulares. Além disso, deve dizer-se que nenhuma das versões linguísticas do artigo 13.º, A, da Sexta Directiva inclui a expressão 'pessoa colectiva', a qual seria clara e inequívoca, em vez dos termos mencionados. Esta circunstância milita em favor do facto de, ao utilizar estes, o legislador comunitário não ter a intenção de limitar o benefício das isenções visadas por esta disposição apenas às operações realizadas por pessoas colectivas, antes entender alargar o âmbito destas isenções às operações efectuadas por pessoas singulares."* Em face disso, acrescentou que *"[é] certo que as noções de 'estabelecimento' e 'organismo' sugerem a existência de uma entidade individualizada que desempenha uma função especial. Estas condições são, no entanto, preenchidas não apenas pelas pessoas colectivas mas também por uma ou diversas pessoas singulares que exploram uma empresa."*

Reportando-se directamente à norma actualmente contida na alínea n) do n.º 1 do artigo 132.º da Directiva do IVA, o TJUE reiterou no acórdão de 3 de Abril de 2003 (C-144/00, *Hoffmann*, Colect. p. I-2921, n.º 24) que *"o termo 'organismo' é, em princípio, suficientemente amplo para incluir pessoas singulares e que o benefício das isenções visadas por esta disposição não se restringe apenas às operações realizadas por pessoas colectivas, mas pode alargar-se às operações efectuadas por pessoas singulares"*. Assim, *"embora a noção de 'organismo' sugira a existência de uma entidade individualizada que desempenha uma função especial, esta condição é igualmente preenchida por uma ou diversas pessoas singulares que explorem uma empresa"*.

Além disso, no n.º 38 daquele acórdão *Hoffmann*, o TJUE declarou que o termo "organismo" é, em princípio, suficientemente amplo para incluir entidades privadas que prossigam fins lucrativos. Assim, a referida alínea n) *"autoriza, mas não obriga, os Estados-Membros a reservar o benefício da isenção aos organismos diferentes dos de direito público que não tenham por objectivo a procura sistemática de lucro"*. No entanto, quanto à possibilidade de prossecução de fins lucrativos, a mesma não se verifica no caso das isenções previstas nas alíneas 8), 12), 13), 14) e 35) do artigo 9.º do CIVA, em resultado da opção legitimamente tomada na legislação interna portuguesa de restringi-las a organismos sem finalidade lucrativa, em conformidade com a faculdade actualmente conferida no artigo 133.º da Directiva do IVA. Por seu turno, em relação à alínea 8), na parte respeitante à prática desportiva e de educação física, assim como em relação à alínea 19), ambas do artigo 9.º do CIVA, a não extensão das isenções a organismos que prossigam em geral fins lucrativos decorre da própria redacção das disposições do sistema comum do IVA que lhes servem de base.[435]

3. Caracterização do fim não lucrativo

Como acabou de se referir, algumas das isenções previstas no n.º 1 do artigo 132.º da Directiva do IVA estabelecem como condição que as operações aí enunciadas sejam prosseguidas por organismos sem finalidade lucrativa – o que acontece com as alíneas l) e m) do n.º 1 daquele artigo. Trata-se, nestes casos, de isenções que o legislador da UE pretendeu, de forma explícita, reservar a entidades que não tenham como objectivo a obtenção de lucros.[436] Por esse motivo, o TJUE já

---

[435] Em relação à isenção actualmente vertida na alínea m) do n.º 1 do artigo 132.º da Directiva do IVA, transposta através da alínea 8) do artigo 9.º do CIVA, na parte em que esta última se reporta à prática de actividades desportivas e de educação física, o TJUE já teve ocasião de confirmar que a mesma não admitiria o seu alargamento a organismos com finalidade lucrativa, o que sucedeu por via do acórdão de 18 de Janeiro de 2001 (C-150/99, *Stockholm Lindöpark*, Colect. p. I-493).
[436] Cf. acórdão de 26 de Maio de 2005 (C-498/03, *Kingcrest Associates e Montecello*, Colect. p. I-4427, n.º 37). Neste aresto alude-se também à alínea q) do n.º 1 do artigo 132.º da Directiva do IVA, correspondente à anterior alínea q) do n.º 1 da

apontou, para efeitos da isenção hoje em dia prevista na alínea m) do n.º 1 do artigo 132.º da Directiva do IVA, que a condição actualmente enunciada na alínea a) do primeiro parágrafo do seu artigo 133.º relativa à não procura sistemática do lucro se confunde, no essencial, com o critério de que a entidade que realiza as operações aí previstas se trate de um organismo sem finalidade lucrativa.[437] O mesmo é dizer, portanto, relativamente às isenções estabelecidas naquelas alíneas l) e m), que o sistema comum do IVA impõe, no mínimo, que as mesmas sejam submetidas ao requisito previsto na alínea a) do primeiro parágrafo do artigo 133.º, sem prejuízo de os Estados membros poderem acrescentar qualquer um dos demais requisitos arrolados nesse artigo.

Ao invés, nos casos das isenções previstas nas alíneas b), g), h), i), e n) do n.º 1 do artigo 132.º, a possibilidade de circunscrever essas isenções à condição de que "*[o]s organismos em causa não devem ter como objectivo a obtenção sistemática de lucro*" é apenas uma faculdade dada aos Estados membros, nos termos do disposto na parte inicial da alínea a) do primeiro parágrafo do artigo 133.º da Directiva do IVA. Neste domínio, o TJUE considerou, quando o legislador interno de um Estado membro não tenha utilizado a possibilidade de fazer depender explicitamente o benefício de certas isenções da inexistência de fins lucrativos, que a prossecução de fins lucrativos não pode excluir os sujeitos passivos do benefício dessas isenções. Na perspectiva do TJUE, o princípio da neutralidade seria prejudicado se, não tendo a legislação interna ou da UE expressamente restringido a aplicação de uma isenção aos organismos sem finalidade lucrativa, viesse a dar-se

---

parte A do artigo 13.º da Sexta Directiva, em matéria de "*actividades dos organismos públicos de radiotelevisão, que não tenham carácter comercial*". No ordenamento interno esta norma consta da alínea 37) do artigo 9.º do CIVA, dirigida às "*actividades das empresas públicas de rádio e televisão que não tenham carácter comercial*", havendo, porém, no caso português, que tomar em consideração o entendimento, decorrente de despacho de 18 de Junho de 1999, do Ministro das Finanças, de que esta isenção não tem, hoje em dia, aplicabilidade (sobre o assunto, veja-se, supra, o n.º 4 da secção V do capítulo II).

[437] Cf. acórdãos de 21 de Março de 2002 (C-174/00, *Kennemer Golf*, Colect. p. I-3293, n.º 33) e de 26 de Maio de 2005 (C-498/03, *Kingcrest Associates e Montecello*, Colect. p. I-4427, n.º 39).

um tratamento diferente entre as entidades que prosseguissem o lucro e as que o não visassem.[438] Daí decorre, como já se salientou antes, que as isenções consignadas nas alíneas 2), 6), 7), 9) e 10) do artigo 9.º do CIVA, para lá de também serem aplicáveis às pessoas colectivas públicas, também não se restringem aos organismos sem finalidade lucrativa, uma vez que o legislador português exerceu a possibilidade de estender tais isenções às empresas comerciais, desde que reunidos os restantes condicionalismos insertos nas mencionadas alíneas.

A parte inicial da alínea a) do artigo 10.º do CIVA, invocando uma das condições para que os organismos sem fins lucrativos possam beneficiar das isenções previstas nas alíneas 8), 12), 13), 14), 19) e 35) do artigo 9.º do CIVA, determina que tais organismos "*[e]m caso algum distribuam lucros*".[439] Por via da alínea a) do artigo 10.º do CIVA, inviabiliza-se, assim, o carácter lucrativo em sentido estrito, sendo certo que tal acepção estrita não opera isoladamente, uma vez que não se trata da única condição que a legislação do IVA adoptou, para efeitos de aplicação das mencionadas disposições de isenção. Cuida-se no trecho inicial daquela alínea a), portanto, da acepção comum de escopo não lucrativo, ou seja, que se esteja na presença de entidades "*que não tenham por fim o lucro económico dos associados*".[440]

Relativamente a esta primeira condição de que os organismos não visem a obtenção sistemática de lucros, o TJUE salientou, no seu acórdão de 21 de Março de 2002 (C-174/00, *Kennemer Golf*, Colect. p. I-3293, n.ᵒˢ 18 a 21), que a mesma se reporta aos próprios organismos, e não às operações referidas de forma objectiva na norma de isenção. Quando a norma se refere a organismos sem fins lucrativos, o seu objectivo é conceder um tratamento mais favorável a determinados organismos cujas actividades são orientadas para fins distintos dos

---

[438] Cf. acórdão de 26 de Maio de 2005 (C-498/03, *Kingcrest Associates e Montecello*, Colect. p. I-4427, n.º 42).

[439] Condição idêntica vem definida na parte inicial da alínea a) do n.º 2 do artigo 11.º do CIRC, para efeitos de isenção de IRC das associações que exerçam actividades culturais, recreativas e desportivas, que satisfaçam as demais condições nele previstas, em relação aos rendimentos provenientes das referidas actividades.

[440] Segundo a formulação, mais elegante, do artigo 157.º do CC.

comerciais. Desse modo, quando o âmbito subjectivo de uma isenção implique que quem pratica as operações seja um organismo sem fins lucrativos, tal característica deve ser avaliada em função do conjunto das actividades prosseguidas pelo organismo, tendo em conta nessa apreciação todas as operações que realize, incluindo aquelas que possam estar fora do âmbito objectivo da isenção.

Nas conclusões do advogado-geral Jacobs, apresentadas a 13 de Dezembro de 2001 no mesmo processo (*Kennemer Golf*, n.º 52), este referiu, em relação à norma que vem agora consignada na alínea a) do primeiro parágrafo do artigo 133.º da Directiva do IVA, que esta contém as três seguintes condições:

– Não pode existir um objectivo sistemático de obtenção de lucro;
– Os eventuais lucros não devem ser distribuídos;
– Estes lucros devem ser destinados à manutenção ou à melhoria das prestações fornecidas.

Segundo o advogado-geral, "*resulta claramente dos termos utilizados nestas condições que as mesmas são cumulativas e não alternativas*".

Seguidamente, no n.º 60 das referidas conclusões, aditou que a primeira parte da mencionada disposição, no sentido "*de que os organismos em questão não podem 'ter como objectivo a obtenção sistemática de lucro', se refere à realização de lucro com o intuito de o distribuir [...], ao passo que as segunda e terceira partes desta condição visam, respectivamente, a utilização interdita e a utilização obrigatória de quaisquer excedentes de rendimentos relativamente às despesas*".

Um outro aspecto focado no acórdão de 21 de Março de 2002 (C-174/00, *Kennemer Golf*, Colect. p. I-3293, n.ºs 26 a 35) prende-se com a questão de saber se a qualificação como organismo sem finalidade lucrativa pode subsistir quando este vise, de um modo sistemático, a obtenção de excedentes financeiros, ainda que destinados a ser afectos à actividade que desempenha. Sobre a matéria, o TJUE afirmou que as disposições do sistema comum do IVA que se referem a organismos sem finalidade lucrativa não inviabilizam que os organismos em causa possam encerrar cada exercício económico com um saldo positivo. Se esta imposição existisse, tal implicaria que as entidades se vissem impedidas de criar reservas destinadas a financiar a manutenção ou melhoria dos seus recursos. O que se pretende é que os organismos em causa, contrariamente ao que sucede com as empresas comerciais, não sejam geradores de lucros destinados a ser distribuídos aos seus membros. O TJUE salientou que a perspectiva enunciada se mantém ainda que a procura de excedentes, para serem afectos à própria actividade, ocorra de forma sistemática. Como se ilustra no n.º 28 do acórdão *Kennemer Golf*, "*o facto de um organismo realizar ulteriormente benefícios, ainda que tente obtê-los ou os gere de forma sistemática, não é susceptível de pôr em causa a qualificação inicial do organismo, enquanto esses benefícios não forem distribuídos a título de lucros aos membros*". E, mais adiante, no n.º 33 do mesmo acórdão: "*[N]ão são os resultados, na acepção de excedentes obtidos no final de um exercício, que impedem que um organismo seja qualificado como 'sem fins lucrativos', mas sim os lucros, na acepção de vantagens pecuniárias a favor dos membros.*"

Pese embora, no âmbito do sistema comum do IVA, os termos da condição de não distribuição de lucros sejam explicitados com mais detalhe do que sucede na legislação interna portuguesa, não parece haver dúvidas de que a interpretação do disposto na parte inicial da alínea a) do artigo 10.º do CIVA se deve pautar pelo mesmo critério.[441]

---

[441] Em relação às cooperativas, sendo de considerar como sujeitos passivos do IVA quando exerçam uma actividade económica nos termos da alínea a) do n.º 1 do artigo 2.º do CIVA, subsistem dúvidas se podem ser consideradas organismos sem finalidade lucrativa na acepção deste imposto, de modo a beneficiarem das isenções susceptíveis de abranger esses organismos, nos casos especificamente previstos. A este respeito, conforme se afirma na informação n.º 1214, de 4 de Fevereiro de 1991, da ex-DSCA, e na informação n.º 1808, de 29 de Maio de 1995, da DSIVA, as cooperativas, numa acepção genérica, não satisfazem a totalidade dos condicionalismos previstos no artigo 10.º do CIVA, de modo a poderem ser consideradas, para efeitos deste imposto, como organismos sem finalidade lucrativa. Tal decorre da circunstância de, por via de regra, as condições estabelecidas nas alíneas a) ou d) daquele artigo não se aplicarem às cooperativas. Em relação ao requisito constante da alínea a) do artigo 10.º do CIVA, segundo as mencionadas informações, deve adoptar-se "*um conceito lato de lucro que engloba o ganho mutualista realizado directamente no património dos cooperadores*", decorrente da eventual distribuição a estes dos excedentes anuais líquidos a que se reporta o artigo 73.º do Código Cooperativo (aprovado pela Lei n.º 51/96, de 7 de Setembro, e alterado pelo Decreto-Lei n.º 343/98, de 6 de Novembro, pelo Decreto-Lei n.º 131/99, 21 de Abril, pelo Decreto-Lei n.º 204/2004, de 19 de Agosto, e pelo Decreto-Lei n.º 76-A/2006, de 29 de Março), mesmo tendo presente que o artigo 2.º do mesmo código caracteriza as cooperativas como entidades

4. Órgãos estatutários do organismo

No trecho final da alínea a) do artigo 10.º do CIVA, tendo por base a faculdade que é dada pela alínea b) do primeiro parágrafo do artigo 133.º da Directiva do IVA, acrescenta-se que apenas são considerados organismos sem finalidade lucrativa, para efeitos da aplicação das normas de isenção que aludem a esta qualidade, as entidades cujos corpos gerentes não tenham, por si ou por interpostas pessoas, algum interesse directo ou indirecto nos resultados de exploração. A invocada disposição do sistema comum do IVA confere aos Estados membros a possibilidade, quando não se trate de organismos públicos, de restringirem a aplicação de certas isenções aos organismos *"geridos e administrados essencialmente a título gratuito por pessoas que não tenham, por si mesmas ou por interposta pessoa, qualquer interesse directo ou indirecto nos resultados da exploração"*.

A propósito desta condição, o TJUE, no acórdão de 21 de Março de 2002 (C-267/00, *Zoological Society of London*, Colect. p. I-3353, n.ºs 19 a 23), decidiu que a mesma diz respeito às pessoas directamente ligadas à gestão e administração a nível de topo, e não a todas as pessoas afectas ao organismo. Assim, o referido requisito reporta-se aos membros *"que exercem efectivamente a gestão e a administração do organismo, no sentido de que, à semelhança dos membros dirigentes de uma empresa comercial, tomam as decisões de último nível relativas à política*

---

destituídas de fins lucrativos. Por seu turno, na informação n.º 1288, de 13 de Fevereiro de 1992, da ex-DSCA, entendeu-se que o facto de uma cooperativa se tratar, de acordo com o Código Cooperativo, de uma entidade sem finalidade lucrativa não a qualificava necessariamente como tal para efeitos do IVA, já que a circunstância de actuar em concorrência directa com sujeitos passivos do imposto submetidos a tributação a impedia de satisfazer as condições cumulativas previstas no artigo 10.º do CIVA. Apesar disso, na acima citada informação n.º 1808, de 29 de Maio de 1995, reproduzindo o anteriormente veiculado na informação n.º 1412, de 14 de Março de 1991, da ex-DSCA, admite-se, algo discutivelmente, que numa avaliação casuística *"determinadas cooperativas, que prosseguem um certo tipo de objecto social, como sejam as cooperativas culturais, as que prosseguem iniciativas no âmbito da segurança social, as cooperativas de consumo que negoceiem exclusivamente com os seus associados, etc., por terem normalmente um valor pouco significativo de excedente líquido, configuram-se de facto como entidades sem fins lucrativos, merecendo essa qualificação no âmbito do IVA"*.

do organismo, nomeadamente no domínio financeiro, e efectuam as tarefas de controlo superiores".[442] Em especial, estas pessoas são as que, segundo os estatutos do organismo, estão incumbidas de realizar as tarefas de direcção e de controlo no nível mais elevado, caracterizando-se pela tomada das decisões relativas à política do organismo e não tanto pela execução dessas decisões. A limitação abrange, porém, quer os corpos gerentes designados pelos estatutos dos organismos, quer as outras pessoas que exerçam efectivamente as referidas tarefas. Como se exemplifica no n.º 19 e no trecho final do n.º 21 do mesmo acórdão, a restrição em apreço não inviabiliza que os organismos empreguem pessoal remunerado, pois a prática corrente de muitos organismos abrangidos pelo campo de aplicação das referidas isenções impõe o recurso a esse pessoal para assegurar a satisfação das respectivas incumbências, pelo que a exigência de a gestão e a administração serem asseguradas essencialmente a título gratuito não diz respeito às pessoas que efectuam as tarefas de pura execução.

De harmonia com o apontado pelo advogado-geral Jacobs, no n.º 31 das suas conclusões apresentadas a 13 de Dezembro de 2001 (caso *Zoological Society of London*), o objectivo da condição em apreço parece ser uma "separação de poderes", o que, na sua visão, se justifica inteiramente, uma vez que "*[c]ertos indivíduos podem ter interesse nos 'resultados da exploração', mas não devem estar em posição de influenciar esses resultados, enquanto outros, que podem estar numa posição de os influenciar, não devem ter interesse neles, para que quaisquer decisões que tomem não sejam afectadas por considerações de lucro privado, quer directo ou indirecto*".

---

[442] A alínea a) do artigo 10.º do CIVA, ao referir-se a corpos gerentes, parece estar em perfeita consonância com esta acepção. Note-se, quanto às disposições gerais aplicáveis às pessoas colectivas que não tenham por fim o lucro económico dos associados e às fundações de interesse geral, que o artigo 162.º do CC faz menção, entre os órgãos designados pelos respectivos estatutos, à necessidade de haver um órgão colegial de administração e um conselho fiscal. Também no caso concreto das IPSS, por exemplo, o n.º 1 do artigo 12.º do Estatuto das IPSS, aprovado pelo Decreto-Lei n.º 119/83, de 25 de Fevereiro, prevê que em cada uma daquelas instituições exista, pelo menos, um órgão colegial de administração e um órgão com funções de fiscalização.

Por outro lado, ainda relativamente ao acórdão proferido no caso *Zoological Society of London* (n.ᵒˢ 24 a 28), foi considerado que a expressão *"essencialmente a título gratuito"* se refere à condição de que, a haver alguma remuneração por parte dos administradores ou gestores de topo, tal remuneração terá de ser insignificante ou meramente simbólica para qualquer deles, não sendo bastante que apenas uma maioria dos administradores ou gestores exerça a sua actividade essencialmente a título gratuito.

Neste domínio há a salientar, da comparação entre as normas contidas na alínea b) do primeiro parágrafo do artigo 133.º da Directiva do IVA e na parte final da alínea a) do artigo 10.º do CIVA, que a legislação interna não faz menção expressa à gratuitidade das funções dos titulares dos órgãos de gestão ou administração. Tal não significa, porém, que a mesma não deva considerar-se pressuposta. É verdade que as condições previstas nas alíneas a) a d) do primeiro parágrafo do artigo 133.º da Directiva do IVA podem ser impostas livremente e de maneira suplementar pelos Estados membros, para efeitos de concessão das isenções aí indicadas.[443] Todavia, isso não significa que um Estado membro, a partir do momento que decida adoptar na sua legislação qualquer das condições definidas naquelas alíneas a) a d), possa adoptar essa condição apenas parcialmente.[444] Ou seja, no caso

---

[443] Cf., por exemplo, acórdãos de 26 de Maio de 2005 (C-498/03, *Kingcrest Associates e Montecello*, Colect. p. I-4427, n.º 38) e de 8 de Junho de 2006 (C-106/05, *L.u.P.*, Colect. p. I-5123, n.º 43).

[444] Em situação com algum paralelismo, em que o sistema comum do IVA também deixa em aberto a cada Estado membro a possibilidade de decidir pela adopção de uma norma impeditiva da tributação, o TJUE entendeu que a decisão deve ser tomada num sentido ou noutro, não podendo ser apenas objecto de uma adopção parcial. Tal sucedeu no acórdão de 27 de Novembro de 2003 (C-497/01, *Zita Modes*, Colect. p. I-14393), a propósito da norma facultativa actualmente vertida no artigo 19.º da Directiva do IVA (ao tempo constava do n.º 8 do artigo 5.º da Sexta Directiva), relativa à exclusão do âmbito de incidência do IVA das transmissões de universalidades de bens. Para tanto, o TJUE invocou, no n.º 32 do acórdão, que *"[e]sta interpretação é conforme com a finalidade da Sexta Directiva, que tem em vista determinar de maneira uniforme e segundo as regras comunitárias a matéria colectável do IVA (v. acórdão de 8 de Junho de 2000, Breitsohl, C-400/98, Colect., p. I-4321, n.º 48). Com efeito, tal como as isenções previstas no artigo 13.º da Sexta Directiva, a regra de não entrega enunciada no artigo 5.º, n.º 8, desta mesma directiva constitui um conceito autónomo do direito comunitário*

concreto da legislação portuguesa, tendo-se optado por aplicar a condição vertida na alínea b) do primeiro parágrafo do artigo 133.º da Directiva do IVA, não parece que possa ficar de fora um dos elementos constantes dessa disposição, ou seja, a actuação essencialmente gratuita por parte dos titulares dos seus órgãos de gestão ou administração. À semelhança do que se referiu a propósito da alínea a) do artigo 133.º, também no caso da sua alínea b) os elementos integrantes da condição nela definida afiguram-se ser cumulativos e não alternativos. Uma tal acepção vem enunciada, aliás, no próprio acórdão de 21 de Março de 2002 (C-267/00, *Zoological Society of London*, Colect. p. I-3353, n.º 18), em que se refere que o interesse financeiro, por parte dos órgãos de gestão, nos resultados de exploração do organismo também se pode concretizar por via da obtenção de uma remuneração salarial paga por esse organismo. Ilustrativa disso é a afirmação aí feita no sentido de ser exigível *"que as pessoas que participam na gestão e na administração de tais organismos não tenham um interesse financeiro próprio nos resultados destes, através de uma remuneração, de uma distribuição de lucros ou de qualquer outro interesse financeiro, mesmo indirecto"*. O mesmo é dizer, portanto, que na referida decisão se considera que a obtenção de uma remuneração pelos titulares dos órgãos de gestão de topo dos organismos, desde que não seja meramente simbólica, também se

---

que tem por objecto evitar divergências na aplicação do regime do IVA de um Estado-Membro para outro (v., quanto às isenções, acórdãos de 15 de Junho de 1989, Stichting Uitvoering Financiële Acties, 348/87, Colect., p. 1737, n.º 11, e de 20 de Junho de 2002, Comissão/Alemanha, C-287/00, Colect., p. I-5811, n.º 44)". Em sentido oposto, mas aí estando em apreço a norma que permitia aos Estados membros isentar transitoriamente certas operações, prevista na alínea b) do n.º 3 do artigo 28.º da Sexta Directiva (actual artigo 371.º da Directiva do IVA), o TJUE admitiu a possibilidade de ser reduzido o âmbito de aplicação material dessas isenções – o que sucedeu por via dos acórdãos de 13 de Julho de 2000 (C-36/99, *Idéal Tourisme*, Colect. p. I-6049, n.º 32) e de 29 de Abril de 1999 (C-136/97, *Norbury Developments*, Colect. p. I-2491, n.º 19). Nestes arestos, porém, o TJUE salientou que o objectivo a prazo do sistema comum do IVA é a supressão das isenções nele concedidas transitoriamente, como resultava do n.º 4 do artigo 28.º da Sexta Directiva (actual n.º 1 do artigo 393.º da Directiva do IVA), pelo que seria contrária ao princípio da aproximação progressiva das legislações uma solução que impedisse um Estado membro de extinguir, embora apenas em parte, uma isenção com natureza transitória.

consubstancia na detenção de um interesse financeiro por parte dos titulares daqueles órgãos nos resultados de exploração dos organismos.

Acresce, como se evidenciou no acórdão de 7 de Maio de 1998 (C-124/96, Comissão/Espanha, Colect. p. I-2501, n.º 21), que cada Estado membro é livre de condicionar certas isenções a uma ou a várias das condições previstas nas actuais alíneas a) a d) do primeiro parágrafo do artigo 133.º da Directiva do IVA, mas que isso não significa que esteja autorizado a modificar o conteúdo de cada uma dessas condições.

Assim, como na legislação interna portuguesa, por via da parte final da alínea a) do artigo 10.º do CIVA, se optou pela transposição da condição prevista na alínea b) do primeiro parágrafo do artigo 133.º da Directiva do IVA, no sentido de que *"os seus corpos gerentes não tenham, por si ou por interposta pessoa, algum interesse directo ou indirecto nos resultados da exploração"*, afigura-se que a tendencial gratuitidade de todos os cargos desses corpos gerentes se conta como uma das condições subjacentes à verificação do disposto na alínea a) do artigo 10.º do CIVA.[445]

Ainda acerca da segunda parte da alínea a) do artigo 10.º do CIVA e da alínea b) do primeiro parágrafo do artigo 133.º da Directiva do IVA que lhe serve de base, o requisito aí expresso é o de que não haja interesse directo ou indirecto dos titulares dos corpos gerentes nos resultados de exploração, seja por si próprios, seja por interpostas pessoas. Recorde-se, por seu lado, que um outro dos pressupostos da qualificação como organismo sem finalidade lucrativa é o de que não haja distribuição de lucros em resultado de quaisquer excedentes que

---

[445] Cabe salientar, aliás, relativamente às condições de exercício dos cargos dos corpos gerentes das IPSS, previstas no n.º 1 do artigo 18.º do Estatuto das IPSS, aprovado pelo Decreto-Lei n.º 119/83, de 25 de Fevereiro, que a regra é o exercício gratuito de todos esses cargos, sem prejuízo de se poder justificar o ressarcimento das despesas dele derivadas. Ainda assim, o n.º 2 do mesmo artigo 18.º admite que um ou mais membros dos corpos gerentes possam ser remunerados, desde que os estatutos constitutivos o prevejam, em casos em que o volume do movimento financeiro ou a complexidade das tarefas de administração exija a sua presença prolongada. Para que os organismos em questão mantenham a qualidade de organismos sem finalidade lucrativa para efeitos do IVA, a eventual remuneração, porém, de acordo com a interpretação veiculada, deve ser meramente simbólica.

o organismo eventualmente gere, previsto no trecho inicial da alínea a) do artigo 10.º do CIVA e na alínea a) do primeiro parágrafo do artigo 133.º da Directiva do IVA. Da concatenação das duas condições, conclui-se que o requisito previsto na parte final da alínea a) do artigo 10.º do CIVA e na parte final da alínea b) do artigo 133.º da Directiva do IVA – ou seja, os corpos gerentes não terem, por si ou por interpostas pessoas, qualquer interesse directo ou indirecto nos resultado de exploração – não se prende com a distribuição aos associados dos eventuais lucros obtidos pelo organismo, mas com o benefício de quaisquer vantagens pelos gestores e pelos membros de outros órgãos de topo – os quais podem ser ou não também associados do organismo.[446] Para além de remunerações nos termos acima referidos, nestas vantagens parecem ser também de incluir as que possam ser obtidas, por exemplo, com benefícios pessoais resultantes dos investimentos feitos em aplicação dos possíveis excedentes, assim como com a natureza das próprias transmissões de bens ou prestações de serviços que o organismo proporciona aos utentes.[447] Como pertinentemente assinalou o advogado-geral Jacobs, no n.º 47 das suas conclusões apresentadas a 13 de Dezembro de 2001 (C-174/00, *Kennemer Golf*),"*não é suficiente averiguar apenas uma distribuição manifesta de lucros sob a forma, por exemplo, de um rendimento directo dos investimentos representados pelas contribuições para os activos do organismo. Pelo menos em certas circunstâncias, uma tal distribuição pode também adoptar a forma de remunerações invulgarmente elevadas dos empregados, direitos sobre activos cujo valor aumenta, dando assim lugar a enriquecimento em caso de restituição ou dissolução, a*

---

[446] No caso das IPSS, por exemplo, o n.º 1 do artigo 15.º do Estatuto das IPSS, aprovado pelo Decreto-Lei n.º 119/83, de 25 de Fevereiro, prevê que os corpos gerentes sejam, em princípio, constituídos por associados da própria instituição, pelos fundadores ou por terceiras pessoas designadas por aqueles, de que resulta poder haver membros dos corpos gerentes que não são associados ou fundadores e associados ou fundadores que não são membros dos corpos gerentes.

[447] Ainda assim, relativamente ao destino de toda e qualquer dessas transmissões de bens ou prestações de serviços, não parece que deva levar-se longe demais o escrutínio acerca do mesmo, já que não parece inviável que os referidos membros ou terceiros a eles ligados possam ser também adquirentes ou destinatários de certos bens ou serviços proporcionados pelo organismo, desde que o façam em condições semelhantes à generalidade dos utentes.

adjudicação a membros de contratos de fornecimento, a preços mais elevados ou não do que a taxa do mercado, ou a organização de "competições" desportivas nas quais todos os membros ganham prémios. Sem dúvida que podem imaginar-se outros métodos de distribuição dissimulada."

Por último, saliente-se que o artigo 10.º do CIRC – inspirando-se na condição prevista na parte final da alínea a) do artigo 10.º do CIVA – também exige na alínea c) do seu n.º 3, para efeitos da isenção de IRC que abrange as pessoas colectivas de utilidade pública e de solidariedade social aí mencionadas, a *"[i]nexistência de qualquer interesse directo ou indirecto dos membros dos órgãos estatutários, por si mesmos ou por interposta pessoa, nos resultados da exploração das actividades económicas por elas prosseguidas"*.[448] Complementarmente, o n.º 4 do artigo 10.º CIRC estatui que o incumprimento do referido requisito *"determina a perda da isenção, a partir do correspondente período de tributação, inclusive"*. No caso do CIVA, porém, este é omisso quanto aos efeitos no tempo de uma eventual cessação da verificação desta condição, assim como, aliás, das restantes condições previstas no seu artigo 10.º. Note-se, em relação ao IRC, que está em causa um imposto cujo facto tributário é de formação sucessiva ao longo do período de tributação, considerando-se verificado, nos termos do n.º 9 do artigo 8.º do CIRC, no último dia desse período, ou seja, por via de regra, a 31 de Dezembro de cada ano. Ao invés, apesar de as declarações de imposto e o respectivo pagamento terem uma periodicidade mensal ou trimestral, o IVA constitui-se como um imposto de obrigação única, em que cada facto tributário coincide com o momento da realização das operações definidas no âmbito de incidência do imposto, ou seja, ocorre em cada transmissão de bens, prestação de serviços, aquisição intracomunitária de bens ou importação. Assim, na falta de uma disposição específica que fixe o momento em que deixam de ser aplicáveis as isenções previstas no artigo 9.º do CIVA e se inicia a aplicação do regime geral de

---

[448] Condição idêntica vem definida na segunda parte da alínea a) do n.º 2 do artigo 11.º do CIRC, para efeitos de isenção desse imposto das associações que exerçam actividades culturais, recreativas e desportivas, que satisfaçam as demais condições nele previstas, em relação aos rendimentos provenientes das referidas actividades.

tributação[449], os organismos que passem a praticar operações tributadas em virtude de deixarem de satisfazer as condições de inserção no âmbito do artigo 10.º do CIVA devem aplicar o IVA às transmissões de bens ou prestações de serviços efectuadas a partir do momento em que qualquer dessas condições se deixe de verificar[450], sem prejuízo, porém, dos casos em que lhes possa ser aplicado o regime especial de isenção previsto no artigo 53.º do CIVA.

5. Disponibilização de elementos contabilísticos

Como condição para que um organismo sem finalidade lucrativa possa beneficiar das isenções que exigem a verificação desse pressuposto subjectivo, a alínea b) do artigo 10.º do CIVA impõe que o organismo disponha de um sistema de escrituração que abranja todas as suas actividades, o qual deve ser posto à disposição da administração tributária, para comprovação daquela qualidade.[451]

O Decreto-Lei n.º 36-A/2011, de 9 de Março, aprovou o regime da normalização contabilística para as entidades do sector não lucrativo (ESNL), que faz parte integrante do Sistema de Normalização Contabilística constante do Decreto-Lei n.º 158/2009, de 13 de

---

[449] Contrariamente ao que sucede nos casos em que haja renúncia às isenções previstas nos artigos 9.º e 53.º do CIVA ou em que se deixem de se verificar as condições previstas neste último artigo, em que o momento a partir do qual passa a ser aplicado o regime geral de tributação vem previsto, respectivamente, no n.º 2 do artigo 12.º, no n.º 2 do artigo 55.º e nos n.ºs 5 e 6 do artigo 58.º do CIVA.

[450] Com efeito, na falta de disposição em contrário, uma vez deixado de se verificar um dos pressupostos de isenção, as operações efectuadas a partir daí devem passar a ser submetidas a tributação, acepção que também é sufragada pelo disposto no n.º 1 do artigo 14.º do Estatuto dos Benefícios Fiscais (EBF), de harmonia com o qual a extinção dos benefícios fiscais tem por consequência a reposição automática da tributação-regra (cujo teor é extensível, sendo caso disso, aos restantes benefícios fiscais, nos termos do artigo 1.º do EBF). Não obstante essa imediata produção de efeitos, é de quinze dias o prazo para a entrega da corresponde declaração de alterações, nos termos do artigo 32.º do CIVA.

[451] Condição idêntica vem definida na alínea b) do n.º 2 do artigo 11.º do CIRC, para efeitos de isenção desse imposto das associações que exerçam actividades culturais, recreativas e desportivas, que satisfaçam as demais condições nele previstas, em relação aos rendimentos provenientes das referidas actividades.

Julho, em execução do previsto no n.º 2 do artigo 3.º deste último diploma. Os vários modelos de demonstrações financeiras aplicáveis a tais entidades foram aprovados através da Portaria n.º 105/2011, de 14 de Março.

No caso de haver dispensa de aplicação do regime da normalização contabilística para as ESNL, a que se reporta o artigo 10.º do Decreto-Lei n.º 36-A/2011[452], nem havendo opção por esse regime contabilístico, a exigência contida na alínea c) do artigo 10.º do CIVA não implica necessariamente a elaboração de uma contabilidade organizada naqueles moldes. Aliás, a referida disposição do CIVA não alude expressamente a contabilidade organizada, mas simplesmente a um sistema de escrituração. Só assim não será se o organismo em causa, para efeitos de IRS ou de IRC, dispuser, ou estiver obrigado a dispor, de contabilidade organizada. O n.º 3 do artigo 10.º do Decreto-Lei n.º 36-A/2011 estabelece, todavia, que as entidades dispensadas da aplicação da normalização contabilística para as ESNL, e que não optem pela sua aplicação, ficam obrigadas à prestação de contas em regime de caixa.

Sobre o requisito de possuir um sistema de escrituração contabilística para efeitos da isenção do IVA, cabe assinalar que, embora não se encontre expressamente previsto no artigo 133.º da Directiva do IVA, a possibilidade de tal imposição decorre, desde logo, do disposto no seu artigo 131.º. Este artigo prevê que as disposições que estabelecem as isenções do IVA se apliquem *"nas condições fixadas pelos Estados-Membros a fim de assegurar a aplicação correcta e simples das referidas isenções e de evitar qualquer possível fraude, evasão ou abuso"*.[453] Como o

---

[452] Em regra, nos termos do n.º 1 do artigo 10.º do Decreto-Lei n.º 36-A/2011, ficam dispensadas da aplicação da normalização contabilística para as ESNL as entidades cujas vendas e outros rendimentos não excedam € 150 000 em nenhum dos dois exercícios anteriores, salvo quando integrem o perímetro de consolidação de uma entidade que apresente demonstrações financeiras consolidadas ou estejam obrigadas à apresentação de qualquer das demonstrações financeiras referidas no n.º 1 do artigo 11.º do mesmo diploma, por disposição legal ou estatutária ou por exigência das entidades públicas financiadoras.

[453] Anteriormente, a remissão para as condições a fixar pelos Estados membros encontrava-se expressa nos proémios das partes A e B do artigo 13.º, do n.º 1 do artigo 14.º, do artigo 15.º e das partes A e B do artigo 28.º-C da Sexta Directiva.

TJUE já afirmou inúmeras vezes, esta faculdade cometida aos Estados membros não lhes permite aumentar ou diminuir as categorias de isenções nem o conteúdo destas, mas, sim, criar disposições que facilitem a aplicação das isenções e que assegurem o seu correcto funcionamento, nomeadamente, procedimentos para o reconhecimento do direito à isenção e formas de comprovação desse direito, com vista a evitar situações de evasão ou de fraude fiscal.[454]

Além disso, a imposição aos sujeitos passivos de que elaborem e mantenham registos de ordem contabilística, para efeitos de controlo, vem prevista no artigo 242.º da Directiva do IVA. Embora no caso dos organismos que beneficiem de isenção seja dada aos Estados membros a possibilidade de dispensarem esses sujeitos passivos de tal obrigação, em conformidade com a alínea c) do seu artigo 272.º, esta alínea, de modo nenhum, obriga a que os Estados membros o façam.

6. Preços praticados pelos organismos

Na alínea c) do artigo 10.º do CIVA, tendo por base a faculdade conferida na alínea c) do primeiro parágrafo do artigo 133.º da Directiva do IVA, define-se como uma das condições para que se considere estar na presença de um organismo sem finalidade lucrativa que este pratique preços homologados pelas autoridades públicas ou que os preços praticados, na falta de homologação, sejam inferiores aos exigidos pelas empresas comerciais submetidas ao imposto.

Embora as referidas disposições utilizem a expressão "preços homologados", parece adequado admitir que as mesmas visem também os casos em que haja uma fixação unilateral de preços máximos ou de preços de referência, por parte das autoridades públicas. Neste caso, porém, se o regime de preços máximos ou de referência se des-

---

[454] Cf., por exemplo, os seguintes acórdãos: de 13 de Julho de 1989 (173/88, *Henriksen*, Colect. p. 2763, n.º 20); de 28 de Março de 1996 (C-468/93, *Gemeente Emmen*, Colect. p. I-1721, n.º 19); de 7 de Maio de 1998 (C-124/96, Comissão/Espanha, Colect. p. I-2501, n.os 11 e 12); de 11 de Janeiro de 2001 (C-76/99, Comissão/França, Colect. p. I-249, n.º 26); e de 20 de Junho de 2002 (C-287/00, Comissão/Alemanha, Colect. p. I-5811, n.º 50).

tinar também a ser aplicado por empresas comerciais, afigura-se que a condição sob análise implica que os preços praticados pelos organismos sem finalidade lucrativa sejam inferiores aos preços fixados.

Quanto à homologação propriamente dita, entende-se que nada impede que um organismo susceptível de ser subsumido no âmbito do artigo 10.º do CIVA, por razões de certeza e segurança jurídicas, solicite ao ministério que tutela o respectivo sector a homologação dos preços por si praticados. Nos casos em que, nos termos da lei, possa haver uma homologação de preços por parte de entidades independentes das autoridades públicas, é de crer que a mesma também não deve deixar de ser tomada em consideração. Mostra-se curial, em qualquer caso, que os preços sejam fixados em função do interesse público dos utentes dos bens ou serviços disponibilizados pelos organismos em causa, e não apenas para dar satisfação formal ao requisito de isenção disposto na parte inicial da alínea c) do artigo 10.º do CIVA.

No seu acórdão de 7 de Maio de 1998 (C-124/96, Comissão/Espanha, Colect. p. I-2501, n.º 22), o TJUE considerou que fazer depender uma isenção – na circunstância a que hoje em dia se encontra prevista na alínea m) do n.º 1 do artigo 132.º da Directiva do IVA – de certos organismos não cobrarem aos seus associados quotas de um valor superior a um dado montante fixado com carácter geral não poderia ser entendido, por si só, como a homologação de um preço por uma autoridade pública, com vista à concretização da condição actualmente prevista na alínea c) do artigo 133.º da Directiva do IVA. No processo estava em causa uma disposição da legislação interna espanhola que previa que a isenção relativa a actividades desportivas só seria concedida aos organismos que exigissem quotas de admissão ou quotas periódicas iguais ou inferiores a uma determinada importância fixa, sem ter em conta, como foi objecto de censura no referido aresto, "*a natureza e as circunstâncias próprias de cada actividade desportiva*".

Em antecipação ao que veio a ser decidido pelo TJUE, o advogado-geral La Pergola, no n.º 6 das suas conclusões apresentadas a 3 de Fevereiro de 1998, antevira que – ainda que a fixação de montantes máximos para as quotas associativas possa ser entendida como um preço homologado pela administração pública, no sentido de representar a contrapartida dos serviços prestados pelos organismos – seria também necessário que essas quotas fossem graduadas segundo os diferentes tipos de actividades desportivas exercidas. Para sustentar a sua posição, o advogado-geral assinalou que a necessidade de se proceder a uma diferenciação suficientemente criteriosa das condições que vêm actualmente enumeradas no artigo 133.º da Directiva do IVA resulta do seu próprio proémio, ao estabelecer que os Estados membros podem fazer depender, *"caso a caso"*, a concessão das isenções aí enumeradas. Na sua perspectiva, tal não exigia, porém, que se fosse ao ponto de homologar todos os preços a praticar individualmente por cada entidade, sendo suficiente que a legislação interna adoptasse um critério mais adequado à realidade, podendo, em vez de estabelecer um único montante limite, fixar um conjunto de preços diversificados, eventualmente por categorias de actividades exercidas.[455]

Na falta de preços homologados administrativamente, a parte final da alínea c) do artigo 10.º do CIVA impõe que sejam praticados preços inferiores aos exigidos pelas empresas comerciais submetidas a tributação, relativamente ao mesmo tipo de bens ou serviços. Pese embora as dificuldades inerentes à comparação da qualidade e do preço entre bens ou serviços da mesma natureza disponibilizados no mercado, compreende-se a razão de ser desta condição. O objectivo da alínea c) parece ser assegurar que as pessoas que são os utentes, adquirentes ou destinatários finais dos bens e serviços disponibilizados pelos organismos sem finalidade lucrativa sejam realmente beneficiadas pelo facto de esses organismos terem direito à isenção. Uma vez que a isenção é conferida aos organismos em prol dos utentes, é de elementar lógica que estes últimos possam beneficiar da actividade daqueles em condições económicas mais favoráveis do que se recorressem às empresas comerciais. Atente-se que as isenções actualmente consignadas no n.º 1 do artigo 132.º da Directiva do IVA respeitam a actividades de

---

[455] Particularmente sob apreciação nesse processo C-124/96 (Comissão/Espanha) estava a fixação de um montante único relativamente a um conjunto de actividades desportivas, não se vendo, porém, razões para que o critério enunciado não seja extensível, com as devidas adaptações, às restantes actividades em que seja necessário aferir do carácter não lucrativo das entidades que as exerçam.

interesse geral, como vem assinalado na própria epígrafe do artigo[456], não sendo as isenções aí previstas, pelo menos na maioria dos casos, concedidas por estarem em causa organismos sem finalidade lucrativa, mas por aquilo que as acções empreendidas podem representar de benéfico em termos sociais.[457] Assim, se for possível aos utentes obter no mercado, junto das empresas comerciais, a preços mais baixos ou idênticos, os mesmos bens e serviços, não se justificaria o benefício fiscal atribuído a certas entidades e a consequente receita orçamental cessante que representa para o erário público.[458]

Na eventualidade de não existirem preços fixados ou homologados administrativamente, nem de haver termo de comparação com os preços praticados pelas empresas comerciais por os bens ou serviços fornecidos por um dado organismo sem fim lucrativo não serem disponibilizados no mercado por aquelas empresas, fica prejudicada a exigência da condição prevista na alínea c) do artigo 10.º do CIVA.

---

[456] Cf., entre muitos, os seguintes acórdãos: de 11 de Julho de 1985 (107/84, Comissão/Alemanha, Recueil p. 2655, n.º 17); de 15 de Junho de 1989 (348/87, SUFA, Colect. p. 1737, n.º 12); de 12 de Novembro de 1998 (C-149/97, Institute of Motor Industry, Colect. p. I-7053, n.º 18); de 20 de Junho de 2002 (C-287/00, Comissão/Alemanha, Colect. p. I-5811, n.º 45); de 20 de Novembro de 2003 (C-8/01, Taksatorringen, Colect. p. I-13711, n.º 60); de 1 de Dezembro de 2005 (C-394/04 e C-395/04, Athinon-Ygeia, Colect. p. I-10373, n.º 16); e de 3 de Junho de 2010 (C-237/09, De Fruytier, Colect. p. I-4985, n.º 19).

[457] Em relação às isenções relativas à saúde e ao ensino, o TJUE já assinalou que o objectivo é assegurar um acesso menos dispendioso dos cidadãos a esses serviços – cf. acórdãos de 11 de Janeiro de 2001 (C-76/99, Comissão/França, Colect. p. I-249, n.º 23), de 20 de Junho de 2002 (C-287/00, Comissão/Alemanha, Colect. p. I-5811, n.º 47) e de 6 de Novembro de 2003 (C-45/01, Dornier-Stiftung, Colect. p. I-12911, n.º 48). Também no que concerne às isenções em matéria de segurança social e assistência social, o TJUE afirmou no acórdão de 26 de Maio de 2005 (C-498/03, Kingcrest Associates e Montecello, Colect. p. I-4427, n.º 30) que *"ao garantirem um tratamento mais favorável, em matéria de IVA, de determinadas prestações de serviços de interesse geral efectuadas no sector social, destinam-se a reduzir o custo desses serviços e, assim, tornar estes últimos mais acessíveis aos particulares que deles possam beneficiar"*.

[458] Sem prejuízo das obrigações decorrentes do sistema comum do IVA vigente na UE, recorde-se que por força do seu artigo 1.º o EBF, quanto aos princípios gerais, é aplicável aos vários impostos, só se justificando tais benefícios, nos termos do n.º 1 do artigo 2.º do EBF, para a tutela de interesses públicos extra-fiscais relevantes, interesses esses que sejam superiores aos da própria tributação que impedem.

Aliás, não havendo comercialmente disponíveis no mercado os mesmos bens ou serviços, afigura-se ficar também prejudicada a exigência do requisito previsto na alínea d) do mesmo artigo, a que já de seguida se faz referência. Na hipótese agora equacionada, portanto, a natureza de organismo sem finalidade lucrativa para efeitos deste imposto deve ser aferida apenas em função da verificação das condições definidas nas alíneas a) e b) do artigo 10.º do CIVA.

7. Não distorção da concorrência

7.1. Critérios de apreciação

Na alínea d) do artigo 10.º do CIVA estabelece-se, entre as condições a satisfazer para que os organismos sem finalidade lucrativa possam beneficiar das normas de isenção que se reportam a tais entidades, que *"[n]ão entrem em concorrência directa com sujeitos passivos do imposto"*. Esta disposição da legislação interna dá uso à faculdade conferida na alínea d) do primeiro parágrafo do artigo 133.º da Directiva do IVA, concedendo aos Estados membros a possibilidade de estabelecerem que as isenções *"não podem ser susceptíveis de provocar distorções de concorrência em detrimento de empresas comerciais sujeitas ao IVA"*.

O elemento literal da alínea d) do artigo 10.º do CIVA – ao fazer menção à concorrência *"com sujeitos passivos do IVA"* – apresenta uma formulação não muito rigorosa do ponto de vista terminológico, uma vez que, em qualquer caso, se está necessariamente perante sujeitos passivos do IVA, no sentido de entidades abrangidas pelo âmbito de incidência subjectiva do imposto. Com efeito, como se viu, ainda que se esteja na presença de um organismo sem finalidade lucrativa susceptível de beneficiar de isenção do IVA, esse organismo não deixa de ser conceptualmente qualificável como um sujeito passivo do imposto, sem prejuízo de poder em certos casos realizar operações que estão isentas do mesmo. Para efeitos de aplicação das isenções previstas no artigo 9.º do CIVA, o facto de se reunir as condições para se ser considerado um sujeito passivo é, portanto, um pressuposto obrigatório, já que, caso não se estivesse perante uma entidade qualificada como sujeito passivo, tal teria como resultado uma situação de não sujeição, por não se completarem todos os pressupostos de incidência do imposto, e não face a uma situação de isenção. Na realidade, o que a condição constante da alínea d) do artigo 10.º do CIVA pretende assegurar é que os organismos desprovidos de finalidade lucrativa, susceptíveis enquanto tal de beneficiar de certas isenções, não se encontrem a actuar no mercado em concorrência directa com entidades submetidas a tributação em sede de IVA.

A respeito da condição estabelecida na alínea d) do artigo 10.º do CIVA, há que reconhecer, desde logo, que se mostra difícil para as administrações fiscais avaliarem da ocorrência ou não de distorções de concorrência, pois a avaliação pressupõe um conhecimento aprofundado de cada um dos sectores de actividade em causa, incluindo as respectivas condições de mercado, conhecimento que a administração fiscal nem sempre possui. Neste capítulo assumem, portanto, particular relevância os elementos que possam ser trazidos ao conhecimento da administração fiscal pelos próprios intervenientes nos vários sectores de mercado, em particular por aquelas empresas comerciais que se considerem numa posição concorrencialmente desfavorável por efeito do imposto, relativamente a organismos que disponibilizem no mercado os bens ou serviços idênticos e beneficiem da isenção do IVA.

A apreciação da ocorrência ou não de distorções concorrenciais já foi objecto de algumas decisões do TJUE, quer em matéria de não sujeição a IVA dos organismos públicos quando actuem no quadro dos seus poderes de autoridade, quer no âmbito da aplicação de uma outra disposição de isenção que estabelece como critério a satisfazer a não verificação de distorções no mercado, uma vez que estas se encontram acauteladas em várias normas do sistema comum do IVA. Até à data, este requisito tem sido analisado mais frequentemente pelo TJUE no quadro da disposição de não sujeição contida nos dois primeiros parágrafos do n.º 1 do artigo 13.º da Directiva do IVA[459], transposta para o ordenamento interno através do n.º 2 do artigo

---

[459] Correspondente anteriormente aos dois primeiros parágrafos do n.º 5 do artigo 4.º da Sexta Directiva.

2.º do CIVA.[460] De harmonia com as referidas disposições, as pessoas colectivas de direito público não são consideradas sujeitos passivos do imposto relativamente às actividades em que actuem na qualidade de autoridades públicas, ainda que por elas cobrem direitos, taxas, quotizações ou remunerações, mas desde que a sua não sujeição não conduza a distorções de concorrência significativas. No quadro da interpretação da regra do sistema comum do IVA relativa à não sujeição das pessoas colectivas de direito público, o TJUE foi chamado várias vezes a pronunciar-se sobre o requisito da não produção de distorções de concorrência.[461] Por seu turno, no domínio das normas de isenção propriamente ditas, aspectos relacionados com a condição de não serem produzidas distorções de concorrência foram analisados no acórdão de 20 de Novembro de 2003 (C-8/01, *Taksatorringen*, Colect. p. I-13711).

Com referência ao vertido actualmente no segundo parágrafo do n.º 1 do artigo 13.º da Directiva do IVA, no sentido de a não sujeição prevista no parágrafo anterior não poder conduzir a distorções de concorrência, tal tem em vista garantir o respeito pelo princípio da neutralidade fiscal.[462] Por isso, de acordo com o TJUE, a regra de tributação consignada naquele segundo parágrafo não deve ser interpretada de um

---

[460] Uma análise da jurisprudência do TJUE em matéria de distorções de concorrência, para efeitos da norma de não sujeição a IVA das pessoas colectivas de direito público, encontra-se em CLOTILDE CELORICO PALMA, *As Entidades...* cit., pp. 301-335.

[461] Tal sucedeu, nomeadamente, através dos seguintes acórdãos: de 17 de Outubro de 1989 (231/87 e 129/88, *Fiorenzuola d'Arda e Comune di Carpaneto Piacentino*, Colect. p. 3274); de 15 de Maio de 1990 (C-4/89, *Comune di Carpateno Piacentino*, Colect. p. I-1882); de 14 de Dezembro de 2000 (C-446/98, *Câmara Municipal do Porto*, Colect. p. I-11435); de 8 de Junho de 2006 (C-430/04, *Halle*, Colect. p. I-4999); de 13 de Dezembro de 2007 (C-408/06, *Götz*, Colect. p. I-11295); de 16 de Setembro de 2008 (C-288/07, *Isle of Wight Council e o.*, Colect. p. I-7203); de 4 de Junho de 2009 (C-102/08, *SALIX*, Colect. p. I-4629); e de 16 de Julho de 2009 (C-554/07, *Comissão/Irlanda*, Colect. p. I-128★).

[462] Cf. acórdãos de 8 de Junho de 2006 (C-430/04, *Halle*, Colect. p. I-4999, n.º 24) e de 16 de Setembro de 2008 (C-288/07, *Isle of Wight Council e o.*, Colect. p. I-7203, n.º 43).

modo demasiado estrito.[463] Tal decorre do facto de o primeiro parágrafo do mesmo n.º 1 representar uma derrogação ao objectivo de tributação da generalidade das actividades económicas visado pelo sistema comum do IVA, pelo que a norma que determina a exclusão da incidência é que deve ser objecto de uma interpretação estrita.

Em matéria de normas de isenção do IVA, entre elas as que se encontram actualmente vertidas no artigo 132.º da Directiva do IVA, o TJUE também já enunciou inúmeras vezes que as mesmas devem ser objecto de uma interpretação estrita.[464] Para tanto, idêntico fundamento é apontado, ou seja, por também constituírem derrogações ao princípio de tributação geral do consumo visado pelo sistema comum do IVA. Daí parecer curial a acepção de que as normas que visem repor a tributação quando haja risco de distorções no mercado, como é o caso da alínea d) do artigo 10.º do CIVA, não implicam uma interpretação demasiadamente estrita.

Ainda em relação ao n.º 1 do artigo 13.º da Directiva do IVA, considera-se que a verificação das distorções de concorrência deve ser feita em relação ao conjunto da actividade em causa, enquanto tal, e não especificamente em relação a um mercado em particular. No acórdão de 16 de Setembro de 2008 (C-288/07, *Isle of Wight Council e o.*, Colect. p. I-7203, n.ºs 18 a 53) esteve em causa apreciar, relativamente a quatro pessoas colectivas de direito público de âmbito regional, que prestavam serviços de parqueamento de veículos no quadro dos seus poderes públicos, se a eventual existência de distorções de concorrência deveria ser avaliada por referência a cada um dos mercados locais, nos quais cada uma das autoridades públicas exercia a sua actividade, ou se por referência a toda a actividade à escala nacional, ou seja, tendo em conta as condições de exercício da actividade no conjunto do território do país. O TJUE pendeu para esta segunda perspectiva, tendo sublinhado, no n.º 40 do acórdão, que a sujeição a IVA por motivos de distorção de concorrência, com fundamento

---

[463] Cf. acórdãos de 16 de Setembro de 2008 (C-288/07, *Isle of Wight Council e o.*, Colect. p. I-7203, n.º 60), de 4 de Junho de 2009 (C-102/08, *SALIX*, Colect. p. I-4629, n.º 68) e de 16 de Julho de 2009 (C-554/07, Comissão/Irlanda, Recueil p. I-128, n.º 57).

[464] Sobre a matéria, veja-se, supra, o n.º 4 da secção I deste capítulo IV.

no actual segundo parágrafo do n.º 1 do artigo 13.º da Directiva do IVA, "*resulta do exercício de uma determinada actividade enquanto tal, independentemente da questão de saber se os referidos organismos têm ou não concorrência ao nível do mercado local no qual exercem essa actividade*". Em conformidade, o TJUE expressou no n.º 46 do texto decisório que "*se as referidas distorções forem analisadas por referência à actividade enquanto tal, independentemente das condições de concorrência que vigoram num determinado mercado local, o respeito do princípio da neutralidade fiscal é garantido, dado que todos os organismos de direito público estão sujeitos ou não sujeitos ao IVA, pelo que esse princípio só seria derrogado no que diz respeito às relações entre esses organismos e os operadores privados, e apenas na medida em que as distorções da concorrência fossem insignificantes*". Ao invés, se se aderisse à tese de que as distorções da concorrência deveriam ser apreciadas por referência a cada um dos mercados locais, nos quais cada uma das autoridades públicas exerce a respectiva actividade de locação de lugares em parques de estacionamento, tal pressuporia uma reavaliação sistemática, com base em análises económicas frequentemente complexas, das condições de concorrência numa multiplicidade de mercados locais, cuja determinação poderia revelar-se particularmente difícil, uma vez que a delimitação desses mercados não coincide necessariamente com a competência territorial das autoridades locais, ao mesmo tempo que podem existir vários mercados locais no território de uma mesma autoridade pública (n.º 49 do acórdão).[465]

---

[465] No acórdão de 13 de Dezembro de 2007 (C-408/06, *Götz*, Colect. p. I-11295) – em que estavam em causa as eventuais distorções de concorrência resultantes da não sujeição a IVA de um organismo público que, numa dada região, centralizava a compra e venda de excedentes de leite com o objectivo de reduzir os excedentes – o TJUE, em resposta à segunda questão prejudicial que lhe vinha colocada, considerara que "*[a] não sujeição de um organismo de venda de quotas de leite a imposto, no que respeita às actividades ou às operações que realiza enquanto autoridade pública [...], não pode causar distorções de concorrência significativas, uma vez que, numa situação como a que está em causa no processo principal, esse organismo não é confrontado com operadores privados que forneçam prestações em concorrência com as prestações públicas. Sendo esta consideração válida para todos os organismos de venda de quotas de leite que exercem a sua actividade numa determinada área de transferência, definida pelo Estado-Membro em causa, há que concluir que a referida área constitui o mercado geográfico relevante para determinar a*

Sobre o assunto, o TJUE considerou, portanto, a partir do momento em que se apure que a não sujeição a IVA de um organismo público que opera num dado sector de actividade é susceptível de provocar distorções de concorrência significativas nesse sector à escala nacional, então os outros organismos públicos que exerçam a mesma actividade também não podem ser abrangidos pela regra de não sujeição prevista no primeiro parágrafo do n.º 1 do artigo 13.º da Directiva do IVA. O TJUE entendeu, assim, que aquele n.º 1, no seu conjunto, não poderia conduzir a um tratamento diferenciado no próprio seio dos organismos de direito público que exerçam uma dada actividade no âmbito dos seus poderes de autoridade.

Em face do descrito, pode suscitar-se a dúvida se a referida acepção do TJUE, quanto ao requisito de não distorção de concorrência imposto no segundo parágrafo do n.º 1 do artigo 13.º da Directiva do IVA, deve ser adoptado relativamente ao requisito de não distorção de concorrência estabelecido na alínea d) do primeiro parágrafo do artigo 133.º. Em caso afirmativo, se suceder que a isenção atribuída a um dado organismo sem finalidade lucrativa que opere num determinado sector de actividade for susceptível de gerar distorções de concorrência, então os outros organismos sem finalidade lucrativa que fornecessem os mesmos bens ou serviços não poderiam também beneficiar de isenção. Ao invés, se se entender que não é aplicável, na avaliação a fazer nos termos da alínea d) do artigo 133.º, a jurisprudência relativa ao n.º 1 do artigo 13.º, então a verificação da existência ou não distorções de concorrência no referido sector deveria ser avaliada caso a caso, ou seja, em função das circunstâncias específicas de cada um dos organismos sem finalidade lucrativa.

---

existência de distorções de concorrência significativas". No acórdão relativo ao caso *Isle of Wight Council e o.*, o TJUE não fez referência, porém, ao decidido no caso *Götz*, em relação à área geográfica relevante para aferir das distorções de concorrência. A possível compatibilização entre as respostas dadas no acórdão *Isle of Wight Council e o.* e no acórdão *Götz* afigura-se residir no facto de no caso *Götz* não estar em apreço saber se a expressão "distorções de concorrência" deveria ser ou não apreciada quanto a cada organismo público individualmente – questão esta colocada apenas no caso *Isle of Wight Council e o.*.

Para eventualmente dilucidar esta questão, atente-se mais de perto na argumentação expendida pelo TJUE no citado acórdão de 16 de Setembro de 2008 relativo ao caso *Isle of Wight Council e o.*. Tal argumentação alicerça-se em dois vectores principais: por um lado, uma interpretação do disposto no segundo parágrafo do n.º 1 do artigo 13.º da Sexta Directiva no contexto desse n.º 1 e tendo em conta o princípio da neutralidade fiscal; por outro lado, o intuito de não tornar demasiado incerta e complexa a aplicação da norma em apreço, atento o princípio da segurança jurídica que também enforma o sistema comum do IVA. Segundo o acórdão em referência, uma tomada em consideração de cada um dos mercados locais poderia conduzir a um tratamento diferenciado dos organismos públicos que actuavam no sector, ao passo que se a matéria for analisada em relação à actividade no seu conjunto o respeito pelo princípio da neutralidade fica garantido, uma vez que todos os organismos de direito público estarão sujeitos ou não sujeitos ao IVA. Desse modo, o princípio da neutralidade só é derrogado entre os organismos públicos no seu conjunto e os operadores privados, mas essa eventual derrogação, mesmo assim, não tem particular relevância, pois o sistema comum do IVA só desconsidera tal princípio na eventualidade de as distorções de concorrência serem insignificantes. Quanto ao princípio da segurança jurídica, o acórdão considerou que o mesmo acudia também em favor da solução tomada, pois uma ponderação das condições de concorrência apenas de carácter local exigiria a reavaliação sistemática, com base em análises económicas frequentemente complexas, das condições de concorrência numa multiplicidade de mercados locais, cuja determinação se revelaria particularmente difícil, dado que a delimitação desses mercados não coincide necessariamente com a competência territorial das autoridades locais.

Posto isto, cabe salientar que o respeito pelos princípios da neutralidade e da segurança jurídica é também uma exigência no domínio da interpretação e da aplicação das isenções, como o TJUE já salientou inúmeras vezes.[466] É certo que pode contrapor-se que o proé-

---

[466] Cf., por exemplo, os acórdãos de 6 de Abril de 1995 (C-4/94, *BLP Group*, Colect. p. I-983, n.º 24) e de 9 de Outubro de 2001 (C-108/99, *Cantor Fitzgerald*,

mio do primeiro parágrafo do artigo 133.º da Directiva do IVA, que enforma todas as alíneas desse primeiro parágrafo, autoriza uma ponderação *"caso a caso"* – o que poderia significar a possibilidade de uma verificação casuística das distorções de concorrência provocadas pela actividade de cada um dos organismos sem finalidade lucrativa intervenientes num dado sector do mercado. No entanto, a menção a que *"[o]s Estados-Membros podem fazer depender, caso a caso, a concessão de qualquer das isenções previstas nas alíneas b), g), h), i), l), m) e n) do n.º 1 do artigo 132.º"* parece dirigir-se à possibilidade de serem impostas diferentes condições a satisfazer pelos organismos em função da actividade a que respeita cada uma das citadas alíneas. A ser assim, a subsunção na isenção prevista em cada uma daquelas alíneas fica dependente, por um lado, de o Estado membro decidir se quer ou não impor o critério da não distorção de concorrência para isentar a actividade abrangida por essa alínea. Daí parece decorrer, por outro lado, quando um Estado membro decide adoptar o critério previsto na alínea d) do artigo 133.º em relação à actividade abrangida por uma das mencionadas alíneas do artigo 132.º, que deve ser precisamente em relação ao conjunto dessa actividade que deve ser avaliado se a isenção dos organismos sem finalidade lucrativa que nela operam pode conduzir a distorções de concorrência.

Pese embora não se tratar de uma questão absolutamente líquida, também em relação às condições de concorrência acauteladas na alínea d) do primeiro parágrafo do artigo 133.º da Directiva do IVA e na alínea d) do artigo 10.º do CIVA o recurso a uma abordagem global de cada sector de actividade parece ser o que melhor assegura a neutralidade do imposto e a segurança jurídica das várias partes envolvidas. Tal significa uma avaliação do impacto, no seu conjunto, dos organismos sem finalidade lucrativa que intervenham num dado sector do mercado e que sejam susceptíveis de beneficiar de isenção do

---

Colect. p. I-7257, n.º 33), em que o TJUE apontou, entre os objectivos do sistema do IVA, o de garantir a segurança jurídica e a correcta e simples aplicação das isenções. Em relação ao princípio da neutralidade no domínio das isenções do IVA, para além de outros já oportunamente referenciados, pode também ver-se, por exemplo, o acórdão de 11 de Junho de 1998 (C-283/95, *Fischer*, Colect. p. I-3369, n.º 27).

IVA, em relação às empresas comerciais submetidas a tributação que operem no mesmo sector.[467] Como é óbvio, esta abordagem global em relação a cada sector respeita apenas à condição de não distorção de concorrência provocada pela isenção, pois as restantes condições previstas no artigo 10.º do CIVA e no primeiro parágrafo do artigo 133.º da Directiva do IVA, pela sua própria natureza, são necessariamente aferidas organismo a organismo.

Acresce que uma apreciação individualizada e puramente casuística poderia levar a que a administração tributária ou os tribunais determinassem a tributação das operações efectuadas por um dado organismo sem finalidade lucrativa, para impedir que este desvirtuasse a concorrência num sector de actividade, ao mesmo tempo que continuariam a beneficiar da isenção outros organismos sem finalidade lucrativa actuantes no mesmo sector e possivelmente em circunstâncias idênticas, apenas em virtude de o respectivo impacto na concorrência não ter sido avaliado pela administração tributária ou pelos tribunais, ou por terem feito essa avaliação baseando-se em critérios diferentes.

Um outro aspecto focado no acórdão relativo ao caso *Isle of Wight Council e o.* (n.os 72 a 79) teve a ver com o carácter não significativo das distorções, para efeitos da não sujeição a IVA das pessoas colectivas de direito público. Neste domínio, foi considerado que o termo "*distorções de concorrência significativas*", constante do segundo parágrafo do n.º 1 do artigo 13.º da Directiva do IVA, não deve ser entendido como pretendendo aludir apenas a situações em que as distorções de

---

[467] Note-se que abordagem idêntica a esta, embora no quadro das isenções das actividades agrícolas a que se referem as alíneas 33) e 34) do artigo 9.º do CIVA, é a que parece resultar do disposto no seu artigo 11.º, nos termos do qual "*[o] Ministro das Finanças pode determinar a sujeição a imposto de algumas actividades referidas nos n.os 33) e 34) do artigo 9.º sempre que as respectivas isenções ocasionem distorções significativas de concorrência*". Tanto assim é que a única decisão até hoje tomada ao abrigo desta disposição, de que se tem conhecimento, plasmada no Despacho Normativo n.º 51/86, de 5 de Junho (publicado no D.R. n.º 146, I série, de 28 de Junho de 1986), respeita à actividade de produção de flores e plantas ornamentais no seu todo, à margem de uma avaliação casuística e exaustiva de quais os produtores agrícolas intervenientes nesse mercado cuja actuação era efectivamente susceptível de provocar distorções de concorrência.

concorrência sejam importantes ou excepcionais, pois nesse caso o âmbito de aplicação da não sujeição dos organismos de direito público seria indevidamente alargado. Caso se entendesse que as distorções de concorrência teriam necessariamente de ser muito relevantes, tal levaria a que um número significativo de operadores privados, que efectuassem as mesmas operações que as realizadas pelos organismos de direito público, fossem tratados diferentemente em matéria de incidência do IVA, o que constituiria uma violação importante do princípio da neutralidade fiscal. Assim, a não sujeição a IVA dos organismos de direito público apenas deve ter lugar quando daí não resultem quaisquer distorções de concorrência ou quando essas distorções sejam insignificantes, de modo a lesar o menos possível o princípio da neutralidade fiscal. No contexto descrito, não se afigura susceptível de gerar divergência de relevo sobre o alcance das duas normas o facto de o segundo parágrafo do n.º 1 do artigo 13.º da Directiva do IVA se referir à não ocorrência de "*distorções de concorrência significativas*", ao passo que a alínea d) do primeiro parágrafo do seu artigo 133.º não indica que essas distorções têm de ser significativas para que as isenções não possam operar.

Em sede de isenções do IVA, em relação ao critério de determinação da não existência de distorções de concorrência, o TJUE, como já se aludiu atrás, pronunciou-se através do acórdão de 20 de Novembro de 2003 (C-8/01, *Taksatorringen*, Colect. p. I-13711). Este pronunciamento, no entanto, ocorreu no âmbito do disposto actualmente na alínea f) do n.º 1 do artigo 132.º da Directiva do IVA[468], e não da condição facultativa presentemente vertida na alínea d) do primeiro parágrafo do seu artigo 133.º da Directiva do IVA. Neste aresto referente ao caso *Taksatorringen* esclarece-se que, sob pena da sua completa inaplicabilidade, o entendimento adequado é o de que é a própria isenção que não deve provocar distorções de concorrência, já que, num certo sentido, a presença no mercado de um operador económico destinado a prestar serviços aos seus membros, com a garantia de conservar a clientela formada por estes e a quem está vedada a realiza-

---

[468] À data correspondia à alínea f) do n.º 1 da parte A do artigo 13.º da Sexta Directiva.

ção de lucros, representa sempre uma condicionante da actividade das restantes empresas que operem no mesmo mercado. Por outro lado, ainda de harmonia com o decidido no mesmo acórdão (caso *Taksatorringen*, n.os 63 e 64), o TJUE considerou, no contexto da referida alínea f), que a expressão "*se tal isenção não for susceptível de provocar distorções de concorrência*" não visa apenas as distorções de concorrência que a isenção é susceptível de provocar de imediato, mas também as que pode provocar no futuro. No entanto, é necessário que esse risco seja real, e não meramente hipotético. Para efeitos da isenção prevista na alínea f) do n.º 1 do artigo 132.º da Directiva do IVA, o TJUE entendeu, em suma, que "*a concessão da isenção de IVA deve ser recusada se existir um risco real de que a mesma possa, por si só, provocar, de imediato ou no futuro, distorções de concorrência*".[469]

Uma vez que no mencionado acórdão referente ao caso *Taksatorringen* o TJUE se encontrava a analisar o alcance da limitação constante actualmente da alínea f) do n.º 1 do artigo 132.º da Directiva do IVA, na parte em que esta norma condiciona a isenção aos casos em que não haja distorções de concorrência, cabe apreciar se entendimento idêntico se deverá estender à condição de isenção prefigurada na alínea d) do seu artigo 133.º. Para tanto, há que recordar, em primeiro lugar, que a isenção constante daquela alínea f) do n.º 1 do artigo 132.º aproveita aos agrupamentos autónomos constituídos por pessoas que exerçam uma actividade isenta ou relativamente à qual não tenham a qualidade de sujeitos passivos do IVA, quando prestem aos seus membros serviços directamente necessários ao exercício dessa actividade, desde que se limitem a obter daqueles o reembolso exacto da parte que lhes incumbe nas despesas comuns. Aí se estabelece que a isenção se aplica na condição de que "*não seja susceptível de provocar*

---

[469] Também com referência ao requisito da não distorção de concorrência previsto no n.º 1 do artigo 13.º da Directiva do IVA, o TJUE formulou um ponto de vista semelhante, ao considerar – nos acórdãos de 16 de Setembro de 2008 (C-288/07, *Isle of Wight Council e o.*, Colect. p. I-7203, n.º 65) e de 25 de Março de 2010 (C-79/09, Comissão/Países Baixos, Colect. p. I-40★, n.º 91) – que devem ser ponderadas, não só as condições de concorrência actuais, mas também a concorrência potencial, muito embora entendidas no sentido de que a possibilidade de um operador privado vir a entrar no mercado relevante deve ser real e não puramente hipotética.

distorções de concorrência". Por seu turno, no artigo 133.º da Directiva do IVA, em relação a um conjunto aí definido de outras isenções previstas no n.º 1 do seu artigo 132.º, dá-se a possibilidade aos Estados membros de apenas aplicarem essas outras isenções a entidades que satisfaçam determinados pressupostos, tendo inclusivamente a faculdade de estabelecer a condição, nos termos da alínea d) daquele artigo 133.º, de que "*[a]s isenções não podem ser susceptíveis de provocar distorções de concorrência em detrimento de empresas comerciais sujeitas ao IVA*".

Desde logo, parece ser de retirar a ilação, no que concerne à alínea d) do primeiro parágrafo do artigo 133.º da Directiva do IVA, que é também a própria isenção do imposto que não deve provocar distorções de concorrência, como decorre do seu elemento literal. E compreende-se que assim seja, já que, também aqui, dificilmente se poderia defender que seria a própria presença no mercado da entidade em causa que não deveria provocar distorções de concorrência. É certo que no caso da mencionada alínea f) é menos ampla a caracterização do tipo de entidades a que a norma diz respeito e a quem está vedada a prossecução do lucro. No entanto, no caso das isenções enumeradas no proémio do artigo 133.º, as entidades susceptíveis de ser abrangidas por essas isenções também apresentam particularidades quanto ao seu posicionamento face ao mercado, uma vez que, ou são organismos sem finalidade lucrativa, ou são, pelo menos, organismos cujo interesse social, educacional, cívico ou afim é devidamente reconhecido pelos Estados membros.

Neste capítulo, o elemento literal da alínea d) do artigo 10.º do CIVA pode não parecer totalmente alinhado com o sentido da alínea d) do primeiro parágrafo do artigo 133.º da Directiva do IVA. Com efeito, pode gerar-se a dúvida se a redacção da alínea d) do artigo 10.º do CIVA – ao formular como condição de isenção que os organismos sem finalidade lucrativa "*não entrem em concorrência directa [...]*" – não se estaria a desviar do sentido da redacção da disposição do sistema comum do IVA que lhe serve de matriz. Esta última prevê expressamente que "*as isenções não podem ser susceptíveis de provocar distorções de concorrência [...]*". No entanto, atendendo ao contexto das disposições em apreço, bem como ao sentido da jurisprudência acima indicada, afigura-se ser de concluir que a legislação interna portuguesa só pode ser entendida como reportando-se a uma entrada em concorrência directa com empresas submetidas a tributação quando essa concorrência directa seja susceptível de ter um efeito de distorção do mercado. Como se viu antes, uma das condições previstas no artigo 10.º do CIVA, concretamente na sua alínea c), impõe que os organismos sem finalidade lucrativa pratiquem preços homologados administrativamente ou inferiores aos preços praticados comercialmente. Para que as condições previstas nas alíneas c) e d) do artigo 10.º se conjuguem, dever entender-se que a simples prática de preços mais baixos não representa, por si só, para efeitos desta alínea d), uma situação de entrada em concorrência directa. Acresce, da conjugação lógico-sistemática das duas condições, que a não entrada em concorrência directa a que alude a alínea d) do artigo 10.º do CIVA significa que o benefício da isenção também não é prejudicado pelo simples facto de os organismos sem finalidade lucrativa disponibilizarem bens ou serviços idênticos aos disponibilizados no mercado por entidades com fins lucrativos. Se os organismos sem finalidade lucrativa estivessem, em qualquer circunstância, para efeitos de satisfação da condição prevista na alínea d) do artigo 10.º do CIVA, impedidos de disponibilizar bens e serviços congéneres e a preços inferiores, então a condição imposta pela alínea c) do mesmo artigo não teria razão de existir.

Impõe-se, portanto, uma interpretação da condição prevista na alínea d) do artigo 10.º do CIVA no sentido de que não visa impedir a isenção dos organismos sem finalidade lucrativa em todos os casos em que estes entrem em concorrência directa – disponibilizando no mercado os mesmos tipos de bens ou serviços comercializados por empresas submetidas a tributação e a preços inferiores –, mas apenas quando a eventual isenção de que beneficiassem pudesse gerar distorções de concorrência com as empresas comerciais. Além disso, o efeito nefasto na sã concorrência tem de advir precisamente da própria isenção, e não de factores alheios a ela, nomeadamente da eficiência organizativa e dos meios humanos e técnicos ao dispor – o que constitui, sem dúvida, um factor analítico de complexidade acrescida.

Complementarmente, emerge a questão de saber, para efeitos da condição prefigurada na alínea d) do artigo 133.º da Directiva do IVA, se também lhe será aplicável a jurisprudência decorrente do acórdão de 20 de Novembro de 2003 (C-8/01, *Taksatorringen*, Colect. p. I-13711) na parte em que estabelece que as distorções de concorrência não abrangem unicamente as que a isenção possa gerar de imediato, sendo de atender, de igual modo, às susceptíveis de ser provocadas no futuro, desde que haja um efectivo risco de virem a ocorrer. Sobre a matéria há que referir, quanto ao elemento literal das disposições, que ambas falam em susceptibilidade de ocorrerem distorções de concorrência, isto é, que não parece ser necessário que elas se verifiquem de imediato, mas que seja razoavelmente expectável que venham a ocorrer no futuro.

Por último, através do acórdão de 4 de Junho de 2009 (processo C-102/08, caso *SALIX*, Colect. p. I-4629, n.ᵒˢ 73 a 76),[470] proferido a respeito da norma de não sujeição actualmente contida no n.º 1 do artigo 13.º da Directiva do IVA, o TJUE considerou que as distorções de concorrência previstas no seu segundo parágrafo podem militar em prejuízo das próprias entidades públicas não sujeitas, e não das empresas suas concorrentes submetidas a tributação. Neste domínio, foi entendido que "*não se pode excluir que a não sujeição a imposto de um organismo de direito público que exerce determinadas actividades e operações que impedem o referido direito à dedução do IVA possa ter repercussões na cadeia de entregas de bens e de prestações de serviços em detrimento dos sujeitos passivos que operam no sector privado*". Cabe salientar, porém, atendendo à diferente formulação da alínea d) do primeiro parágrafo do artigo 133.º da Directiva do IVA, que nos casos nela em apreço só parece que assumem relevância as distorções de concorrência em detrimento das empresas submetidas a tributação, e não as eventuais distorções em detrimento dos próprios organismos sem fins lucrativos, resultantes, nomeadamente, de a isenção inviabilizar a estes a dedução do IVA suportado nas aquisições. Pese embora a relativa idiossincrasia de uma tal solução – se é que a mesma foi efectivamente visada quando da adopção da Sexta Direc-

---

[470] Para uma análise mais detalhada desta decisão, veja-se CLOTILDE CELORICO PALMA, "Caso Salix – A Reforma da Directiva IVA pelo Tribunal de Justiça da União Europeia (Comentário ao Acórdão do Tribunal de Justiça da União Europeia de 4 de Junho de 2009, Caso Salix, Processo C-102/08)", *Revista de Finanças Públicas e Direito Fiscal*, ano IV, n.º 2, Setembro de 2011, pp. 191-212.

tiva e, mais recentemente, da sua reformulação pela Directiva do IVA –, é de levar em conta, no caso da legislação interna portuguesa, que a verificação ou não de todas as outras condições cumulativas indicadas no artigo 10.º do CIVA é algo que depende em grande medida das legítimas opções institucionais, administrativas e organizacionais tomadas pelos próprios organismos. Assim, na eventualidade de sofrer relevantes prejuízos advenientes da isenção, não fica fora de cogitação que um organismo possa vir a optar por não satisfazer alguma das restantes condições previstas no artigo 10.º do CIVA, de modo a assegurar a sua integração no regime geral do imposto.

7.2. Reconhecimento da ocorrência de distorções

Para efeitos da alínea d) do artigo 10.º do CIVA, o reconhecimento da existência de distorções de concorrência deve poder ser submetida a apreciação perante a administração tributária ou perante os tribunais, por qualquer interessado, sejam estes as empresas comerciais tributadas ou os próprios organismos isentos do imposto.[471] Na jurisprudência do TJUE a matéria já foi alvo de pronunciamento nesse sentido, embora reportado, mais uma vez, à regra de não sujeição actualmente prevista no n.º 1 do artigo 13.º da Directiva do IVA.

Em relação à norma vertida no segundo parágrafo do n.º 1 desse artigo 13.º, no acórdão de 17 de Outubro de 1989 (231/87 e 129/88, *Fiorenzuola d'Arda e Comune di Carpaneto Piacentino*, Colect. p. 3274, n.º 32), a respeito da impossibilidade de exclusão da incidência dos organismos públicos quando tal conduza a distorções de concorrência, o TJUE afirmou que "*esta limitação à regra de não sujeição tem apenas natureza eventual e, embora seja um facto que a sua aplicação comporta uma apreciação de circunstâncias económicas, esta apreciação não pode ser subtraída ao controlo jurisdicional*". Tal ponto de vista foi complementado

---

[471] Não perdendo de vista, no entanto, como se aventou imediatamente antes, que as distorções de concorrência relevantes são as que operam em detrimento das empresas comerciais submetidas ao IVA, pelo que as que hipoteticamente resultem em prejuízo dos organismos sem finalidade lucrativa não são, segundo parece resultar da redacção da alínea d) do artigo 133.º da Directiva do IVA, de tomar em consideração.

no acórdão de 14 de Dezembro de 2000 (C-446/98, *Câmara Municipal do Porto*, Colect. p. I-11435), em que, relativamente ao previsto no n.º 4 do artigo 2.º do CIVA, o TJUE entendeu que, na perspectiva do direito da UE, nada impede que o ministro das Finanças de um Estado membro possa ser autorizado a definir os casos em que se verifica a ocorrência de distorções de concorrência, na condição de as suas decisões poderem ser sujeitas à fiscalização dos órgãos jurisdicionais nacionais. No mesmo registo se conta o acórdão de 8 de Junho de 2006 (C-430/04, *Halle*, Colect. p. I-4999, n.º 31), no qual se adita que uma entidade privada que se encontre em concorrência com um organismo de direito público, e que considere que a não tributação desse organismo ou a sua tributação demasiado baixa provoca distorções, pode invocá-lo perante os tribunais nacionais, devendo estes apurar se tais distorções se verificam. Idêntico percurso foi trilhado posteriormente, tendo o TJUE aludido ao princípio da certeza e segurança jurídicas para salientar que os particulares estão em condições de invocar junto das autoridades fiscais dos Estados membros os direitos que o sistema comum do IVA lhes confere, bem como, se necessário, fazê-lo junto dos órgãos jurisdicionais nacionais.[472]

Com base na jurisprudência indicada, uma vez feitas as devidas adaptações, parece ser de concluir, relativamente à questão de apurar, para efeitos do disposto na alínea d) do artigo 10.º do CIVA, se a eventual isenção de certas operações realizadas por um organismo sem finalidade lucrativa é susceptível de conduzir a distorções de concorrência, que tal apreciação deve caber, desde logo, às próprias autoridades administrativas dos Estados membros responsáveis pela correcta aplicação do imposto, apreciação essa que poderá ocorrer oficiosamente ou por iniciativa de qualquer dos interessados, sejam eles os próprios organismos sem fins lucrativos, sejam as empresas comerciais cuja igualdade de condições de concorrência a norma visa proteger.

Como corolário do anteriormente expresso, resulta também a possibilidade – perante situações em que a administração fiscal não tenha

---

[472] Cf. acórdãos de 4 de Junho de 2009 (C-102/08, *SALIX*, Colect. p. I-4629, n.º 41) e de 16 de Julho de 2009 (C-554/07, Comissão/Irlanda, Recueil p. I-128, n.º 60).

reconhecido o risco de distorções de concorrência – de as entidades que se considerem lesadas vir a impugnar aquela decisão, no intuito de obter pela via judicial o reconhecimento das invocadas distorções e, subsequentemente, da necessidade de ser determinada a sujeição a IVA dos organismos sem fins lucrativos que se encontrem a actuar numa posição concorrencial.

O mesmo pode acontecer no caso inverso, isto é, se a administração fiscal considerar susceptível de provocar distorções de mercado a isenção de um organismo que se repute em condições de ser qualificado como desprovido de fim lucrativo para efeitos do IVA. Nessa eventualidade, não concordando o organismo com a posição da administração tributária, tem ao seu dispor a possibilidade de demonstrar pela via judicial que a aplicação das isenções previstas nas alíneas 8), 12), 13), 14), 19) ou 35) do artigo 9.º do CIVA não gera, nem é susceptível de gerar, distorções de concorrência.

Secção XII

Regime especial de isenção para actividades de reduzida dimensão

Nos artigos 53.º a 59.º do CIVA vem previsto um regime especial de isenção de IVA, o qual opera, nos seus aspectos essenciais, de modo semelhante ao regime de isenção decorrente do artigo 9.º do CIVA. Tal regime especial de isenção consubstancia-se, portanto, na não liquidação e pagamento do IVA nas transmissões de bens ou prestações de serviços efectuadas e, em contrapartida, na impossibilidade de obter a dedução ou o reembolso dos montantes de IVA suportados nas aquisições de bens ou de serviços.

São as seguintes as condições de acesso ao regime especial de isenção, estabelecidas no n.º 1 do artigo 53.º do CIVA:

– O volume de negócios anual não ser superior a € 10 000;[473]

---

[473] Nos termos do n.º 2 do mesmo artigo 53.º, podem também ser abrangidos pelo regime especial de isenção os sujeitos passivos que obtenham um volume de negócios superior a € 10 000, desde que o mesmo não seja superior a € 12 500, se esses sujeitos passivos, caso fossem tributados, preenchessem as condições de inclusão

– Não dispor, nem haver a obrigação de dispor, de contabilidade organizada nos termos da lei comercial, para efeitos dos impostos sobre o rendimento;
– Não praticar operações de importação ou de exportação, bem como actividades conexas;
– Não exercer uma actividade ligada ao sector de desperdícios, resíduos e sucatas recicláveis.[474]

Em caso de início de actividade, o volume de negócios a tomar em consideração para o ano civil em curso é o valor estimado na declaração de início de actividade, o qual, quando não respeitar aos doze meses desse ano, deve ser convertido num valor anual correspondente, conforme resulta do disposto nos n.os 3 e 4 do artigo 53.º do CIVA.

Pode suceder que uma entidade que prossiga objectivos de natureza cultural, educativa, recreativa, desportiva ou de assistência médica ou social, e que esteja em condições de beneficiar de alguma das isenções nesse domínio, ao abrigo do disposto no artigo 9.º do CIVA, realize acessoriamente certas actividades ou operações insusceptíveis de ser abarcadas por qualquer das isenções previstas naquele artigo. No entanto, de harmonia com o disposto no artigo 81.º do CIVA, os sujeitos passivos que pratiquem operações isentas nos termos do artigo 9.º do mesmo Código, mas que desenvolvam acessoriamente uma actividade tributável, podem tomar em consideração apenas o volume de negócios desta última, para efeitos de eventual enquadramento no regime especial de isenção previsto no artigo 53.º.

Assim, por exemplo, os organismos sem finalidade lucrativa que exerçam, a título principal, actividades culturais, recreativas ou desportivas isentas ao abrigo das alíneas 8), 12), 13), 14), 19) ou 35) do artigo 9.º do CIVA, mas que, a título acessório, realizem outras operações insusceptíveis de enquadramento naquelas normas de isenção – como sejam, a exploração de bares, cafetarias ou afins, a exploração de lojas de venda de recordações, *etc.* – podem beneficiar do regime especial

---

no regime especial dos pequenos retalhistas, previsto e regulado nos artigo 60.º a 68.º do CIVA.

[474] Trata-se do sector de desperdícios, resíduos e sucatas recicláveis, abrangido pelo disposto na alínea i) do n.º 1 do artigo 2.º e no anexo E do CIVA.

de isenção, desde que o volume de negócios das actividades acessórias não ultrapasse o limite previsto no artigo 53.º do CIVA e satisfaçam, como é óbvio, as restantes condições enumeradas nesse artigo.

Quando estejam em causa pessoas colectivas, para efeitos da verificação da condição de inserção no artigo 53.º do CIVA respeitante à não obrigação de dispor de contabilidade organizada, deve tomar-se em consideração o previsto sobre a matéria nos artigos 123.º e 124.º do CIRC.[475] A obrigatoriedade de os sujeitos passivos do IRC disporem de contabilidade organizada nos termos da lei comercial e fiscal não abrange, conforme estabelecido no n.º 1 do artigo 124.º do CIRC, as entidades com sede ou direcção efectiva em território português que não exerçam, a título principal, uma actividade comercial, industrial ou agrícola. Todavia, em face do disposto no n.º 2 desse artigo 124.º, mesmo estas entidades poderão estar obrigadas a dispor de contabilidade organizada em harmonia com o Decreto-Lei n.º 36-A/2011, de 9 de Março,[476] e com o artigo 123.º do CIRC, relativamente aos eventuais rendimentos que decorram do exercício, a título acessório, de actividades de natureza comercial, industrial ou agrícola. A obrigatoriedade de estas entidades disporem de contabilidade organizada em relação aos rendimentos acessórios de carácter comercial, industrial ou agrícola não se verifica, porém, se os rendimentos totais obtidos em cada um dos dois exercícios anteriores não excederem 150 000 euros, como enunciado na recente redacção do n.º 3 do artigo 124.º do CIRC. Neste contexto, a inserção no regime especial de isenção de um organismo sem finalidade lucrativa poderá ocorrer relativamente às transmissões de bens e prestações de serviços não abrangidas pelo artigo 9.º do CIVA, desde que, uma vez satisfeitas as demais condições previstas no artigo 53.º do CIVA, esse organismo esteja desobrigado de dispor de contabilidade organizada para efei-

---

[475] Os artigos 123.º e 124.º do CIRC foram objecto de recente alteração pelo artigo 113.º da Lei n.º 64-B/2011, de 30 de Dezembro (Orçamento do Estado para 2012).

[476] Sobre este diploma, que aprovou o regime da normalização contabilística para as entidades do sector não lucrativo, veja-se, supra, o n.º 5 da secção XI deste capítulo IV.

tos do IRC, em conformidade com o disposto no artigo 124.º do CIRC.[477]

Em qualquer caso, os sujeitos passivos susceptíveis de ser abrangidos pelo regime especial de isenção podem renunciar a essa isenção, optando pela aplicação do imposto às suas operações, nas circunstâncias definidas no artigo 55.º do CIVA.[478]

Salvo em relação à apresentação da declaração de início de actividade, de declarações de alteração ou da declaração de cessação de actividade, assim como, quando seja o caso, da entrega da declaração recapitulativa de certos serviços de carácter intracomunitário mencionada na alínea i) do n.º 1 do artigo 29.º do CIVA, os sujeitos passivos enquadrados no regime especial de isenção estão dispensados do cumprimento das obrigações previstas no CIVA, conforme dispõe o seu artigo 59.º.[479]

A respeito das obrigações inerentes à passagem do regime especial de isenção para um regime de tributação, ou vice-versa, deve consultar-se os artigos 54.º, 55.º, 56.º e 58.º do CIVA.[480]

---

[477] No caso de pessoas singulares que aufiram rendimentos profissionais ou empresariais abrangidos pela categoria B do IRS, a obrigação de dispor de contabilidade organizada respeita àqueles que não se encontrem abrangidos pelo regime simplificado de tributação para efeitos daquele imposto, sendo-lhes em tal situação aplicável o disposto no artigo 123.º do CIRC, como resulta do artigo 117.º do CIRS (com remissão actualizada pelo artigo 108.º da Lei n.º 64-B/2011, de 30 de Dezembro).

[478] Note-se, porém, que a renúncia à isenção nos termos previstos no artigo 55.º do CIVA não se estende às eventuais operações isentas ao abrigo do artigo 9.º do mesmo Código.

[479] Se, ainda assim, os referidos sujeitos passivos procederem à emissão de facturas ou documentos equivalentes relativos à sua actividade, devem obrigatoriamente apor-lhes a menção «IVA – Regime de isenção», nos termos do artigo 57.º do CIVA.

[480] Note-se que a redacção dos n.ºs 1 e 5 do artigo 58.º do CIVA foi recentemente alterada e o n.º 3 desse artigo revogado pela Lei n.º 64-B/2011, de 30 de Dezembro (Orçamento do Estado para 2012).

Capítulo V
TAXAS DO IVA EM ACTIVIDADES CULTURAIS, EDUCATIVAS, RECREATIVAS, DESPORTIVAS E DE ASSISTÊNCIA

Secção I
Enquadramento geral

Quando um sujeito passivo do IVA efectuar transmissões de bens ou prestações de serviços abrangidas pela incidência do imposto e dele não isentas, deve proceder à liquidação e repercussão do IVA aos adquirentes dos bens ou dos serviços, aplicando, por via de regra, a taxa normal. A mesma taxa é de aplicar, em princípio, às aquisições intracomunitárias de bens e às importações de bens sujeitas a imposto e dele não isentas. A aplicação da taxa normal não ocorrerá quando estejam em causa bens ou serviços previstos nas listas I ou II anexas ao CIVA.

As taxas do IVA vêm previstas no artigo 18.º do CIVA, conjugado com as listas I e II anexas ao CIVA.

As taxas em vigor no continente português são as seguintes:

– Taxa reduzida de 6%, prevista na alínea a) do n.º 1 do artigo 18.º do CIVA, aplicável aos bens e serviços constantes da lista I anexa ao CIVA;

– Taxa intermédia de 13%, prevista na alínea b) do n.º 1 do artigo 18.º do CIVA, aplicável aos bens e serviços previstos na lista II anexa ao CIVA;

– Taxa normal de 23%, prevista na alínea c) do n.º 1 do artigo 18.º do CIVA, aplicável aos restantes bens e serviços.

A título meramente exemplificativo, refira-se que a taxa reduzida de 6% se aplica a certos bens alimentares essenciais, a alguns bens consumíveis agrícolas, ao transporte de passageiros e ao alojamento em estabelecimentos hoteleiros e similares.[481] Por sua vez, a taxa intermédia de 13% aplica-se, por exemplo, a alguns bens alimentares não abrangidos pela taxa reduzida, ao gasóleo agrícola e a certas máquinas, aparelhos e utensílios agrícolas, bem como a alguns espectáculos públicos de cariz cultural.[482]

Em matéria de taxa do IVA a aplicar aos serviços prestados por via electrónica que sejam sujeitos a IVA em território nacional, o n.º 7 do artigo 18.º do CIVA determina que a tais serviços seja sempre aplicada a taxa normal, independentemente da respectiva natureza ou finalidade. Tal decorre, no plano da UE, do comando contido no n.º 2 do artigo 98.º da Directiva do IVA, nos termos do qual as taxas reduzidas não se aplicam aos serviços prestados por via electrónica.

Relativamente às operações consideradas efectuadas na Região Autónoma dos Açores, as taxas reduzida, intermédia e normal são, respectivamente, 4%, 9% e 16%, conforme previsto na alínea a) do n.º 3 do artigo 18.º do CIVA e no n.º 1 do artigo 1.º do Decreto--Lei n.º 347/85, de 23 de Agosto, com as mais recentes redacções dadas pela Lei n.º 14-A/2012, de 30 de Março. No que respeita às operações consideradas efectuadas na Região Autónoma da Madeira, a partir de 1 de Abril de 2012, as taxas reduzida, intermédia e normal são, respectivamente, 5%, 12% e 22%, conforme previsto na alínea b) do n.º 3 do artigo 18.º do CIVA e no n.º 2 do artigo 1.º do Decreto--Lei n.º 347/85, de 23 de Agosto, em face das alterações trazidas pela Lei n.º 14-A/2012, de 30 de Março. Para efeitos de determinação da taxa do IVA a aplicar, o n.º 3 do artigo 1.º do Decreto-Lei n.º 347/85 estabelece que as operações tributáveis se consideram efectuadas no

---

[481] O conteúdo da lista I anexa ao CIVA foi objecto de alteração significativa pela Lei n.º 64-B/2011, de 30 de Dezembro (Orçamento do Estado para 2012).

[482] O conteúdo da lista II anexa ao CIVA foi objecto de alteração significativa pela Lei n.º 64-B/2011, de 30 de Dezembro (Orçamento do Estado para 2012).

continente ou nas regiões autónomas com base nos critérios estabelecidos no artigo 6.º do CIVA[483], uma vez feitas as devidas adaptações.[484]

Secção II
Taxa reduzida em actividades ligadas à saúde

1. Estabelecimentos hospitalares

Os serviços de assistência médica e sanitária, bem como as operações com eles estreitamente conexas, prestados por estabelecimentos hospitalares, clínicas e similares, beneficiam da isenção prevista na alínea 2) do artigo 9.º do CIVA. Todavia, quando os referidos estabelecimentos não estejam por qualquer forma integrados ou associados ao sistema nacional de saúde, a alínea b) do n.º 1 do artigo 12.º do CIVA dá-lhes a possibilidade de renúncia à isenção.[485] Em caso de renúncia à isenção em conformidade com o disposto na referida alínea b), a verba 2.7 da lista I anexa ao CIVA prevê a aplicação da taxa reduzida às prestações de serviços médicos e sanitários, incluindo às operações estreitamente conexas, efectuadas por aqueles estabelecimentos.

Embora susceptível de algumas dúvidas, a aplicação da taxa reduzida nas circunstâncias descritas afigura-se decorrer da possibilidade conferida pela alínea 17) do anexo III da Directiva do IVA.

2. Produtos farmacêuticos e similares

Nos termos da verba 2.5 da lista I anexa ao CIVA, é aplicável a taxa reduzida às transmissões de produtos farmacêuticos e similares, e respectivas substâncias activas, a seguir indicados:

---

[483] No n.º 4 do artigo 1.º do Decreto-Lei n.º 347/85 encontra-se prevista a única excepção à aplicação por remissão dos critérios previstos no artigo 6.º do CIVA, ao determinar que as prestações de serviços de transporte sejam consideradas efectuadas no espaço fiscal em que o prestador dos serviços se encontrar sediado, estabelecido ou domiciliado.

[484] Sobre esta matéria, veja-se Rui Laires, *IVA: A Localização...* cit., pp. 157-167.

[485] Sobre esta matéria, veja-se, supra, o n.º 1.12 da subsecção I da secção II do capítulo IV.

– Medicamentos, especialidades farmacêuticas e outros produtos farmacêuticos destinados exclusivamente a fins terapêuticos e profilácticos;
– Preservativos;
– Pastas, gazes, algodão hidrófilo, tiras e pensos adesivos e outros suportes análogos, mesmo impregnados ou revestidos de quaisquer substâncias, para usos higiénicos, medicinais ou cirúrgicos;
– Plantas, raízes e tubérculos medicinais no estado natural;
– Tiras de glicémia, de glicosúria e acetonúria, agulhas, seringas e canetas para administração de insulina utilizadas na prevenção e tratamento da diabetes *mellitus*;
– Resguardos e fraldas.

Como se esclarece no ofício-circulado n.º 30105, de 8 de Setembro de 2008, da DSIVA, consideram-se abrangidos pela alínea a) da verba 2.5 da lista I anexa ao CIVA os medicamentos para uso exclusivo em medicina humana, os medicamentos para uso exclusivo em medicina veterinária e os medicamentos para uso comum aos dois fins. Ao invés, não são abrangidos outros produtos para uso humano ou animal não inseridos no conceito de "*medicamentos, especialidades farmacêuticas e outros produtos farmacêuticos destinados exclusivamente a fins terapêuticos e profilácticos*".

No sistema comum do IVA, a aplicação da taxa reduzida vem actualmente prevista na alínea 3) do anexo III da Directiva do IVA. Todavia, a inclusão das fraldas para crianças e recém-nascidos no âmbito da verba 2.5 da lista I anexa ao CIVA é de duvidosa conformidade com o sistema comum do IVA, tendo sido, inclusivamente, objecto de instauração pela Comissão Europeia de um processo de infracção contra o Estado português, o qual não teve até à data desenvolvimentos dignos de registo.[486]

---

[486] Trata-se do processo de infracção n.º 2005/2096, relativamente ao qual, porém, a Comissão Europeia se limitou a dirigir a correspondente notificação para cumprimento, por carta datada de 19 de Julho de 2006.

3. Aparelhos e outros equipamentos ou utensílios destinados a tratar, compensar ou corrigir problemas de saúde

Na verba 2.6 da lista I anexa ao CIVA estabelece-se a aplicação da taxa reduzida às transmissões dos seguintes bens:
– Aparelhos ortopédicos;
– Cintas médico-cirúrgicas;
– Meias medicinais;
– Cadeiras de rodas e veículos semelhantes, accionados manualmente ou por motor, para deficientes;
– Aparelhos, artefactos e demais material de prótese ou de compensação destinados a substituir, no todo ou em parte, qualquer membro ou órgão do corpo humano ou ao tratamento de fracturas;
– Lentes para correcção de vista;
– Calçado ortopédico, desde que prescrito por receita médica, nos termos regulamentados na Portaria n.º 185/99, de 20 de Março.

Note-se que, no caso de cadeiras de rodas e veículos semelhantes, a aplicação da taxa reduzida ocorrerá quando a respectiva transmissão ou importação não possam beneficiar das isenções previstas na alínea j) do n.º 1 do artigo 13.º ou no n.º 10 do artigo 15.º do CIVA.

No que respeita a cintas médico-cirúrgicas e a meias medicinais, veja-se o ofício-circulado n.º 2721, de 12 de Janeiro de 1988, da ex--DSCA.

Em matéria de calçado ortopédico, a Portaria n.º 185/99, de 20 de Março, considera como tal o calçado especificamente concebido ou adaptado para correcção ou compensação de deficiências, deformações ou limitações de funcionalidade do pé ou parte do pé, de natureza congénita ou adquirida por doença ou traumatismo. O conceito abrange o calçado ortopédico pré-fabricado, considerando-se como tal o calçado ortopédico produzido com altura extra para os dedos, palmilha almofadada e abertura anterior longa, o calçado ortopédico fabricado por medida e o calçado estandardizado transformado em calçado ortopédico. No ofício-circulado n.º 30116, de 29 de Março de 2010, da DSIVA, vêm divulgadas instruções sobre a receita médica a obter para efeitos de aplicação da taxa reduzida.

Por seu turno, nos termos da verba 2.8 da lista I anexa ao CIVA, beneficiam de taxa reduzida as transmissões de *soutiens*, fatos de banho ou outras peças de vestuário de uso medicinal, constituídas por bolsas interiores, destinadas à colocação de próteses utilizadas por mastectomizadas.

De harmonia com a verba 2.9 da lista I, também se incluem no âmbito da taxa reduzida do IVA os utensílios e quaisquer aparelhos ou objectos especificamente concebidos para utilização por pessoas com deficiência. A regulamentação desta verba consta do despacho n.º 26026/2006, de 21 de Novembro de 2006, dos Ministros das Finanças e da Administração Pública, do Trabalho e da Solidariedade Social, e da Saúde.[487] O referido despacho define os utensílios, aparelhos e objectos de uso específico por pessoas com deficiências ou incapacidades, susceptíveis de beneficiar da taxa reduzida do IVA.

Finalmente, a verba 2.30 estabelece também a aplicação da taxa reduzida do IVA às prestações de serviços de manutenção ou reparação de próteses, equipamentos, aparelhos, artefactos e outros bens referidos nas verbas 2.6, 2.8 e 2.9 da mesma lista I anexa ao CIVA.

As verbas em referência da lista I têm por base a alínea 4) do anexo III da Directiva do IVA, correspondente anteriormente à categoria 4 do anexo H da Sexta Directiva.

Secção III

Taxa reduzida na assistência e segurança sociais

1. **Lares, casas de repouso, centros de férias e estabelecimentos afins**

Quando não se verificarem as condições para que os estabelecimentos referidos na alínea 7) do artigo 9.º do CIVA beneficiem de isenção,

---

[487] Publicado no D.R. n.º 245, 2.ª série, de 22 de Dezembro de 2006, em vigor a partir de 1 de Janeiro de 2007, revogando o anterior despacho conjunto n.º 37/99, de 10 de Setembro de 1998, dos Ministros das Finanças, do Trabalho e Solidariedade e da Saúde, publicado no D.R. n.º 12, 2.ª série, de 15 de Janeiro de 1999.

por não serem explorados por pessoas colectivas de direito público, por IPSS ou por outras entidades cuja utilidade social tenha sido reconhecida, devem tomar-se em consideração, com as necessárias actualizações em matéria de taxas do IVA a aplicar, as instruções constantes do ofício--circulado n.º 72258, de 15 de Junho de 1992, da ex-DSCA.

A título de exemplo, cumpre referir que, hoje em dia, verificando--se as situações previstas nos n.ºs 3 a 5 desse ofício-circulado, é aplicável a taxa reduzida do IVA, correspondente a 6%, relativamente ao alojamento[488], por inclusão na verba 2.17 da lista I anexa ao CIVA, não sendo de aplicar a taxa intermédia em relação a serviços de alimentação, mas, sim, a taxa normal, uma vez que a verba 3.1 da lista II anexa ao CIVA foi revogada pelo n.º 3 do artigo 123.º da Lei n.º 64-B/2011, de 30 de Dezembro (Orçamento do Estado para 2012).

2. Equipamentos e utensílios destinados a operações de socorro ou salvamento

Nos termos da verba 2.10 da lista I anexa ao CIVA, beneficiam de taxa reduzida os utensílios e outros equipamentos, exclusiva ou principalmente, destinados a operações de socorro ou salvamento, adquiridos por associações humanitárias e corporações de bombeiros, bem como pelo Instituto de Socorros a Náufragos e pelo Corpo Voluntário de Salvadores Náuticos (SANAS).

Note-se, porém, que as importações e aquisições intracomunitárias de bens, efectuadas por unidades de socorro, com vista a cobrir as suas necessidades durante as intervenções em apoio de vítimas de catástrofes, são susceptíveis, em circunstâncias muito específicas, de beneficiar da isenção prevista no n.º 2 do artigo 49.º do Decreto-Lei n.º 31/89.[489]

---

[488] Incluindo pequeno-almoço, se não for objecto de facturação separada, sendo equivalente a metade do preço da pensão completa e a três quartos do preço da meia pensão, em conformidade com a verba 2.17 da lista I anexa ao CIVA.

[489] Sobre esta matéria, veja-se, supra, o n.º 3 da subsecção II e a subsecção III, ambas da secção III do capítulo IV. Em relação à restituição de determinados valores correspondentes ao IVA suportado por associações e corporações de bombeiros, veja-se, *infra*, o n.º 4 da secção V do capítulo VI.

3. Patrocínio judiciário em processos laborais ou a pessoas que beneficiem de assistência judiciária

A verba 2.11 da lista I anexa ao CIVA, com a redacção que lhe foi dada pela Lei n.º 55-A/2010, de 31 de Dezembro, prevê a aplicação da taxa reduzida às prestações de serviços, efectuadas no exercício das profissões de jurisconsulto, advogado e solicitador a desempregados e trabalhadores no âmbito de processos judiciais de natureza laboral e a pessoas que beneficiem de assistência judiciária.

4. Serviços de assistência domiciliária

A verba 2.28 da lista I prevê a aplicação da taxa reduzida do IVA às prestações de serviços de assistência domiciliária a crianças, idosos, toxicodependentes, doentes ou deficientes.

A aplicação da taxa reduzida, nas condições descritas, ocorre, nomeadamente, quando as referidas prestações de serviços não reúnam as condições para beneficiar da isenção prevista na alínea 6) do artigo 9.º do CIVA.[490]

Secção IV

Taxas do IVA em actividades culturais, recreativas e desportivas

1. Jornais, revistas e outras publicações periódicas

Nos termos da alínea a) do n.º 1 do artigo 18.º do CIVA, conjugada com a parte inicial do primeiro parágrafo da verba 2.1 da lista I anexa ao CIVA, é aplicada a taxa reduzida nas vendas das seguintes publicações:
– Jornais;
– Revistas de informação geral;
– Outras publicações periódicas que se ocupem predominantemente de matérias de carácter científico, educativo, literário, artístico, cultural, recreativo ou desportivo.

---

[490] Sobre esta matéria, veja-se, supra, o n.º 2 da subsecção I da secção III do capítulo IV.

Em qualquer caso, exceptuam-se as publicações de carácter obsceno ou pornográfico, como tal consideradas na legislação sobre a matéria.

Nos termos do n.º 1 do artigo 11.º da Lei de Imprensa, aprovada pela Lei n.º 2/99, de 13 de Janeiro, são "publicações periódicas" as publicações editadas em série contínua, sem limite definido de duração, sob o mesmo título e abrangendo períodos determinados de tempo. Por seu turno, o n.º 2 do mesmo artigo considera não periódicas as publicações editadas de uma só vez, em volumes ou fascículos, com conteúdo normalmente homogéneo. Com excepção dos livros, estas últimas não constam da verba 2.1 da lista I anexa ao CIVA. As publicações não periódicas constavam anteriormente da verba 2.4 da lista I, mas esta foi revogada pela Lei n.º 55-A/2010, de 31 de Dezembro (Orçamento do Estado para 2011).

Para além de jornais, a verba 2.1 da lista I anexa ao CIVA abrange as revistas de informação geral, bem como as demais publicações periódicas de informação especializada. Por "publicações de informação geral" entende-se, de harmonia com o n.º 3 do artigo 13.º da Lei de Imprensa, as publicações que tenham por objecto predominante a divulgação de notícias ou informações de carácter não especializado. Quanto às publicações periódicas de informação especializada, a verba 2.1 da lista I abrange as que se ocupem predominantemente de matérias de carácter científico, educativo, literário, artístico, cultural, recreativo ou desportivo, baseando-se em definição congénere constante do n.º 4 do artigo 13.º da Lei de Imprensa.

No ofício-circulado n.º 30122, de 7 de Janeiro de 2011, da DSIVA, vêm aflorados os efeitos da alteração da redacção da verba 2.1 da lista I anexa ao CIVA, bem como da revogação da verba 2.4 dessa lista I, promovidas pelo artigo 103.º da Lei n.º 55-A/2010.

Também ao papel de jornal, referido na sub-posição 48.01 do Sistema Harmonizado[491], é aplicável a taxa reduzida do IVA, em conformidade com o previsto na verba 2.3 da lista I.

---

[491] O CAC estabelece na alínea a) do n.º 3 do seu artigo 20.º que a Pauta Aduaneira da UE compreende, entre outras rubricas, a Nomenclatura Combinada das mercadorias, acrescentando, por seu turno, o n.º 6 do mesmo artigo, que a classificação pautal de uma mercadoria consiste na subposição da Nomenclatura Combinada

2. Livros

2.1. Venda de livros em suporte físico

Nos termos da alínea a) do n.º 1 do artigo 18.º do CIVA, conjugada com a parte final do primeiro parágrafo da verba 2.1 da lista I anexa ao CIVA, é aplicada a taxa reduzida nas vendas de livros em todos os suportes físicos.

Exceptuam-se, porém, os livros de carácter obsceno ou pornográfico, como tal considerados na legislação sobre a matéria. Estão também excluídos da taxa reduzida as obras encadernadas em peles, tecidos de seda ou semelhante.

A redacção da verba 2.1 da lista I foi dada pelo artigo 103.º da Lei n.º 55-A/2010. No ofício-circulado n.º 30122, de 7 de Janeiro de 2011, da DSIVA, vêm aflorados os efeitos da alteração da redacção da verba 2.1 e da revogação da verba 2.4 da lista I anexa ao CIVA.[492]

---

ou na subposição de uma outra nomenclatura que assente total ou parcialmente naquela ou que lhe acrescente eventualmente subdivisões. Sobre a matéria, emerge o Regulamento (CEE) n.º 2658/87, do Conselho, de 23 de Julho de 1987, relativo à nomenclatura pautal e estatística e à pauta aduaneira comum, que veio criar uma nomenclatura de mercadorias, denominada "Nomenclatura Combinada", aí abreviadamente designada também de "NC". Conforme estabelece o n.º 2 do artigo 1.º do mesmo Regulamento, a NC é constituída pela nomenclatura do Sistema Harmonizado (SH) e pelas subdivisões da UE dessa nomenclatura, denominadas "subposições NC". O SH é a nomenclatura generalizadamente utilizada no comércio internacional, prevista na "Convenção Internacional sobre o Sistema Harmonizado de Designação e Codificação de Mercadorias", de que a UE é signatária. Integram a NC as disposições preliminares, as notas complementares de secções ou de capítulos e as notas relativas às subposições NC. De harmonia com o definido no n.º 1 do artigo 3.º do Regulamento (CEE) n.º 2658/87, cada subposição NC é acompanhada por um código numérico constituído por oito algarismos, sendo os seis primeiros correspondentes à nomenclatura do SH e os dois restantes os identificativos das subposições NC, correspondendo estes a "00" no caso de não ser necessário subdividir as posições e subposições do SH. O anexo I do Regulamento n.º 2658/87, respeitante à versão completa da NC, é periodicamente objecto de substituição, concretizada, por exemplo, pelo Regulamento (UE) n.º 861/2010, da Comissão, de 5 de Outubro de 2010, com efeitos a partir de 1 de Janeiro de 2011.

[492] A verba 2.4 da lista I anexa ao CIVA, na redacção que estava em vigor a 31 de Dezembro de 2010, que foi revogada pela Lei n.º 55-A/2010, respeitava a livros,

Note-se que a taxa reduzida tem aplicação relativamente a livros transmitidos em qualquer tipo de suporte físico, incluindo, por exemplo, em *cd-rom*. Não são, todavia, suportes físicos as obras disponibilizadas por via electrónica, objecto de descarregamento em linha através da rede global.[493] Neste último caso, está-se perante operações qualificadas como prestações de serviços para efeitos do IVA, sendo aplicada a taxa normal definida na alínea c) do n.º 1 do artigo 18.º do CIVA, como decorre do n.º 7 do mesmo artigo 18.º, por imperativo do disposto no segundo parágrafo do n.º 2 do artigo 98.º da Directiva do IVA.

2.2. Transmissão ou importação de livros em fascículos

Nada parece obstar a que a taxa reduzida abranja a transmissão ou importação de livros feita por fascículos, de modo fraccionado no tempo, incluindo as capas para a respectiva encadernação, considerando que esses elementos, no seu todo, formam uma mesma realidade – um livro. Foi essa, pelo menos, a jurisprudência adoptada pelo STA, por via dos acórdãos (2.ª secção) de 8 de Novembro de 1995

---

folhetos e outras publicações não periódicas de natureza cultural, educativa, recreativa e desportiva, brochados ou encadernados. No entanto, as alíneas a) a f) dessa verba 2.4 já excluíam da taxa reduzida as vendas dos seguintes folhetos ou publicações: cadernetas para colecções de cromos, decalcomanias, estampas ou gravuras; livros e folhetos de carácter pornográfico ou obsceno; obras encadernadas em peles, tecidos de seda ou semelhante; calendários, horários, agendas e cadernos de escrita; folhetos ou cartazes promocionais ou publicitários, incluindo os turísticos, e roteiros ou mapas de estradas e de localidades; e postais ilustrados. A respeito da venda de catálogos, folhetos e outras publicações de carácter não periódico, entendia-se que a mesma podia ser abrangida pela taxa reduzida quando as publicações tinham um carácter descritivo ou informativo relativamente a obras ou eventos culturais, educativos, recreativos ou desportivos, desde que não assumissem, predominantemente, características publicitárias e de promoção comercial. Na vigência da verba 2.4 entendia-se, porém, que a taxa reduzida não era susceptível de abranger as vendas de *posters*, gravuras, postais ilustrados ou diapositivos, estando já nessa altura submetidas à taxa normal (ponto 6.2 da informação n.º 1514, de 18 de Abril de 1994, da ex-DSCA, com despacho concordante de 19 de Abril de 1994, do SDG-IVA).

[493] Neste sentido veja-se também a orientação unânime proveniente da 92.ª reunião do Comité do IVA, realizada a 7 e 8 de Dezembro de 2010, constante do documento *taxud.c.1(2011)157667*, de 9 de Fevereiro de 2011 (documento de trabalho n.º 684 final), da Comissão Europeia.

(recurso n.º 19 867)[494], de 22 de Maio de 1996 (recurso n.º 29 511)[495] e de 9 de Outubro de 1996 (recurso n.º 20 791)[496], pese embora as necessárias adaptações, já que esses arestos se reportam ao período da vigência de uma isenção completa ("taxa zero") na transmissão ou importação de livros.

Do mesmo modo, é abrangida pela taxa reduzida a venda de uma publicação de receitas culinárias, constituída por fichas impressas em papel e colocadas numa caixa, por tal não lhe retirar a característica de livro.[497]

2.3. Envio pelo correio de livros, jornais e outras publicações

No n.º 2 do ofício-circulado n.º 9056, de 11 de Abril de 1986, da ex-DSCA, esclarece-se que o regime do IVA a aplicar às despesas postais com o envio aos destinatários de livros, jornais ou outras publicações é o seguinte:

– Se o débito dos portes de correio for relativo a serviços que tenham sido prestados por um sujeito passivo que não os serviços postais, o mesmo, por via de regra, encontra-se submetido a tributação, salvo quando seja aplicável o disposto na alínea c) do n.º 6 do artigo 16.º do CIVA, isto é, quando as despesas de envio forem pagas em nome e por conta do destinatário e sejam registadas em contas de terceiros apropriadas;

– Se o débito da despesa postal se consubstanciar no débito de selos de correio que sejam colados nas embalagens de expedição das publicações, tal operação está isenta nos termos da alínea 24) do artigo 9.º do CIVA.

---

[494] *Apud* João António Valente Torrão, *Código do Imposto sobre o Valor Acrescentado: Anotado e Comentado*, Coimbra: Almedina, 2005, p. 75.

[495] Ibidem, p. 77.

[496] Ibidem, p. 75.

[497] Cf. despacho de 30 de Maio de 2007, do SDG, em substituição legal do DG (processo T120 2007064), consultado a 14 de Novembro de 2011, a partir da página da rede global com o seguinte endereço: ‹http://info.portaldasfinancas.gov.pt/pt/informacao_fiscal/informacoes_vinculativas/despesa/civa/›.

3. Impressão tipográfica de livros, jornais e publicações afins

A respeito dos trabalhos de impressão de livros e de outras publicações, a que se fez uma abordagem mais detalhada supra,[498] referiu-se que os mesmos são de qualificar como transmissões de bens quando o cliente se limita a disponibilizar um suporte com o original da obra (*v.g.* manuscrito ou suporte electrónico), cabendo à empresa tipográfica realizar a impressão e reprodução de exemplares do correspondente livro, jornal ou publicação afim. Nesse caso, a taxa do IVA a aplicar pela empresa tipográfica é a que corresponder ao bem considerado transmitido. Assim, se estiverem em causa livros, bem como jornais, revistas de informação geral ou outras publicações periódicas que tenham cabimento no âmbito da verba 2.1 da lista I anexa ao CIVA, os correspondentes trabalhos tipográficos estão submetidos à taxa reduzida do IVA prevista na alínea a) do n.º 1 do artigo 18.º do CIVA.

Por outro lado, quando o cliente também fornece à empresa tipográfica materiais para a realização do trabalho, como seja, por exemplo, o papel para a impressão do livro, brochura ou outra publicação afim, aquela empresa realiza ao cliente uma operação considerada como prestação de serviços, e não como uma transmissão de bens. Ainda assim, nos termos do n.º 6 do artigo 18.º do CIVA, a qualificação como prestação de serviços da segunda operação descrita não inviabiliza a aplicação da taxa do IVA que caiba ao próprio bem produzido, na medida em que este esteja abrangido pela verba 2.1 da lista I anexa ao CIVA.[499]

---

[498] A este respeito, veja-se, supra, o n.º 1 da secção V do capítulo II.

[499] O enquadramento de trabalhos tipográficos, incluindo impressão, fotocomposição, *etc.*, vem abordado no n.º 1 do ofício-circulado n.º 9056, de 11 de Abril de 1986, da ex-DSCA, mas este encontra-se em boa parte desactualizado, devendo a tomada em consideração da doutrina administrativa nele expendida ser objecto das devidas adaptações. No n.º 1 desse ofício-circulado afirma-se que "*[a] produção dos bens constantes das verbas n.ᵒˢ 2.1 e 2.3 da Lista I anexa ao CIVA, com exclusão dos referidos nas alíneas a), b) e c) da verba n.º 2.3, efectuada por tipografias ou outras empresas da especialidade, por se considerar, nos termos do disposto na alínea e) do n.º 3 do artigo 3.º do mesmo Código, uma transmissão de bens, beneficia da isenção do imposto (taxa 0)*". Por um lado, deve levar-se em conta que a denominada "taxa zero" (isenção com direito a dedução do imposto suportado a montante) foi abolida pela Lei n.º 2/92, de 9 de

Por último, faz-se notar que as prestações de serviços de restauro de livros não estão abrangidas pela taxa reduzida do IVA, mas pela taxa normal, conforme se opinou supra, no n.º 1.2 da secção V do capítulo II.

4. Entradas em espectáculos

4.1. Taxa reduzida em vigor até 31 de Dezembro de 2011

Até à revogação da verba 2.15 da lista I anexa ao CIVA (na redacção em vigor que lhe fora dada pela Lei n.º 55-A/2010, de 31 de Dezembro) – entretanto revogada pelo artigo 123.º da Lei n.º 64-B/2011, de 30 de Dezembro (Orçamento do Estado para 2012) – era aplicável a taxa reduzida do IVA aos "*[e]spectáculos, provas e manifestações desportivas e outros divertimentos públicos*".

Até à respectiva revogação, também era considerada inserida no âmbito da verba 2.15 da lista I, por exemplo, a entrada em parques ou jardins zoológicos.[500]

O conteúdo da verba 2.15 da lista I, na redacção dada pela Lei n.º 55-A/2010, foi objecto do ofício-circulado n.º 30124, de 14 de Fevereiro de 2011, da DSIVA, que revogou o anterior ofício-circulado n.º 30088, de 19 de Janeiro de 2006, da DSIVA. Uma vez que a referência à "*prática de actividades físicas e desportivas*" deixara de fazer

---

Março (Orçamento do Estado para 1992). As verbas 2.1 e 2.3 da lista I, a que alude aquele excerto do ofício-circulado, embora com um âmbito diferente, têm alguma correspondência na actual verba 2.1 da lista I anexa ao CIVA, respeitante aos bens e serviços submetidos à taxa reduzida. Por outro lado, quando para a realização das referidas operações sejam utilizados materiais total ou parcialmente fornecidos pelo próprio cliente, aquelas já não são qualificadas como transmissões de bens ao abrigo da alínea e) do n.º 3 do artigo 3.º do CIVA, mas como prestações de serviços ao abrigo da alínea c) do n.º 2 do seu artigo 4.º, sem prejuízo da aplicação da taxa do IVA que caiba aos próprios bens, quando seja aplicável o disposto no n.º 6 do artigo 18.º do CIVA.

[500] Cf. despacho de 23 de Maio de 2007, do SDG, em substituição do DG, proferido no processo T120 2007254, consultado a 14 de Novembro de 2011, a partir da página da rede global com o seguinte endereço: ‹http://info.portaldasfinancas.gov.pt/pt/informacao_fiscal/informacoes_vinculativas/despesa/civa/›.

parte da redacção da verba 2.15, a administração fiscal esclareceu a sua posição através do ofício-circulado n.º 30124, no sentido de que a verba 2.15 respeitava apenas a entradas ou bilhetes de ingresso em espectáculos, provas e manifestações desportivas e outros divertimentos públicos. Dadas as eventuais dúvidas que a nova redacção da verba 2.15 podia gerar, no n.º 9 do ofício-circulado n.º 30124 impôs-se uma absoluta e rigorosa aplicação do entendimento dele constante somente a partir de 1 de Março de 2011.

Note-se que, anteriormente à redacção dada pela Lei n.º 55-A/2010, o ofício-circulado n.º 30088, de 19 de Janeiro de 2006, da DSIVA, admitia que a prévia redacção da verba 2.15 (à data desse ofício--circulado tratava-se da verba 2.13) não abrangia apenas os bilhetes de ingresso em espectáculos públicos de variada índole, manifestações desportivas e outros divertimentos públicos, mas, também, a própria utilização de instalações destinadas à prática desportiva e a espectáculos ou outros divertimentos públicos, sem prejuízo das excepções previstas nas alíneas a) e b) da referida verba.[501]

De harmonia com a alínea 7) do anexo III da Directiva do IVA[502], os Estados membros podem aplicar uma taxa reduzida, desde que não inferior a 5%, às "*[e]ntradas em espectáculos, teatros, circos, feiras, parques*

---

[501] Invocando essa anterior doutrina, também fora entendido, por exemplo, que a organização de um torneio de futebol de salão mediante o pagamento de uma inscrição pelos participantes, na medida em que se consubstancia no acesso dos participantes a uma prática desportiva, se encontrava abrangida pela taxa reduzida (cf. despacho de 31 de Maio de 2007, do SDG, em substituição legal do DG, proferido no processo T1202007179). Em face da doutrina administrativa que havia sido divulgada através do ofício-circulado n.º 30088, não se compreendia, porém, que não se considerasse enquadrável no âmbito da antiga verba 2.15 "*[a] cedência de exploração de espaços, celebrados ou não por contratos, destinadas a espectáculos*" (cf. despacho de 9 de Agosto de 2006, do SDG, em substituição legal do DG, proferido no processo T120 2006347), uma vez que era no próprio ofício-circulado n.º 30088 que vinha afirmado pretender abarcar-se no âmbito da verba a "*utilização de instalações destinadas à prática desportiva e a espectáculos ou outros divertimentos públicos*". Os despachos mencionados foram consultados a 14 de Novembro de 2011, a partir da página da rede global com o seguinte endereço: ‹http://info.portaldasfinancas.gov.pt/pt/informacao_fiscal/informacoes_vinculativas/despesa/civa/›.

[502] Correspondente anteriormente à categoria 7 do anexo H da Sexta Directiva.

de diversões, concertos, museus, jardins zoológicos, cinemas, exposições e outras manifestações e espaços culturais". Trata-se, porém, de uma mera possibilidade dada aos Estados membros, os quais podem não adoptá-la ou restringir o seu âmbito de acordo com os critérios definidos internamente. A possibilidade de restrição do âmbito das categorias previstas no actual anexo III da Directiva do IVA já foi, inclusivamente, reconhecida de modo expresso pelo TJUE, desde que não viole o princípio da neutralidade fiscal em relação a produtos que se encontrem em concorrência directa entre si.[503]

Enquanto vigoraram, as alíneas a) e b) da verba 2.15 da lista I anexa ao CIVA previam, expressamente, que a taxa reduzida não abrangia as seguintes actividades:

– Os espectáculos de carácter pornográfico ou obsceno, como tal considerados na legislação sobre a matéria;

– As prestações de serviços que consistissem em proporcionar a utilização de jogos mecânicos e electrónicos em estabelecimentos abertos ao público, máquinas, *flippers*, máquinas para jogos de fortuna e azar, jogos de tiro eléctricos, jogos de vídeo, com excepção dos jogos reconhecidos como desportivos.

De harmonia com a interpretação administrativa veiculada através do ofício-circulado n.º 30047, de 18 de Abril de 2002, da DSIVA,[504] a verba 2.15 da lista I anexa ao CIVA (à data tratava-se da verba 2.13)

---

[503] Cf., entre outros, os acórdãos de 3 de Maio de 2001 (C-481/98, Comissão/França, Colect. p. I-3369) e de 11 de Outubro de 2001 (C-267/99, *Adam*, Colect. p. I-7467). Por exemplo, quando um Estado membro opta por aplicar uma taxa reduzida de IVA aos serviços prestados por conjuntos musicais, fornecidos directamente ao público ou através de um organizador de concertos, assim como às prestações que os solistas fornecem directamente ao público, não pode aplicar a taxa normal às prestações de solistas que trabalham para um organizador. Neste sentido decidiu o TJUE através do acórdão de 23 de Outubro de 2003 (C-109/02, Comissão/Alemanha, Colect. p. I-2691), por considerar que tal procedimento seria violador do então disposto no terceiro parágrafo da alínea a) do n.º 3 do artigo 12.º da Sexta Directiva (correspondente aos actuais n.º 1 e primeiro parágrafo do n.º 2 do artigo 98.º da Directiva do IVA).

[504] Este ofício-circulado havia revogado a doutrina administrativa anteriormente constante do ofício-circulado n.º 2720, de 12 de Janeiro de 1988, por se encontrar desactualizada em matéria de taxas do IVA.

abrangeria também as *"prestações de serviços que consistam em proporcionar a utilização de jogos reconhecidos como desportivos, tais como, os jogos de ping-pong, o bilhar e o snooker"*. A mesma taxa seria aplicável ao boliche (*bowling*), por constituir *"um divertimento público com características de jogo desportivo e dado que a sua actividade está organizada em Federação"*.[505]

Posteriormente, em face da alteração de redacção da verba 2.15 da lista I promovida pela Lei n.º 55-A/2010, assim como da interpretação preconizada no ofício-circulado n.º 30124, de 14 de Fevereiro de 2011, suscitaram-se dúvidas se, na perspectiva da administração tributária, o teor do ofício-circulado n.º 30047, de 18 de Abril de 2002, se manteria em vigor. Em boa parte, tais dúvidas resultaram do facto de o trecho final da alínea b) da verba 2.15, em que expressamente se exceptuavam algumas realidades excluídas do âmbito da taxa reduzida, continuar a indicar que não faziam parte dessa excepção à não aplicação da taxa reduzida os *"jogos reconhecidos como desportivos"*. De harmonia com a orientação administrativa resultante do ofício-circulado n.º 30047, de 18 de Abril de 2002, beneficiariam da taxa reduzida as *"prestações de serviços que consistam em proporcionar a utilização de jogos reconhecidos como desportivos, tais como, os jogos de ping-pong, o bilhar e o*

---

[505] Estribado em parte na doutrina constante desse ofício-circulado n.º 30047, de 18 de Abril de 2002, no acórdão do Tribunal Central Administrativo Norte (TCAN) de 15 de Novembro de 2007 (processo 231/04 – Viseu) foi entendido que as prestações de serviços que consistam em proporcionar a utilização de jogos de matraquilhos também deveriam merecer o mesmo enquadramento. Segundo o TCAN, os matraquilhos teriam a característica de jogo desportivo, uma vez que, *"exigindo desenvoltura e destreza manual, são próprios para desenvolver o vigor e a agilidade dos praticantes e que, por isso, têm de ser reconhecidos como desportivos [....]. A lei quis, indubitavelmente, tributar de forma reduzida a prestação de serviços na área do divertimento público com jogos de natureza desportiva, deixando bem claro que essa redução já não ocorria com os divertimentos públicos que não tivessem essa qualidade, como acontece, naturalmente, com os jogos de fortuna ou azar (que são aqueles cujo resultado é contingente por assentar exclusiva ou fundamentalmente na sorte – cfr art. 1.º do Dec. Lei n.º 422/89, de 2.12), os jogos mecânicos e electrónicos, as máquinas flippers, os jogos de tiro electrónicos, os jogos de vídeo (que são aqueles que são mais próximos de brinquedos e onde ganhar depende da sorte e habilidade e não de qualquer tipo de exercício físico). Os matraquilhos – tal como o ténis de mesa, o bilhar, o bowling – são, pois, claramente, um desporto, o qual, aliás, e como é do conhecimento público, se encontra organizado em termos federativos em Portugal e em muitos outros países do mundo, com campeonatos nacionais e internacionais."*

snooker". No mesmo ofício-circulado se referia que a taxa reduzida também seria aplicável no caso do boliche, por constituir "*um divertimento público com características de jogo desportivo e dado que a sua actividade está organizada em Federação*". Adensando as dúvidas, o n.º 8 do ofício-circulado n.º 30124, de 14 de Fevereiro de 2011, afirmava revogar o ofício-circulado n.º 30088, de 19 de Janeiro de 2006, bem como quaisquer entendimentos que contrariassem a doutrina constante do ofício-circulado n.º 30124, nada sendo dito, porém, relativamente à revogação da doutrina emanada pelo ofício-circulado n.º 30047, de 18 de Abril de 2002, em matéria de jogos de ténis de mesa, bilhares e boliche. Assim, por um lado, o facto de a alínea b) da verba 2.15 da lista I continuar, enquanto vigorou, a excluir expressamente do âmbito da taxa reduzida a utilização de jogos mecânicos e electrónicos em estabelecimentos abertos ao público, máquinas, *flippers*, máquinas para jogos de fortuna e azar, jogos de tiro eléctricos e jogos de vídeo, assim como o facto de essa alínea b) continuar a retirar dessa exclusão os "*jogos reconhecidos como desportivos*", parecia apontar no sentido de que poderiam continuar a ser tributados à taxa reduzida as "*prestações de serviços que consistam em proporcionar a utilização de jogos reconhecidos como desportivos, tais como, os jogos de ping-pong, o bilhar e o snooker*". No entanto, por outro lado, uma vez que o ofício-circulado n.º 30124, de 14 de Fevereiro de 2011, dava relevo ao facto de a verba 2.15 da lista I ter deixado de incluir a "*prática de actividades físicas e desportivas*", afigurar-se-ia muito duvidoso que o acesso à prática dos referidos jogos, através da locação de instalações, equipamentos ou utensílios para o efeito, não fosse considerada uma prática de actividades físicas e desportivas, e pudesse, portanto, continuar a beneficiar da taxa reduzida do IVA enquanto a referida verba vigorou.

4.2. Taxa intermédia em vigor a partir de 1 de Janeiro de 2012

Com a revogação da verba 2.15 da lista I, pelo artigo 123.º da Lei n.º 64-B/2011, de 30 de Dezembro (Orçamento do Estado para 2012), foi criada a actual verba 2.6 da lista II anexa ao CIVA, nos termos da qual são tributadas à taxa intermédia as "*entradas em espectáculos de canto, dança, música, teatro, cinema, tauromaquia e circo*". Continuam a estar expressamente exceptuadas as *"entradas em espectáculos de carácter pornográfico ou obsceno, como tal considerados na legislação sobre a matéria"*, submetidas necessariamente à taxa normal.

A actual verba 2.6 da lista II tem um âmbito de aplicação bastante mais restrito do que a anterior verba 2.15 da lista I, já que deixou de aludir a *"provas e manifestações desportivas e outros divertimentos públicos"*, para além de, relativamente às entradas em espectáculos, ter passado a indicar taxativamente aqueles que se enquadram no âmbito da taxa intermédia.

4.3. Conceito de «entradas em cinemas»

No acórdão de 18 de Março de 2010 (C-3/09, *Erotic Center*, Colect. p. I-2361) esteve em causa saber se poderia ser aplicada uma taxa reduzida, a título de entrada no cinema, no caso de uma cabine constituída por um espaço fechado, no qual uma única pessoa se instala e visualiza filmes num ecrã de televisão, desencadeando ela própria a projecção dos filmes, introduzindo moedas num receptor para o efeito.

Sobre a matéria, o TJUE entendeu que o conceito de entradas em cinemas, que actualmente consta da alínea 7) do anexo III da Directiva do IVA,[506] não abrange o pagamento feito por um consumidor para poder beneficiar da visualização individualizada de um ou de vários filmes ou extractos de filmes num espaço privativo.

Para tanto, nos n.ᵒˢ 16 a 18 do acórdão em referência, o TJUE enunciou, em suma, a seguinte fundamentação:

– O conceito de "entradas em cinemas" deve ser interpretado em conformidade com o sentido comum destes termos;

– As diferentes manifestações e estabelecimentos enumerados na actual alínea 7) do anexo III da Directiva do IVA têm em comum o facto de serem acessíveis ao público mediante o pagamento prévio de um bilhete de entrada, o qual confere a todas as pessoas que o adqui-

---

[506] Ao tempo a que se reportou a decisão, correspondia ao primeiro parágrafo da categoria 7 do anexo H da Sexta Directiva.

rem o direito de beneficiar colectivamente das prestações culturais e recreativas características destas manifestações ou estabelecimentos;

– O conceito de "entradas em cinemas", tendo em consideração o seu sentido comum e o contexto específico da disposição em que se insere, não pode ser interpretado no sentido de que abrange o pagamento feito por um consumidor para poder beneficiar da visualização individualizada de um ou de vários filmes ou extractos de filmes num espaço privativo, como o das cabines em causa no processo principal.

5. Venda de objectos de arte

De harmonia com o disposto no n.º 2 do artigo 18.º do CIVA, estão também submetidas à taxa reduzida as transmissões e as importações de objectos de arte, em conformidade com o Regime Especial de Tributação dos Bens em Segunda Mão, Objectos de Arte, de Colecção e Antiguidades, aprovado pelo Decreto-Lei n.º 199/96, de 18 de Outubro. Nos termos do artigo 15.º do Regime Especial, a taxa reduzida é apenas aplicável às seguintes operações:[507]

– Transmissões de objectos de arte, quando efectuadas pelo autor, seus herdeiros ou legatários;

– Transmissões de objectos de arte efectuadas ocasionalmente por um sujeito passivo não revendedor, se esses bens tiverem sido por ele importados, adquiridos ao próprio autor ou aos sucessores deste, ou lhe tiverem conferido direito à dedução total do IVA suportado na respectiva aquisição;

– Aquisições intracomunitárias de objectos de arte efectuadas por um sujeito passivo revendedor, quando os bens tenham sido adquiridos por este ao próprio autor, seus herdeiros ou legatários;

– Aquisições intracomunitárias de objectos de arte efectuadas por um sujeito passivo revendedor, quando a transmissão efectuada a este, se tivesse ocorrido no território nacional, pudesse ser sujeita à taxa reduzida do IVA, por motivo de importação, de aquisição ao seu autor,

---

[507] A matéria é objecto de um maior desenvolvimento, *infra*, no n.º 9 da secção II do capítulo VII.

herdeiros ou legatários, ou por ter conferido direito à dedução total do IVA suportado na aquisição precedente;
– Importações de objectos de arte.

6. Contribuição para o audiovisual

Como se referiu antes, a contribuição para o audiovisual, prevista na Lei n.º 30/2003, de 22 de Agosto, que aprovou o modelo de financiamento do serviço público de radiodifusão e de televisão, tem vindo a ser considerada a remuneração de um serviço abrangido pelo âmbito de incidência do IVA e não isento deste imposto.[508]

De harmonia com a verba 2.2 da lista I anexa ao CIVA, é aplicável a taxa reduzida ao serviço público de rádio e de televisão, cuja contrapartida consiste na contribuição para o audiovisual.

A verba 2.2 da lista I afigura-se ter por base a alínea 8) do anexo III da Directiva do IVA, que prevê a possibilidade de aplicação de uma taxa reduzida à recepção de serviços de rádio e televisão.

---

[508] A este respeito, veja-se, supra, o n.º 4 da secção V do capítulo II.

Capítulo VI
RECUPERAÇÃO DO IVA RELACIONADO COM ACTIVIDADES CULTURAIS, EDUCATIVAS, RECREATIVAS, DESPORTIVAS E DE ASSISTÊNCIA

Secção I
Enquadramento geral

1. Dedução do IVA suportado nas aquisições

Para apuramento do IVA a entregar ao Estado em relação a cada período de tributação, os sujeitos passivos devem deduzir, ao valor do IVA incidente sobre as operações tributáveis que realizaram, o montante do imposto que suportaram em aquisições ou importações efectuadas com vista à prossecução das suas actividades económicas. Nos termos do n.º 1 do artigo 22.º do CIVA, o direito à dedução por parte do sujeito passivo adquirente dos bens ou dos serviços nasce no momento em que o imposto dedutível se torna exigível para o respectivo fornecedor.[509] A dedução é concretizada mediante subtracção, ao valor do IVA devido pelas operações tributáveis efectuadas durante o período de declaração, do montante do IVA dedutível durante o mesmo período.

Em face do disposto no n.º 1 do artigo 19.º do CIVA, os sujeitos passivos podem, por via de regra, efectuar a dedução a seu favor do IVA suportado nas aquisições de bens e serviços, incluindo nas aquisições intracomunitárias de bens, assim como nas importações de bens,

---

[509] As regras de exigibilidade do imposto constam dos artigos 7.º e 8.º do CIVA, assim como, no caso de aquisições intracomunitárias de bens, do artigo 13.º do RITI.

relacionadas com as suas actividades sujeitas ao imposto. No entanto, para que o IVA suportado nas aquisições ou nas importações seja dedutível, é necessário tomar em consideração qual o enquadramento em IVA das actividades prosseguidas pelo sujeito passivo. Nos termos da alínea a) do n.º 1 do artigo 20.º do CIVA, a possibilidade de dedução do IVA suportado nas aquisições ou importações depende de estas se destinarem à realização pelo sujeito passivo de operações sujeitas a imposto e dele não isentas. Complementarmente, na alínea b) desse n.º 1 enumeram-se outras operações passíveis de permitir a dedução do IVA suportado a montante, como sucede, por exemplo, em relação a operações não consideradas efectuadas em território nacional em virtude das regras de localização aplicáveis, assim como de exportações de bens, operações assimiladas a exportação e serviços de transporte internacional. No caso das transacções intracomunitárias de bens, regras congéneres constam do artigo 19.º do RITI.

Como requisito de ordem formal, note-se que apenas confere direito à dedução, nos termos do n.º 2 do artigo 19.º do CIVA, o imposto correctamente mencionado em facturas ou documentos equivalentes passados na forma legal, assim como nos recibos de pagamento de IVA que fazem parte das declarações de importação ou das declarações electrónicas emitidas pelos serviços aduaneiros. Todos esses documentos devem encontrar-se em nome e na posse do sujeito passivo.

Relativamente ao modo como operam, as isenções do IVA dividem-se em "isenções completas" (também ditas "operações sujeitas a taxa zero") e "isenções incompletas" (também ditas "isenções simples"), consoante possibilitem ou não o direito à dedução ou ao reembolso do IVA suportado nas aquisições de bens ou de serviços necessários à realização das operações isentas.

De um modo geral, apenas as isenções aplicáveis às operações internacionais conferem o direito à dedução ou ao reembolso do IVA suportado nas aquisições. Tal tipo de isenções está reservado, por via da regra, às exportações de bens, a determinadas operações assimiladas a exportações, aos transportes internacionais, a algumas operações ligadas a regimes aduaneiros suspensivos ou económicos, assim como a transmissões de bens com destino a outros Estados Membros da UE nos termos definidos no RITI. A realização das mencionadas categorias de operações isentas implica para o sujeito passivo, a par da não aplicação do imposto quando realiza tais operações, a possibilidade de recuperação do valor do IVA que pagou aos seus fornecedores, relativamente aos bens e serviços necessários para essa sua actividade.

Por seu turno, quando está em apreço a realização de transmissões de bens ou de prestações de serviços de carácter interno, a eventual aplicabilidade de uma isenção a tais operações não possibilita, na grande maioria dos casos, a dedução ou a obtenção do reembolso do IVA suportado nas aquisições. Estas isenções traduzem-se, assim, na não aplicação do IVA nas transmissões de bens ou nas prestações de serviços efectuadas pelo sujeito passivo, mas, em contrapartida, não permitem a dedução ou o reembolso do IVA pago pelo sujeito passivo nas aquisições de bens e serviços necessárias a tal actividade isenta. Estão submetidas a este regime as isenções nas operações internas previstas no artigo 9.º do CIVA, assim como as operações realizadas ao abrigo do regime especial de isenção para pequenos empresários, regulado nos artigos 53.º e seguintes do mesmo Código.[510]

2. Despesas cuja dedução do IVA é excluída ou limitada

No artigo 21.º do CIVA vêm enumeradas algumas despesas cujo IVA nelas suportado não pode ser deduzido, parcialmente ou na totalidade, ainda que sejam respeitantes a aquisições ou importações des-

---

[510] Do regime de não dedução do IVA relacionado com operações isentas ao abrigo do artigo 9.º do CIVA excepcionam-se apenas as operações de seguro ou resseguro e as operações financeiras isentas, quando o destinatário se encontre estabelecido fora da UE ou quando as referidas operações estejam directamente relacionadas com bens que se destinem a ser exportados para fora da UE, como previsto na subalínea V) da alínea b) do n.º 1 do artigo 20.º do CIVA. A possibilidade de dedução do IVA suportado a montante estende-se também às isenções nas operações internas previstas nos n.ºs 8 a 10 do artigo 15.º do CIVA – referentes a transmissões de triciclos, cadeiras de rodas e automóveis ligeiros de passageiros ou mistos para uso de pessoas com deficiência, assim como a transmissões de bens para posterior distribuição a pessoas carenciadas, efectuadas a instituições particulares de solidariedade social e a organizações não governamentais sem fins lucrativos – em conformidade com o disposto na subalínea IV) da alínea b) do n.º 1 do artigo 20.º do CIVA.

tinadas à prossecução de uma actividade económica susceptível de conferir o direito à dedução.

As despesas cujo correspondente IVA se encontra excluído do direito à dedução são as seguintes:

– Aquisição, fabrico ou importação, assim como locação, utilização, transformação e reparação de veículos automóveis que não sejam veículos exclusivamente de transporte de mercadorias ou que, sendo de passageiros ou mistos, não tenham mais de nove lugares, bem como de embarcações de recreio, helicópteros, aviões, motos e motociclos, salvo quando tais meios de transporte se destinarem a ser comercializados ou quando constituam o próprio objecto de exploração da actividade do sujeito passivo;

– Combustíveis normalmente utilizáveis em viaturas automóveis, excepto quando se trate de gasóleo, gases de petróleo liquefeitos, gás natural ou biocombustíveis cujo IVA é dedutível em 50%, podendo, no entanto, ser dedutível na totalidade quando os combustíveis expressamente enumerados sejam utilizados em veículos pesados de passageiros, em veículos licenciados para transportes públicos, em máquinas que não sejam veículos matriculados, em tractores agrícolas e em veículos de transporte de mercadorias com peso superior a 3500 quilogramas;

– Despesas de transporte e viagens de negócios, incluindo portagens, excepto quando se trate de despesas relativas à organização ou participação em congressos, feiras, exposições, seminários, conferências e eventos congéneres nos termos que mais adiante se explicitam;[511]

– Despesas com recepção, alojamento e alimentação, excepto quando se trate de alojamento ou alimentação fornecidos, pelo próprio sujeito passivo, ao pessoal da empresa, em cantinas, economatos, dormitórios ou similares, bem como quando se trate de despesas relativas à organização ou participação em congressos, feiras, exposições, seminários, conferências e eventos congéneres nos termos que mais adiante se explicitam;[512]

---

[511] A este respeito, veja-se, *infra*, a secção III deste capítulo VI.
[512] Idem.

– Despesas de divertimento ou de luxo, sendo consideradas como tais, as que, pela sua natureza ou pelo seu montante, não constituam despesas normais de exploração;
– Bens em segunda mão, objectos de arte ou de colecção e antiguidades, destinados a revenda, quando o valor tributável da posterior transmissão corresponda à diferença entre o preço de venda e o preço de compra, de harmonia com o Regime Especial de Tributação dos Bens em Segunda Mão, Objectos de Arte, de Colecção e Antiguidades, aprovado pelo Decreto-Lei n.º 199/96, de 18 de Outubro.[513]

3. Dedução do IVA por sujeitos passivos mistos

3.1. Aspectos gerais

A dedução do IVA pelos sujeitos passivos que realizam operações tributáveis que conferem direito à dedução do imposto suportado nas aquisições, a par de operações que não conferem esse direito ("sujeitos passivos mistos") – como sucede frequentemente a quem desenvolve actividades de cariz artístico, cultural, educativo, recreativo, desportivo ou de assistência médica ou social – apresenta algumas especificidades.

Ainda assim, quando os bens ou serviços adquiridos por um sujeito passivo misto contribuem, exclusivamente, para a realização de um daqueles tipos de operações, tal conduz a uma imputação directa e imediata do IVA suportado à parte da actividade do sujeito passivo que confere direito à dedução ou à parte da sua actividade que não confere esse direito, consoante o caso. Assim, na eventualidade de os bens ou serviços se destinarem exclusivamente a ser utilizados na realização de operações que conferem direito à dedução, o respectivo montante pode ser totalmente dedutível, nos termos do artigo 20.º do CIVA – salvo, claro está, se tratar de despesas em bens ou serviços abrangidos pelas exclusões ou limitações previstas no artigo 21.º do CIVA.[514] Ao invés, no caso de os bens ou serviços se destinarem

---
[513] Sobre esta matéria, veja-se, *infra*, o capítulo VII.
[514] Sobre as despesas cuja dedução do IVA é excluída ou limitada, veja-se, supra, o n.º 2 desta secção I do capítulo VI.

exclusivamente a ser utilizados na realização de operações isentas sem direito à dedução do IVA suportado a montante, o imposto relativo à aquisição desses bens ou serviços não pode ser deduzido, como decorre, *a contrario sensu*, do artigo 20.º do CIVA.

Sucede frequentemente, porém, que os bens e serviços adquiridos não são exclusivamente afectos à realização de operações que conferem direito à dedução, nem exclusivamente afectos a operações que não conferem esse direito. Nesses casos, os sujeitos passivos mistos devem determinar a medida do direito à dedução do IVA suportado a montante em conformidade com o disposto no artigo 23.º do CIVA, nos termos que seguidamente se descrevem.[515]

3.2. Método de «pro rata» baseado no volume de negócios

Por via de regra, em relação aos bens e serviços que sejam objecto de utilização em operações que conferem o direito à dedução e em operações que não conferem esse direito, os sujeitos passivos mistos calculam o montante das deduções aplicando um rácio com base no volume de negócios, para definir a respectiva percentagem de dedução em relação ao IVA que suportam nas aquisições desses bens ou serviços (método de "*pro rata*").

Nos termos do n.º 4 do artigo 23.º do CIVA, este *pro rata* resulta de uma fracção que comporta, no numerador, o montante anual das operações que dão lugar a dedução e, no denominador, o montante anual de todas as operações efectuadas pelo sujeito passivo, incluindo as subvenções não tributáveis que não representem uma subvenção ao equipamento.[516] O quociente assim obtido deve ser arredondado para a centésima imediatamente superior, de harmonia com o previsto no n.º 8 do artigo 23.º. No cálculo descrito, porém, não se incluem as transmissões de bens do activo imobilizado, nem as operações imo-

---

[515] Sobre a matéria, veja-se o ofício-circulado n.º 30103, de 23 de Abril de 2008, do Gabinete do SDG-IVA.

[516] Acerca do tratamento em IVA das subvenções, veja-se, *infra*, o capítulo VIII. A secção IV desse capítulo VIII é dedicada ao efeito das subvenções não tributadas no direito à dedução.

biliárias ou financeiras que tenham carácter acessório em relação à actividade exercida, conforme dispõe o n.º 5 do artigo 23.º.

Determina o n.º 6 do mesmo artigo que a percentagem de dedução a aplicar ao longo de um dado ano civil tenha, provisoriamente, por base o *pro rata* definitivo apurado no final do ano precedente. No último período do ano a que respeita, deve ser calculado o *pro rata* definitivo desse ano, podendo originar a necessidade de regularização das deduções entretanto efectuadas durante o mesmo ano. O recurso a uma percentagem de dedução provisória tem lugar também durante o ano em que ocorra o início de actividade dos sujeitos passivos, com base numa percentagem estimada, submetida a ajustamento no final desse ano, como se prevê no n.º 7 do artigo 23.º do CIVA.

Relativamente a bens do activo imobilizado, a eventual necessidade de ajustamento da dedução inicialmente efectuada estende-se por um período de cinco anos ou de vinte anos, consoante se trate, respectivamente, de bens móveis ou de bens imóveis, nos termos previstos no artigo 24.º do CIVA. Para tanto, o n.º 3 deste artigo estabelece o seguinte procedimento:

– No final de cada um dos quatro anos civis seguintes a contar do início da utilização (no caso de bens móveis) ou de cada um dos dezanove anos civis seguintes a contar do ano da ocupação (no caso de bens imóveis)[517], calcula-se o montante da dedução que teria lugar na hipótese de a utilização ou ocupação se ter verificado no ano em consideração, de acordo com a percentagem definitiva desse mesmo ano;

– O montante assim obtido é subtraído à dedução efectuada no ano em que teve lugar a aquisição dos bens móveis ou imóveis, ou subtraído ao somatório das deduções efectuadas até ao ano da conclusão das obras em bens imóveis;

– A diferença positiva ou negativa divide-se por 5 (no caso de bens móveis) ou por 20 (no caso de bens imóveis), sendo o resultado a quantia a pagar ou a dedução complementar a efectuar no respectivo ano.

---

[517] Quando se trate de bens imóveis cuja aquisição ou conclusão das obras tenha ocorrido em data anterior a 13 de Fevereiro de 2001, o referido período é de nove anos, e não de dezanove, por efeito do n.º 1 do artigo 6.º do Decreto-Lei n.º 31/2001, de 8 de Fevereiro.

O ajustamento das deduções não tem lugar, porém, relativamente aos anos em que o *pro rata* definitivo desses anos, comparado com o *pro rata* definitivo do ano do início da utilização do bem (no caso de bem móvel) ou com o do ano da aquisição ou da conclusão das obras (no caso de bem imóvel), não tenha sofrido uma variação, para mais ou para menos, igual ou superior a cinco pontos percentuais.

Em qualquer caso, o ajustamento das deduções inicialmente efectuadas não tem lugar em relação a bens do activo imobilizado cujo valor unitário de aquisição tenha sido inferior a 2500 euros ou cujo período de vida útil previsto, para efeitos da amortização fiscal em sede de impostos sobre o rendimento, seja inferior a cinco anos.[518]

A título de exemplo das regularizações anuais acabadas de indicar, admite-se a aquisição, no ano de 2010, por um sujeito misto, de um bem móvel corpóreo pelo preço líquido de € 10 000, com IVA suportado no valor de € 2300, e com um período de vida útil superior a quatro anos. Tendo apurado, no final do ano de aquisição, um *pro rata* definitivo de 85%, o sujeito passivo deduziu, relativamente a esse ano, um montante de IVA de € 1955.[519] Nos quatro anos subsequentes, o sujeito passivo veio a apurar os seguintes *pro rata* definitivos: 2011 – 60%; 2012 – 90%; 2013 – 87%; e 2014 – 81%. Na hipótese descrita, as regularizações a efectuar no final de cada ano subsequente são as seguintes: 2011 – € 115[520]; 2012 – € 23[521]; 2013 – 0; 2014 – 0.[522]

3.3. Critérios de afectação real

Em alternativa ao método do *pro rata* baseado no volume de negócios, o apuramento do IVA a deduzir pode ser também feito segundo

---

[518] Para efeitos de determinação do período de vida útil, de acordo com as amortizações a efectuar em sede de impostos sobre o rendimento, o n.º 7 do artigo 24.º do CIVA ainda faz remissão para o Decreto Regulamentar n.º 2/90, de 12 de Janeiro, muito embora este diploma já tenha sido revogado e substituído pelo Decreto Regulamentar n.º 25/2009, de 14 de Setembro.

[519] €2300 × 85% = €1955.

[520] Regularização de €115 a favor do Estado: €1955 – €1380 / 5 = €115.

[521] Regularização de €23 a favor do sujeito passivo: €1955 – €2070 / 5 = – €23.

[522] Em 2013 e 2014 não há lugar a regularização, porque a variação em relação ao *pro rata* definitivo do ano do início da utilização do bem é inferior a 5%.

critérios de afectação real de todos ou de parte dos bens e serviços utilizados pela empresa, como se prevê no n.º 2 do artigo 23.º do CIVA.

Uma vez que a adopção do método da afectação real também visa a determinação do grau de utilização de um bem ou serviço em operações que conferem o direito à dedução e em operações que não conferem esse direito, o resultado da sua aplicação acaba, de igual modo, por ser expresso através de uma proporção. No entanto, esta proporção já não é apurada com base nos volumes de negócios gerados a jusante, mas noutros critérios que possam ser tidos como mais adequados para determinar a real afectação desses bens ou serviços.

Como exemplos de critérios que, no quadro da aplicação do método da afectação real, podem ser adoptados no sentido de determinar a efectiva imputação dos bens ou serviços de utilização mista a cada um dos tipos de operações, refira-se o critério da área ocupada por cada um dos tipos de actividade da empresa, o número de elementos do pessoal afecto a cada uma delas, a massa salarial, as horas-máquina ou as horas-homem. A escolha destes ou de outros critérios, isolada ou cumulativamente, deve tomar em consideração a natureza dos bens ou serviços, o tipo de actividades exercidas, a forma como a empresa do sujeito passivo misto se encontra organizada e o género de utilização que é dado aos bens e serviços em causa, de modo a que a proporção de IVA dedutível resultante da sua aplicação tenha adesão à realidade material.

À semelhança do que sucede com a aplicação do método de *pro rata* baseado no volume de negócios, o n.º 4 do artigo 24.º do CIVA prevê que os sujeitos passivos mistos que utilizem o método de afectação real procedam anualmente a um ajustamento proporcional das deduções relativas a bens do activo imobilizado, quando sofra alteração o grau de afectação de cada um desses bens a operações que conferem direito a dedução e a operações que não o conferem, em comparação com o grau de afectação apurado no ano do início da utilização desse bem. Tal ajustamento da dedução previamente efectuada só tem lugar, porém, quando representar uma alteração do IVA dedutível, para mais ou para menos, igual ou superior a 250 euros.[523] Para efeitos deste

---

[523] Note-se que, no caso da afectação real, não tem relevância a percentagem de variação da proporção, relativa ao grau de afectação, ser igual ou superior a cinco

eventual ajustamento das deduções inicialmente efectuadas relativamente a bens do activo imobilizado, aplicam-se, no demais, com as devidas adaptações, as regras de ajustamento acima referidas aplicáveis aos sujeitos passivos mistos que utilizem o método do *pro rata* baseado no volume de negócios.

Por outro lado, em conformidade com o disposto no n.º 3 do artigo 25.º do CIVA, os sujeitos passivos que, utilizando o método de afectação real, disponham de um bem do activo imobilizado[524] afecto a um sector isento e o passem a afectar a um sector tributado, podem proceder à dedução do IVA relativo a esse bem nos seguintes termos:[525]

– Quando se trate de bens móveis adquiridos no ano da mudança de afectação ou nos quatro anos civis anteriores, o IVA dedutível é proporcional ao número de anos que faltem para completar o período de cinco anos a partir do ano em que iniciou a utilização dos bens;

– Quando se trate de bens imóveis adquiridos ou concluídos no ano da mudança de afectação ou nos dezanove anos civis anteriores, o IVA dedutível é proporcional ao número de anos que faltem para completar o período de vinte anos a partir do ano da ocupação.

4. Reembolso do IVA

Se num determinado período de tributação o valor do IVA a deduzir exceder o valor do imposto que tenha incidido sobre as operações tributáveis efectuadas pelo sujeito passivo nesse período, o montante em excesso pode ser objecto de reporte. Para o efeito, o valor excedente deve ser mencionado como uma dedução a favor do sujeito passivo na declaração relativa ao período de tributação seguinte.

---

pontos percentuais, mas, sim, o valor absoluto da diferença ser igual ou superior a 250 euros.

[524] Desde que o respectivo valor unitário de aquisição tenha sido igual ou superior a 2500 euros e o seu período de vida útil previsto, para efeitos da amortização fiscal em sede de impostos sobre o rendimento, seja superior a quatro anos.

[525] Nos termos do artigo 25.º do CIVA, idêntica dedução, com as necessárias adaptações, pode ser feita pelos sujeitos passivos isentos (excepto se isentos ao abrigo 53.º do CIVA) que, por motivo de alteração da actividade ou por imposição legal, passem a praticar operações sujeitas a IVA que confiram direito à dedução.

Em alternativa, em vez de proceder ao reporte do excesso para o período de tributação seguinte, o sujeito passivo pode optar por solicitar à administração fiscal o reembolso desse montante de IVA. Tal opção pelo reembolso depende, porém, da prévia verificação de uma das seguintes condições:

– O valor do reembolso exceder € 3000;

– O valor do reembolso não exceder € 3000, mas ser superior a € 250, desde que a situação de crédito subsista há pelos menos doze meses;

– Ocorrer a cessação de actividade ou o sujeito passivo deixar de se enquadrar no regime normal de tributação, desde que o crédito não seja inferior a € 25.

As condições para que possam ser solicitados reembolsos do IVA e para que os mesmos possam ser concedidos pela administração fiscal vêm reguladas no artigo 22.º do CIVA, no Decreto-Lei n.º 229/95, de 11 de Setembro[526], e no Despacho Normativo n.º 18-A/2010, de 30 de Junho de 2010[527].

Para além dos procedimentos de reporte ou para efeitos de reembolso do IVA aplicáveis aos sujeitos passivos abrangidos pelo regime normal de tributação, a legislação complementar ao CIVA comporta vários diplomas que prevêem reembolsos especiais de que podem beneficiar certas entidades.[528]

---

[526] Com as alterações decorrentes do Decreto-Lei n.º 472/99, de 8 de Novembro, do Decreto-Lei n.º 160/2003, de 19 de Julho, e do Decreto-Lei n.º 124/2005, de 3 de Agosto.

[527] Publicado no D.R. n.º 126, Suplemento, 2.ª série, de 1 de Julho de 2010.

[528] Uma lista dos diplomas que estabelecem esses reembolsos especiais consta do n.º 2.2.6 da secção II do capítulo I, supra. Adiante, na secção V deste capítulo VI, é feita alusão mais detalhada à restituição de valores correspondentes ao IVA suportado em determinadas aquisições, ao abrigo de alguns desses diplomas.

Secção II

Dedução do IVA nas cessões definitivas de instalações destinadas a actividades culturais, educativas, recreativas, desportivas ou de assistência

1. Despesas relacionadas com a cessão definitiva

Para a realização do trespasse, bem como da cessão definitiva a outro título, de instalações destinadas à prática de actividades culturais, educativas, recreativas, desportivas ou de assistência, pode suceder que o cedente tenha de incorrer em despesas pelas quais deva suportar IVA, nomeadamente, de carácter administrativo ou de aconselhamento jurídico, económico ou contabilístico, com vista à concretização do negócio. Na medida em que se trata de IVA suportado para a realização de uma operação excluída do âmbito de incidência do imposto[529], pode suscitar-se a dúvida se esse imposto é dedutível, no todo ou em parte, pelo sujeito passivo cedente.

Sobre a matéria, versou o acórdão de 22 de Fevereiro de 2001 (C-408/98, *Abbey National*, Colect. p. I-1361), no qual foi considerado que as transferências de universalidades de bens, muito embora não sejam de considerar transmissões de bens nem prestações de serviços para efeitos do IVA, não inviabilizam necessariamente a dedução do imposto suportado nas aquisições feitas para a realização de tais transferências, dado as mesmas integrarem as despesas gerais dos sujeitos passivos do IVA e manterem, em princípio, uma relação directa e imediata com as actividades económicas por estes prosseguidas.

Assim, se a cessão definitiva respeitar a uma actividade ou à parte de uma actividade relativamente à qual o sujeito passivo cedente pudesse exercer integralmente a dedução do IVA suportado a montante, então o IVA contido nas despesas relacionadas com essa cessão definitiva também é susceptível de dedução. Por seu turno, no caso de a cessão respeitar a uma actividade ou à parte de uma actividade de natureza mista, ou seja, relativamente à qual o sujeito passivo cedente só dispu-

---

[529] A este respeito, veja-se, supra, a secção II do capítulo II.

nha de um direito à dedução parcial, o IVA contido nas despesas relacionadas com essa operação é susceptível de dedução proporcional. Só no caso de a cessão respeitar a uma actividade ou à parte de uma actividade relativamente à qual o sujeito passivo cedente não dispunha da possibilidade de dedução de qualquer parcela do IVA suportado nas aquisições, é que a dedução do IVA contido nas despesas relacionadas com a cessão se encontra completamente inviabilizada.

2. Actividades que não chegam a ser exercidas antes da ocorrência da cessão definitiva

Ainda em matéria de dedução do IVA suportado a montante, o TJUE pronunciou-se no acórdão de 29 de Abril de 2004 (C-137/02, *Faxworld*, Colect. p. I-5547). A questão colocada prendia-se com a dedutibilidade do IVA suportado com a preparação de uma actividade empresarial que não chegou a ser exercida pelo cedente, mas que este, após a conclusão do processo de preparação da mesma, cedeu definitivamente a um terceiro que veio efectivamente a exercê-la. Em causa estava uma particularidade da legislação comercial alemã, ao obrigar, no processo de constituição de uma sociedade anónima, à prévia criação de uma sociedade civil destinada a preparar a actividade daquela, procedendo a sociedade civil, após o desempenho da missão de que estava incumbida, à transferência de todo o seu património para a sociedade anónima, a qual pode, então sim, com recurso a esse património, iniciar a respectiva actividade.

Na sua decisão, considerando, por um lado, que tais sociedades civis não deixam de assumir a qualidade de sujeitos passivos do IVA e, por outro lado, a particularidade de as aquisições efectuadas se destinarem a servir as operações tributáveis que virão a ser realizadas pelas sociedades anónimas suas sucessoras, o TJUE pronunciou-se no sentido da dedutibilidade do IVA suportado nas circunstâncias descritas.

Secção III

Despesas relacionadas com congressos, feiras e manifestações similares

Por via de regra, nos termos das alíneas c) e d) do n.º 1 do artigo 21.º do CIVA, está excluído do direito à dedução o IVA suportado em despesas com transportes e viagens de negócios do sujeito passivo do imposto e do seu pessoal, incluindo portagens, bem como, de um modo geral, as relativas a alojamento, alimentação e recepção. Todavia, nos termos das alíneas d) e e) do n.º 2 do mesmo artigo 21.º, o IVA contido em tais despesas pode ser objecto de uma dedução parcial quando a realização das mesmas se relacione com a organização de congressos, feiras, exposições, seminários, conferências e similares, ou com a participação em eventos desse tipo.

Assim, nos termos da alínea d) do n.º 2 do artigo 21.º do CIVA, conferem direito à dedução do IVA, na proporção de 50%, as despesas mencionadas nas alíneas c) e d) do n.º 1 desse artigo que digam respeito à organização dos referidos eventos, quando resultem de contratos celebrados directamente com o prestador de serviços ou através de entidades legalmente habilitadas para o efeito, efectuadas para as necessidades directas dos participantes nos eventos. Esta possibilidade de dedução em 50% do IVA, por parte das entidades organizadoras dos eventos, abrange as despesas com transportes e viagens de negócios dessas entidades, bem como despesas de alojamento, alimentação e bebidas, despesas de recepção, incluindo as despesas relativas a imóveis e seus equipamentos destinados às referidas recepções, com exclusão das despesas relativas a tabacos.

Por seu turno, nos termos da alínea e) do n.º 2 do artigo 21.º do CIVA, conferem direito à dedução do IVA, na proporção de 25%, as despesas mencionadas na alínea c) do n.º 1 desse artigo, bem como em despesas de alojamento e alimentação, respeitantes à participação nos eventos acima referidos, quando resultem de contratos celebrados directamente com as entidades organizadoras dos mesmos. Esta possibilidade de dedução em 25% do IVA, por parte dos participantes nos eventos, abrange as despesas com transportes e viagens de negócios, bem como as despesas de alojamento, alimentação e bebidas.

Para além das condições já referidas, para que operem as deduções previstas nas alíneas d) e e) do n.º 2 do artigo 21.º do CIVA é necessário que, comprovadamente, as despesas em causa contribuam para as operações tributáveis dos sujeitos passivos que nelas incorrem.

Sobre a matéria, foi divulgado o ofício-circulado n.º 30090, de 31 de Março de 2006, da DSIVA, do qual constam esclarecimentos interpretativos em relação a esta dedução parcial do IVA suportado com a organização e a participação em congressos, feiras, exposições, seminários, conferências e eventos similares.

Secção IV
Despesas relativas a camarotes empresariais nos estádios de futebol

A respeito da aquisição de direitos de utilização de camarotes nos estádios de futebol, na modalidade por vezes denominada de "pacotes *corporate*", versa a circular n.º 20/2009, de 28 de Julho de 2009, da DGCI. À aquisição dos referidos pacotes está normalmente associado o acesso a um conjunto multifacetado de serviços, que não apenas o direito de ocupar o camarote durante os eventos desportivos, podendo incluir a utilização daquele como escritório ou sala de reuniões, o acesso a apoio logístico e de secretariado, serviços de recepção e de alimentação e bebidas, acesso ao parque de estacionamento do estádio, bem como a possibilidade de publicitar e promover a imagem de empresas através de vários suportes de comunicação, nomeadamente, publicidade nos camarotes, nos jornais ou revistas do clube desportivo, nos painéis instalados no espaço multifuncional, na sala de imprensa, *etc.*.

No domínio do IVA, a comercialização pelos clubes ou respectivas SAD dos referidos pacotes, sem uma discriminação e valoração das prestações de serviços neles incluídas, não é susceptível de proporcionar aos adquirentes dos pacotes, ainda que se tratem de sujeitos passivos do IVA agindo como tal, uma dedução integral do IVA suportado nessas despesas.[530] No sentido de tornear as dificuldades inerentes

---

[530] Note-se que as situações em apreço se constituem indubitavelmente como operações sujeitas a IVA e dele não isentas, não tendo aplicação a doutrina adminis-

a uma discriminação, valoração e imputação dos vários componentes do pacote, as referidas instruções administrativas permitem aos sujeitos passivos adquirentes a dedução do IVA na parte respeitante à aquisição de serviços de publicidade e de promoção da imagem da empresa, nos termos do n.º 1 do artigo 20.º do CIVA. Ao invés, exclui-se do direito à dedução, por efeito do disposto nas alíneas c) a e) do n.º 1 do artigo 21.º do CIVA, a parte respeitante aos demais componentes dos pacotes, incluindo, por exemplo, a utilização dos camarotes e espaços adjacentes, a recepção e apoio logístico ou de secretariado, os serviços de alimentação e bebidas, bem como o acesso aos parques de estacionamento. Para o efeito, como percentagem de repartição indicativa, a circular n.º 20/2009 admite, em princípio, uma atribuição de 80% do valor dos pacotes a serviços de publicidade e promoção empresariais, e de 20% aos demais serviços, desde que tal não se revele inconsistente com a natureza dos serviços efectivamente incluídos nos pacotes.

SECÇÃO V

Restituição de valores correspondentes ao IVA suportado por certas instituições

1. Igreja Católica

Nos termos do Decreto-Lei n.º 20/90, de 13 de Janeiro,[531] a administração tributária procede à restituição do valor correspondente ao IVA suportado em aquisições e importações efectuadas por instituições da Igreja Católica, como sejam a Santa Sé, Conferência Episcopal,

---

trativa que respeita à isenção das simples atribuições pelos clubes desportivos aos seus associados de lugares cativos nos estádios de futebol, constante do ofício-circulado n.º 56623, de 18 de Maio de 1998, da DSIVA, objecto de referência supra, no n.º 1 da secção VIII do capítulo IV.

[531] Diploma alterado pela Lei n.º 52-C/96, de 27 de Dezembro, pelo Decreto-Lei n.º 323/98, de 30 de Outubro, pela Lei n.º 30-C/2000, de 29 de Dezembro, pelo Decreto-Lei n.º 238/2006, de 20 de Dezembro, e pelos artigos 130.º e 132.º da Lei n.º 55-A/2010, de 31 de Dezembro, com repristinação das alíneas a) e b) do n.º 1 do seu artigo 2.º, durante o ano de 2012, pelo artigo 179.º da Lei n.º 64-B/2011, de 30 de Dezembro (Orçamento do Estado para 2012).

dioceses, seminários e outros centros de formação destinados única e exclusivamente à preparação de sacerdotes e religiosos, fábricas da igreja, ordens, congregações e institutos religiosos e missionários, bem como associações de fiéis. As aquisições e importações abrangidas são as referentes a:

– Objectos que se destinem, única e exclusivamente, ao culto religioso, constantes de facturas ou documentos de importação de valor não inferior a € 249,40 (com exclusão do IVA);

– Bens e serviços respeitantes à construção, manutenção e conservação de imóveis destinados exclusivamente ao culto, à habitação e formação de sacerdotes religiosos, ao apostolado ou ao exercício da caridade, constantes de facturas de valor não inferior a € 997,60 (com exclusão do IVA).

Os pedidos de restituição devem ser remetidos à administração tributária por transmissão electrónica de dados, incluindo uma relação de modelo oficial da qual constem os elementos identificativos das facturas ou dos bilhetes de importação, emitidos na forma legal. No entanto, a Direcção de Serviços de Reembolsos pode solicitar quaisquer outras informações para apreciação do pedido de reembolso, incluindo a apresentação dos originais das facturas ou bilhetes de importação.

Os pedidos devem ser apresentados no prazo máximo de um ano a contar da data da emissão das correspondentes facturas ou documentos de importação.

Em caso de deferimento, o valor a restituir será creditado na conta bancária da entidade requerente nos três meses seguintes ao da recepção do pedido.

De harmonia com a possibilidade conferida no n.º 2 do artigo 1.º do Decreto-Lei n.º 20/90, em detrimento da restituição do IVA, as referidas entidades podem optar pelo benefício fiscal previsto no n.º 4 do artigo 32.º da Lei n.º 16/2001, nos termos e condições definidos em portaria do membro do Governo responsável pela área das Finanças, caso em que uma quota equivalente a 0,5 % do IRS liquidado, com base nas declarações anuais, lhes pode ser destinada pelo contribuinte, para fins religiosos ou de beneficência.

2. Outras Igrejas e Comunidades religiosas

O n.º 1 do artigo 65.º da Lei n.º 16/2001, de 22 de Junho,[532] estendeu às demais igrejas e comunidades religiosas o regime previsto para a Igreja Católica no n.º 1 do artigo 1.º do Decreto-Lei n.º 20/90, de 13 de Janeiro.[533]

Nos termos desse n.º 1 do artigo 65.º da Lei n.º 16/2001, com a redacção dada pelo artigo 131.º da Lei n.º 55-A/2010, de 31 de Dezembro, podem optar pelo regime previsto no n.º 1 do artigo 1.º do Decreto-Lei n.º 20/90, de 13 de Janeiro, e suas alterações subsequentes, as seguintes entidades:

– Igrejas e Comunidades religiosas radicadas em Portugal;

– Institutos de vida consagrada e outros institutos com a natureza de associações ou fundações criados ou reconhecidos por aquelas entidades religiosas;

– Federações e associações em que as referidas entidades religiosas se integrem.

A possibilidade de beneficiar do disposto no n.º 1 do artigo 1.º do Decreto-Lei n.º 20/90 subsistirá enquanto tal diploma vigorar, não se aplicando às referidas entidades, nesse caso, o n.º 4 do artigo 32.º da Lei n.º 16/2001.

3. IPSS e Santa Casa da Misericórdia de Lisboa

O artigo 2.º do Decreto-Lei n.º 20/90 alargou às IPSS e Santa Casa da Misericórdia de Lisboa a possibilidade de obtenção da restituição do valor correspondente ao IVA suportado em certas aqui-

---

[532] Diploma alterado pela Lei n.º 91/2009, de 31 de Agosto, pela Lei n.º 3-B/2010, de 28 de Abril, e pela Lei n.º 55-A/2010, de 31 de Dezembro, com repristinação do n.º 2 do seu artigo 65.º, durante o ano de 2012, pelo artigo 179.º da Lei n.º 64-B/2011, de 30 de Dezembro (Orçamento do Estado para 2012).

[533] O n.º 2 do artigo 65.º da Lei n.º 16/2001, em matéria de opção pela consignação de receitas geradas pelo IRS em detrimento da restituição de certos montantes correspondentes ao IVA suportado, foi revogado pelo n.º 1 do artigo 130.º da Lei n.º 55-A/2010, de 31 de Dezembro, e objecto de repristinação, durante o ano de 2012, pelo n.º 1 do artigo 179.º da Lei n.º 64-B/2011, de 30 de Dezembro (Orçamento do Estado para 2012).

sições. Todavia, o n.º 1 do artigo 130.º da Lei n.º 55-A/2010, de 31 de Dezembro (Orçamento do Estado para 2011) revogou o artigo 2.º do Decreto-Lei n.º 20/90, de 13 de Janeiro. A referida revogação operou entre 1 de Janeiro e 31 de Dezembro de 2011, sem prejuízo da disposição transitória contida no n.º 2 do mesmo artigo 130.º. De harmonia com a referida norma transitória, o direito à restituição de um montante correspondente ao IVA subsistiu em relação às aquisições que vinham referidas nas alíneas a) e b) do n.º 1 do artigo 2.º do Decreto-Lei n.º 20/90, caso se encontrassem já em curso a 31 de Dezembro de 2010, bem como às que no âmbito de programas, medidas, projectos e acções objecto de co-financiamento público com suporte no Quadro de Referência Estratégico Nacional, no Programa de Investimentos e Despesas de Desenvolvimento da Administração Central ou nas receitas provenientes dos jogos sociais estivessem naquela data a decorrer, já contratualizadas ou com decisão de aprovação da candidatura.

Todavia, por efeito do artigo 179.º da Lei n.º 64-B/2011, de 30 de Dezembro (Orçamento do Estado para 2012), foram repristinadas, durante o ano de 2012, as alíneas a) e b) do n.º 1 do artigo 2.º do Decreto-Lei n.º 20/90, muito embora a restituição aí prevista de montantes correspondentes ao IVA suportado seja feita apenas em 50%, excepto em relação às operações abrangidas pelo mencionado n.º 2 do artigo 130.º da Lei n.º 55-A/2010, acima identificadas, relativamente às quais se mantém em vigor a restituição de um montante equivalente ao IVA suportado.

As alíneas a) e b) do n.º 1 do artigo 2.º do Decreto-Lei n.º 20/90, objecto de repristinação durante o ano de 2012, conferindo uma restituição correspondente a 50% do IVA suportado, respeitam ao seguinte:

– Aquisições de bens ou serviços relacionados com a construção, manutenção e conservação de imóveis, utilizados total ou principalmente na prossecução dos respectivos fins estatutários, desde que constantes de facturas de valor não inferior a 997,60 euros (com exclusão do IVA);

– Aquisições de bens ou serviços relativos a elementos do activo imobilizado corpóreo sujeitos a depreciação, utilizados única e exclusivamente na prossecução dos respectivos fins estatutários, com excepção de veículos e respectivas reparações, desde que constantes de facturas de valor unitário não inferior a 99,76 euros (com exclusão do IVA) e cujo valor global, durante o exercício em causa, não seja superior a 9975,96 euros (com exclusão do IVA).

Em conformidade com o n.º 3 do despacho de 9 de Fevereiro de 2009, do SDG, em substituição legal do DG (processo R119 2008371),[534] o disposto no artigo 2.º do Decreto-Lei n.º 20/90 "*é exclusivamente destinado às instituições particulares de solidariedade social e à Santa Casa da Misericórdia de Lisboa, não estando referido no mesmo diploma qualquer referência a entidades equiparadas a instituições particulares de solidariedade social*", pelo que a referida disposição é insusceptível de abranger estas últimas.

4. Associações e corporações de bombeiros

Nos termos do n.º 2 do artigo 2.º do Decreto-Lei n.º 113/90, de 5 de Abril,[535] a administração tributária procede à restituição do valor correspondente ao IVA não dedutível que tenha sido suportado em aquisições no mercado interno de bens móveis de equipamento directamente destinados à prossecução dos fins das associações e corporações de bombeiros, bem como do valor correspondente ao IVA relativo aos serviços necessários à conservação, reparação e manutenção desse equipamento, que constem de factura de valor superior a 1246,99 euros (com exclusão do IVA).[536]

---

[534] Consultado a 16 de Janeiro de 2012, a partir da página da rede global com o endereço ‹http://info.portaldasfinancas.gov.pt/pt/informacao_fiscal/informacoes_vinculativas/despesa/civa/›.

[535] Este diploma foi alterado pelo artigo 3.º do Decreto-Lei n.º 139/92, de 17 de Julho, pelo artigo 35.º da Lei n.º 30-C/2000, de 29 de Dezembro, e pelo artigo 30.º da Lei n.º 55-B/2004, de 30 de Dezembro (Orçamento do Estado para 2005).

[536] Em contexto diverso do objecto da presente obra, assinale-se apenas que o n.º 1 do mesmo artigo 2.º do Decreto-Lei n.º 113/90 estabelece idêntica restituição do valor corresponde ao IVA relativo "*às importações e aquisições no mercado interno de material de guerra e de outros bens móveis destinados exclusivamente à prossecução de fins de segurança e de serviços necessários à conservação, reparação e manutenção desse equipamento, feito pelas Forças Armadas e pelas forças e serviços de segurança, que constem de factura ou de declaração de importação de valor igual ou superior a € 2250, com exclusão do imposto*".

Os pedidos devem ser apresentados à Direcção de Serviços de Reembolsos no prazo máximo de um ano a contar da data da emissão das correspondentes facturas, por parte do serviço responsável pelas áreas administrativa e financeira do Serviço Nacional de Bombeiros.

A entidade requerente deve fazer acompanhar os pedidos dos originais das facturas que comprovem as aquisições, os quais serão devolvidos no prazo de sessenta dias, bem como de uma relação cronológica desses documentos, da qual conste o respectivo número, a data, o nome e número de contribuinte do fornecedor, o valor dos bens e serviços (líquido de imposto) e o montante do IVA, com indicação do total do imposto de que é pedida a restituição.

A relação deve ser autenticada com selo branco e visada em todas as folhas pelo presidente da direcção do Serviço Nacional de Bombeiros.

Em caso de deferimento, o valor a restituir será entregue à entidade requerente nos três meses seguintes ao da recepção do pedido.

5. Orquestras filarmónicas, bandas de música e similares

No Decreto-Lei n.º 128/2001, de 17 de Abril, que regulamenta a Lei n.º 123/99, de 20 de Agosto, vem prevista uma subvenção pública de que podem beneficiar bandas de música, filarmónicas, escolas de música, tunas, fanfarras, ranchos folclóricos e outras agremiações culturais que se dediquem à actividade musical, constituídas em pessoas colectivas de direito privado sem fins lucrativos, com excepção de escolas de música e conservatórios do ensino particular e cooperativo que tenham celebrado ou estejam em condições de celebrar contratos de associação com o Ministério da Educação. A referida subvenção, entregue pelas delegações regionais da cultura ou, na presente data, pela Direcção-Geral das Artes,[537] corresponde ao valor do IVA, que

---

[537] O Instituto Português das Artes do Espectáculo, a que fazem referência os artigos 4.º e 13.º do Decreto-Lei n.º 128/2001, foi objecto de fusão e criação do Instituto das Artes, pelo Decreto-Lei n.º 181/2003, de 16 de Agosto, tendo este último, entretanto, sido extinto pelo Decreto-Lei n.º 91/2007, de 29 de Março, e dado origem à Direcção-Geral das Artes. No que respeita às actuais Direcções Regionais de Cultura, o diploma que as regula é o Decreto Regulamentar

não possa ter sido deduzido nos termos gerais, suportado pelas entidades beneficiárias na aquisição dos seguintes equipamentos utilizados única e exclusivamente na prossecução da sua actividade cultural:

– Instrumentos musicais, incluindo os respectivos estojos, palhetas, cordas, arcos, bocas, boquilhas, surdinas, *bâtons*, óleos e lubrificantes, com excepção de instrumentos eléctricos e electrónicos;

– Fardamentos e trajes, desde que constantes de facturas de valor unitário não inferior a € 99,76 (com exclusão do IVA).

As candidaturas à referida subvenção devem ser dirigidas aos organismos públicos acima referidos durante o mês de Dezembro de cada ano, englobando as aquisições realizadas no respectivo ano económico, em impresso próprio disponibilizado por aqueles organismos, acompanhado dos seguintes elementos:

– Cópia dos estatutos, do relatório de actividades do ano anterior e do plano de actividades;

– Originais dos bilhetes de importação, facturas ou documentos equivalentes, passados na forma legal, cuja data de emissão não pode exceder um ano em relação à data da apresentação da candidatura à subvenção, os quais são devolvidos aos candidatos no prazo de sessenta dias úteis;

– Declaração emitida conforme modelo publicado em anexo ao Decreto-Lei n.º 128/2001.

Estão excluídas do direito à subvenção as entidades que se encontrem numa das seguintes situações:

– Entreguem as candidaturas fora do prazo estabelecido;

– Não se encontrem em situação regularizada relativamente a dívidas por impostos ao Estado;

– Não se encontrem em situação regularizada relativamente a dívidas por contribuições para a segurança social;

– Se encontrem em estado de inactividade, de liquidação ou de cessação de actividade;

---

n.º 34/2007, de 29 de Março, que define as respectivas missão, atribuições e tipo de organização interna, vindo regulada na Portaria n.º 373/2007, de 30 de Março, a respectiva estrutura nuclear.

– Tenham sido objecto de aplicação de sanção administrativa ou judicial pela utilização, ao seu serviço, de mão-de-obra legalmente sujeita ao pagamento de impostos e contribuições para a segurança social que não tenha sido declarada nos termos das normas que imponham essa obrigação em Portugal;
– Prestem falsas declarações;
– Não entreguem os documentos em falta no prazo fixado.

Também não há direito à subvenção prevista no Decreto-Lei n.º 128/2001, nomeadamente, nas seguintes situações:

– Desadequação dos instrumentos, respectivo material consumível, fardamentos e trajes adquiridos à actividade cultural prosseguida e ao repertório da entidade beneficiária;
– Quando a aquisição dos instrumentos, material consumível, fardamentos e trajes tenha sido apoiada integralmente pelo Estado ou autarquias locais;
– Quando o IVA tenha sido restituído ao abrigo do Decreto-Lei n.º 20/90, de 13 de Janeiro.

Capítulo VII

VENDA DE OBJECTOS DE ARTE, OBJECTOS DE COLECÇÃO E ANTIGUIDADES

Secção I
Enquadramento geral

1. Valor tributável das operações internas

1.1. Regra geral

Como regra geral, estabelecida no n.º 1 do artigo 16.º do CIVA, o valor tributável das transmissões de bens e das prestações de serviços é o valor da contraprestação obtida ou a obter do adquirente, do destinatário ou de um terceiro. Esta regra geral tem por base o disposto no artigo 73.º da Directiva do IVA, correspondente anteriormente à alínea a) do n.º 1 da parte A do artigo 11.º da Sexta Directiva.

Nos casos em que a contraprestação não seja definida, no todo em parte, em dinheiro, o valor tributável das transmissões de bens e das prestações de serviços é o montante recebido ou a receber, acrescido do valor normal dos bens ou dos serviços dados em troca, conforme se prevê no n.º 3 do artigo 16.º do CIVA.

De harmonia com o previsto, respectivamente, nas alíneas a) a c) do n.º 5 do artigo 16.º do CIVA, o valor tributável das transmissões de bens e das prestações de serviços deve incluir os seguintes elementos:

– Impostos, direitos e taxas e outras imposições, com a exclusão do próprio IVA;

– Despesas acessórias debitadas, tais como comissões, embalagens, transporte, seguros e publicidade, efectuadas por conta do cliente;

– Subvenções directamente conexas com o preço de cada operação, considerando-se como tais as que sejam estabelecidas em função do número de unidades transmitidas ou do volume de serviços prestados, fixadas anteriormente à realização das operações.[538]

O disposto nas alíneas a) e b) do n.º 5 do artigo 16.º do CIVA tem por base o previsto nas alíneas a) e b) do primeiro parágrafo do artigo 78.º da Directiva do IVA, correspondendo anteriormente às alíneas a) e b) do n.º 2 da parte A do artigo 11.º da Sexta Directiva. Quanto à alínea c) do n.º 5 do artigo 16.º do CIVA, em matéria de inclusão de certas subvenções no valor tributável das operações, a mesma decorre do disposto na parte final do artigo 73.º da Directiva do IVA, inicialmente constante do trecho final da alínea a) do n.º 1 da parte A do artigo 11.º da Sexta Directiva.

Nos termos das alíneas a) a d) do n.º 6 do artigo 16.º do CIVA, o valor tributável das transmissões de bens e das prestações de serviços não inclui:

– Juros pelo pagamento diferido das contraprestações, assim como indemnizações declaradas judicialmente, por incumprimento parcial ou total de obrigações;

– Descontos, abatimentos e bónus concedidos;

– Débitos de despesas suportadas em nome e por conta dos adquirentes dos bens ou dos destinatários dos serviços, registadas em contas de terceiros apropriadas;

– Quantias respeitantes a embalagens não transaccionadas, devendo a factura proceder à sua menção separada e indicar que foi acordada a sua devolução.

O disposto nas alíneas a) a c) do n.º 6 do artigo 16.º do CIVA tem por base o previsto nas alíneas a) a c) do primeiro parágrafo do artigo 79.º da Directiva do IVA, correspondendo anteriormente às alíneas a) e b) do n.º 3 da parte A do artigo 11.º da Sexta Directiva. Quanto à alínea d) do n.º 6 do artigo 16.º do CIVA, em matéria de embalagens não transaccionadas, a mesma decorre da possibilidade conferida na alínea a) do artigo 92.º da Directiva do IVA, inicialmente constante do primeiro travessão do n.º 3 da parte C do artigo 11.º da Sexta Directiva.

---

[538] Acerca do tratamento em IVA das subvenções, veja-se, *infra*, o capítulo VIII.

1.2. Casos particulares

Em relação a determinadas operações ocorridas em condições específicas, incluindo operações assimiladas a transmissões de bens ou a prestações de serviços, a que se referem, nomeadamente, o n.º 3 do artigo 3.º e o n.º 2 do artigo 4.º do CIVA, as regras de determinação do correspondente valor tributável constam do n.º 2 do seu artigo 16.º. Entre estas, a alínea f) do n.º 2 do artigo 16.º do CIVA prevê que o valor tributável das transmissões de bens em segunda mão, de objectos de arte, de colecção e de antiguidades corresponda à diferença entre o preço de venda e o preço de compra desses bens. Esta matéria é objecto de desenvolvimento, *infra*, na secção II deste capítulo VII.

2. Valor tributável das aquisições intracomunitárias de bens

Na determinação do valor tributável das aquisições intracomunitárias de bens sujeitas a IVA e dele não isentas são aplicáveis, em geral, por força do disposto no artigo 17.º do RITI, as regras relativas ao valor tributável das transmissões de bens a que se fez alusão supra, constantes do artigo 16.º do CIVA.

3. Valor tributável das importações de bens

O valor tributável das importações de bens sujeitas a IVA e dele não isentas corresponde, em traços gerais, ao seu valor aduaneiro, considerando o disposto no Código Aduaneiro Comunitário, com as especificidades constantes do artigo 17.º do CIVA.

Secção II

Regime dos bens em segunda mão, objectos de arte, objectos de colecção e antiguidades

1. Aspectos gerais

Como se viu, de acordo com a regra geral definida no n.º 1 do artigo 16.º do CIVA, o valor tributável das transmissões de bens e das prestações de serviços sujeitas ao imposto é constituído pelo montante global da contraprestação obtida ou a obter do adquirente ou de um terceiro. Em derrogação da referida regra geral, a alínea f) do n.º 2 do artigo 16.º prevê que o valor tributável das transmissões de bens em segunda mão, objectos de arte, objectos de colecção e antiguidades corresponda à diferença entre o preço de venda e o preço de compra dos bens. De harmonia com o estabelecido no n.º 7 do mesmo artigo, a matéria é objecto de legislação especial, a qual vem concretizada no Regime Especial de Tributação dos Bens em Segunda Mão, Objectos de Arte, de Colecção e Antiguidades (adiante referido por "Regime Especial"), aprovado pelo Decreto-Lei n.º 199/96, de 18 de Outubro.[539]

A adopção do Regime Especial teve em vista a transposição para o ordenamento interno da Directiva 94/5/CE, do Conselho, de 14 de Fevereiro de 1994[540], que aditou um artigo 26.º-A e um anexo I à Sexta Directiva. Actualmente, na Directiva do IVA, as regras aplicáveis aos sujeitos passivos revendedores de bens em segunda mão, de objectos de arte, de objectos de colecção e de antiguidades constam dos seus artigos 312.º a 325.º. Por seu turno, as regras alternativas que podem ser aplicadas pelos Estados membros aos organizadores de

---

[539] Com a alteração decorrente do artigo 4.º da Lei n.º 4/98, de 12 de Janeiro. O artigo 5.º do Decreto-Lei n.º 199/96 revogou o Decreto-Lei n.º 504-G/85, de 30 de Dezembro, que anteriormente regulava a matéria, bem como o Decreto-Lei n.º 346/89, de 12 de Outubro, que estabelecia a isenção do IVA na importação de obras de arte quando as mesmas fossem consideradas de interesse para o património cultural e artístico do país. O Decreto-Lei n.º 199/96 revogou também o n.º 19 do artigo 9.º e a alínea i) do n.º 1 do artigo 13.º do CIVA, que diziam respeito à isenção na transmissão ou na importação de obras de arte por parte dos autores, seus herdeiros ou legatários, bem como o n.º 39 do artigo 9.º e a alínea l) do n.º 1 do artigo 13.º do CIVA, que versavam sobre a transmissão e a importação de certas tapeçarias ornamentais tecidas manualmente. Manteve-se, porém, a isenção de IVA na importação prevista na alínea r) do artigo 79.º do Decreto-Lei n.º 31/89, de 25 de Janeiro, relativa a obras de arte que não se destinem a venda, importadas por museus, galerias de arte ou estabelecimentos similares, pertencentes a pessoas colectivas de direito público ou a outras entidades sem finalidade lucrativa, desde que tais objectos sejam importados a título gratuito ou, se importados a título oneroso, forem adquiridos a particulares ou a instituições congéneres das que beneficiam da isenção.

[540] Com uma rectificação publicada no JO L 191, de 12 de Agosto de 1995, p. 40.

vendas em leilão[541], quando estes actuam em nome próprio mas por conta de outrem, em execução de contratos de comissão de venda, vêm especialmente previstas nos artigos 333.º a 341.º da Directiva do IVA. Complementarmente, no artigo 311.º da Directiva do IVA vêm delineados os conceitos comuns mais relevantes, e do respectivo anexo IX consta a lista dos bens considerados objectos de arte, objectos de colecção ou antiguidades para efeitos das referidas disposições.[542]

O Regime Especial respeita a vendas efectuadas pelos sujeitos passivos revendedores em geral, incluindo por organizadores de vendas em leilão. Ainda assim, quando as vendas efectuadas por organizadores de vendas em leilão ocorram no âmbito de contratos de comissão de venda com os proprietários dos bens, o Regime Especial define algumas particularidades.

Todavia, nem todos os bens em segunda mão, objectos de arte ou de colecção e antiguidades transmitidos pelos referidos sujeitos passivos estão abrangidos pelo regime de tributação pela diferença entre o preço de venda e o preço de compra dos bens. Para que o regime de tributação pela margem de lucro seja aplicável é necessário que os bens tenham sido entregues a esses sujeitos passivos nas condições definidas no Regime Especial. Além disso, as regras contidas neste não se limitam a versar sobre o apuramento do valor tributável das transmissões de bens em referência, mas abarcam também aspectos relacionados com a incidência, isenções, direito à dedução, taxas do imposto e obrigações acessórias a cumprir pelos sujeitos passivos, bem como opções que estes podem exercer relativamente à adopção ou não do regime especial de tributação pela margem de lucro.

---

[541] A versão portuguesa da parte C do artigo 26.º-A da Sexta Directiva, imprecisamente, aludia a vendas em hasta pública, mas na Directiva do IVA a expressão foi corrigida, passando a mencionar-se vendas em leilão.

[542] Quanto aos artigos 326.º a 332.º da Directiva do IVA, inseridos no mesmo capítulo, tais disposições versam sobre a possibilidade de adopção de um regime transitório nas transmissões de meios de transporte em segunda mão, o qual não é aplicável em Portugal, por só respeitar à Dinamarca e aos Estados membros que, à data de 31 de Dezembro de 1992, tivessem em vigor um regime especial de tributação diferente do regime baseado na margem de lucro para as transmissões de veículos em segunda mão.

No presente capítulo procede-se a uma descrição dos regimes do IVA a que podem estar submetidas as transmissões de bens em segunda mão, objectos de arte, objectos de colecção e antiguidades, englobando os vários domínios acima focados, com particular enfoque nas regras que vêm previstas no Regime Especial.[543]

2. Fundamentos do regime especial de tributação

Em face do disposto no n.º 1 do artigo 16.º do CIVA, a determinação do montante do imposto devido em relação a cada operação tributável é feita, na maioria dos casos, com base no preço pago pelo adquirente dos bens ou dos serviços. Tal não sucede, porém, em relação a algumas transmissões de bens em segunda mão, de objectos de arte ou de colecção e de antiguidades, em que o cálculo do IVA incidente sobre essas transmissões tem por base a diferença entre o preço de venda e o preço de compra dos bens, nas circunstâncias definidas no Regime Especial.

Já na versão inicial da Sexta Directiva, por via do seu artigo 32.º, se previa que fosse adoptado, o mais tardar até 31 de Dezembro de 1977, um regime comum de tributação aplicável aos bens em segunda mão, aos objectos de arte ou de colecção e às antiguidades, o que durante muitos anos não foi possível devido a falta de consenso no Conselho Europeu, por parte dos Estados membros. Algum tempo antes da aprovação da Directiva 94/5/CE, através da Directiva 92/77/CEE, do Conselho, de 19 de Outubro de 1992, que alterou a Sexta Directiva em matéria de aproximação das taxas do IVA, o Conselho aceitara incluir também na redacção da alínea c) do n.º 3 do artigo 12.º da Sexta Directiva uma norma em que se comprometia a aprovar "disposições especiais aplicáveis aos bens em segunda mão, às obras

---

[543] Sobre a matéria pode ver-se também ARLINDO CORREIA, "O Regime Especial de IVA Aplicável aos Bens em Segunda Mão, Obras de Arte, Objectos de Colecção e Antiguidades", *Fiscália*, n.º 8, 1994, pp. 6-11; e CLOTILDE CELORICO PALMA, "O Regime Especial de Tributação em IVA dos Bens em Segunda Mão, Objectos de Arte, de Colecção e Antiguidades: Algumas Reflexões sobre o Decreto-Lei n.º 199/96, de 18 de Outubro", *Fisco*, n.º 82/83, Setembro-Outubro de 1997, pp. 31-42.

de arte, às antiguidades e aos objectos de colecção", embora tivesse estabelecido para si próprio a data limite de 31 de Dezembro de 1992, que não conseguiu cumprir.

A necessidade de criação de um regime de tributação pela margem veio justificada nos considerandos preambulares da Directiva 94/5/CE, neles se apresentando, em suma, os seguintes fundamentos:

– Nos termos do artigo 32.º da Sexta Directiva, o Conselho ficou incumbido de adoptar um regime comum de tributação aplicável no sector dos bens em segunda mão, objectos de arte, objectos de colecção e antiguidades;

– A situação até à data da aprovação da Directiva 94/5/CE, dada a falta de regulamentação comum sobre a matéria, continuava a caracterizar-se por regimes do IVA muito diferentes, que estavam na origem de distorções de concorrência e de desvios de tráfego, tanto no interior dos Estados membros como no comércio entre estes;

– Tais divergências originavam, igualmente, desigualdades entre os Estados membros na determinação dos recursos próprios da UE;

– O TJUE já em diversas decisões enunciara a necessidade de um certo grau de harmonização a fim de evitar a dupla tributação no comércio intracomunitário.[544]

Como o TJUE referiu no acórdão de 8 de Dezembro de 2005 (C-280/04, *Jyske Finans*, Colect. p. I-10683, n.º 32), resulta dos segundo, terceiro e quinto considerandos da Directiva 94/5/CE que o legislador da UE considerou conveniente realizar a harmonização dos diferentes regimes que os Estados membros até então vinham aplicando aos bens em segunda mão, aos objectos de arte ou de colecção e às antiguidades, tendo em vista evitar situações de dupla tributação e de distorção da concorrência, tanto no interior dos próprios Estados membros como nas relações entre eles. No acórdão de 3 de Março de 2011 (C-203/10, *Auto Nikolovi*, Colect. p. I-?, n.ºs 48 e 49), o TJUE voltou a enunciar a razão de ser da criação do regime especial de tributação, referindo que "*[t]ributar pela totalidade do seu preço*

---

[544] Tal sucedera, por exemplo, nos acórdãos de 10 de Julho de 1985 (16/84, Comissão/Países Baixos, Recueil p. 2355, n.ºs 14 a 18) e de 5 de Dezembro de 1989 (165/88, *ORO Amsterdam e o.*, Colect. p. 4081, n.ºs 22 e 23).

a entrega de um bem em segunda mão por um sujeito passivo revendedor, quando o preço a que este adquiriu esse bem inclui uma quantia de IVA paga a montante por uma pessoa que pertence a uma das categorias identificadas no artigo 314.º, alíneas a) a d), da referida directiva, e que nem essa pessoa nem o sujeito passivo revendedor puderam deduzir, implica, com efeito, uma dupla tributação". Ao invés, como ilustrou o TJUE, quando um sujeito passivo revendedor aliena bens que ele próprio importou, podendo deduzir o IVA devido por essa importação segundo as regras do regime geral de tributação, não existe nenhum risco de dupla tributação que possa justificar a aplicação do regime de tributação pela margem de lucro.

Actualmente, na Directiva do IVA, uma referência ao regime é feita no quinquagésimo primeiro parágrafo dos considerandos preambulares, nele se afirmando ser conveniente a existência, no âmbito da UE, de um regime comum de tributação aplicável no sector dos bens em segunda mão, objectos de arte, objectos de colecção e antiguidades, a fim de evitar a dupla tributação e as distorções de concorrência entre sujeitos passivos.

De forma igualmente sucinta, no preâmbulo do Decreto-Lei n.º 199/96, que aprovou o Regime Especial elucida-se que a finalidade do mesmo consiste em eliminar ou atenuar a dupla tributação ocasionada pela reentrada no circuito económico de bens que já tinham sido definitivamente tributados. Anteriormente, embora com um âmbito de aplicação não totalmente coincidente, a matéria vinha regulada no Decreto-Lei n.º 504-G/85, de 30 de Dezembro. O preâmbulo deste diploma explanava com detalhe a justificação do regime de tributação pela margem de lucro em detrimento do regime geral do IVA. Aí se refere que a eventual submissão ao regime geral significaria, em última análise, que os referidos bens seriam sujeitos a uma nova e integral tributação, sendo certo que os mesmos, em frequentes situações, já são oriundos de um estádio final de consumo. Este facto, ao ter inviabilizado que o IVA neles contido pudesse ter sido objecto de desoneração pelo consumidor final dos bens, conduz a que o preço da sua posterior revenda contenha uma parcela correspondente a imposto oculto. Nas referidas circunstâncias, se a reintrodução dos bens no circuito económico estivesse submetida ao regime geral do IVA, sendo sujeita ao imposto em relação à totalidade do preço de venda, tal implicaria um agravamento das condições de exploração dos operadores económicos e um possível incentivo à respectiva comercialização fora dos circuitos normais.

Assim, no sentido de obstar aos inconvenientes apontados, reputou-se mais adequado que os sujeitos passivos revendedores dos referidos bens possam determinar o valor tributável da respectiva transmissão através da diferença, devidamente justificada, entre a contraprestação obtida ou a obter do adquirente e o preço de compra dos bens.

3. Critérios interpretativos das normas do regime especial de tributação

Em relação aos regimes especiais de tributação previstos no sistema comum do IVA[545], incluindo o regime de tributação pela margem de bens em segunda mão, objectos de arte ou de colecção e antiguidades, o TJUE já emanou significativa jurisprudência em que se pronunciou sobre os critérios interpretativos a que recorrer, com vista a determinar o âmbito de aplicação desses regimes especiais.

No que mais directamente diz respeito ao regime especial aqui sob análise, o TJUE, por via do acórdão de 1 de Abril de 2004 (C-320/02, *Stenholmen*, Colect. p. I-3509, n.os 25 e 26), considerou que na delimitação do seu âmbito deve atender-se à intenção que esteve subjacente à criação do regime. Para tanto, o acórdão invocou especificamente o terceiro e o quinto considerandos da Directiva 94/5/CE, nos quais foi manifestada a intenção de obstar à ocorrência de uma dupla tri-

---

[545] Os restantes regimes especiais de tributação, que anteriormente vinham previstos no n.º 1 do artigo 24.º e nos artigos 25.º e 26.º-B da Sexta Directiva, são os seguintes: regimes simplificados de tributação de pequenas empresas (artigo 281.º da Directiva do IVA); regime optativo para produtores agrícolas (artigos 295.º a 305.º da Directiva do IVA); regime das agências de viagens (artigos 306.º a 310.º da Directiva do IVA); regime do ouro para investimento (artigos 344.º a 356.º da Directiva do IVA). Note-se que o regime especial para sujeitos passivos não estabelecidos que prestam serviços electrónicos a não sujeitos passivos – que anteriormente constava do artigo 26.º-C da Sexta Directiva e, neste momento, consta dos artigos 357.º a 369.º da Directiva do IVA – não se trata de um regime especial de tributação, mas de um regime simplificado de cumprimento de obrigações.

butação em IVA dos bens a que respeita o regime especial. Por esse motivo, acrescentou o TJUE, o respectivo âmbito de aplicação não tem de ser objecto de uma interpretação restritiva, na medida em que isso desvirtuaria a prossecução dos objectivos visados.

No acórdão de 8 de Dezembro de 2005 (C-280/04, *Jyske Finans*, Colect. p. I-10683, n.os 34 a 37) assinala-se que *"para determinar o alcance de uma disposição de direito comunitário, há que ter em conta ao mesmo tempo os seus termos, o seu contexto e os objectivos prosseguidos"*, embora, por constituir um regime especial derrogatório do regime geral, deva ser aplicado apenas na medida do necessário para alcançar o seu objectivo.[546] Idêntica acepção vem formulada no acórdão de 3 de Março de 2011 (C-203/10, *Auto Nikolovi*, Colect. p. I-?, n.os 41 e 46). Assim, a interpretação dos termos utilizados nas disposições referentes ao regime especial deve ser feita em conformidade com os objectivos prosseguidos pelo regime e respeitar as exigências do princípio da neutralidade fiscal inerente ao sistema comum de IVA. Acerca dos objectivos do regime especial, remeteu mais uma vez para o terceiro e o quinto considerandos da Directiva 94/5/CE, evidenciando a intenção legislativa de evitar situações de dupla tributação, bem como distorções de concorrência.

É de retirar a ilação, portanto, que a interpretação das disposições do regime especial de tributação não deve estar sujeita, à partida, a um critério particularmente estrito, ao contrário do que sucede, por exemplo, segundo a acepção do TJUE, com as normas que estabelecem as isenções do IVA. Tal diferença é facilmente entendível, porquanto os regimes especiais de tributação não representam uma derrogação ao objectivo do sistema comum do IVA de tributar a generalidade das operações decorrentes do exercício de actividades económicas. Na perspectiva da mencionada jurisprudência, tratando--se de um regime especial de tributação e não de um regime de isenção do IVA, a necessidade de recorrer sistematicamente a uma interpretação estrita das suas disposições perde acuidade, em favor de uma

---

[546] Em relação a este aspecto, a decisão em apreço remeteu para o que anteriormente fora dito, em relação a outros regimes especiais de tributação, nos acórdãos de 22 de Outubro de 1998 (C-308/96 e C-94/97, *Madgett e Baldwin*, Colect. p. I-6229, n.º 34) e de 15 de Julho de 2004 (C-321/02, *Harbs*, Colect. p. I-7101, n.º 27).

interpretação que procure descortinar as circunstâncias que justificam o regime especial e o móbil da sua criação.

Importa ressalvar, porém, que tal critério vale para a interpretação das disposições que definem o âmbito do regime especial de tributação pela margem de lucro, mas não é necessariamente extensível a todas as normas previstas no Regime Especial aprovado pelo Decreto-Lei n.º 199/96, já que este também lida ou se conjuga, entre outras, com disposições em matéria de isenções e de taxas reduzidas do IVA. Quanto às primeiras, há a referir, por exemplo, que no seu acórdão de 7 de Março de 2002 (C-169/00, Comissão/Finlândia, Colect. p. I-2433, n.ºs 33 a 37) o TJUE reiterou, quanto se trate de normas que definem as isenções, que as mesmas devem ser objecto de uma interpretação estrita, por significarem derrogações ao princípio geral de que o IVA é devido em relação a qualquer operação com carácter económico efectuada a título oneroso.[547] Nesse aresto esteve em causa saber se a Finlândia poderia isentar as transmissões e as importações de obras de arte efectuadas pelos próprios autores, bem como as primeiras transmissões dessas obras por parte de intermediários. Sobre o assunto, o TJUE considerou, dada a sua propensão para a obrigatoriedade de ser adoptada uma interpretação estrita, que a possibilidade atribuída à Finlândia de isentar os serviços prestados por autores e artistas não pode ser estendida às operações qualificadas como transmissões ou como importações de bens. Também em matéria de taxas reduzidas do IVA, o TJUE já evidenciou, em várias ocasiões, que as mesmas representam uma derrogação à regra geral de aplicação da taxa normal do imposto, pelo que as disposições que autorizam a aplicação de taxas reduzidas devem ser objecto de uma interpretação estrita.[548]

---

[547] Para tanto, deu como exemplo o que anteriormente afirmara nos seguintes acórdãos: de 15 de Junho de 1989 (348/87, *SUFA*, Colect. p. 1737, n.º 13); de 11 de Agosto de 1995 (C-453/93, *Bulthuis-Griffioen*, Colect. p. I-2341, n.º 19); de 7 de Setembro de 1999 (C-216/97, *Gregg*, Colect. p. I-4947, n.º 12); e de 18 de Janeiro de 2001 (C-150/99, *Stockholm Lindöpark*, Colect. p. I-493, n.º 25). Sobre a matéria, veja-se, supra, o n.º 4 da secção I deste capítulo IV.

[548] Cf., por exemplo, os seguintes acórdãos: de 18 de Janeiro de 2001 (C-83/99, Comissão/Espanha, Colect. p. I-445, n.ºs 18 e 19); de 18 de Março de 2010 (C-3/09, *Erotic Center*, Colect. p. I-2361, n.º 15); e de 17 de Junho de 2010 (C-492/08, Comissão/França, Colect. p. I-5471, n.º 35).

4. Conceitos relevantes

4.1. Bens em segunda mão

O conceito de "bens em segunda mão" vem delineado na alínea a) do artigo 2.º do Regime Especial, considerando-se como tal os bens móveis corpóreos susceptíveis de reutilização no estado em que se encontram ou após reparação. A circunstância de se tratar da própria definição de "bens em segunda mão" e a referência à sua "reutilização" pressupõe estar-se na presença de bens já objecto de anterior utilização, ou seja, de bens usados, embora não se afigure relevante o respectivo grau de utilização ou de desgaste. Por outro lado, havendo como pressuposto que os bens sejam revendidos no mesmo estado ou após reparação, parecer ser de afastar do conceito os casos em que os bens sejam objecto de uma renovação completa ou de uma transformação substancial.

Da definição de bens em segunda mão vêm expressamente excluídos os objectos de arte, os objectos de colecção e as antiguidades, tal como definidos no Regime Especial. Assim, se um determinado bem se subsumir nas definições de objecto de arte, de objecto de colecção ou de antiguidade, que adiante se descrevem, essa qualificação prevalece sobre a sua eventual qualidade de bem em segunda mão. Embora, em muitos aspectos, as regras do Regime Especial sejam comuns a uns e a outros, a distinta qualificação pode assumir relevância para efeitos de opção pela aplicação do regime da margem e de taxa do imposto a aplicar. Sem prejuízo dos demais requisitos previstos, a aplicação do regime de tributação pela margem aos objectos de arte ou de colecção e às antiguidades não depende de serem tidos por bens em segunda mão, bastando que a respectiva venda seja realizada por um sujeito passivo revendedor ou por um organizador de vendas em leilão.[549]

---

[549] Em face desta condição, é de concluir que o regime especial de tributação pela margem de lucro é insusceptível de aplicação, por exemplo, à venda feita pelo próprio autor de um objecto de arte, a qual segue o regime geral do IVA, muito embora tais transmissões sejam tributadas à taxa reduzida, de harmonia com o previsto na alínea b) do artigo 15.º do Regime Especial. Sobre a matéria, veja-se, *infra*, os n.os 8 e 9 desta secção II do capítulo VII.

Da definição de bens em segunda mão constante da alínea a) do artigo 2.º do Regime Especial excluem-se as pedras preciosas e os metais preciosos, não se entendendo como tais as moedas ou artefactos daqueles materiais.[550]

Além disso, por força do disposto no artigo 16.º do Regime Especial, quando estejam em causa transacções intracomunitárias de meios de transporte, excluem-se do conceito de bens em segunda mão os que devam ser qualificados como "meios de transporte novos", de acordo com os critérios que vêm definidos na alínea b) do n.º 1 e nos n.os 2 e 3 do artigo 6.º do Regime do IVA nas Transacções Intracomunitárias (RITI).[551]

Pela própria definição de bens em segunda mão prevista na alínea a) do artigo 2.º do Regime Especial, o regime da margem nunca se aplica às transmissões de bens imóveis, quando estas sejam objecto de tributação em resultado do exercício da opção concedida no n.º 5 do artigo 12.º do CIVA, regulamentada no Regime da renúncia à isenção do IVA nas operações relativas a bens imóveis, aprovado pelo Decreto-Lei n.º 21/2007, de 29 de Janeiro.

De acordo com a jurisprudência do TJUE, os animais vivos são considerados bens em segunda mão na acepção do regime especial de tributação pela margem, quando tiverem sido previamente adquiridos em conformidade com os pressupostos desse regime e sejam posteriormente revendidos, após terem sido adestrados, treinados ou preparados com vista a uma utilização específica.[552]

---

[550] Note-se, porém, em relação às moedas de ouro que preencham os requisitos estabelecidos na alínea b) do n.º 1 e n.os 2 a 4 do artigo 2.º do Regime especial aplicável ao ouro para investimento, aprovado pelo Decreto-Lei n.º 362/99, de 16 de Setembro, que o respectivo regime do IVA é o previsto nesse diploma.

[551] Tal significa que os meios de transporte em segunda mão, que sejam considerados novos segundo as regras do RITI, podem beneficiar do regime especial de tributação pela margem quando sejam revendidos no interior do mercado nacional, mas, se forem objecto de uma aquisição intracomunitária ou de uma transmissão para outro Estado membro, têm forçosamente de ser submetidos às regras previstas no RITI, não sendo aplicável o disposto no Regime Especial.

[552] Cf. acórdão de 1 de Abril de 2004 (C-320/02, *Stenholmen*, Colect. p. I-3509).

4.2. Objectos de arte

Nos termos da alínea b) do artigo 2.º do Regime Especial, conjugada com a parte A) do respectivo anexo, consideram-se "objectos de arte" os seguintes bens:

a) Quadros, colagens e peças similares, pinturas e desenhos

Incluem-se no conceito de objectos de arte, os quadros, colagens e peças similares, pinturas e desenhos, inteiramente executados à mão pelo artista.

Excluem-se do conceito de objectos de arte, os desenhos de arquitectos, engenheiros e outros desenhos industriais, comerciais, topográficos ou similares, os artigos manufacturados decorados à mão, as telas pintadas para cenários de teatro, fundos de estúdios ou utilizações análogas (código NC 9701).[553]

b) Gravuras, estampas e litografias originais

Incluem-se no conceito de objectos de arte, as gravuras, estampas e litografias originais, ou seja, as provas tiradas directamente a preto ou a cores em número não superior a duzentos exemplares, de uma ou várias chapas inteiramente executadas à mão pelo artista, independentemente da técnica ou do material utilizados, excluindo qualquer processo mecânico ou fotomecânico (código NC 9702 00 00).

c) Produções originais de estatuária ou de escultura

Incluem-se no conceito de objectos de arte, as produções originais de estatuária ou de escultura em qualquer material, desde que as produções sejam inteiramente executadas pelo artista. Incluem-se também as fundições de esculturas, de tiragem limitada a oito exem-

---

[553] O Regulamento (CEE) n.º 2658/87, do Conselho, de 23 de Julho de 1987, relativo à nomenclatura pautal e estatística e à pauta aduaneira comum, criou uma nomenclatura de mercadorias, denominada "Nomenclatura Combinada", aí abreviadamente designada também de "NC". Com mais alguns detalhes sobre a NC, veja-se, supra, a nota integrante do n.º 1 da secção IV do capítulo V.

plares e controlada pelo artista ou pelos seus sucessores (código NC 9703 00 00).[554]

d) Tapeçarias e têxteis para guarnições murais

Incluem-se no conceito de objectos de arte, as tapeçarias (código NC 5805 00 00) e têxteis para guarnições murais (código NC 6304 00 00), de confecção manual a partir de desenhos originais fornecidos por artistas, desde que não sejam confeccionados mais de oito exemplares de cada.

e) Cerâmica

Incluem-se no conceito de objectos de arte, os exemplares únicos de cerâmica, inteiramente executados à mão pelo artista e por ele assinados.

f) Esmaltes sobre cobre

Incluem-se no conceito de objectos de arte, os esmaltes sobre cobre, inteiramente executados à mão, limitados a oito exemplares numerados e assinados pelo artista ou pela oficina de arte.

---

[554] Conforme se elucida no n.º 3 do ofício-circulado n.º 7945, de 22 de Janeiro de 1997, da DSIVA, a condição de as obras de estatuária e de escultura serem inteiramente executadas à mão pelo artista, que consta da legislação interna portuguesa, não deve ser entendida no sentido de as obras poderem, única e exclusivamente, ser produzidas à mão sem o auxílio de qualquer instrumento. O alcance da referida expressão engloba estátuas ou esculturas que sejam totalmente executadas pelo artista independentemente dos instrumentos de que se socorre. Consideram-se como obras "inteiramente executadas à mão pelo artista" todas aquelas em que a respectiva intervenção manual é decisiva, revestindo a eventual utilização de máquinas um carácter meramente instrumental, não se autonomizando da intervenção do artista. O que se pretende excluir, portanto, são as obras objecto de produção industrial, em que a utilização de máquinas reveste um carácter essencial para a sua execução. Saliente-se, aliás, embora a referência a que as obras de estatuária e de escultura devem ser inteiramente executadas à mão esteja em conformidade com a versão portuguesa do anexo IX da Directiva do IVA (o que também já sucedia em relação ao anexo I da Sexta Directiva), tal condição não tem correspondência em muitas outras versões linguísticas, que apenas exigem que as obras sejam executadas integralmente pelos artistas. Assim sucede, por exemplo, com as versões espanhola, francesa, inglesa e italiana do anexo IX da Directiva do IVA, que se limitam a indicar, respectivamente, *"realizadas totalmente por el artista"*, *"exécutées entièrement par l'artiste"*, *"executed entirely by the artist"* e *"eseguite interamente dall'artista"*.

No entanto, excluem-se do conceito de objectos de arte os artigos de bijutaria, ourivesaria ou joalharia.

g) Fotografias

Incluem-se no conceito de objectos de arte, as fotografias realizadas pelo artista, tiradas por ele ou sob o seu controlo, assinadas e numeradas até ao limite de 30 exemplares, independentemente do respectivo formato ou suporte.

4.3. Objectos de colecção

Nos termos da alínea b) do artigo 2.º do Regime Especial, conjugada com a parte B) do respectivo anexo, consideram-se "objectos de colecção" os seguintes bens:

a) Filatelia

Incluem-se no conceito de objectos de colecção, os selos de correio, selos fiscais, carimbos postais, envelopes de primeiro dia, blocos postais e análogos, quando obliterados ou, quando não obliterados, que não estejam em circulação nem se destinem a ser postos em circulação (código NC 9704 00 00).

b) Colecções científicas

Incluem-se no conceito de objectos de colecção, as colecções e os espécimes para colecções de zoologia, botânica, mineralogia ou anatomia, ou que tenham interesse histórico, arqueológico, paleontológico, etnográfico ou numismático (código NC 9705 00 00).

4.4. Antiguidades

Nos termos da alínea b) do artigo 2.º do Regime Especial, conjugada com a parte C) do respectivo anexo, consideram-se "antiguidades" os bens com mais de cem anos (código NC 9706 00 00), com exclusão dos que sejam considerados objectos de arte ou objectos de colecção.

4.5. Sujeito passivo revendedor

4.5.1. *Conceito genérico*

Nos termos da alínea c) do artigo 2.º do Regime Especial, entende-se por "sujeito passivo revendedor" o sujeito passivo que, no âmbito da sua actividade, compra, afecta às necessidades da sua empresa ou importa, para revenda, bens em segunda mão, objectos de arte, objectos de colecção ou antiguidades.

Como explicita aquela alínea c), a definição abrange, não só os sujeitos passivos que actuem em nome próprio e por conta própria, isto é, que tenham efectivamente adquirido os bens usados com vista à respectiva revenda, mas também a compra ou a venda efectuadas em nome próprio mas por conta de outrem, isto é, no âmbito de um contrato de comissão de compra ou de venda celebrado com o adquirente ou com o proprietário dos bens.[555] Para tanto, a alínea c) do n.º 3 do artigo 3.º do CIVA determina que, tratando-se de uma comissão de venda, se considera comprador o comissário e, tratando-se de uma comissão de compra, considera-se comprador o comitente.[556]

---

[555] Note-se que a letra da alínea c) do artigo 2.º do Regime Especial indica "contrato de comissão de compra e venda", à semelhança do que vinha dito na versão portuguesa da Directiva 94/5/CE, que hoje consta da versão portuguesa da alínea 5) do n.º 1 do artigo 311.º da Directiva do IVA. No entanto, o correcto seria referir "contrato de comissão de compra ou de venda", como se confirma, por exemplo, através das versões espanhola, francesa e inglesa, que aludem, respectivamente a *"contrato de comisión en la compra o en la venta"*, *"contrat de commission à l'achat ou à la vente"* e *"contract under which commission is payable on purchase or sale"*. Aliás, a referência a "contrato de comissão de compra ou de venda" também constava expressamente da versão portuguesa da proposta inicial da Comissão Europeia, que mais tarde veio a dar origem à Directiva 94/5/CE [proposta integrante do documento COM (88) 846 final, de 11 de Janeiro de 1989, publicada no JO C 76, de 28 de Março de 1989, p. 10].

[556] O contrato de comissão vem regulado nos artigos 266.º a 277.º do Código Comercial. Nos termos do seu artigo 266.º, no contrato de comissão o mandatário (comissário) executa o mandato mercantil sem fazer qualquer menção ou alusão ao mandante (comitente), contratando por si e em seu nome, como principal e único contraente.

4.5.2. *Casos particulares de inserção no conceito*

Na apreciação que fez no acórdão de 8 de Dezembro de 2005 (C-280/04, *Jyske Finans*, Colect. p. I-10683, n.ᵒˢ 30 a 32), perante as divergências entre algumas versões linguísticas da correspondente norma do sistema comum do IVA, o TJUE analisou se a expressão "para revenda", constante da noção de sujeito passivo revendedor[557], diria apenas respeito ao verbo "importa" que imediatamente a precede. Acaso assim fosse, acrescentou, chegar-se-ia imediatamente à conclusão, em relação às operações de aquisição no mercado interno, que o sistema comum não exigiria que um sujeito passivo, para ser considerado "revendedor", tivesse o objectivo de revender o bem em segunda mão, no momento da respectiva aquisição. No entanto, entendeu o TJUE que interpretar a expressão "para revenda" como dizendo unicamente respeito aos bens previamente importados seria contrário ao objectivo global de pôr em prática um regime uniforme no âmbito dos bens em segunda mão, dos objectos de arte ou de colecção e das antiguidades, devendo, por conseguinte, considerar-se que a referida expressão diz igualmente respeito às operações de aquisição ou de afectação às necessidades da empresa, e não apenas às de importação.

Uma vez retirada esta ilação, o TJUE prosseguiu equacionando se, ao abranger os sujeitos passivos que compram bens em segunda mão para revenda, o regime especial visaria os sujeitos passivos que se limitem a efectuar, após a aquisição de veículos automóveis em estado de uso, uma mera intervenção de carácter essencialmente técnico com o objectivo de proceder directa e imediatamente à revenda de veículos. A acepção que vingou no acórdão *Jyske Finans* foi a de que não tem de ser necessariamente assim. Segundo a conclusão nele formulada, a noção de sujeito passivo revendedor inclui também aqueles que exerçam uma actividade de locação de veículos e que só mais tarde procedam à revenda destes, em que, portanto, a revenda não é, no momento da operação de aquisição do bem em segunda mão, o objec-

---

[557] Actualmente prevista na alínea 5) do n.º 1 do artigo 311.º da Directiva do IVA, correspondente à anterior alínea e) da parte A do artigo 26.º-A da Sexta Directiva.

tivo principal. Assim, é de qualificar como sujeito passivo revendedor uma empresa que, no exercício normal da sua actividade, revende os veículos que se encontram afectos à respectiva actividade de locação, quando essa empresa tiver adquirido os veículos em segunda mão nas circunstâncias exigidas pelo regime especial de tributação pela margem. Segundo salientou o TJUE, a qualificação como sujeito passivo revendedor não fica prejudicada pelo facto de as empresas locadoras, no momento em que adquirem os veículos em segunda mão, não terem como intuito principal vir mais tarde a proceder à respectiva revenda, sendo essa posterior revenda apenas um objectivo secundário, acessório da actividade de locação.

4.5.3. Relação com o conceito de «organizador de vendas em leilão»

Dada a opção exercida na legislação interna portuguesa, uma precisão que se afiguraria de contemplar na alínea c) do artigo 2.º do Regime Especial consistiria em aditar que a definição de sujeito passivo revendedor não inclui os organizadores de vendas em leilão, quando estes actuem em nome próprio e por conta de outrem, na execução de um contrato de comissão de venda. Com efeito, dadas algumas diferenças que se entendeu conveniente adoptar no Regime Especial entre os organizadores de vendas em leilão que actuem no âmbito dos referidos contratos e os sujeitos passivos qualificados como revendedores, tal precisão conteria também a virtualidade de clarificar que, ao invés, se um organizador de vendas em leilão actuar por conta própria, tendo ele mesmo adquirido a propriedade do bem que propõe para revenda em sistema de leilão, então esse leiloeiro assume a qualidade de sujeito passivo revendedor para efeitos das regras do Regime Especial.

Atente-se, aliás, que a definição de sujeito passivo revendedor, ao incluir também os sujeitos passivos que procedam à venda de bens em execução de um contrato de comissão, seria susceptível de abranger, em geral, aqueles que o fizessem no âmbito de uma venda em leilão. Daí que, quando se proceda à venda em nome próprio e por conta de outrem de bens em segunda mão, de objectos de arte ou de colecção e de antiguidades, se mostre relevante saber se essa venda é feita ou não no sistema de leilão, já que, em caso afirmativo, tal venda está submetida às regras que são aplicáveis às transmissões efectuadas por organizadores de vendas em leilão, e, em caso negativo, tal venda está submetida às regras que são aplicáveis às transmissões efectuadas por sujeitos passivos revendedores.[558]

4.6. Organizador de vendas em leilão

Em conformidade com a definição constante da alínea d) do artigo 2.º do Regime Especial, entende-se por "organizador de vendas em leilão" um sujeito passivo que, no âmbito da sua actividade económica, proponha a venda de um bem, em seu nome, mas por conta de um comitente, nos termos de um contrato de comissão de venda, com vista à adjudicação em leilão. À semelhança do que se enunciou antes a propósito da noção de sujeito passivo revendedor, no caso dos contratos de comissão o disposto na alínea c) do n.º 3 do artigo

---

[558] Esta diferenciação feita no Regime Especial, entre os sujeitos passivos revendedores e os organizadores de vendas em leilão que actuem em execução de contratos de comissão, representa o exercício na legislação interna portuguesa da faculdade concedida pelo sistema comum do IVA, que actualmente vem prevista no n.º 1 do artigo 333.º da Directiva do IVA (anterior proémio do n.º 1 da parte C do artigo 26.º-A da Sexta Directiva). A razão da possibilidade de diferenciação de regime – entre os organizadores de vendas em leilão e os demais "revendedores" que também actuem em execução de um contrato de comissão – não deixa de ser obscura, muito embora BEN J. M. TERRA e JULIE KAJUS (*A Guide to the European VAT Directive: Commentary on the Value Added Tax of the European Community*, vol. IV, Amsterdam: IBFD, 1993, *loose-leaf*, p. 148) procurem encontrar uma ténue justificação com o seguinte teor: «*The definition […] of a taxable dealer would include the above defined organizer of a sale by public auction. Thus, the margin scheme could be applied. In practice, however, the difference between sales by public auction and by a taxable dealer is that in the former case the relation between the organizer of the auction and his principal requires a settlement of accounts after the final sale has been effected.*» Os citados autores não concretizam, porém, em que é que essa especial exigência de um acerto final de contas se diferencia substancialmente do que é praticado por um sujeito passivo que não proceda à venda em sistema de leilão mas que também se encontre a actuar em nome próprio e por conta de outrem, tendo após a venda de proceder ao acerto de contas com o respectivo comitente, entregando a este a maquia correspondente à venda que realizou deduzida da comissão que cobra.

3.º do CIVA implica que, para efeitos deste imposto, se considere a ocorrência de uma transmissão de bens entre o comitente e o organizador de vendas em leilão, bem como de uma outra transmissão de bens entre este último e o comprador dos bens. Embora a alínea d) do artigo 2.º do Regime Especial não o inclua expressamente na definição em causa, a norma do sistema comum do IVA que lhe serve de base – contida na actual alínea c) do n.º 1 do artigo 311.º da Directiva do IVA e na anterior alínea f) da parte A do artigo 26.º-A da Sexta Directiva – adita que um organizador de vendas em leilão é o sujeito passivo que propõe a venda de bens em leilão com vista à sua adjudicação ao licitante que fizer o lance mais elevado.

A condição de se estar perante um sujeito passivo agindo como tal e, quanto mais não fosse, a de as vendas realizadas estarem submetidas ao regime dos contratos de comissão, afasta do conceito de organizador de vendas em leilão os tribunais e serviços da administração pública, quando, nomeadamente, realizem vendas judiciais e administrativas no âmbito de processos executivos, vendas em hasta pública de bens do Estado ou vendas de bens apreendidos pelas autoridades públicas. Tal acepção é confirmada pelo disposto na alínea g) do n.º 2 do artigo 16.º do CIVA, nos termos da qual o IVA a liquidar nas transmissões de bens resultantes de actos de arrematação e venda judicial ou administrativa tem por base o valor por que as arrematações ou vendas tenham sido efectuadas ou, quando for caso disso, o valor normal dos bens transmitidos.[559] Resulta dessa disposição, portanto, que o valor tributável das referidas operações é, por via de regra, o montante da contraprestação obtida ou a obter do adquirente, e não, em caso algum, a diferença entre o preço de venda e o preço de compra a que se refere a alínea f) do n.º 2 do mesmo artigo 16.º.[560]

---

[559] Note-se que, nestes casos, haver ou não lugar à aplicação do imposto em relação à transmissão dos bens depende do regime do IVA a que estiver submetido o anterior proprietário dos bens, assim como da eventual aplicabilidade ou não de certas isenções previstas no CIVA, nomeadamente as contidas nas alíneas 30) e 32) do seu artigo 9.º.

[560] Tal acepção parece decorrer, de igual modo, do decidido pelo STA no seu acórdão de 5 de Março de 1997 (processo n.º 21123), no qual, a dado passo, a propósito das vendas de bens em processo de execução fiscal, se afirma que "*quem vende*

Assim, no que concerne às vendas em leilão abrangidas pelo regime especial de tributação pela margem de lucro, afigura-se decorrer da mencionada disposição que estão apenas em causa as efectuadas em estabelecimentos de leilão, no exercício da actividade de realização de leilões em locais abertos ao público.[561]

Além disso, para que operem as particularidades que se encontram previstas no Regime Especial e que só digam respeito às vendas em leilão, é necessário, como se viu, que o organizador de vendas em leilão esteja a actuar no quadro de um contrato de comissão de venda. Por isso, quando a entidade organizadora do leilão não esteja a agir no quadro de um tal contrato, tendo, ela própria, adquirido a propriedade do bem que destine a revenda por sua própria conta, tal entidade é de qualificar, em relação a essa operação, como um sujeito passivo revendedor na acepção da alínea c) do artigo 2.º do Regime Especial, sendo-lhe aplicáveis as regras deste que dizem respeito aos

---

não é o executado nem o exequente mas o chefe da repartição de finanças agindo como órgão do Estado através de um acto de autoridade. Será porém tal circunstância impeditiva da referida tributação? Com efeito, o Estado, agindo embora como vendedor, não está a vender algo que lhe pertença. A propriedade do bem vendido não passa da titularidade do executado para o Estado e deste para o adquirente. O que realmente acontece é que o Estado, através do seu poder de autoridade, substitui-se ao executado para realizar a venda, mas transfere os direitos sobre o bem do executado para o adquirente sem que eles entrem na sua própria esfera jurídica (cfr. Artigo 824.º, n.º 1, do Código Civil). [...] Não revela pois que o Estado, agindo no uso de poderes de autoridade, seja ou não sujeito passivo de imposto, importando sim que o fosse o executado [...]. Mas a incidência do imposto no caso vertente surge mesmo reforçada pelo teor dos artigos 16.º, n.º 2, alínea g), e 27.º, n.º 4, do Código do Imposto sobre o Valor Acrescentado. Tais artigos contemplam expressamente as transmissões de bens por venda judicial que ficariam sem sentido se outro fosse o entendimento propugnado."

[561] O licenciamento do exercício da actividade de realização de leilões em locais abertos ao público é uma incumbência das câmaras municipais, nos termos da alínea f) do artigo 1.º e do artigo 41.º do Decreto-Lei n.º 310/2002, de 18 de Dezembro, não abrangendo, porém, como expressamente se indica no n.º 3 daquele artigo 41.º, os leilões realizados directamente por tribunais e serviços da administração pública, bem como pela Caixa Geral de Depósitos, em conformidade com a legislação aplicável. Em relação aos leilões realizados nos locais abrangidos pelas mencionadas disposições do Decreto-Lei n.º 310/2002, estabelece o n.º 1 do artigo 53.º do mesmo diploma que o regime do exercício da actividade deve ser objecto de regulamentação municipal.

sujeitos passivos revendedores. Este ponto de vista decorre da própria definição de sujeito passivo revendedor para efeitos do regime especial de tributação pela margem, no qual se subsumiriam, em princípio, todos os sujeitos passivos organizadores de vendas em leilão dos bens abrangidos pelo regime, quando alienam esses bens em seu próprio nome, independentemente de fazê-lo por conta própria ou por conta de outrem. Com efeito, como se viu, o conceito de sujeito passivo revendedor, delineado na alínea c) do artigo 2.º do Regime Especial, também abrange os transmitentes de bens em segunda mão, de objectos de arte ou de colecção e de antiguidades que se encontrem a agir em nome próprio e por conta de outrem, no âmbito de contratos de comissão. Por isso, os organizadores de vendas em leilão dos referidos bens, mesmo actuando em execução de contratos de comissão de venda por conta dos seus comitentes, estariam necessariamente abrangidos pelas regras que respeitam aos sujeitos passivos revendedores, sem necessidade de ter sido exercida a faculdade derrogatória actualmente prevista no artigo 333.º e seguintes da Directiva do IVA (anterior parte C do artigo 26.º-A da Sexta Directiva).[562] Acresce que,

---

[562] Com efeito, na parte C do artigo 26.º-A da Sexta Directiva, referente às especificidades susceptíveis de ser aplicadas aos organizadores de vendas em leilão que actuem em execução de contratos de comissão de venda, começava logo por afirmar-se, no seu n.º 1, que tal parte C constituía uma possibilidade de derrogação à parte B, esta última aplicável, de um modo geral, aos operadores enquadráveis no conceito de sujeito passivo revendedor. Na Directiva do IVA, porém, do artigo 333.º e seguintes, inseridos na secção 3 do capítulo 4, já não consta expressamente que essa secção 3 representa uma derrogação à subsecção 1 da secção 2 do capítulo 4. Mantém-se, todavia, a indicação de que as disposições constantes da referida secção 3 são de adopção facultativa pelos Estados membros. Aliás, no caso da legislação espanhola, por exemplo, a referida diferenciação de regimes não foi adoptada, afirmando-se, de modo expresso, relativamente à noção de sujeito passivo revendedor, que "*[t]ambién tiene la condición de revendedor el organizador de ventas en subasta pública de los bienes citados en el párrafo anterior, cuando actúe en nombre propio en virtud de un contrato de comisión de venta*" [parágrafo 5.º do n.º 1 do artigo 136.º da Lei do IVA (*Ley 37/1992, de 28 de diciembre*)]. Também na legislação francesa, pese embora a existência de uma norma clarificadora do modo de cálculo da margem por parte dos leiloeiros que actuem em nome próprio e por conta de outrem [parágrafo 2.º da parte I do artigo 297.º-A do *Côde Général des Impôts*], não parece que tenha sido adoptada qualquer diferenciação de regimes.

quando actuam no exercício de um contrato de comissão de venda, a regra de determinação do valor tributável pela margem de lucro a aplicar pelos organizadores de vendas em leilão não é, uma vez feitas as necessárias adaptações, diversa do modo de determinação do valor tributável pela margem de lucro dos demais sujeitos passivos revendedores, quando estes últimos estejam também a actuar em execução de um contrato de comissão de venda. Assim, a adopção na legislação interna portuguesa da faculdade actualmente conferida nos artigos 333.º e seguintes da Directiva do IVA, tem como principal consequência – a qual teria sido, porventura, prescindível pelo legislador nacional – não permitir aos organizadores de vendas em leilão, quando actuam em nome próprio mas por conta de outrem, exercer a opção pelo regime da margem consignada no n.º 2 do artigo 3.º do Regime Especial. Por outro lado, está-lhes inviabilizado exercer a opção pelo regime geral de tributação que vem prevista no n.º 1 do artigo 7.º do Regime Especial, em relação às suas vendas subsequentes às operações efectuadas nos termos do n.º 1 do artigo 9.º do Regime Especial.

No caso de o organizador de vendas em leilão não se encontrar a actuar por conta própria, nem em nome próprio e por conta de outrem, mas, sim, a actuar em nome e por conta de outrem, a transmissão dos bens dá-se directamente entre o seu anterior proprietário e o comprador, sendo a operação realizada pelo organizador de vendas em leilão qualificada como uma prestação de serviços para efeitos do IVA, sujeita a imposto de harmonia com o regime geral de tributação.

4.7. Comitente de um organizador de vendas em leilão

Nos termos da alínea e) do artigo 2.º do Regime Especial, "comitente de um organizador de vendas em leilão" é qualquer pessoa que entregue um bem a um organizador de vendas em leilão, nos termos de um contrato de comissão de venda, com vista à sua adjudicação em leilão.

5. Vendas realizadas por sujeitos passivos revendedores

5.1. Âmbito de aplicação

5.1.1. *Aspectos gerais*

As transmissões de bens em segunda mão, objectos de arte, objectos de colecção e antiguidades, efectuadas por sujeitos passivos revendedores, seguem as regras que vêm previstas nos artigos 3.º a 7.º do Regime Especial, bem como as disposições comuns com as vendas em leilão previstas nos seus artigos 1.º, 2.º, 8.º e 14.º a 20.º.

Nos termos do n.º 1 do artigo 3.º do Regime Especial, os sujeitos passivos revendedores aplicam o regime da margem se a aquisição dos bens, em Portugal ou noutro Estado membro da UE, tiver sido feita numa das seguintes circunstâncias:

– A uma pessoa que não seja sujeito passivo do IVA;

– A um sujeito passivo do IVA, desde que a transmissão feita por este tenha beneficiado de isenção, nos termos da alínea 32) do artigo 9.º[563] ou do artigo 53.º do CIVA, ou de disposições com idêntico conteúdo previstas na legislação interna do Estado membro onde tiver sido efectuada a transmissão, tendo por base, respectivamente, o artigo 136.º e os artigos 282.º a 292.º da Directiva do IVA;[564]

– A um sujeito passivo revendedor, desde que à transmissão feita por este tenha sido aplicado o regime especial de tributação pela margem de lucro, vigente em Portugal ou vigente no Estado membro onde tiver sido efectuada a transmissão.

As situações acabadas de descrever, susceptíveis de vir a proporcionar a aplicação do regime da margem na venda subsequente, reportam-se a transmissões de bens feitas pelos seus anteriores proprietá-

---

[563] O Regime Especial faz alusão ao n.º 33 do artigo 9.º do CIVA, mas trata-se de uma remissão desactualizada. A norma em causa consta actualmente da alínea 32) do artigo 9.º do CIVA, na sequência da republicação do CIVA pelo Decreto-Lei n.º 102/2008, de 20 de Junho (com Declaração de Rectificação n.º 44-A/2008, de 13 de Agosto).

[564] Na vigência da Sexta Directiva, tratava-se, respectivamente, da alínea c) da parte B do seu artigo 13.º, bem como dos n.ºs 2 e seguintes do seu artigo 24.º e do seu artigo 24.º-A.

rios aos sujeitos passivos revendedores que não dão lugar à menção de qualquer montante a título de IVA numa factura ou documento equivalente. Trata-se de prévias transmissões que estão, forçosamente, não sujeitas ou isentas do imposto, ou então que são objecto, elas próprias, de aplicação do regime especial de tributação, em que as correspondentes facturas também não podem discriminar o valor do IVA devido.[565] Daí que seja de retirar a ilação que, sempre que a factura respeitante à aquisição efectuada pelo sujeito passivo revendedor contenha, directa ou indirectamente, referência ao montante de IVA devido, a posterior transmissão dos bens pelo sujeito passivo revendedor não se encontra, em princípio, abrangida pelo regime de tributação pela margem.[566]

A inaplicabilidade deste regime especial de tributação no que concerne, por exemplo, a bens em segunda mão que sejam revendidos na sequência da respectiva importação a partir de um país terceiro vem confirmada no acórdão de 3 de Março de 2011 (C-203/10, *Auto Nikolovi*, Colect. p. I-?, n.os 40 a 53). Como o TJUE salientou no n.º 42 deste acórdão, decorre inequivocamente do disposto no artigo 314.º da Directiva do IVA que o regime especial só tem aplicação em determinados casos em que os bens revendidos tenham sido transmitidos ao sujeito passivo revendedor no próprio Estado membro ou no interior da UE.

Em situações em que um Estado membro não tenha transposto, completa e adequadamente, o âmbito de aplicação do regime especial de tributação pela margem, que vem previsto no artigo 314.º da Directiva do IVA, o TJUE considerou – por via do n.º 64 do referido acórdão *Auto Nikolovi* – que as regras decorrentes daquela disposição têm efeito directo, em virtude de o respectivo conteúdo se revelar incondicional e suficientemente preciso, o que *"permite a um particular invocá-las nos tribunais nacionais no âmbito de um litígio [...] que o oponha*

---

[565] A impossibilidade de discriminar o IVA devido vem estabelecida no n.º 1 do artigo 6.º do Regime Especial.

[566] Só assim não será quando o sujeito passivo revendedor, ao abrigo da possibilidade prevista no n.º 2 do artigo 3.º do Regime Especial, tenha optado pela aplicação do regime da margem, o que só poderá suceder em relação a objectos de arte, objectos de colecção ou antiguidades, nos casos expressamente previstos naquela disposição. Sobre a matéria, veja-se, *infra*, o n.º 5.2.2 da presente secção II do capítulo VII.

a uma autoridade tributária desse Estado, com o objectivo de afastar a aplicação de uma regulamentação nacional incompatível com essas disposições".[567]

5.1.2. Contratos de comissão

O regime de tributação pela margem é também aplicável quando a actuação do sujeito passivo revendedor ocorra por efeito de um contrato de comissão de compra ou de venda, celebrado entre aquele e o comprador dos bens ou entre aquele e o vendedor dos bens. No entanto, quando tal actuação em nome próprio e por conta de outrem, em execução de um contrato de comissão de venda, seja protagonizada por organizadores de vendas em leilão, o respectivo enquadramento segue as regras específicas aplicáveis a estes.

Nas situações em que o sujeito passivo revendedor (comissário) actue em nome próprio e por conta de um comitente, a legislação do IVA contém normas específicas em matéria de qualificação das operações. Embora, para efeitos do direito civil e comercial, não se verifique a transferência do direito de propriedade dos bens entre o comitente e o comissário ou entre comissário e comitente, a alínea c) do n.º 3 do artigo 3.º do CIVA considera assimilada a transmissão de bens a transferência dos bens entre eles, efectuadas em execução de um contrato de comissão.

Assim, no contrato de comissão de compra, considera-se que o sujeito passivo revendedor adquiriu os bens ao seu anterior proprietário e que seguidamente os transmitiu ao comitente. No contrato de comissão de venda considera-se que o sujeito passivo revendedor adquiriu os bens ao comitente e, por sua vez, os transmitiu ao comprador. Neste caso, de harmonia com o disposto no n.º 5 do artigo 7.º do CIVA, o facto tributário respeitante à primeira transmissão, ocorrida entre comitente e comissário, só se verifica no momento em que o sujeito passivo revendedor colocar os bens à disposição do comprador.

---

[567] Em sentido idêntico, uma vez que, por vicissitudes de natureza política, a transposição para o ordenamento interno das alterações decorrentes da Directiva 94/5/CE não fora feita atempadamente, o efeito directo do respectivo conteúdo, durante o período que mediou entre 1 de Janeiro de 1995 e a entrada em vigor do Decreto-Lei n.º 199/96, foi reconhecido pelo STA nos acórdãos de 11 de Maio de 2005 (processo n.º 26/05) e de 7 de Março de 2007 (processo n.º 647/06).

5.2. Opções dos sujeitos passivos revendedores

5.2.1. *Opção pelo regime geral de tributação*

Ainda que se verifiquem as condições de aplicação do regime especial de tributação pela margem, os sujeitos passivos revendedores podem, caso a caso, em relação às transmissões que efectuarem, optar pela aplicação do regime geral do IVA, liquidando o imposto com base no preço de venda, de harmonia com a possibilidade conferida no n.º 1 do artigo 7.º do Regime Especial.

Saliente-se, em contrapartida, que a aplicação das regras gerais do IVA é sempre obrigatória para os sujeitos passivos que não sejam considerados revendedores ou organizadores de vendas em leilão.

A aplicação do regime geral de tributação é também obrigatória para os sujeitos passivos revendedores que não tenham adquirido os bens numa das condições enumeradas no n.º 1 do artigo 3.º do Regime Especial, salvo nos casos especificamente previstos no n.º 2 desse artigo, que a seguir se descrevem.

5.2.2. *Opção pelo regime especial de tributação*

Ao abrigo do n.º 2 do artigo 3.º do Regime Especial, os sujeitos passivos revendedores podem optar por aplicar o regime de tributação pela margem às transmissões dos seguintes bens:
– Objectos de arte, objectos de colecção e antiguidades que eles próprios tenham importado;
– Objectos de arte que tenham sido adquiridos no interior da UE ao próprio autor, seus herdeiros ou legatários;
– Objectos de arte que tenham sido adquiridos a um sujeito passivo não revendedor, desde que a transmissão por parte deste tenha beneficiado da taxa reduzida prevista na alínea c) do artigo 15.º do Regime Especial;[568]

---

[568] A alínea c) do artigo 15.º do Regime Especial prevê a aplicação da taxa reduzida do IVA "*às transmissões de objectos de arte efectuadas ocasionalmente por um sujeito passivo não revendedor, se esses bens tiverem sido importados pelo próprio sujeito passivo, adquiridos ao seu autor, herdeiros ou legatários ou lhe tiverem conferido direito à dedução total*

– Objectos de arte que tenham sido adquiridos a um sujeito passivo não revendedor noutro Estado membro, desde que a correspondente aquisição intracomunitária dos bens efectuada pelo sujeito passivo revendedor tenha beneficiado da taxa reduzida prevista na alínea e) do artigo 15.º do Regime Especial.[569]

O direito de opção pela aplicação do regime especial de tributação, a que se refere o n.º 2 do artigo 3.º, está submetido às condições estabelecidas nos n.ᵒˢ 3 a 6 do mesmo artigo. Assim, quando exercido, o direito de opção abrange todas as operações previstas no n.º 2 do artigo 3.º do Regime Especial, devendo ser objecto de comunicação à administração tributário e produzindo efeitos imediatos. Uma vez feita a opção pelo regime especial, o sujeito passivo deverá manter-se enquadrado nesse regime, pelo menos, dois anos civis completos. Só decorrido esse período poderá regressar ao regime geral de tributação, em relação às referidas operações, após declaração nesse sentido dirigida à administração tributária, a qual será de apresentar durante o mês de Janeiro de um dos anos seguintes àquele em que se tiver completado o prazo de permanência mínimo no regime especial. Tal declaração produz efeitos a partir de 1 de Janeiro do ano da sua apresentação, podendo nessa altura ser exercido o direito à dedução do IVA respeitante aos bens adquiridos durante o período de permanência no regime especial de tributação e que ainda se encontrem na titularidade do sujeito passivo à data da alteração do regime de tributação.

---

do imposto aquando da sua aquisição". Sobre a matéria, veja-se, *infra*, o n.º 9 da presente secção II do capítulo VII.

[569] A alínea e) do artigo 15.º do Regime Especial prevê a aplicação da taxa reduzida do IVA às "*aquisições intracomunitárias de objectos de arte, efectuadas por um sujeito passivo revendedor, quando a transmissão correspondente pudesse ser sujeita a taxa reduzida, de acordo com as condições previstas na alínea c) deste artigo, caso tivesse ocorrido em território nacional*". Sobre a matéria, veja-se, *infra*, o n.º 9 da presente secção II do capítulo VII.

5.3. Valor tributável

5.3.1. *Determinação da margem de lucro*

Em relação a cada bem transmitido de acordo com as regras do regime especial de tributação, os sujeitos passivos revendedores devem apurar a diferença entre o preço de venda e o preço por que haviam adquirido esse bem.[570] O valor tributável e o montante correspondente ao IVA devido, referentes às operações submetidas ao regime especial, são determinados com base na margem de lucro obtida na transacção de cada bem.[571]

Note-se, porém, que a formulação constante do n.º 1 do artigo 4.º do Regime Especial não se afigura rigorosa na forma como ilustra o referido cálculo. Nele se diz que "*[o] valor tributável [...] é constituído pela diferença, devidamente justificada, entre a contraprestação obtida ou a obter do cliente, determinada nos termos do Artigo 16.º do Código do Imposto sobre o Valor Acrescentado, e o preço de compra dos mesmos bens, com inclusão do imposto sobre o valor acrescentado, caso este tenha sido liquidado e venha expresso na factura ou documento equivalente*". Do teor literal desta dispo-

---

[570] O artigo 312.º da Directiva do IVA contém definições mais pormenorizadas de "preço de venda" e de "preço de compra" do que a formulação constante da legislação interna, embora esta tenha necessariamente o mesmo conteúdo. Por "preço de venda", na definição da alínea 1) daquele artigo 312.º, entende-se "*tudo o que constitua a contraprestação obtida ou a obter pelo sujeito passivo revendedor do adquirente ou de um terceiro, incluindo as subvenções directamente ligadas à operação, os impostos, direitos, contribuições e taxas, as despesas acessórias, tais como despesas de comissão, embalagem, transporte e seguro cobradas pelo sujeito passivo revendedor ao adquirente, com exclusão dos montantes referidos no artigo 79.º [da Directiva do IVA]*". Por sua vez, por "preço de compra", na definição da alínea 2) do artigo 312.º da Directiva do IVA, entende-se "*tudo o que constitua a contraprestação definida [...] [na alínea] 1), obtida ou a obter do sujeito passivo revendedor pelo seu fornecedor*".

[571] O Regime Especial obriga a que o referido cálculo seja feito autonomamente em relação a cada bem, não estando os sujeitos passivos revendedores autorizados a aplicar um método de margem global, considerando como base tributável, em relação a cada período de imposto, a diferença global entre o valor das vendas e o valor das compras nesse período. O legislador português entendeu, assim, não exercer a faculdade que vinha concedida aos Estados membros no n.º 10 da parte B do artigo 26.º-A da Sexta Directiva, correspondente actualmente ao artigo 318.º da Directiva do IVA.

sição interna pareceria decorrer que o valor tributável corresponde ao valor total da margem de lucro, devendo o sujeito passivo revendedor proceder ao cálculo do IVA aplicando a taxa do imposto sobre essa margem de lucro. Não é essa, no entanto, a forma de determinação do valor tributável que vinha prevista no n.º 3 da parte B do artigo 26.º-A da Sexta Directiva e que consta hoje do artigo 315.º da Directiva do IVA. Com efeito, à semelhança do anterior primeiro período do n.º 3 da parte B do artigo 26.º-A da Sexta Directiva, o primeiro parágrafo do artigo 315.º da Directiva do IVA estabelece que "*[o] valor tributável das entregas de bens referidas no artigo 314.º é constituído pela margem de lucro realizada pelo sujeito passivo revendedor, deduzido o montante do IVA correspondente à própria margem*". Atente-se, portanto, que para apuramento do valor tributável deve ser "*deduzido o montante do IVA correspondente à própria margem*". Ora, isso significa que o IVA é calculado "por dentro" da margem de lucro, pelo que o valor tributável das transmissões em causa não é a margem de lucro, mas, sim, a margem de lucro menos o valor do IVA nela incluído e que é devido por essas mesmas transmissões.[572]

Em face da remissão genérica para o artigo 16.º do CIVA, no apuramento da parcela respeitante ao preço de venda inclui-se tudo o que constitua a contraprestação obtida ou a obter do adquirente ou de um terceiro pelo sujeito passivo revendedor, incluindo os elementos indicados no n.º 5 desse artigo 16.º, mas excluindo os enumerados no seu n.º 6.[573]

Em relação à parcela respeitante ao preço de compra, a mesma contempla tudo o que constituir a contraprestação que tiver sido paga, ou que irá ser paga, pelo sujeito passivo revendedor ao seu fornecedor,

---

[572] Aliás, a própria administração tributária interpreta assim, como resulta do exemplo de cálculo da base tributável e do respectivo imposto dado no trecho final do ofício-circulado n.º 30012, de 6 de Janeiro de 2000, da DSIVA. Com efeito, o exemplo constante das referidas instruções administrativas é do teor que seguidamente se reproduz (ao tempo, ainda com referência ao escudo e com a taxa do IVA de 17% então em vigor): Margem (c/ IVA incluído) = 1 700 000$00 (preço de venda – preço de compra); valor tributável = 1 700 000$00 x 100/117 = 1 452 991$00; IVA a pagar = 1 452 991$00 x 17% = 247 009$00.

[573] Sobre o disposto nos n.ºs 5 e 6 do artigo 16.º do CIVA, veja-se, supra, o n.º 1.1 da secção I do presente capítulo VII.

tomando em consideração também as inclusões e exclusões previstas nos n.ᵒˢ 5 e 6 do artigo 16.º do CIVA.[574] No trecho final do n.º 1 do artigo 4.º do Regime Especial, adita-se que o preço de compra do bem inclui o IVA que eventualmente tenha sido liquidado pelo respectivo fornecedor e que venha expresso na factura ou documento equivalente. Esta hipótese de constar da factura de compra a menção de um valor a título de IVA – o qual não é dedutível pelo sujeito passivo revendedor, nos termos do n.º 1 do artigo 5.º do Regime Especial – só é possível em relação aos objectos de arte, objectos de colecção ou antiguidades adquiridos nas condições previstas nas alíneas b) e c) do n.º 2 do artigo 3.º do Regime Especial. Nas situações enumeradas no n.º 1 do artigo 3.º do Regime Especial as facturas de compra não podem fazer alusão a quaisquer montantes de IVA.

Conforme esclarece o n.º 3 do artigo 4.º do Regime Especial, o referido cálculo é realizado individualmente em relação a cada bem. Assim uma eventual margem de lucro negativa na venda de um bem tem apenas por efeito não haver base tributável nem imposto devido em relação a essa transacção, não podendo tal margem negativa influenciar o valor tributável e o imposto devido em relação a outras transacções.

Em relação aos contratos de comissão de compra ou de venda, deve atender-se também ao disposto na alínea e) do n.º 2 do artigo 16.º do CIVA, com as necessárias adaptações. Nas transmissões entre o comitente e o comissário (comissão de venda), considera-se que o preço de compra é o preço de venda acordado pelo comissário diminuído do valor da comissão.[575] Nas transmissões entre o comissário e o comitente (comissão de compra), considera-se que o preço de venda

---

[574] Quanto ao alcance da expressão *"diferença, devidamente justificada"* – que constava do n.º 2 do artigo 1.º do Decreto-Lei n.º 504-G/85 (a qual consta agora do n.º 1 do artigo 4.º do Regime Especial) – para aludir à diferença dos valores de aquisição e de revenda mencionada naquelas normas, o STA, nos seus acórdãos de 7 de Outubro de 1998 (processo n.º 22801) e de 17 de Março de 1999 (processo n.º 23102), considerou que a citada expressão *"é compatível com a utilização de qualquer meio de prova para a sua determinação"*.

[575] Assim, por exemplo, se o comissário vender o bem por € 1000 e tiver direito a receber do seu comitente uma comissão de 10%, considera-se que o comissário adquiriu o bem do comitente por € 900, sendo a margem do comissário, para efeitos do regime especial de tributação, de € 100 (1000 – 900 = 100).

é o preço de compra acordado pelo comissário aumentado do valor da comissão.[576]

No caso de o sujeito passivo revendedor ter exercido a opção prevista no n.º 2 do artigo 3.º do Regime Especial, prevê o n.º 2 do seu artigo 4.º que o preço de compra dos objectos de arte, objectos de colecção ou antiguidades que tenham sido por ele importados corresponde ao valor tributável dessa importação, determinado nos termos do artigo 17.º do CIVA, acrescido do imposto devido ou pago pela importação dos bens.

Em relação ao valor a considerar como preço de compra dos objectos de arte, sempre que seja completamente impossível determinar qual foi esse preço, o n.º 4 do artigo 4.º do Regime Especial prevê que possa ser tido por preço de compra um montante correspondente a 50% do preço de venda.

5.3.2. *Exemplos de apuramento da base tributável e do imposto*

A partir da margem de lucro obtida nos termos do artigo 4.º do Regime Especial, os sujeitos passivos devem apurar a parcela que corresponde à base tributável da operação e a parcela respeitante ao IVA devido. O montante do IVA é, assim, considerado incluído no valor da margem de lucro, ou seja, o imposto deve ser calculado "por dentro" da margem de lucro obtida.

A título exemplificativo, admita-se as hipóteses que seguem.[577]

Um bem em segunda mão foi adquirido por um sujeito passivo revendedor a um sujeito passivo que aplicou na respectiva transmissão a isenção prevista na alínea 32) do artigo 9.º do CIVA. O sujeito passivo revendedor adquiriu o bem pelo preço de € 2000, tendo pro-

---

[576] Assim, por exemplo, se o comissário adquirir o bem por € 1000 e tiver direito a receber do seu comitente uma comissão de 10%, o valor da transmissão efectuada pelo comissário ao comitente é de € 1100, sendo a margem do comissário, para efeitos do regime especial de tributação, de € 100 (1100 – 1000 = 100).

[577] Em relação às vendas de viaturas em segunda mão, efectuadas na sequência da respectiva aquisição intracomunitária, veja-se a parte II do ofício-circulado n.º 30012, de 6 de Janeiro de 2000, da DSIVA, não obstante a necessidade, em relação ao exemplo dela constante, de levar em conta a actualização da unidade monetária e da taxa normal do IVA.

cedido à subsequente venda pelo preço de € 3000, pelo que a respectiva margem de lucro foi de € 1000. Para efeitos de cálculo do valor tributável da transmissão efectuada pelo sujeito passivo revendedor, segundo o método da margem, bem como do correspondente imposto, é de adoptar o procedimento que vem ilustrado no artigo 49.º do CIVA ou outro método que conduza a igual resultado. Assim, no pressuposto de que é aplicável a taxa do IVA de 23%[578], a base tributável é obtida através da divisão de € 1000 por 123, multiplicando-se o quociente obtido por 100, sendo o resultado arredondado por excesso ou por defeito para a unidade mais próxima. Daí resulta que o valor tributável da transmissão se cifra em € 813,01, a que corresponde IVA no montante de € 186,99.[579]

Partindo do exemplo acima prefigurado, pode suceder, ainda, que o sujeito passivo revendedor debite adicionalmente ao comprador despesas acessórias, por exemplo, despesas de embalamento no montante de € 100. Nesse caso, o preço da venda perfará € 3100, cifrando-se, portanto, a margem do sujeito passivo revendedor em € 1100. Nessa hipótese, se a taxa do IVA a aplicar for de 23%, o valor tributável da operação corresponderia a € 894,31 e o IVA devido pelo sujeito passivo revendedor seria de € 205,69.[580]

---

[578] A taxa normal foi fixada em 23% pela Lei n.º 55-A/2010, de 31 de Dezembro (Orçamento do Estado para 2011), em vigor a partir de 1 de Janeiro de 2011. De um modo geral, a taxa do IVA a aplicar é a decorrente das regras definidas no artigo 18.º do CIVA. Quando se trate de transmissões de objectos de arte, o artigo 15.º do Regime Especial enumera os casos passíveis de aplicação da taxa reduzida, não abrangendo, porém, as transmissões de objectos de arte por parte de sujeitos passivos revendedores. Sobre a matéria, veja-se, *infra*, o n.º 9 da presente secção II do capítulo VII.

[579] Considerando que as declarações periódicas de imposto prevêem a indicação de cêntimos do euro, fez-se o arredondamento, por excesso ou por defeito, para a unidade de cêntimos de euro.

[580] Note-se, porém, que o IVA respeitante aos custos com o embalamento, eventualmente suportado pelo sujeito passivo revendedor, poderá ser objecto de dedução, nos termos gerais do CIVA. Sobre a matéria, veja-se, *infra*, o n.º 5.4.2.1 da presente secção II do capítulo VII.

5.4. Dedução do IVA

5.4.1. *IVA não dedutível*

5.4.1.1. Sujeitos passivos revendedores

Em matéria de dedutibilidade do IVA versam o artigo 5.º e os n.ºs 2 e 3 do artigo 7.º do Regime Especial.

Em relação aos bens em segunda mão, aos objectos de arte ou de colecção e às antiguidades, adquiridos pelos sujeitos passivos revendedores nas circunstâncias previstas no n.º 1 do artigo 3.º do Regime Especial, a questão da dedução ou não do IVA por parte desses sujeitos passivos nem sequer se coloca. Com efeito, em face dos pressupostos contidos na mencionada disposição, as facturas ou documentos equivalentes que sejam passadas pelos transmitentes dos bens não podem conter referência a quaisquer montantes a título de IVA.

Ao invés, em relação às importações de objectos de arte ou de colecção e de antiguidades, assim como em relação às aquisições internas ou intracomunitárias de objectos de arte, que tenham sido efectuadas nas condições previstas no n.º 2 do artigo 3.º do Regime Especial, já é provável que o sujeito passivo revendedor tenha suportado um montante a título de IVA, mencionado nas respectivas facturas ou nos recibos que acompanham as declarações de importação. Todavia, quando o sujeito passivo revendedor, nos termos da mencionada disposição, tiver anteriormente decidido optar pela aplicação do regime da margem às subsequentes transmissões dos referidos bens, o n.º 3 do artigo 21.º do CIVA e o n.º 1 do artigo 5.º do Regime Especial impede-o, em princípio, de deduzir o IVA suportado na aquisição desses bens.[581]

---

[581] Diz-se "em princípio", porquanto, ainda assim, há que tomar em consideração o disposto no n.º 2 do artigo 7.º do Regime Especial, quando tiver lugar a opção casuística pelo regime geral de tributação prevista no n.º 1 desse artigo. Sobre a matéria, veja-se, *infra*, o n.º 5.4.2.1 desta secção II do capítulo VII. Além disso, sem prejuízo da referida opção casuística pela aplicação do regime geral de tributação, o sujeito passivo revendedor que aplique o regime especial de tributação por opção pode, ainda assim, deduzir o IVA que tenha suportado na aquisição dos bens, quando a respectiva revenda beneficie da isenção na exportação para fora da UE, nos termos do artigo 14.º do CIVA, conforme vem expressamente esclarecido no n.º 2 do artigo 8.º do Regime Especial.

5.4.1.2. Adquirentes de bens a sujeitos passivos revendedores

Quando um sujeito passivo revendedor tenha aplicado a uma transmissão de bens o regime de tributação pela margem, aquele não pode, na correspondente factura ou documento equivalente, proceder a uma discriminação de qualquer montante a título de IVA, conforme determina o n.º 1 do artigo 6.º do Regime Especial. Com efeito, o IVA devido pelos sujeitos passivos revendedores, em relação a transmissões abrangidas pelo regime especial, é calculado internamente por estes com base na margem de lucro obtida. Como vem clarificado no n.º 3 do artigo 5.º do Regime Especial, em nenhum caso esse montante de IVA pode ser deduzido pelo adquirente dos bens, ainda que os bens adquiridos sejam afectos por este a uma eventual actividade tributada que desenvolva.

5.4.2. *IVA dedutível*

5.4.2.1. Sujeitos passivos revendedores

A impossibilidade de dedução de qualquer montante de IVA, por parte dos sujeitos passivos revendedores, em relação aos bens por si adquiridos e que venham a transmitir de acordo com as regras do regime especial de tributação, não prejudica a dedução do IVA suportado nas restantes aquisições de bens e de serviços referentes ao exercício da sua actividade, de harmonia com as regras gerais em matéria de dedução previstas no CIVA. Como se esclarece no n.º 2 do artigo 5.º do Regime Especial, a possibilidade de deduzir o IVA nos termos acabados de referir estende-se ao imposto que tenha onerado a manutenção, a reparação ou os demais serviços relacionados com os bens submetidos ao regime de tributação pela margem.

Por força do disposto no n.º 2 do artigo 7.º do Regime Especial, a dedução do IVA pode ocorrer, porém, em relação às situações enumeradas no n.º 1 do seu artigo 5.º, quando o sujeito passivo revendedor tenha, caso a caso, optado pela aplicação do regime geral de tributação. Embora se trate de situações indicadas no n.º 2 do artigo 3.º do Regime Especial, em que a aplicabilidade do regime da margem decorreu de uma prévia e formal opção do sujeito passivo em relação à generalidade das operações indicadas nas alíneas a) a c) daquele artigo, cumpre salientar que essa opção generalizada pelo regime da margem, que deve ser mantida por um período mínimo de dois anos, não impede o sujeito passivo revendedor de, casuisticamente, em relação a cada transmissão de bens, poder decidir-se pela aplicação do regime geral do IVA, no exercício da opção que lhe é concedida no n.º 1 do artigo 7.º do Regime Especial.[582]

Se tal opção pelo regime geral de tributação vier a verificar-se, estipula o n.º 3 do artigo 7.º do Regime Especial que só no momento em que se torna exigível o IVA relativo à transmissão do bem é que nasce a possibilidade de dedução do IVA suportado na aquisição ou importação desse bem.[583]

---

[582] Embora se trate de uma situação *sui generis* – em que o sujeito passivo revendedor começa por exercer uma opção generalizada pelo regime da margem nos termos dos n.ºs 2 a 4 do artigo 3.º do Regime Especial, ficando autorizado a decidir-se, caso a caso, pela aplicação do regime geral de tributação –, a solução adoptada na legislação interna portuguesa era confirmada pelo disposto no primeiro parágrafo do n.º 11 da parte B do artigo 26.º-A da Sexta Directiva. O primeiro parágrafo do n.º 11, não se limitava a remeter para a possibilidade de opção pelo regime geral de tributação nos casos previstos no n.º 2 dessa parte B, mas também nos casos previstos no seu n.º 4. Sucede que esse n.º 4 da parte B do artigo 26.º-A da Sexta Directiva era o que permitia aos sujeitos passivos revendedores optarem por uma aplicação generalizada do regime especial nas transmissões de objectos de arte, de colecção ou antiguidades importados, assim como de objectos de arte previamente adquiridos com liquidação do IVA. Actualmente, a norma que corresponde ao primeiro parágrafo do referido n.º 11 vem contida no artigo 319.º da Directiva do IVA. Apesar de a redacção deste último não ser tão precisa quanto o era o primeiro parágrafo do n.º 11 da parte B do artigo 26.º-A da Sexta Directiva, o conteúdo do artigo 319.º da Directiva do IVA não deixa necessariamente de coincidir com o da disposição da Sexta Directiva que o precedeu. Esta acepção sai reforçada pelo afirmado no terceiro considerando do preâmbulo da Directiva do IVA e no seu artigo 412.º, pois só nos casos indicados neste último artigo é que é de admitir que a intenção legislativa tenha sido alterar o conteúdo do anteriormente disposto na Sexta Directiva.

[583] Embora o respectivo conteúdo já se deva considerar revogado por respeitar à vigência do Decreto-Lei n.º 504-G/85, de 30 de Dezembro, que anteriormente regulava a matéria, parece manter-se, *mutatis mutandis*, a consequência a que aludia o n.º 5.2 do ofício-circulado n.º 168668, de 8 de Novembro de 1991, da ex-DSCA, nos termos do qual, caso o sujeito passivo revendedor proceda a uma dedução antecipada do IVA, incorre no pagamento dos correspondentes juros compensatórios e na penalidade que ao caso couber.

Note-se, ao invés, que o direito à dedução pode ser imediatamente exercido em relação a bens em segunda mão importados, assim como em relação aos que forem adquiridos em condições que não permitam, em caso algum, a utilização do regime especial de tributação na subsequente revenda. Tal entendimento foi confirmado pelo TJUE através do acórdão de 3 de Março de 2011 (C-203/10, *Auto Nikolovi*, Colect. p. I-?, n.ºs 55 a 59). Como o TJUE salientou no n.º 56 deste acórdão, decorre inequivocamente do disposto no primeiro parágrafo do n.º 1 e no n.º 2 do artigo 320.º da Directiva do IVA que a derrogação à regra da dedução imediata do IVA suportado a montante aí prevista só é aplicável se o sujeito passivo revendedor poder optar pelo regime geral de tributação quando da revenda – o que sucede em relação às transmissões de objectos de arte ou de colecção e às antiguidades que ele próprio tenha importado. No entanto, tratando-se de bens em segunda mão importados, os sujeitos passivos revendedores nunca podem, na subsequente revenda, aplicar o regime especial de tributação, pelo que, estando obrigados à aplicação de regime geral de tributação, estão autorizados a exercer de imediato o direito à dedução do IVA pago pela importação dos bens.

5.4.2.2. Adquirentes de bens a sujeitos passivos revendedores

Quando o sujeito passivo revendedor tiver optado pelo regime geral do IVA, aplicando o imposto sobre o preço de venda e mencionando-o na correspondente factura ou documento equivalente, o sujeito passivo adquirente pode exercer a respectiva dedução, na medida em que afecte o bem a uma actividade que confira o direito à dedução do IVA, e desde que não se trate de imposto respeitante a um bem excluído do direito à dedução nos termos do artigo 21.º do CIVA.

5.5. Derrogações a regras de incidência e de isenção

Nos termos do n.º 1 do artigo 14.º do Regime Especial, não estão sujeitas a IVA as aquisições intracomunitárias ocorridas no território nacional, relativas a bens em segunda mão, objectos de arte, objectos de colecção ou antiguidades, quando o transmitente dos bens seja um sujeito passivo revendedor ou um organizador de vendas em leilão que tenha submetido a transmissão a idêntico regime especial de tributação pela margem de lucro vigente noutro Estado membro. Assim, se verificadas as referidas condições, não têm aplicação as regras de incidência do IVA nas aquisições intracomunitárias de bens efectuadas no território nacional previstas nas alínea a) e d) do artigo 1.º do RITI.

Ao invés, por força do n.º 2 do artigo 14.º do Regime Especial, se se tratar de transmissões intracomunitárias de bens efectuadas a partir do território nacional, respeitantes a bens em segunda mão, objectos de arte, objectos de colecção ou antiguidades, as mesmas estão sujeitas a efectiva tributação quando o sujeito passivo revendedor tenha aplicado o regime especial de tributação. Em tais situações não têm aplicação as isenções relativas a transmissões de bens com destino a outros Estados membros, a que se referem as alíneas a) e c) do artigo 14.º do RITI.[584] Note-se, porém, na eventualidade de o sujeito passivo revendedor exercer a opção pela aplicação do regime geral do IVA (de acordo com a possibilidade que lhe é dada no artigo 7.º do Regime Especial), que o procedimento a adoptar depende do estatuto face ao IVA do adquirente dos bens no Estado membro de destino. Nesse caso, se o adquirente dos bens for um sujeito passivo registado para efeitos do IVA noutro Estado membro e aí abrangido pelo regime de tributação das aquisições intracomunitárias de bens, o sujeito passivo revendedor poderá aplicar a isenção prevista na alínea a) do artigo 14.º do RITI. O mesmo sucede se o sujeito passivo revendedor, que tiver optado pela aplicação do regime geral de tributação, expedir ou transportar os bens para outro Estado membro para as necessidades da sua própria empresa, caso em que será aplicável a isenção prevista na alínea c) do artigo 14.º do RITI, desde que esse sujeito passivo também esteja registado para efeitos do IVA noutro Estado membro e aí abrangido pelo regime de tributação das aquisições intracomunitárias de bens. Em contrapartida, no caso de não se verificarem as condições de isenção previstas nas alíneas a) ou c) do artigo 14.º do RITI, deve o

---

[584] Já no que concerne a exportações de bens para fora do território da UE e operações assimiladas a exportações, não deixam de operar as isenções previstas no artigo 14.º do CIVA, como expressamente decorre do artigo 8.º do Regime Especial.

sujeito passivo revendedor, que tenha optado pela aplicação do regime geral de tributação, proceder à liquidação do IVA tendo por base o preço de venda do bem, e não apenas com base na margem de lucro.

Por seu turno, o n.º 3 do artigo 14.º do Regime Especial determina a não aplicação da regra de localização das transmissões de bens de carácter intracomunitário que vem prevista no artigo 10.º do RITI, relativa a vendas efectuadas a partir do território nacional com destino a não sujeitos passivos ou a sujeitos passivos isentos, sediados, estabelecidos ou domiciliados noutros Estados membros da UE. No artigo 10.º do RITI estabelece-se uma derrogação ao disposto nos n.ºs 1 e 2 do artigo 6.º do CIVA, ou seja, à regra geral de localização das transmissões de bens e à regra de localização das transmissões que precedam a importação dos bens. Uma vez verificadas as condições definidas no mencionado artigo do RITI, certas transmissões de bens não são de considerar efectuadas no território nacional, não obstante os bens se encontrarem no território nacional no momento em que se dá a respectiva transmissão ou serem objecto de uma venda precedendo a sua importação no território nacional.[585] No entanto, no caso de transmissões de bens em segunda mão, de objectos de arte ou de colecção e de antiguidades, com destino a outros Estados membros, impõe o n.º 3 do artigo 14.º do Regime Especial que a regra de localização das transmissões de bens prevista no artigo 10.º do RITI não tenha aplicação. Assim, quando estejam submetidas ao regime de tributação pela margem, são sempre consideradas efectuadas no território nacional, de harmonia com a regra de localização constante do n.º 1 do artigo 6.º do CIVA, as transmissões de bens em segunda mão, de objectos de arte, de objectos de colecção e de antiguidades quando esses bens se encontrem no território nacional no momento em que se iniciar a expedição ou transporte com destino ao adquirente ou, não havendo lugar a expedição ou transporte, quando os bens se encontrem no território nacional no momento em que forem postos à disposição do adquirente. Além destas, por efeito do n.º 2 do artigo 6.º do CIVA são consideradas efectuadas no território nacional as transmissões dos referidos bens efectuadas por importadores, assim

---

[585] Sobre a matéria, veja-se RUI LAIRES, *A Incidência...* cit., pp. 106-120.

como as eventuais transmissões subsequentes, quando tais transmissões ocorram antes da sua importação no território nacional e estejam submetidas ao regime especial de tributação pela margem de lucro.

5.6. Obrigações acessórias dos sujeitos passivos revendedores

Nos termos do n.º 1 do artigo 6.º do Regime Especial, as facturas ou documentos equivalentes emitidos pelos sujeitos passivos revendedores, relativamente a transmissões de bens em que tenham aplicado o regime de tributação pela margem, não podem fazer referência a qualquer montante a título de IVA, devendo conter a menção "*IVA – Bens em segunda mão*" ou "*IVA – Objectos de arte, de colecção ou antiguidades*", consoante o caso.[586]

Por outro lado, para efeitos de cumprimento das obrigações contabilísticas ou de escrituração que sobre eles impendem, o n.º 2 do artigo 6.º do Regime Especial estabelece a necessidade de os sujeitos passivos revendedores evidenciarem os elementos que permitam aferir dos pressupostos de aplicação do regime especial de tributação pela margem a que se refere o n.º 1 do artigo 3.º do Regime Especial, bem como, em caso de opção pelo referido regime, dos pressupostos indicados no n.º 2 do mesmo artigo 3.º. Além disso, também nos termos do n.º 2 do artigo 6.º do Regime Especial, os sujeitos passivos revendedores devem evidenciar os elementos necessários ao cálculo dos preços de compra e de venda dos bens transmitidos, para efeitos do apuramento do valor tributável definido no artigo 4.º do Regime Especial.

Em relação aos sujeitos passivos revendedores que apliquem, no exercício da respectiva actividade, quer o regime geral de tributação, quer o regime especial da margem de lucro, impõe o n.º 3 do artigo 6.º do Regime Especial que o registo das operações daqueles dois tipos seja feito separadamente.

---

[586] Quando ocorrer a transposição para o ordenamento interno da Directiva 2010/45/UE, do Conselho, de 13 de Julho de 2010, que alterou a Directiva do IVA em matéria de facturação, as referidas menções passam a ser "*Regime da margem de lucro – Bens em segunda mão*", "*Regime da margem de lucro – Objectos de arte*" ou "*Regime da margem de lucro – Objectos de colecção e antiguidades*", conforme nova redacção dada à alínea 14) do artigo 226.º da Directiva do IVA.

6. Vendas realizadas por organizadores de vendas em leilão[587]

6.1. Âmbito de aplicação

Com algumas particularidades, o regime especial de tributação pela margem de lucro é também aplicável nas vendas efectuadas em sistema de leilão, quando os leiloeiros actuem em nome próprio por conta de um comitente, de acordo com um contrato de comissão de vendas em leilão.[588] As transmissões de bens em segunda mão, objectos de arte, objectos de colecção e antiguidades, efectuadas pelos organizadores de vendas em leilão nas referidas circunstâncias, seguem as regras que vêm previstas nos artigos 9.º a 13.º do Regime Especial, bem como as disposições comuns com as transmissões efectuadas pelos sujeitos passivos revendedores previstas nos seus artigos 1.º, 2.º, 8.º e 14.º a 20.º.

Como se viu, o conceito de organizador de vendas em leilão delineado na alínea d) do artigo 2.º do Regime Especial, para efeitos das regras deste que digam exclusivamente respeito às vendas em leilão, exige que tal sujeito passivo se encontre a actuar no âmbito de um contrato de comissão de venda, ou seja, a transmitir os bens em nome próprio mas por conta de um seu comitente. Ao invés, quando um organizador de vendas em leilão tenha ele próprio adquirido os bens que propõe para venda – actuando, portanto, em seu próprio nome e por sua própria conta na venda de bens em segunda mão, de objectos de arte ou de colecção e de antiguidades – tal organizador de vendas em leilão subsume-se no conceito de sujeito passivo revendedor

---

[587] Este n.º 6 respeita aos organizadores de vendas em leilão quando actuem em nome próprio e por conta de outrem, em execução de um contrato de comissão de venda, por conta do proprietário dos bens, isto é, de um comitente. Assim, quando ao longo do mesmo se fizer simplesmente referência a organizadores de vendas em leilão, é pressuposto tratarem-se de sujeitos passivos que actuem nas mencionadas circunstâncias e que proponham a venda de um bem por conta do seu comitente com vista à respectiva adjudicação ao licitante que fizer o lance mais elevado.

[588] Em face do disposto na alínea c) do n.º 3 do artigo 3.º do CIVA, considera-se assimilada a transmissão de bens a transferência de bens entre o comitente e o organizador da venda em leilão, ocorrendo o facto tributário respeitante a essa transmissão no momento da realização da venda em leilão dos bens, como expressamente decorre do n.º 2 do artigo 9.º do Regime Especial.

formulado na alínea c) do artigo 2.º do Regime Especial, sendo-lhe aplicadas todas as regras que respeitam às operações efectuadas pelos sujeitos passivos qualificados como revendedores.

Para que o regime específico destinado aos organizadores de vendas em leilão seja aplicável, é necessário que os bens tenham sido adquiridos nas circunstâncias previstas no n.º 1 do artigo 9.º do Regime Especial. Tais circunstâncias, ainda assim, são em tudo idênticas às previstas no n.º 1 do artigo 3.º do Regime Especial, aplicáveis às vendas efectuadas pelos sujeitos passivos revendedores. Assim, no caso das vendas em leilão, para que o regime da margem específico dessas vendas seja aplicável, também é necessário que o comitente não seja um sujeito passivo do IVA. Ou, no caso de o comitente ser um sujeito passivo do imposto, é necessário que a operação assimilada a transmissão de bens, feita por aquele ao leiloeiro, possa beneficiar de isenção nos termos da alínea 32) do artigo 9.º ou do artigo 53.º do CIVA (ou de uma disposição com idêntico conteúdo prevista na legislação interna do Estado membro onde tiver sido efectuada a transmissão), ou que o comitente seja um sujeito passivo revendedor e a operação assimilada a transmissão de bens feita por este beneficie do regime de tributação pela margem (incluindo os regimes congéneres vigentes nos outros Estados membros).

Note-se que a letra do n.º 1 do artigo 9.º do Regime Especial não especifica que se devem tratar de bens em segunda mão, objectos de arte, objectos de colecção ou antiguidades, mas tal especificação decorre do próprio âmbito de aplicação definido no artigo 1.º do Regime Especial.

Em relação às vendas abrangidas pelo regime especial de tributação, este não concede aos organizadores de vendas em leilão, quando realizem as vendas em nome próprio mas por conta de outrem, a possibilidade de optarem pelo regime geral de tributação. Do mesmo modo, em relação às vendas submetidas ao regime geral de tributação, os organizadores de vendas em leilão não dispõem da possibilidade de optar pela aplicação das regras do regime especial da margem.

Se a transmissão for efectuada pelo leiloeiro em nome e por conta própria, isto é, se ele previamente tiver adquirido o direito de propriedade sobre os bens que transmite, pode ser-lhe aplicável as regras relativas aos sujeitos passivos revendedores que se descreveram supra, no n.º 5 desta secção II do capítulo VII.

No caso de o organizador de venda em leilão actuar em nome e por conta de outrem as operações efectuadas pelo leiloeiro ficam submetidas ao regime geral do IVA.[589] O mesmo sucede se o organizador de vendas em leilão, estando a actuar em nome próprio mas por conta de outrem, em execução de um contrato de comissão de venda, não realizar a respectiva venda numa das circunstâncias enumeradas no n.º 1 do artigo 9.º do Regime Especial.

6.2. Valor tributável

O valor tributável da venda em leilão corresponde, de um modo geral, ao valor da comissão recebida pelo leiloeiro. Em rigor, o valor da operação corresponde à diferença entre o preço total da venda e o valor que o comitente irá receber do leiloeiro. A partir do apuramento da referida diferença, o leiloeiro calculará o montante do IVA nela incluído, ou seja, calculará "por dentro" o IVA devido pela transmissão de bens que efectuou.

A título de exemplo, considere-se as situações que seguem.[590]

Numa venda em sistema de leilão, em que o leiloeiro actuou em nome próprio e por conta do proprietário de um objecto de arte, este veio a ser adjudicado ao comprador por € 1000. Na eventualidade de a comissão do leiloeiro, a pagar pelo comitente (ou seja, pelo anterior titular dos bens), ser de 15%, então o valor a entregar pelo primeiro ao segundo será de € 850. O valor da transmissão do objecto de arte, na pessoa do leiloeiro, corresponderá, assim, a € 150. Como o leiloeiro está autorizado a considerar que essa importância já inclui o montante correspondente ao IVA devido pela referida operação, cabe-lhe determinar a parcela desses € 150 que corresponde ao valor tributável

---

[589] Note-se que no primeiro caso, ou seja, quando os leiloeiros actuam em nome e por conta de outrem, as operações que estes realizam são qualificadas como prestações de serviços para efeitos do IVA, por não ter aplicação o disposto na alínea c) do n.º 3 do artigo 3.º do CIVA.

[590] Outros exemplos de determinação do valor tributável nas transmissões de bens efectuadas por organizadores de vendas em leilão podem encontrar-se no ofício-circulado n.º 98567, de 24 de Outubro de 1996, da DSIVA, havendo, porém, que tomar em consideração as taxas do IVA que estão actualmente em vigor.

da operação e a parcela desses € 150 respeitante ao IVA devido à taxa de 23%.[591] Recorrendo ao método ilustrado no artigo 49.º do CIVA, o apuramento da base tributável é obtido através da divisão de € 150 por 123, multiplicando-se o quociente por 100, sendo o resultado arredondado por excesso ou por defeito para a unidade de cêntimos de euro mais próxima. Assim, no exemplo prefigurado, o valor tributável da transmissão de bens efectuada pelo organizador de vendas em leilão seria de € 121,95 e o IVA a entregar ao Estado seria de € 28,05.

Admita-se, seguidamente, a partir dos dados do exemplo anterior, que o preço total da venda cobrado pelo leiloeiro ao comprador iria contemplar também os encargos com o transporte da obra de arte efectuado por conta do leiloeiro, sendo esse preço total de € 1100, correspondentes aos € 1000 do valor de adjudicação adicionado dos custos de transporte no montante de € 100. Admitindo à mesma uma comissão de 15% sobre o valor de adjudicação, significa que o montante a entregar pelo leiloeiro ao comitente continuou a ser de € 850. Assim, uma vez que os encargos com transportes por conta do vendedor fazem parte da base de tributação das transmissões de bens, o valor relevante para efeitos de cálculo do IVA devido pelo leiloeiro é de € 250. Como se viu acima, o leiloeiro está autorizado a considerar que essa importância já inclui o montante correspondente ao IVA devido pela referida operação. Assim, cabe-lhe determinar a parcela daqueles € 250 que corresponde ao valor tributável e a que corresponde ao IVA devido à taxa de 23%, utilizando, para tanto, o procedimento de cálculo que vem ilustrado no artigo 49.º do CIVA, pelo que a base tributável obtida é € 203,25 e o respectivo IVA é € 46,75.[592]

---

[591] De um modo geral, a taxa do IVA a aplicar é a decorrente das regras definidas no artigo 18.º do CIVA. Quando se trate de transmissões de objectos de arte, o artigo 15.º do Regime Especial enumera os casos passíveis de aplicação da taxa reduzida, não abrangendo, porém, as transmissões de objectos de arte por parte de organizadores de vendas em leilão. Sobre a matéria, veja-se, *infra*, o n.º 9 desta secção II do capítulo VII.

[592] Relativamente aos custos de transporte em que incorreu o leiloeiro, o IVA a eles respeitante pode ser objecto de dedução pelo próprio, nos termos gerais do CIVA, atendendo ao disposto no n.º 2 do artigo 5.º do Regime Especial. Sobre a matéria, veja-se, *infra*, o n.º 6.3.1 da presente secção II do capítulo VII.

6.3. Dedução do IVA

6.3.1. *Organizadores de vendas em leilão*

Em relação aos bens em segunda mão, aos objectos de arte ou de colecção e às antiguidades, considerados transmitidos pelos comitentes para os organizadores de vendas em leilão, estes últimos não dispõem da possibilidade de exercer o direito à dedução de quaisquer montantes a título de IVA. Tal resulta dos próprios pressupostos de aplicação do regime da margem na subsequente venda efectuada pelos leiloeiros, previstos no n.º 1 do artigo 9.º do Regime Especial, já que tais pressupostos implicam que não haja aplicação ou discriminação do IVA em relação às entregas feitas pelos comitentes aos organizadores de vendas em leilão. Aliás, contrariamente ao que sucede com os sujeitos passivos revendedores, os organizadores de vendas em leilão (quando agem em nome próprio e por conta de outrem) não dispõem da possibilidade de opção pela aplicação do regime da margem, congénere daquela que vem conferida no n.º 2 do artigo 3.º do Regime Especial, pelo que não há nenhum caso em que as transferências de bens dos comitentes para os leiloeiros impliquem a aplicação ou a discriminação do IVA por parte dos comitentes. Acresce, em relação às transmissões em que os organizadores de vendas em leilão, nas referidas circunstâncias, devam aplicar o regime especial de tributação pela margem, que a estes sujeitos passivos também não é aplicável a opção pelo regime geral de tributação a que se reporta o artigo 7.º do Regime Especial, pelo que, em caso algum, beneficiariam da possibilidade de dedução de quaisquer montantes a título de IVA em relação aos bens transmitidos.[593]

---

[593] Quando a transmissão efectuada pelo organizador de vendas em leilão seja abrangida pelo regime especial de tributação e consista numa exportação de bens para fora da UE, não deixam de poder ser aplicáveis as isenções previstas no artigo 14.º do CIVA, como expressamente vem esclarecido na disposição comum contida no n.º 1 do artigo 8.º do Regime Especial. Saliente-se, porém, em relação ao n.º 2 deste artigo 8.º, em matéria de direito à dedução, que o mesmo não tem aplicação prática no caso de organizadores de vendas em leilão, quando estes actuam em execução de um contrato de comissão.

A impossibilidade de dedução de qualquer montante a título de IVA, por parte dos organizadores de vendas em leilão, em relação às operações assimiladas a transmissão de bens que lhes são feitas pelos comitentes, não prejudica a dedução pelos leiloeiros do IVA suportado nas restantes aquisições de bens e de serviços necessárias ao exercício da sua actividade, de harmonia com as regras gerais em matéria de dedução previstas no CIVA. Além disso, como se refere no n.º 2 do artigo 5.º do Regime Especial, a possibilidade de deduzir o IVA nos termos acabados de referir estende-se ao imposto, eventualmente suportado pelo leiloeiro, que tenha onerado a manutenção, a reparação ou os demais serviços relacionados com os bens submetidos ao regime de tributação pela margem.

6.3.2. *Adquirentes de bens a organizadores de vendas em leilão*

Quando os organizadores de vendas em leilão aplicam o regime de tributação pela margem, os mesmos não podem, nas correspondentes facturas dirigidas aos adquirentes dos bens, proceder a qualquer tipo de discriminação de montantes de IVA liquidados, conforme determina o n.º 2 do artigo 12.º do Regime Especial. Como se viu, o IVA devido pelas transmissões de bens efectuadas pelos organizadores de vendas em leilão é calculado internamente por estes com base na margem de lucro obtida. Em face disso, embora o n.º 3 do artigo 5.º do Regime Especial se limite a fazer alusão à impossibilidade de dedução do IVA por parte dos sujeitos passivos que adquirem os bens a revendedores, tal impossibilidade de dedução abrange necessariamente o IVA relativo a bens adquiridos a organizadores de vendas em leilão.

6.4. Derrogações a regras de incidência e de isenção (remissão)

Em matéria de derrogações a regras de incidência e de isenção do IVA, quando estejam em causa transacções intracomunitárias de bens em segunda mão, objectos de arte, objectos de colecção ou antiguidades, efectuadas por sujeitos passivos revendedores ou por organizadores de vendas em leilão, submetidas ao regime especial de tributação pela margem de lucro (incluindo os regimes congéneres vigentes nos outros Estados membros), rege o artigo 14.º do Regime Especial, a que se fez alusão mais detalhada supra, no n.º 5.5. desta secção II do capítulo VII.

6.5. Obrigações acessórias dos organizadores de vendas em leilão

Nos termos do n.º 1 do artigo 12.º deste Regime Especial, os organizadores de vendas em leilão, para efeitos do cumprimento das obrigações de facturação previstas na alínea b) do n.º 1 do artigo 29.º e no artigo 36.º do CIVA, devem emitir por cada venda uma factura onde conste o valor de adjudicação, o valor de outros impostos, direitos, contribuições e taxas que eventualmente incidam sobre a operação em causa, bem como as despesas acessórias que sejam cobradas ao cliente, por exemplo, as relativas a comissão, embalagem, transporte ou seguro. Como se estabelece no n.º 2 do mesmo artigo 12.º, a factura deve mencionar a expressão "*IVA – Regime especial de venda de bens em leilão*", não podendo, no entanto, conter discriminação do valor do IVA incidente sobre a transmissão de bens.

Complementarmente, em conformidade com os n.ºs 3 e 4 do artigo 12.º do Regime Especial, o organizador de vendas em leilão deve munir o comitente de um documento por si elaborado em que conste a identificação do comitente, bem como o preço da adjudicação diminuído do montante da comissão. Segundo resulta da parte final do n.º 4 daquele artigo 12.º, tal documento a passar pelo leiloeiro ao comitente – que as disposições internas e da UE designam de "relatório" – substitui a factura que o comitente, no caso de ser também um sujeito passivo do IVA, estaria obrigado a passar ao leiloeiro. Do teor desta disposição, parece resultar que o comitente, ainda que se trate de um sujeito passivo do IVA agindo como tal, se encontra dispensado da emissão de factura pela operação assimilada a transmissão bens que efectua ao leiloeiro, nos termos da alínea c) do n.º 3 do artigo 3.º do CIVA. Embora de duvidosa razão de ser, tal dispensa não assume directa relevância em matéria de controlo do imposto, uma vez que a submissão ao regime da margem, em face das condições previstas no n.º 1 do artigo 9.º do Regime Especial, tem como pressuposto que a realização da operação assimilada a transmissão de bens, por parte do comitente, não dê lugar à menção em separado de qualquer montante a título de IVA. Com efeito, para que o organizador de vendas em leilão possa aplicar o regime especial, é exigido que a operação assimilada a transmissão efectuada pelo comitente seja isenta do IVA ou que seja, ela própria, submetida ao regime especial, não dando, portanto, lugar a qualquer referência expressa ao IVA na factura que o comitente, em conformidade com as regras gerais do imposto, deveria emitir. Ainda assim, tal não significa que as operações assimiladas a transmissão de bens, protagonizadas pelos sujeitos passivos comitentes, não dêem lugar a outras obrigações acessórias na pessoa destes, como seja a necessidade de uma adequada relevação contabilística de tais operações. Ora, os programas informáticos de facturação e de contabilização, que os sujeitos passivos frequentemente dispõem, conduzi-los-ão quase sempre à necessidade de emitirem facturas que documentem as operações assimiladas a transmissão de bens que efectuem aos organizadores de venda em leilão, ou, no mínimo, que processem informaticamente um documento interno com vista à exigível relevação contabilística de tais operações.

Por seu turno, os organizadores de vendas em leilão, para efeitos de cumprimento das obrigações contabilísticas ou de escrituração que sobre si recaem, devem registar em contas de terceiros os montantes recebidos ou a receber dos adquirentes dos bens, bem como os valores pagos ou a pagar aos comitentes, de harmonia com o determinado no artigo 13.º do Regime Especial.[594]

7. Vendas realizadas por outros sujeitos passivos

Como se referiu acima, as vendas efectuadas por sujeitos passivos revendedores e por organizadores de vendas em leilão, em relação às

---

[594] Referência às obrigações acessórias a cumprir pelos organizadores de vendas em leilão pode encontrar-se também no ofício-circulado n.º 98567, de 24 de Outubro de 1996, da DSIVA.

quais não seja aplicável o sistema de tributação pela margem de lucro, ficam submetidas ao regime geral do IVA.

Em relação aos restantes sujeitos passivos que não se subsumam nos conceitos de sujeito passivo revendedor ou de organizador de vendas em leilão, de harmonia com as definições constantes das alíneas c) e d) do artigo 2.º do Regime Especial, o regime de tributação pela margem de lucro nunca é aplicável, ficando as respectivas transmissões de bens em segunda mão, de objectos de arte, de objectos de colecção ou de antiguidades abrangidas pelo regime geral do IVA.

Como já foi enunciado antes, a inclusão no regime geral de tributação estende-se às transmissões de objectos de arte efectuadas pelos próprios autores, assim como pelos herdeiros ou legatários daqueles, quando estes sucessores sejam considerados sujeitos passivos do imposto nos termos da alínea a) do n.º 1 do artigo 2.º do CIVA.

8. Venda de objectos de arte pelos autores ou pelos seus sucessores

A partir da adopção da Directiva 94/5/CE, Portugal já não pôde mais isentar as transmissões e as importações de objectos de arte, por parte do autor, seus herdeiros ou legatários, a que inicialmente se referiam o n.º 19 do artigo 9.º e a alínea i) do n.º 1 do artigo 13.º do CIVA, pelo que estas disposições tiveram de ser revogadas pelo Decreto-Lei n.º 199/96, que aprovou o Regime Especial.

A inaplicabilidade da isenção, ainda que o transmitente seja o próprio autor das obras de arte ou um seu sucessor, foi confirmada no acórdão do TJUE de 7 de Março de 2002 (C-169/00, Comissão/Finlândia, Colect. p. I-2433). Neste aresto esteve em causa a isenção do IVA prevista na legislação interna finlandesa aplicada às transmissões de obras de arte, quando realizadas directamente pelo autor ou por intermédio de um seu agente, bem como às importações dessas obras por parte do autor quando este era proprietário das mesmas. Muito embora a Finlândia, nos termos de uma disposição do respectivo Acto de Adesão, actualmente vertida no n.º 2 do artigo 379.º da Directiva do IVA, possa continuar a isentar os serviços prestados por autores, intérpretes e executantes de obras de arte referidos na alínea

2) da parte B do seu anexo X[595], tal possibilidade de isenção, como foi confirmado pelo TJUE, respeita apenas a operações qualificadas como prestações de serviços, não podendo abranger as transmissões e as importações de obras de arte.

Desse modo, a possibilidade que também foi dada a Portugal no respectivo Acto de Adesão, e que actualmente vem vertida no artigo 377.º da Directiva do IVA conjugado com a alínea 2) da parte B do seu anexo X, apenas lhe concede a oportunidade de isentar as *"[p]restações de serviços dos autores, artistas, intérpretes ou executantes de obras de arte"*, como aí se refere, e não as operações qualificadas como transmissões ou importações de bens efectuadas por aqueles.

Assim, de um modo geral, as transmissões de objectos de arte pelo próprio autor, ou pelos herdeiros ou legatários daquele, configuram-se como transmissões de bens abrangidas pelo âmbito de incidência do IVA e não isentas do imposto.

No caso de herdeiros ou legatários de obras de arte, que procedam à venda de tais obras, afigura-se, porém, que a ocorrência de tributação exige, antes do mais, que tal operação esteja inserida no âmbito da incidência subjectiva do IVA. Para tanto a alínea a) do n.º 1 do artigo 2.º do CIVA considera sujeito passivo do imposto as pessoas singulares ou colectivas que exerçam uma actividade económica de modo independente, quer com carácter de habitualidade, quer a título ocasional. Note-se que a mencionada disposição do CIVA tem por base actual os artigos 9.º e o proémio do n.º 1 do artigo 12.º da Directiva do IVA.[596] Em relação ao conceito de "actividade económica", a que alude o segundo parágrafo do n.º 1 do artigo 9.º da Directiva do IVA, já foi várias vezes assinalado pelo TJUE que o mesmo confere ao IVA um âmbito de aplicação bastante lato, uma vez que abrange todas as actividades de produção, de comercialização de bens ou de prestação de serviços, incluindo as actividades que envolvam a exploração de um bem corpóreo ou incorpóreo com o fim de auferir receitas com carácter de permanência, seja qual for o fim ou o resultado dessa acti-

---

[595] Era anteriormente o n.º 2 do Anexo F da Sexta Directiva, por remissão da alínea b) do n.º 3 do seu artigo 28.º.

[596] Correspondentes aos anteriores n.os 1 a 3 do artigo 4.º da Sexta Directiva.

vidade.[597] Apesar disso, afiguram-se estar fora do âmbito de incidência do IVA os casos em que, pura e simplesmente, ocorra a venda de obras de arte que se tenham integrado no património pessoal do alienante por via de herança ou legado, sem que tais vendas resultem de uma congregação de meios empresariais ou profissionais destinada a proceder à comercialização das obras.

Em contrapartida, no caso das vendas efectuadas pelos próprios autores, sejam realizadas ou não com carácter de habitualidade, já o elemento subjectivo da incidência parece encontrar-se sempre satisfeito, uma vez que se está perante a congregação de meios para a produção de uma obra, a qual, por decisão prévia ou não do autor, posteriormente este destina a comercialização. Em face disso, tratando-se de transmissões de bens efectuadas por sujeitos passivos agindo como tal, as vendas de objectos de arte pelos próprios autores estão abrangidas pela incidência do IVA, sendo certo, por outro lado, que não é aplicável a tal actividade uma isenção do imposto. Só assim não será quando o sujeito passivo, em razão da sua actividade ser de reduzida dimensão, puder beneficiar do regime especial de isenção previsto nos artigos 53.º a 59.º do CIVA.[598]

9. Taxa do IVA a aplicar na venda de objectos de arte

Nas condições adiante enumeradas, às transmissões de objectos de arte sujeitas a IVA e dele não isentas é aplicável a taxa reduzida, nos termos enunciados no n.º 2 do artigo 18.º do CIVA e previstos no artigo 15.º do Regime Especial.[599] Tal emana do exercício de uma faculdade conferida aos Estados membros que resulta da conjugação dos artigos

---

[597] Cf., entre muitos, os seguintes acórdãos do TJUE: de 14 de Fevereiro de 1985 (268/83, *Rompelman*, Recueil p. 655, n.º 19); de 26 de Março de 1987 (235/85, Comissão/Países Baixos, Colect. p. 1471, n.º 8); de 12 de Setembro de 2000 (C-276/97, Comissão/França, Colect. p. I-6251, n.ºs 29 a 31); de 27 de Novembro de 2003 (C-497/01, *Zita Modes*, Colect. p. I-14393, n.º 38); e de 21 de Fevereiro de 2006 (C-223/03, *University of Huddersfield*, Colect. p. I-1751, n.º 47).

[598] Sobre o regime especial de isenção, veja-se, supra, a secção XII do capítulo IV.

[599] Sobre a matéria, pode consultar-se o ofício-circulado n.º 7945, de 22 de Janeiro de 1997, da DSIVA, havendo, porém, que tomar em consideração as taxas do IVA que estão actualmente em vigor.

94.º e 103.º da Directiva do IVA, a qual constava anteriormente da alínea c) do n.º 3 do artigo 12.º e do n.º 4 do artigo 28.º-E da Sexta Directiva.

De acordo com a opção exercida na legislação interna portuguesa, a taxa reduzida é aplicável às seguintes operações:

– Transmissões de objectos de arte, quando efectuadas pelo autor, seus herdeiros ou legatários;

– Transmissões de objectos de arte efectuadas ocasionalmente por um sujeito passivo não revendedor, se esses bens tiverem sido por ele importados, adquiridos ao próprio autor ou aos sucessores deste, ou lhe tiverem conferido direito à dedução total do IVA suportado na respectiva aquisição;[600]

– Aquisições intracomunitárias de objectos de arte efectuadas por um sujeito passivo revendedor, quando os bens tenham sido adquiridos por este ao próprio autor, seus herdeiros ou legatários;

---

[600] Pode cogitar-se em que situações a aquisição de objectos de arte por um sujeito passivo não revendedor possa ter conferido o direito à dedução do IVA mencionado na factura de aquisição. Na maior parte dos casos, seja por não se tratar de aquisições relacionadas com o exercício da actividade económica prosseguida pelo sujeito passivo não revendedor, seja por se tratar de aquisições inseridas na exclusão do direito à dedução nos termos da alínea e) do n.º 1 do artigo 21.º do CIVA, o IVA suportado em aquisições de objectos de arte não é dedutível. Esta posição foi tomada, por exemplo, na informação n.º 474, de 5 de Janeiro de 1988, da ex--DSCA, com despacho de 11 de Fevereiro de 1988, do SDG-IVA, no sentido da não dedutibilidade do IVA suportado na aquisição de obras de arte por uma entidade bancária. Situações subsistem, porém, em que se afigura perfeitamente admissível a dedução do IVA suportado na aquisição de obras de arte por um sujeito passivo não revendedor. Desde logo, emerge o caso de museus de arte cuja actividade não possa estar isenta ao abrigo da alínea 13) do artigo 9.º do CIVA. Além dessa situação mais evidente, afigura-se ser de ponderar o caso, por exemplo, dos estabelecimentos hoteleiros, em que é descortinável uma relação plausível entre a actividade desenvolvida e a aquisição de objectos de arte, enquanto elementos decorativos dos espaços ao dispor dos hóspedes, atendendo ao objectivo de lhes proporcionar serviços de estadia e de alojamento, bem como serviços acessórios, preferencialmente num ambiente confortável, acolhedor e, se possível, sofisticado. Tal circunstância parece poder justificar a dedução do IVA suportado na aquisição de objectos de arte pelos referidos estabelecimentos, desde que não estejam em causa valores desproporcionados no contexto das respectivas condições de exploração, como exige a alínea e) do n.º 1 do artigo 21.º do CIVA.

– Aquisições intracomunitárias de objectos de arte efectuadas por um sujeito passivo revendedor, quando a transmissão efectuada a este, se tivesse ocorrido no território nacional, pudesse ser sujeita à taxa reduzida do IVA, por motivo de importação, de aquisição ao seu autor, herdeiros ou legatários, ou por ter conferido direito à dedução total do IVA suportado na aquisição precedente;

– Importações de objectos de arte.

Nas restantes situações, as transmissões e as aquisições intracomunitárias de objectos de arte estão submetidas a tributação à taxa normal, prevista na alínea c) do n.º 1 do artigo 18.º do CIVA. A taxa normal é também aplicável às transmissões, aquisições intracomunitárias e importações de obras ou objectos não abrangidos pela parte A) do anexo ao Regime Especial, incluindo os casos em que o número de exemplares produzidos for superior aos limites nela definidos.

Assim, por exemplo, em relação aos sujeitos passivos revendedores de obras de arte, quando da respectiva aquisição por estes aos próprios autores, seus herdeiros ou legatários, a taxa reduzida do IVA é susceptível de ser aplicada. Todavia, quando os sujeitos passivos revendedores procedam, por sua vez, à venda das obras, seja em nome e por conta própria, seja em nome próprio e por conta de outrem, a taxa do IVA aplicável é a normal. De igual modo, a taxa normal é aplicável nas transmissões de objectos de arte efectuadas por organizadores de vendas em leilão.

A taxa normal incide sobre a margem de lucro, determinada nos termos do artigo 4.º do Regime Especial, quando o sujeito passivo revendedor, nos termos do n.º 2 do seu artigo 3.º, tiver optado por tal. Em contrapartida, a taxa normal incide sobre o montante total da contraprestação obtida ou a obter do adquirente ou de um terceiro, determinada nos termos do artigo 16.º do CIVA, se a transmissão dos objectos de arte for efectuada de acordo com as regras do regime geral de tributação, nomeadamente, quando não tiver sido feita a opção prevista no n.º 2 do artigo 3.º do Regime Especial.

No acórdão de 9 de Fevereiro de 2006 (C-305/03, Comissão/Reino Unido, Colect. p. I-1213), o TJUE confirmou serem insusceptíveis de beneficiar da taxa reduzida do IVA as comissões recebidas pelos leiloeiros nas vendas em leilão de objectos de arte feitas na sequência da sua importação. No caso em apreço, os bens tinham começado por ser submetidos ao regime de importação temporária, e só depois, se concretizada a sua venda no leilão, se verificava a importação definitiva. No n.º 35 do acórdão, o TJUE recordou que o sistema comum do IVA impõe dois regimes fiscais diferentes para a importação e para a venda em leilão de objectos de arte. No que respeita à importação, o artigo 103.º da Directiva do IVA e, a título de derrogação, o seu artigo 89.º prevêem uma taxa reduzida de IVA a aplicar ao valor aduaneiro do bem importado.[601] Por seu turno, no que respeita à venda em leilão, os actuais artigos 333.º a 341.º da Directiva do IVA têm por efeito, nomeadamente, individualizar a comissão do leiloeiro face ao valor global do bem, quando este procede a uma transmissão de bens na acepção da actual alínea c) do n.º 2 do artigo 14.º da Directiva do IVA.[602] Assim, concluiu o TJUE, a referida comissão constitui o valor tributável da venda em leilão, devendo ser submetida a tributação à taxa normal prevista nos actuais artigos 96.º e 97.º da Directiva do IVA.[603]

Se dúvidas restassem, a decisão acabada de referir permite delimitar com maior nitidez o alcance do disposto na alínea c) do artigo 15.º do Regime Especial, que diz respeito à aplicação da taxa reduzida nas vendas ocasionais de objectos de arte efectuadas por sujeitos passivos não revendedores. Do mesmo modo que não é aplicável nas transmissões de obras de arte feitas por sujeitos passivos revendedores, daquele aresto conclui-se que a taxa reduzida não pode ser aplicada nas transmissões de obras de arte efectuadas por organizadores de vendas em leilão, mesmo que as transmissões de tais obras só ocorram a título ocasional.

---

[601] Os artigos 89.º e 103.º da Directiva do IVA correspondem, respectivamente, ao n.º 6 da parte B do artigo 11.º e à alínea c) do n.º 3 do artigo 12.º da Sexta Directiva.

[602] A alínea c) do n.º 2 do artigo 14.º da Directiva do IVA corresponde à alínea c) do n.º 4 do artigo 5.º da Sexta Directiva, ao passo que os artigos 333.º a 341.º da Directiva do IVA constavam da parte C do artigo 26.º-A da Sexta Directiva.

[603] Correspondentes à alínea a) do n.º 3 do artigo 12.º da Sexta Directiva.

Capítulo VIII
SUBVENÇÕES ÀS ACTIVIDADES CULTURAIS, EDUCATIVAS, RECREATIVAS, DESPORTIVAS E DE ASSISTÊNCIA

Secção I
Enquadramento geral

1. Introdução

Um dos domínios cujo enquadramento em sede do IVA apresenta particular importância, sendo também origem de frequentes dúvidas, prende-se com o recebimento de subvenções públicas por parte dos sujeitos passivos do imposto, em especial por aqueles que desenvolvem actividades de carácter artístico, cultural, educativo, recreativo, desportivo ou de assistência médica ou social.[604]

As consequências que advêm do recebimento de subvenções públicas pelos sujeitos passivos do IVA nem sempre são de fácil determinação. Às naturais dificuldades encontradas em definir o que se deve entender por subvenção, bem como em detectar e eleger as características relevantes de cada um dos tipos, associa-se a possibilidade

---

[604] Neste capítulo VIII, embora mais resumidamente e com algumas adaptações e actualizações, segue-se de perto Rui Laires, "O Tratamento em IVA das Subvenções na Legislação e na Jurisprudência Comunitária", *CTF*, n.º 419, 2007, pp. 7-88. Sobre a matéria, na doutrina portuguesa, pode ver-se também J. G. Xavier De Basto, *A Tributação...* cit., pp. 208-212; Maria Odete Oliveira e Severino Henriques Duarte, "O Tratamento das Subvenções em IVA: Reflexões antes e depois dos acórdãos de 2005", in *Estudos em memória de Teresa Lemos*, Lisboa: DGCI/CEF, 2007, CCTF n.º 202; e Clotilde Celorico Palma, *As Entidades...* cit., pp. 559-625.

de o recebimento por um sujeito passivo do IVA de uma subvenção relacionada com a sua actividade económica ou empresarial poder ter, à partida, no âmbito deste imposto, enquadramentos distintos, a saber:

– A subvenção constituir o valor tributável ou ser de incluir no valor tributável das transmissões de bens ou das prestações de serviços realizadas no quadro da actividade do sujeito passivo subvencionado;

– A não tributação em IVA do montante correspondente à subvenção, mas a possibilidade de o mesmo influenciar a medida do direito à dedução do imposto suportado pelo sujeito passivo que a aufere;

– A completa irrelevância da subvenção na situação face ao IVA do sujeito passivo, decorrente, quer da circunstância de a subvenção não representar a contraprestação de uma operação tributável ou não dever ser incluída no valor tributável das operações realizadas pelo sujeito passivo, quer da sua não consideração para efeitos de limitação do direito à dedução.

Para lá das situações típicas acabadas de enunciar, não é incomum o recurso à designação "subvenção" ou a designação afim para, algo impropriamente, englobar casos em que tais prestações financeiras não representam mais do que a efectiva contraprestação paga pelos destinatários directos dos fornecimentos de bens ou de serviços efectuados pela entidade beneficiária daquelas prestações.

Acresce que o tratamento em IVA a dar às subvenções não é, no quadro da UE, uma matéria completamente harmonizada, uma vez que o sistema comum do IVA apenas obriga os Estados membros a estabelecer a sujeição ao imposto das subvenções directamente relacionadas com o preço das operações tributáveis praticadas pelos sujeitos passivos. No que respeita às subvenções que não tenham uma relação directa com o preço das transmissões de bens ou das prestações de serviços efectuadas pelos sujeitos passivos subvencionados, a sua influência nos montantes do direito à dedução desses sujeitos passivos não foi objecto de harmonização. Neste domínio, a Directiva do IVA apenas confere aos Estados membros a possibilidade, se assim o entenderem, de prever nas respectivas legislações internas a inclusão dos correspondentes montantes no denominador da fracção para apuramento de um *pro rata* de dedução.

Quer por via das questões a título prejudicial colocadas pelos tribunais dos Estados membros, quer como decorrência das acções de incumprimento promovidas pela Comissão Europeia, a jurisprudência do TJUE tem permitido aclarar vários aspectos relativos às consequências das subvenções na situação tributária dos sujeitos passivos do imposto. Se é certo que as tomadas de posição até agora suscitadas perante o TJUE não permitiram, ainda, fazer luz sobre alguns aspectos importantes da problemática em questão – como sejam a completa demarcação da fronteira que separa as subvenções directamente relacionadas com o preço das restantes subvenções e a questão de saber, relativamente a estas segundas, se todas elas poderão influenciar a dedução do IVA suportado a montante –, é já possível recensear um conjunto de elementos e de critérios interpretativos das regras do sistema comum do IVA atinentes à matéria.

2. Legislação do IVA aplicável

A actual Directiva do IVA contém, no seu artigo 73.º e no segundo parágrafo do n.º 1 do seu artigo 174.º, normas respeitantes ao tratamento em sede de IVA das subvenções. Estas disposições correspondem às anteriormente previstas na alínea a) do n.º 1 da parte A do artigo 11.º e no segundo travessão do primeiro parágrafo do n.º 1 do artigo 19.º da Sexta Directiva.

Na legislação interna portuguesa, o disposto no artigo 73.º da Directiva do IVA, em matéria de subvenções, encontra-se transposto na alínea c) do n.º 5 do artigo 16.º do CIVA, determinando a inclusão no valor tributável das transmissões de bens e das prestações de serviços das "*subvenções directamente conexas com o preço de cada operação, considerando como tais as que são estabelecidas em função do número de unidades transmitidas ou do volume dos serviços prestados e sejam fixadas anteriormente à realização das operações*".

Quanto à possibilidade dada aos Estados membros no segundo parágrafo do n.º 1 do artigo 174.º da Directiva do IVA, a mesma encontra-se consagrada na legislação interna portuguesa, constando do n.º 4 do artigo 23.º do CIVA, o qual impõe a inclusão no denominador do *pro rata* de dedução baseado nos volumes de negócios do montante das subvenções que não sejam directamente conexas com o preço das operações, salvo se se tratar de subvenções ao equipamento.

Secção II

Conceito de «subvenção» para efeitos do IVA

1. Quanto à terminologia adoptada

Em primeiro lugar, quanto aos aspectos terminológicos, utiliza-se aqui, preferencialmente, o termo "subvenção", uma vez que é aquele que consta da versão portuguesa da Directiva do IVA e tem correspondência no CIVA e em outra legislação interna e internacional de índole diversa,[605] constituindo também a expressão que ultimamente tem sido preferencialmente adoptada nos acórdãos do TJUE.[606] No entanto, afigura-se igualmente aceitável o recurso a outros termos, como subsídio, ajuda, prémio, compensação, *etc.*, tendo particularmente em conta que muitas vezes esta é a própria terminologia usada nos actos da UE ou nos diplomas nacionais que regulam as condições de acesso àquelas formas de apoio.[607] Menos adequada, porém, parece ser a utilização do termo "indemnização", porquanto este se reporta

---

[605] Na legislação interna, "subvenção" é o termo adoptado no Decreto-Lei n.º 167/2008, de 26 de Agosto, que estabelece o regime jurídico aplicável à concessão de subvenções públicas. Por seu turno, no plano internacional, "subvenção" é o termo que vem adoptado, por exemplo, no Regulamento (CE, Euratom) n.º 1605/2002, do Conselho, de 25 de Junho de 2002, que institui o Regulamento Financeiro aplicável ao orçamento geral da UE, assim como no Acordo sobre as Subvenções e as Medidas de Compensação, que integra o Anexo 1A ao Acordo que Cria a Organização Mundial do Comércio, aprovado através de Resolução da Assembleia da República n.º 75-B/94 e ratificado pelo Decreto do Presidente da República n.º 82-B/94, publicados no D. R. n.º 298/94, 5.º Suplemento, Série I-A, de 27 de Dezembro de 1994.

[606] Tal sucedeu a partir do acórdão de 22 de Novembro de 2001 (C-184/00, *OPW*, Colect. p. I-9115), inclusive.

[607] O CIVA, aliás, no n.º 4 do artigo 23.º, utiliza em paralelo os termos "subvenção" e "subsídio", ao referir na sua parte final "*[...] as subvenções não tributadas que não sejam subsídios ao equipamento*".

normalmente a situações distintas das contempladas na presente análise.[608] Não se olvida, no entanto, que a expressão "indemnização compensatória" é frequentemente utilizada em vários actos normativos, quer da UE, quer de origem interna.[609] Não deixa de ser equacionável, ainda assim, quando há lugar ao pagamento de certas "indemnizações compensatórias" em resultado da prestação de um serviço público, se em alguns desses casos o respectivo montante não representa, ele próprio, a directa contraprestação do serviço público prestado à entidade que paga a "indemnização compensatória", situação que então estaria abrangida pelas regras gerais do imposto, e não pelas que versam em particular sobre subvenções. Esta eventualidade depende, todavia, de a prestação ter um carácter remuneratório, ou seja, que se detecte algo susceptível de ser entendido como um consumo por parte da entidade que atribui a "indemnização compensatória", condição que frequentemente o TJUE aponta para que se considere estar perante a

---

[608] Indemnização, *"em sentido lato, é a reparação do prejuízo de uma pessoa, em razão do incumprimento ou do deficiente cumprimento de uma obrigação, da violação de um direito absoluto ou de uma norma que proteja interesses privados"* (cf. ANA PRATA, *Dicionário Jurídico*, 4.ª ed., Coimbra: Almedina, 2005, p. 630 e ss.). Por sinal, a diferenciação encontra-se evidenciada no acórdão de 21 de Junho de 2005 (processo 1118/03), do Tribunal Central Administrativo Sul, em que, a propósito de uma ajuda financeira ao abate de embarcações, prevista no Regulamento (CEE) n.º 3699/93, do Conselho, de 21 de Dezembro de 1993, se afirma a dado passo o seguinte (n.º 3.3.1 do texto decisório): *"Trata-se, pois, de uma ajuda, de um apoio (subsídio, auxílio, ajuda pecuniária) que não tem natureza indemnizatória (aliás, os pagamentos devem ser feitos aos beneficiários finais sem qualquer dedução ou retenção que possa reduzir o montante da ajuda financeira a que têm direito – cfr. n.º 3 do art. 21.º do Regulamento citado). Ora, é sabido que a indemnização se reconduz a uma reparação dos danos causados por alguém pela prática de um acto ilícito, de um acto lícito ou de acto gerador de responsabilidade pelo risco (equivalendo, em termos de conteúdo, ao dever jurídico que impende sobre o sujeito passivo da respectiva obrigação), por forma a que, se possível, ocorra a reconstituição natural ou, não sendo isso possível, a reparação do dano causado."*

[609] Cite-se, como mero exemplo de utilização de tal terminologia no plano da UE, o Regulamento (CE) n.º 1257/99, do Conselho, de 17 de Maio de 1999, relativo ao apoio do FEOGA ao desenvolvimento rural. Por seu turno, no plano interno, o Decreto-Lei n.º 167/2008, de 26 de Agosto, que estabelece o regime jurídico aplicável à concessão de subvenções públicas, contém no seu artigo 3.º uma definição de "indemnizações compensatórias".

própria contraprestação de uma operação tributável realizada por um sujeito passivo.[610]

2. Quanto ao conteúdo do conceito de «subvenção» para efeitos do IVA

Quanto às realidades que se pretendem abarcar com a expressão "subvenção", quer dos aspectos basilares do conceito, comuns a outras áreas, quer da jurisprudência produzida pelo TJUE, parece poder inferir-se algumas das características que uma dada prestação, atribuída em benefício de um sujeito passivo do IVA, deve comportar para que se considere estar perante uma subvenção para efeitos deste imposto, independentemente de se encontrar ou não directamente relacionada com o preço.

Antes do mais, cabe expressar o ponto de vista de que o conceito de "subvenção" para efeitos do IVA se constitui como uma noção autónoma de direito da UE, no intuito de evitar divergências entre Estados membros na aplicação do regime do IVA. Não se tratando de um caso em que as normas em apreço remetam para as definições de "subvenção" adoptadas pelos Estados membros, estes não devem apreciar o seu conteúdo com base em conceitos congéneres que eventualmente vigorem nas suas próprias legislações internas.[611] Por

---

[610] Esta acepção decorre, por exemplo, do afirmado no acórdão de 18 de Dezembro de 1997 (C-384/95, *Landboden-Agrardienste*, Colect. p. I-7387), em que o TJUE não descarta a hipótese de se estar perante a contraprestação de uma operação tributável, nos termos gerais do CIVA. Com efeito, no n.º 20 desse acórdão, o TJUE entendeu dever esclarecer adicionalmente que *"esse raciocínio não exclui que um pagamento efectuado por uma entidade pública no interesse geral possa constituir a contrapartida de uma prestação de serviços na acepção da Sexta Directiva e também não implica que a noção de prestação de serviços dependa do destino que é dado ao serviço por quem o paga. Apenas a natureza do compromisso assumido deve ser tida em consideração: para se inserir no sistema comum do IVA, esse compromisso deve acarretar um consumo."*

[611] Cf., no domínio do IVA, entre muitos, os seguintes acórdãos: de 26 de Março de 1987 (235/85, Comissão/Países Baixos, Colect. p. 1471, n.º 18); de 15 de Junho de 1989 (348/87, *SUFA*, Colect. p. 1737, n.º 11); e de 11 de Agosto de 1995 (C-453/93, *Bulthuis-Griffioen*, Colect. p. I-2341, n.º 18). Essa acepção do TJUE já foi, inclusivamente, estendida a alguns conceitos em relação aos quais o sistema comum

outro lado, trata-se de uma matéria directamente relacionada com a determinação do valor tributável das operações sujeitas a IVA, cuja uniformidade no plano da UE constitui um dos principais objectivos do sistema comum do IVA.

A ligação do conceito de subvenção à ocorrência de uma atribuição patrimonial a um sujeito passivo do IVA, que seja proveniente, ou com recurso a verbas, de um organismo internacional ou de um organismo público nacional, seja este de âmbito estadual, regional ou local, parece encontrar-se subjacente às várias perspectivas e ao sentido das decisões do TJUE directamente relacionadas com a matéria.[612] O preenchimento do conceito exige, ainda, que a concessão dessa prestação patrimonial dependa do cumprimento de certos requisitos pela entidade que é subvencionada, normalmente associados à satisfação de um dado objectivo, à assunção de uma determinada conduta ou à realização de uma certa tarefa ou projecto, indo ao encontro de uma necessidade colectiva ou visando a prossecução de um interesse de natureza pública.[613]

O esboço de uma definição de "subvenção" para efeitos do IVA justifica, no entanto, que se assinalem aqui algumas notas e precisões.

---

do IVA parece expressar alguma flexibilidade, como sucede no caso do conceito de "locação de bens imóveis", para efeitos da isenção do IVA, em que o TJUE afirmou que embora o mesmo *"remeta para as condições de isenção fixadas pelos Estados-Membros, as isenções previstas por esta disposição devem corresponder a noções autónomas de direito comunitário a fim de permitir determinar a matéria colectável do IVA de um modo uniforme e segundo as regras comunitárias"* – cf. acórdão de 4 de Outubro de 2001 (C-326/99, *Goed Wonen*, Colect. p. I-6831, n.º 47).

[612] Cf., nomeadamente, os seguintes acórdãos: de 29 de Fevereiro de 1996 (C-215/94, *Mohr*, Colect. p. I-959); de 18 de Dezembro de 1997 (C-384/95, *Landboden-Agrardienste*, Colect. p. I-7387); e de 22 de Novembro de 2001 (C-184/00, *OPW*, Colect. p. I-9115).

[613] Como afirmou o advogado-geral Ruiz-Jarabo Colomer, nas suas conclusões datadas de 23 de Novembro de 2004 (C-412/03, *Hotel Scandic*, Colect. p. I-743, n.º 41) – processo que deu lugar a acórdão do TJUE de 20 de Janeiro de 2005 –, o sistema comum do IVA utiliza o conceito de subvenção no seu sentido técnico-jurídico de medida de fomento, para que os poderes públicos possam impulsionar alguns sectores, atribuindo aos particulares vantagens de carácter económico.

Em primeiro lugar, a subvenção deve ser auferida por um sujeito passivo do IVA. Desde logo, no que concerne às subvenções que integram o valor tributável das operações, só as subvenções auferidas por um sujeito passivo são susceptíveis dessa integração. Como salientou a Comissão Europeia no seu documento XV/88/84 (documento de trabalho n.º 70), de Abril de 1984,[614] as subvenções atribuídas com vista a incentivar o consumo, sendo aquelas que têm muitas vezes como destinatários os consumidores finais particulares, não são englobadas no valor tributável das operações sujeitas a IVA. Nessas situações, o subvencionado não deixa de suportar o IVA correspondente ao valor efectivo dos bens ou dos serviços que adquire, pelo que o IVA que lhe é repercutido pelo transmitente ou prestador é o montante de imposto que seria sempre devido, houvesse ou não subvenção ao consumo. E também no que concerne a uma eventual influência das subvenções na determinação do direito à dedução, tal pressupõe sempre estar-se perante um sujeito passivo do IVA, pelo menos em relação a uma parte da sua actividade. Ora, só as subvenções recebidas pelo próprio sujeito passivo cujo direito à dedução é passível de vir a ser influenciado, e não por um terceiro, são susceptíveis de ter essa influência.

Por sua vez, a referência ao carácter "patrimonial" da subvenção visa abarcar, não apenas as de carácter pecuniário, mas o valor correspondente a certas prestações em espécie, avaliáveis em dinheiro, as quais, aliás, o TJUE também já considerou relevantes para efeitos da incidência do IVA e de determinação do valor tributável das operações a ele sujeitas.[615] O conceito, no entanto, não compreende as situações em que o organismo que atribui a prestação seja, ele próprio, o destinatário dos bens ou dos serviços produzidos no âmbito da actividade do sujeito passivo subvencionado, de que a subvenção representaria o correspectivo. Para efeitos do IVA, embora por vezes se esteja perante casos em que a contrapartida é também designada de

---

[614] Essa referência é feita no n.º 2, (b), do documento.
[615] Cf. os seguintes acórdãos: de 23 de Novembro de 1988 (230/87, *Naturally Yours Cosmetics*, Colect. p. 6365, n.º 16); de 2 de Junho de 1994 (C-33/93, *Empire Stores*, Colect. p. 2329, n.º 12); e de 3 de Julho de 1997 (C-330/95, *Goldsmiths*, Colect. p. I-3801, n.º 23).

"subvenção", a utilização do termo não se tem como apropriada, já que essas situações não devem ser tratadas à luz das disposições da legislação do IVA atinentes às subvenções, mas na perspectiva de as importâncias auferidas pelo sujeito passivo representarem a própria contraprestação obtida ou a obter do destinatário dos bens ou dos serviços.[616]

Além disso, no sentido de não influenciar o meio de canalização das verbas públicas para as entidades a subvencionar, bem como de evitar a criação ou o recurso a outras entidades com o fito de, por essa via, elidir a aplicação das disposições do IVA relativas a subvenções, ao ter-se interpolado acima a expressão "ou com recurso a verbas [...] de um organismo público", pretende-se que o conceito de "subvenção" abarque os casos em que as subvenções, embora entregues aos destinatários por entidades diversas das referidas, o sejam através do recurso a dinheiros de origem pública.

Pode, ainda assim, pretender-se apurar se será admissível incluir no conceito de "subvenção" as liberalidades concedidas por entidades privadas, nomeadamente donativos e outros apoios de carácter mecenático. Há que salientar, porém, que nenhuma das definições forjadas em outros domínios estende o conceito a essas situações. Aliás, quer a referência à proveniência pública das subvenções, em relação às entidades que as atribuem ou à origem pública dos montantes subvencionados, quer as finalidades públicas que estão inerentes à sua atribuição, aspectos comuns a todas as definições atrás enunciadas, não se compatibilizam com uma extensão da definição às liberalidades concedidas por entidades privadas, através de verbas de origem também privada. Atendendo a isso, dificilmente se justificaria que a interpretação do alcance do termo "subvenção", utilizado no sistema comum do IVA, se alargasse às liberalidades atribuídas por entidades privadas. Acresce que não pode deixar de se pensar, se tal tivesse sido a intenção legislativa, que a redacção das correspondentes disposições teria sido prudente ao ponto de fazer referência expressa aos donativos e, em geral, a quaisquer liberalidades, independentemente da sua proveniência pública ou privada. No entanto, importa ressalvar, quanto à perspec-

---

[616] RENÉ N. G. PAARDT designa-as de "*pseudo subsidies*" (A. cit., "Subsidies in the EU and Switzerland", *VAT Monitor*, vol. 10, n.º 2, Março-Abril de 1999, pp. 38-59).

tiva aqui defendida nesta matéria, que assumem contornos distintos as duas situações que a seguir se enunciam. Por um lado, embora as situações anteriormente referidas não integrem o conceito de "subvenção" para efeitos do IVA, há que lembrar que a redacção do artigo 73.º da Directiva do IVA determina a inclusão no valor tributável de *"tudo o que constitui a contraprestação que o fornecedor ou o prestador tenha recebido ou deva receber em relação a essas operações, do adquirente, do destinatário ou de um terceiro, incluindo as subvenções directamente relacionadas com o preço de tais operações"*. Tal formulação significa que as subvenções são apenas uma das formas que as contrapartidas provenientes de terceiros podem assumir para que ocorra a sua inclusão no valor tributável das operações. Isto é, a circunstância de se entender que o conceito de "subvenção" para efeitos do IVA não engloba liberalidades concedidas por entidades privadas, não significa que certas liberalidades privadas não sejam susceptíveis de inserção no valor tributável das transmissões de bens ou das prestações de serviços. Para que tal suceda, é necessário apenas que uma parte ou a totalidade da contrapartida pela realização dessas operações, não sendo paga ao sujeito passivo que as realiza pelo próprio destinatário dos bens ou dos serviços, o seja por um qualquer terceiro. O sentido da expressão *"incluindo as subvenções directamente relacionadas com o preço"* pretende, assim, indicar que no âmbito das contrapartidas obtidas de um terceiro, passíveis de contribuir para o valor tributável das operações, se contam, inclusivamente, as que são prestadas por um organismo público, ainda que no quadro da atribuição de uma subvenção por motivos de interesse público.[617] Por

---

[617] No sentido aqui defendido, se pronunciam IGNACIO ARIAS e ANTONIO BARBA, "The Impact of Subsidies on the Right to Deduct Input VAT: The Spanish Experience", *VAT Monitor*, Janeiro-Fevereiro de 2004, p. 14. Não se sufraga, pelas razões apontadas, a conclusão de ISABEL VEGA MOCOROA, de que o conceito de "subvenção" para efeitos do IVA seria mais vasto do que as definições de subvenção adoptadas noutras áreas da economia, com o fundamento de se englobarem naquele primeiro conceito as atribuições pecuniárias de quem quer seja, independentemente de serem provenientes de entes ou de dinheiros públicos ou privados (cf. A. cit. "TVA et subventions dans l'Union européenne: problèmes et défis", *Revue du Droit de l'Union Européenne*, n.º 3-2005, pp. 447-481, n.º 5.1). O que se verifica em rigor não é isso, mas, antes, que a inclusão no valor tributável das contrapartidas provenientes de ter-

outro lado, como segundo aspecto a frisar, entende-se que não constituem sequer liberalidades as situações em que uma entidade privada financia um sujeito passivo para que este realize ou deixe de realizar determinadas tarefas, ou para que, por exemplo, continue a produzir ou passe a produzir determinados bens ou serviços ou para que realize uma determinada prospecção ou investigação, de que a entidade financiadora venha a ser a beneficiária. Nesses casos, está-se perante operações qualificadas como prestações de serviços, na acepção do n.º 1 do artigo 24.º da Directiva do IVA, de que o referido financiamento constitui, sem dúvida, a contrapartida.

Finalmente, atendendo aos objectivos específicos do IVA como imposto sobre o consumo, parece justificar-se deixar também de fora do conceito de "subvenção" situações em que possam estar em causa apoios públicos de natureza diversa, como sejam, por exemplo, os empréstimos reembolsáveis, ainda que sem juros ou com juros bonificados, as garantias relativas a empréstimos, a dispensa de cumprimento de certas obrigações legais, os benefícios fiscais ou, ainda, a entrada para o capital social de entidades públicas ou privadas.[618]

---

ceiros abrange as provenientes de um qualquer terceiro. Tal não é o mesmo que dizer, como sugere a autora, que o conceito de "subvenção" a que se reportam os artigos 11.º e 19.º da Sexta Directiva engloba as atribuições de dinheiros privados por parte de entidades privadas.

[618] O critério seguido deixa à margem da subsequente exposição, por exemplo, o acórdão de 8 de Março de 1988 (102/86, *Apple and Pear*, Colect. p. 1443), cuja prestação nele em causa se tratava de uma contribuição paga anualmente pelos produtores de maçãs e de peras do Reino Unido a um organismo público incumbido de assegurar a qualidade e a divulgação daqueles produtos, com vista a financiar o funcionamento do referido organismo. Fora do âmbito fica também o acórdão de 3 de Março de 2005 (C-172/03, *Heiser*, Colect. p. I-1627), que considerou como auxílio de Estado uma disposição legislativa adoptada na Áustria, por ter dispensado os médicos do ajustamento do IVA anteriormente deduzido, quando aqueles passaram do regime geral de tributação para o regime de isenção. Por seu turno, sobre a irrelevância face ao IVA, em geral, das entradas em dinheiro para o capital de uma sociedade, pronunciou-se o acórdão de 26 de Junho de 2003 (C-442/01, *KapHag Renditefonds*, Colect. p. I-6851), não parecendo haver também motivo para considerar o valor de tais entradas no denominador do *pro rata* de dedução.

Mais duvidosa, no entanto, afigurar-se-ia ser uma eventual não acepção como subvenção, para efeitos do IVA, da renúncia ao recebimento de dividendos ou de lucros relativos a participações no capital social de empresas, por parte de uma pessoa colectiva pública. A sua inserção no conceito parecerá evidente se essa renúncia visar a satisfação de um interesse público e tiver estado condicionada à prossecução de um dado objectivo ou à assunção de um dado comportamento pela entidade que gerou os lucros. Nessas circunstâncias, o resultado da renúncia é em tudo idêntico ao que resultaria de o organismo público receber a respectiva participação nos lucros e, simultânea ou posteriormente, atribuir uma subvenção no mesmo montante.

Um outro tipo de prestações igualmente susceptível de gerar dúvidas, consiste nas transferências de fundos entre pessoas colectivas de direito público ou no seio destas, no âmbito de dotações orçamentais destinadas a assegurar o seu funcionamento e a prossecução dos seus fins. Todavia, num conceito estrito de subvenção, este só abarca – para além das destinadas aos particulares e às famílias, de que aqui não se cuida – as prestações atribuídas a profissionais independentes, a empresas em geral e a organismos sem fins lucrativos, parecendo ser esta acepção a que vai ao encontro dos objectivos do IVA. Este imposto, aliás, por via de regra, não engloba no seu âmbito de incidência as actividades exercidas pelas pessoas colectivas de direito público quando actuam no exercício das suas funções típicas. Ora, é o exercício dessas funções que as mencionadas dotações visam frequentemente assegurar, em cumprimento de imperativos legais, e não já numa base contratualizada.[619]

---

[619] Neste sentido se pronunciam IGNACIO ARIAS e ANTONIO BARBA, "The Impact...", cit., p. 14. ANTONIO VICTORIA SÁNCHEZ considera, por seu turno, que no plano orçamental os conceitos de "transferência" e de "subvenção" chegam a confundir-se, devendo submeter-se ao mesmo regime as transferências orçamentais destinadas às empresas públicas (A. cit., "Las subvenciones sobre el IVA", *Gaceta Fiscal*, n.º 199, pp. 89-123).

Secção III

Inclusão no valor tributável

1. Conceito de subvenções «directamente relacionadas com o preço das operações»

Em resultado de uma perspectiva restritiva do alcance do disposto na parte final do artigo 73.º da Directiva do IVA em matéria de subvenções, o TJUE, em vários acórdãos, tem salientado que apenas as subvenções, ou a parte delas, identificadas como sendo a contrapartida, ou um elemento da contrapartida, de operações tributáveis podem ser objecto de tributação em IVA.[620]

Além disso, para que tal ocorra, o TJUE vem focando a necessidade de se verificarem as seguintes condições:

– A autoridade que concede a subvenção não ser o destinatário das operações tributáveis realizadas pelo sujeito passivo subvencionado, pelo que se mostra necessário o envolvimento de três partes, ou seja, a que concede a subvenção, o sujeito passivo que a aufere e o destinatário dos bens ou serviços disponibilizados por esse sujeito passivo;[621]

---

[620] Cf. acórdão de 22 de Novembro de 2001 (C-184/00, *OPW*, Colect. p. I-9115, n.º 15); acórdão de 13 de Junho de 2002 (C-353/00, *KNW*, Colect. p. I-5419, n.ºs 25 e 26); e acórdão de 15 de Julho de 2004 (C-381/01, Comissão/Itália, Colect. p. I-6845, n.º 32). Por exemplo, no acórdão de 6 de Outubro de 2009 (C-267/08, *SPÖ Landesorganisation Kärnten*, Colect. p. I-9781), a propósito de uma organização regional de um partido político que realizava, com carácter de independência, campanhas publicitárias em favor de outros organismos do partido, sendo financiada por subvenções públicas, por donativos e por quotizações dos membros do partido, destinados a cobrir as perdas geradas por aquela actividade, o TJUE considerou que tal não representava o exercício de uma actividade económica na acepção do sistema comum do IVA. Para chegar a esta conclusão, vem salientando no n.º 24 do texto decisório que "*o SPÖ exerce uma actividade de comunicação no âmbito da realização dos seus objectivos políticos, que visa difundir as suas ideias enquanto organização política. Mais concretamente, a actividade do SPÖ, por intermédio, em particular, da Landesorganisation, consiste em contribuir para a formação da vontade política com vista a participar no exercício do poder político. Ao exercer esta actividade, o SPÖ não participa, porém, em nenhum mercado.*"

[621] Cf. acórdãos de 22 de Novembro de 2001 (C-184/00, *OPW*, Colect. p. I-9115, n.º 10) e de 13 de Junho de 2002 (C-353/00, *KNW*, Colect. p. I-5419, n.º 23).

– A subvenção ser paga à entidade subvencionada para que esta, especificamente, transmita determinados bens ou preste determinados serviços, sendo-lhe somente reconhecido o direito a auferir a subvenção na medida em que tais operações sejam por ela efectuadas;[622]

– A subvenção permitir à entidade subvencionada praticar preços inferiores ao que exigiria na falta da subvenção, de que os adquirentes dos bens ou destinatários dos serviços sejam directamente os beneficiários, por via do pagamento por estes de um preço proporcionalmente diminuído do respectivo montante;[623]

– A contrapartida representada pela subvenção, se não já determinada, ser pelo menos determinável, não se revelando necessário, porém, que o montante subvencionado corresponda rigorosamente à diminuição do preço, bastando que o seja de forma significativa.[624]

Decorre da jurisprudência do TJUE que apenas a verificação cumulativa das condições acima enunciadas determina a inclusão de uma subvenção no âmbito do disposto na parte final do artigo 73.º da Directiva do IVA e, consequentemente, da alínea c) do n.º 5 do artigo 16.º do CIVA. Não é suficiente, por exemplo, como se salienta no acórdão de 22 de Novembro de 2001 (C-184/00, *OPW*, Colect. p. I-9115, n.º 12), "*o simples facto de uma subvenção poder ter influência sobre os preços dos bens entregues ou dos serviços prestados pelo organismo subvencionado*".

2. Tipos de operações abrangidas pela regra de inclusão no valor tributável das subvenções relacionadas com o preço

A regra contida na alínea c) do n.º 5 do artigo 16.º do CIVA respeita à determinação do valor tributável das transmissões de bens e das prestações de serviços. Esta regra abrange a valoração das transmissões

---

[622] Cf. acórdãos de 22 de Novembro de 2001 (C-184/00, *OPW*, Colect. p. I-9115, n.º 12) e de 15 de Julho de 2004 (C-381/01, Comissão/Itália, Colect. p. I-6845, n.º 29).

[623] Cf. acórdãos de 22 de Novembro de 2001 (C-184/00, *OPW*, Colect. p. I-9115, n.º 14) e de 15 de Julho de 2004 (C-381/01, Comissão/Itália, Colect. p. I-6845, n.º 30).

[624] Cf. acórdãos de 22 de Novembro de 2001 (C-184/00, *OPW*, Colect. p. I-9115, n.os 13 e 17) e de 15 de Julho de 2004 (C-381/01, Comissão/Itália, Colect. p. I-6845, n.º 31).

de bens e prestações de serviços conexas, ainda que os bens se destinem a ser expedidos ou transportados para fora do território nacional, sem prejuízo da aplicação, nomeadamente, das isenções previstas nos artigos 14.º e 15.º do CIVA e no artigo 14.º do RITI.

Por sua vez, o valor tributável das operações qualificadas como aquisições intracomunitárias de bens inclui as subvenções que no Estado membro de proveniência dos bens devam considerar-se incluídas no valor da correspondente transmissão. Tal decorre da norma remissiva contida no n.º 1 do artigo 17.º do RITI. É certo que se poderia à primeira vista equacionar, atendendo a uma possível leitura do teor desta disposição, se as subvenções que seriam relevantes para efeitos de determinação do valor tributável das aquisições intracomunitárias de bens consistiriam nas pagas no país de proveniência dos bens ou no país de consumo. Todavia, como se viu antes, as subvenções ao consumo não assumem relevância na determinação do valor tributável das operações. No caso de atribuição de uma subvenção ao consumidor, o transmitente dos bens não deixa de facturar ao consumidor o valor total dessas operações, pelo que a esse valor não deve ser adicionado o montante da subvenção. Assim, no caso das aquisições intracomunitárias de bens, o comando contido no n.º 1 do artigo 17.º do RITI deve ser interpretado como referindo-se às subvenções directamente ligadas com o preço que sejam pagas no Estado membro a partir do qual é feita a transmissão, e não às subvenções eventualmente atribuídas no Estado membro onde tiver lugar a aquisição intracomunitária dos bens.

No caso das importações de bens, as regras relativas à determinação do respectivo valor tributável constam do artigo 17.º do CIVA. O valor tributável das importações de bens corresponde, em geral, ao valor aduaneiro definido nos artigos 28.º a 36.º do CAC. Esse valor tributável não inclui o montante de eventuais subvenções ligadas ao preço da operação subjacente, quer aquelas sejam atribuídas ao importador no país de destino, quer ao exportar no país de proveniência dos bens.[625]

---

[625] Os artigos 85.º a 88.º da Directiva do IVA (anterior parte B do artigo 11.º da Sexta Directiva) encontram-se transpostos para a legislação interna portuguesa

3. Inclusão das subvenções relacionadas com o preço no «pro rata» de dedução dos sujeitos passivos mistos

Os sujeitos passivos que exercem actividades que conferem direito à dedução do IVA suportado nas aquisições, a par de actividades que não conferem esse direito ("sujeitos passivos mistos"), quando recorram ao método do *pro rata* de dedução baseado no volume de negócios, a que respeita o n.º 4 do artigo 23.º do CIVA,[626] devem contemplar o montante das subvenções tributadas no numerador e no denominador da fracção, no caso de essas subvenções estarem ligadas às operações que conferem direito à dedução. Tal decorre de o valor das operações tributadas em IVA e das isentas que conferem o direito à dedução contemplar o montante global da contraprestação obtida do cliente ou de um terceiro, incluindo as subvenções directamente relacionadas com o preço das operações. Desse modo, quando o sujeito passivo considerar no numerador e no denominador da fracção o valor global das operações que conferem direito a dedução, esse valor contempla necessariamente as subvenções que estejam ligadas ao respectivo preço.

Em contrapartida, se um sujeito passivo misto auferir subvenções que estejam ligadas ao preço das suas operações que não conferem o direito à dedução, o montante dessas subvenções é incorporado no valor dessas operações, para efeitos da sua contemplação apenas no denominador da fracção destinada ao cálculo da percentagem de dedução.

---

através do artigo 17.º do CIVA. Conforme divulgado pelos serviços aduaneiros, as subvenções, para efeitos da determinação do valor aduaneiro das importações, não podem ser consideradas como um elemento do valor da transacção entre o comprador e o vendedor – cf. DGAIEC, *Manual do Valor Aduaneiro*, pp. 61-62, disponível no sítio da rede global a partir da página com o seguinte endereço: ‹https://www.e--financas.gov.pt/de/jsp-dgaiec/main.jsp›.

[626] Sobre a matéria, veja-se, supra, o n.º 3.2 da secção I do capítulo VI.

Secção IV
Efeito das subvenções não tributadas no direito à dedução

1. Sujeitos passivos abrangidos

Do ponto de vista acerca do fundamento da inclusão das subvenções no denominador do *pro rata* de dedução depende, em boa parte, a perspectiva a adoptar sobre o âmbito de aplicação subjectiva da norma prevista no segundo parágrafo do n.º 1 do artigo 174.º da Directiva do IVA e, consequentemente, da parte final do n.º 4 do artigo 23.º do CIVA. Segundo o advogado-geral Poiares Maduro, nas suas conclusões apresentadas a 10 de Março de 2005 (C-204/03, Comissão/Espanha, Colect. p. I-8389, n.º 15), *"está provado que esta faculdade foi introduzida na Sexta Directiva com o objectivo de evitar que um organismo subvencionado, que não tem de efectuar operações tributáveis, possa, através da realização de uma actividade tributável puramente simbólica, obter um reembolso de IVA. Instituída com tal objectivo, esta faculdade não pode ser alargada e utilizada como um mecanismo geral destinado a igualizar as condições de concorrência entre os operadores que são sujeitos passivos. Além disso, é permitido pensar que os Estados-Membros dispõem de muitos outros meios para restabelecer as condições de concorrência entre sujeitos passivos subvencionados e sujeito passivos não subvencionados."* Nessa óptica, a possibilidade actualmente dada aos Estados membros no segundo parágrafo do n.º 1 do artigo 174.º da Directiva do IVA só pode ser aplicada aos sujeitos passivos mistos, não estando submetidos à sua aplicação sujeitos passivos que pratiquem exclusivamente operações que conferem o direito à dedução.

Tal entendimento foi adoptado pelo TJUE nos acórdãos de 6 de Outubro de 2005, que decidiram as acções de incumprimento propostas pela Comissão Europeia contra a Espanha e a França. No acórdão de 6 de Outubro de 2005 (C-204/03, Comissão/Espanha, Colect. p. I-8389) esteve sob apreciação uma disposição da legislação interna espanhola, em matéria de subvenções não directamente ligadas ao preço das operações tributáveis, que determinava a limitação da medida do direito à dedução dos sujeitos passivos integrais, por via da inclusão do valor das referidas subvenções no denominador do *pro rata* de dedução. Além disso, esteve em causa uma regra que impunha uma limitação da dedução do IVA suportado nas aquisições de bens ou serviços financiadas através de subvenções, na parte proporcionalmente correspondente ao valor não financiado pela subvenção. Por seu turno, no acórdão de 6 de Outubro de 2005 (C-243/03, Comissão/França, Colect. p. I-8411) o objecto da controvérsia era uma disposição interna francesa que excluía o direito à dedução do IVA pago na aquisição de bens de equipamento, até ao montante da parte financiada por uma subvenção, se o valor das amortizações correspondentes à parte subvencionada não fosse repercutida no preço das operações tributadas a jusante. Esta exclusão, mesmo que respeitante a actividades sujeitas a IVA e dele não isentas, verificava-se antes da aplicação de um eventual *pro rata* de dedução a que a empresa estivesse sujeita, diminuindo, *a priori*, o montante do IVA sobre que esse *pro rata* se aplicaria. Sobre a matéria, o TJUE decidiu que as legislações internas espanhola e francesa não podiam impor uma limitação do direito à dedução do IVA aos sujeitos passivos que apenas efectuam operações tributáveis, pelo facto de esses sujeitos passivos receberem subvenções.

Mais recentemente, no acórdão de 23 de Abril de 2009 (C-74/08, *PARAT Automotive Cabrio*, Colect. p. I-3459), o TJUE reiterou essa opinião, decidindo não ser possível a um Estado membro adoptar uma disposição interna *"que, em caso de aquisição de bens subvencionada por fundos públicos, só permite deduzir o imposto sobre o valor acrescentado correspondente à parte dessa aquisição que não tenha sido subvencionada"*.

2. Tipos de subvenções e actividades abrangidas

No trecho final do n.º 4 do artigo 23.º do CIVA determina-se que os sujeitos passivos mistos, que recorram ao método do *pro rata* de dedução baseado no volume de negócios e aufiram subvenções não tributadas, devem calcular esse *pro rata* de dedução incluindo no denominador da fracção o valor dessas subvenções. Só assim não será quando se esteja na presença de subvenções ao equipamento.

Por outro lado, no caso de subvenções não tributadas que se encontrem ligadas a operações de exportação, operações assimiladas a exportação ou transmissões intracomunitárias de bens, assim como, em geral, a quaisquer outras operações não sujeitas ou isentas com direito à dedução, as mesmas não devem afectar a percentagem de dedução. Note-se que, tratando-se de operações não sujeitas ou isentas, em que portanto não há lugar à repercussão do IVA por parte do sujeito passivo que as realiza, é indiferente se a subvenção se encontra reflectida ou não no preço pago pelos adquirentes ou destinatários. Em qualquer caso, o valor do IVA incidente sobre as operações acima referidas é sempre nulo, sem prejuízo do direito à dedução do imposto suportado a montante (tendo como pressuposto que se esteja perante operações isentas ou não sujeitas que confiram direito à dedução). Desse modo, a medida do direito à dedução não deve ser afectada por via da inclusão das mencionadas subvenções no denominador da fracção.

3. Consequências para os sujeitos passivos mistos que não utilizem o método de «pro rata» geral baseado no volume de negócios

3.1. Formulação do problema

O disposto na parte final do n.º 4 do artigo 23.º do CIVA, em matéria de subvenções não tributadas, insere-se no contexto das regras relativas à determinação de uma percentagem de dedução pelos sujeitos passivos mistos, tomando por base a proporção do volume de negócios obtido com a realização de operações que conferem direito à dedução e do volume de negócios obtido com a realização de operações que não conferem esse direito. No entanto, o n.º 2 do artigo 173.º da Directiva do IVA autoriza os Estados membros a adoptar nas suas legislações internas outros métodos para proceder à separação entre o IVA contido em despesas imputáveis à prossecução de cada um daqueles tipos de operações. Em traços gerais, esses métodos podem consistir no apuramento de um *pro rata* especial para cada um dos sectores em que se desenvolva a actividade dos sujeitos passivos ou na adopção de critérios que se baseiem no uso efectivo ou na real afectação dos bens e serviços utilizados na actividade. Na legislação interna portuguesa, vem expressa no n.º 2 do artigo 23.º do CIVA a possibilidade de recurso a critérios de cálculo da dedução, por parte dos sujeitos passivos mistos, baseados na real afectação dos bens e serviços. Uma vez que a tomada em consideração da real afectação pode respeitar apenas a uma parte dos bens ou serviços, dela parece decorrer também a possibilidade, reconhecida pela administração fiscal portuguesa, de serem adoptados *pro rata* parciais baseados no volume de negócios.

Sendo assim, em primeiro lugar, surge a necessidade de averiguar em que medida o recebimento de subvenções pode influenciar a determinação do direito à dedução dos sujeitos passivos mistos, quando recorram à utilização de um *pro rata* parcial para cada um dos sectores em que se disperse a sua actividade. Neste caso, contrariamente ao que sucede em relação ao método do *pro rata* geral, o sujeito passivo não tem em conta os valores globais das operações que conferem direito a dedução e das operações que não conferem esse direito, mas procede a uma imputação contabilística do volume de negócios pelos diversos sectores que componham a sua actividade. Relativamente a cada um desses sectores, é apurado um *pro rata* parcial, o qual apenas tem em conta a proporção entre o valor das operações que conferem direito a dedução e as que não conferem esse direito, realizadas pelo sujeito passivo, que sejam imputáveis a esse sector.

Adicionalmente, há ainda que equacionar o tratamento das subvenções não tributadas quando os sujeitos passivos mistos recorram a um método de determinação do direito à dedução que tenha por base a efectiva utilização da totalidade, ou de uma parte, dos bens e serviços adquiridos.[627] Nesse caso, o sujeito passivo procede, em termos contabilísticos, por um lado, a uma separação entre a parcela das suas aquisições de bens e serviços afecta ao sector que confere uma dedução integral do IVA e, por outro lado, a parcela das suas aquisições afecta ao sector em que a possibilidade de dedução do IVA se

---

[627] Sobre a matéria, veja-se, supra, o n.º 3.3 da secção I do capítulo VI.

encontra completamente excluída. Frequentemente, o recurso a tal método coexiste com a aplicação de um *pro rata* geral ou de vários *pro rata* parciais, baseados nos volumes de negócios, para efeitos de apuramento de uma percentagem de dedução do IVA relativo a bens e serviços de âmbito geral, cuja imputação a um sector ou a outro não é directamente determinável ou mensurável.

3.2. Método de «pro rata» parciais baseados no volume de negócios

Quais as consequências, então, em matéria de direito à dedução, para um sujeito passivo misto que receba subvenções não tributadas e que determine a medida desse direito com base no apuramento de *pro rata* parciais?

Desde logo, cabe salientar que este método é, também, um método baseado no volume de negócios, neste caso tendo em consideração volumes de negócios parcelares, referentes a sectores contabilisticamente destacáveis da actividade do sujeito passivo. Não deixam, assim, de lhe ser aplicáveis todas as regras que se referem ao cálculo do *pro rata* de dedução. Aqui já não um *pro rata* geral, mas vários *pro rata* parciais. No entanto, à semelhança do que sucede no caso geral, para o cálculo de cada um desses *pro rata* parciais deve ser tido em conta, no numerador, o valor das operações que conferem direito à dedução relativas ao sector em causa e, no denominador, o valor de todas as operações relativas a esse sector, incluindo as subvenções não tributadas que sejam imputáveis a esse mesmo sector.

Deste modo, uma vez recebida uma subvenção que deva integrar o denominador da mencionada proporção, afigura-se que o tratamento adequado é o seguinte:

– Se a subvenção não tributada respeitar exclusivamente a um sector de actividade submetido a um único *pro rata* parcial, o montante total da subvenção deve ser incluído no denominador para apuramento desse *pro rata* parcial;

– Se a subvenção não tributada respeitar a vários sectores de actividade, abrangidos por mais do que um *pro rata* parcial, e o sujeito passivo poder determinar qual a parcela destinada a subvencionar cada um desses sectores, deverá imputar cada uma das parcelas no denominador dos respectivos *pro rata* parciais;

– Na hipótese acabada de referir, se não forem directamente determináveis as parcelas da subvenção a imputar a cada um dos *pro rata* parciais, considera-se adequado recorrer a um critério baseado na proporção entre o volume de negócios tido em conta para efeitos de determinação de cada um dos *pro rata* parciais e o volume de negócios global dos sectores a que a subvenção respeita.

Assim, ilustrando esta última situação, considere-se uma subvenção no valor de €2000, destinada a três sectores de uma empresa (A, B e C), com os seguintes três *pro rata* parciais (antes da subvenção): A = 500/1000; B = 300/1500; e C = 800/2500. Tendo em conta o critério aqui proposto, a subvenção é repartida da seguinte forma: A = 1000/5000 = 20%; B = 1500/5000 = 30%; e C = 2500/5000 = 50%. Desse modo, a subvenção seria imputada da seguinte forma pelos três sectores a que respeita: A = €400; B = €600; e C = €1000. Estes montantes deveriam ser, respectivamente, incluídos no denominador do cálculo dos *pro rata* parciais relativos aos sectores A, B e C.

3.3. Critérios baseados na efectiva utilização dos bens e serviços

Na eventualidade de um sujeito passivo misto, para apurar a medida do respectivo direito à dedução, recorrer ao método de afectação real, elegendo critérios idóneos baseados na efectiva utilização dos bens e serviços adquiridos, as consequências do recebimento por esse sujeito passivo de uma subvenção não tributada não se esgrimem no âmbito do n.º 4 do artigo 23.º do CIVA, mas, sim, nos termos do n.º 2 desse artigo. Tal significa que, quando o critério de afectação real for adoptado para a separação da totalidade das aquisições de bens ou serviços realizadas pelo sujeito passivo, a adopção ou não, por um Estado membro, da faculdade de inclusão das subvenções não tributadas no denominador do cálculo da percentagem de dedução não tem qualquer influência no procedimento a adoptar.

Com efeito, se um sujeito passivo misto dispuser, por exemplo, no plano contabilístico, de um sector que confere direito à dedução integral do IVA e de um outro sector que não possibilita a dedução de qualquer montante de IVA suportado, afigura-se que as consequências da obtenção daquele tipo de subvenções são as resultantes dos princípios gerais em matéria de direito à dedução:

– Se a subvenção não tributada respeitar integralmente ao sector de actividade que permite um direito à dedução total, a mesma não tem qualquer efeito na situação face ao IVA do sujeito passivo subvencionado;[628]

– O mesmo sucede relativamente às subvenções destinadas, na totalidade, a financiar um sector de actividade que não confira qualquer direito a dedução do imposto suportado;

– No caso de uma subvenção não tributada se destinar a ambos os sectores, também a sua imputação parcelar a um e a outro sector não implica quaisquer consequências no domínio em apreço.

Nesta última situação, porém, pode suceder que o sujeito passivo – para determinar o IVA dedutível em relação às aquisições de alguns bens e serviços que se destinem, indiscriminadamente, a um e a outro sector – recorra ao método do *pro rata* geral baseado no volume de negócios. Nesse caso, o montante global da subvenção deve ser tido em conta no denominador do cálculo desse *pro rata*, para efeitos da sua aplicação ao IVA relativo às aquisições de bens e serviços de uso indiscriminado. O mesmo se diga, se, para o mesmo efeito, o sujeito passivo recorrer ao apuramento de vários *pro rata* parciais, devendo, nesse caso, adoptar-se as soluções preconizadas supra, no n.º 3.2. desta secção IV do capítulo VIII.

---

[628] Esta acepção inferia-se já do entendimento do TJUE nos acórdãos de 6 de Outubro de 2005 (C-204/03, Comissão/Espanha, Colect. p. I-8389; e C-243/03, Comissão/França, Colect. p. I-8411) e de 23 de Abril de 2009 (C-74/08, *PARAT Automotive Cabrio*, Colect. p. I-3459), tendo sido confirmada por via do acórdão de 16 de Fevereiro de 2012 (C-25/11, *Varzim Sol*, Colect. p. I-?). Com efeito, se as subvenções não tributadas não devem afectar o direito à dedução dos sujeitos passivos integrais, o mesmo sucede em relação às subvenções não tributadas destinadas exclusivamente a financiar os eventuais sectores de actividade dos sujeitos passivos mistos em que esse direito à dedução seja também integral.

Bibliografia Citada

ANDRADE, Manuel de, *Teoria Geral da Relação Jurídica*, vol. II, 4.ª reimp., Coimbra: Almedina, 1974.

ARIAS, Ignacio, e Antonio BARBA, "The Impact of Subsidies on the Right to Deduct Input VAT: The Spanish Experience", *VAT Monitor*, Janeiro-Fevereiro de 2004, pp. 13-18.

ASCENÇÃO, José de Oliveira, *Direito Civil: Direito de Autor e Direitos Conexos*, Coimbra: Coimbra Editora, 1992.

BASTO, J. G. Xavier de, *A Tributação do Consumo e a sua Coordenação Internacional*, Lisboa: DGCI/CEF, 1991, CCTF n.º 164.

BASTO, J. G. Xavier de, "Sobre o regime das amostras e das ofertas de 'pequeno valor'", *TOC*, ano VIII, n.º 90, Setembro de 2007, pp. 19-23.

BECH, Raymond "Organisation of music festivals in Switzerland", in Xavier OBERSON (éd.), *International Taxation of artistes & sportsmen*, Bruxelas/Genebra: Brulylant/Schulthess, 2009, pp. 243-264.

CARVALHO, António Joaquim de, e João Amaral TOMÁS, *Manual do Imposto sobre o Valor Acrescentado*, Porto: Porto Editora, 1986.

CORDEIRO, Pedro, "A Gestão Colectiva na Sociedade da Informação", in *Direito da Sociedade da Informação*, vol. II, Coimbra: Coimbra Editora, 2001, pp. 33-39.

CORREIA, Arlindo, "O Regime Especial de IVA Aplicável aos Bens em Segunda Mão, Obras de Arte, Objectos de Colecção e Antiguidades", *Fiscália*, n.º 8, 1994, pp. 6-11.

CORREIA, M. J. A. Pupo, *Direito Comercial*, 8.ª ed. rev. e act., Lisboa: Ediforum, 2003.

COSTA, Mário de Almeida, *Direito das Obrigações*, 7.ª reimp. rev. e act., Coimbra: Almedina, 1999.

CUNHA, Patrícia Noiret, *Imposto sobre o Valor Acrescentado: Anotações ao Código do Imposto sobre o Valor Acrescentado e ao Regime do IVA nas Transacções Intracomunitárias*, Lisboa: Instituto Superior de Gestão, 2004.

DALE, Stephen, e Wilbert NIEUWENHUIZEN, *VAT Yearbook 2010/2011: VAT Decisions of the European Court of Justice 1974-June 2010*, The Netherlands: Kluwer Law International, 2011.

DGAIEC, *Manual do IVA – Vertente Aduaneira*, Abril de 2010 (rev. e cont. em Fevereiro de 2011), a partir do endereço ‹https://www.e-financas.gov.pt/de/jsp-dgaiec/main.jsp›.

DGAIEC, *Manual do Valor Aduaneiro*, 2004, a partir do endereço ‹https://www.e-financas.gov.pt/de/jsp-dgaiec/main.jsp›.

DGCI/Núcleo do IVA, *Código do Imposto sobre o Valor Acrescentado: Notas Explicativas e Legislação Complementar*, Lisboa: Imprensa Nacional – Casa da Moeda, 1985.

FARIA, Jorge Ribeiro de, *Direito das Obrigações*, vol. I, Coimbra: Almedina, 1987.

FERNANDES, F. Pinto, e Nuno Pinto FERNANDES, *Código do Imposto sobre o Valor Acrescentado e Regime do IVA nas Transacções Intracomunitárias – Anotado e Comentado*, 4.ª ed., Lisboa: Rei dos Livros, 1997.

FERREIRA, Rogério M. Fernandes, Olívio AMADOR e Sérgio VASQUES, "O Financiamento do Serviço Público de Televisão e a Nova Contribuição para o Audiovisual", *Fiscalidade*, n.º 17, Janeiro de 2004, pp. 5-38.

FURTADO, J. H. Cruz Pinto, *Manual do Arrendamento Urbano*, 2.ª ed. rev. e act., Coimbra: Almedina, 1999.

LAIRES, Rui, "Anotação ao acórdão de 7 de Novembro de 2003 (processo C-497/01, caso *Zita Modes*)", *CTF*, n.º 416, 2005, pp. 273-319.

LAIRES, Rui, *Apontamentos sobre a Jurisprudência Comunitária em Matéria de Isenções do IVA*, Coimbra: Almedina, 2006.

LAIRES, Rui, "O Tratamento em IVA das Subvenções na Legislação e na Jurisprudência Comunitária", *CTF*, n.º 419, 2007, pp. 7-88.

LAIRES, Rui, *A Incidência e os Critérios de Territorialidade do IVA*, Coimbra: Almedina, 2008.

LAIRES, Rui, "Anotação ao acórdão de 16 de Outubro de 2008 (processo C-253/07, caso *Canterbury Hockey Club e o.*)", *CTF*, n.º 424, Jul.--Dez., 2009, pp. 185-198.

LAIRES, Rui, *IVA: A Localização das Prestações de Serviços após 1 de Janeiro de 2010*, Lisboa: DGCI/CEF, 2010, CCTF n.º 208.

LAIRES, Rui, "O Regime do IVA das Amostras e das Ofertas de Valor Reduzido", Ordem dos Técnicos Oficiais de Contas, *TOC*, ano XI, n.º 130, Janeiro de 2011, pp. 49-53.

LAIRES, Rui, "A noção de 'operações estreitamente conexas'", *TOC*, ano XI, n.º 132, Março de 2011, pp. 55-60.

LAIRES, Rui, "Enquadramento em IVA de Donativos no Âmbito do Mecenato", *Jornal de Contabilidade*, ano XXXV, n.º 408, Março de 2011, pp. 92-94.

LAIRES, Rui, "A isenção do IVA aplicável aos serviços prestados por artistas", in *Estudos em Memória do Prof. Doutor J. L. Saldanha Sanches*, vol. IV, Coimbra: Coimbra Editora, 2011, pp. 397-437.

LANÇA, Cidália, "O tratamento em IVA da fusão de sociedades", *Fiscalidade*, n.º 46, Abril-Junho de 2011, pp. 91-103.

LANÇA, Cidália, "O imposto sobre o valor acrescentado", in *Lições de Fiscalidade* (coord. João Ricardo Catarino e Vasco Branco Guimarães), Coimbra: Almedina, 2012, pp. 289-324.

LIMA, Emanuel Vidal, *Imposto sobre o Valor Acrescentado: Comentado e Anotado*, 9.ª ed., Porto: Porto Editora., 2003.

LOUREIRO, João, "A Publicidade e o Direito de Autor", *Boletim da Ordem dos Advogados*, n.º 21, Julho-Agosto de 2002, pp. 44-45.

MARQUES, J. P. Remédio, e M. Nogueira SERENS, "Criações Publicitárias – A Atribuição do Direito Patrimonial de Autor e a Utilização das Criações Protegidas por Parte dos Anunciantes", in *Direito da Sociedade da Informação*, vol. VII, Coimbra: Coimbra Editora, 2008, pp. 207-278.

MARTINS, Alexandra, e Lídia SANTOS, "Regime de IVA nas Actividades de Investigação e Desenvolvimento Realizadas por Estabelecimentos do Ensino Superior ou Institutos Públicos: O Caso Particular dos Contratos de Investigação e Desenvolvimento Tecnológico", *Fiscalidade*, n.º 24, Outubro-Dezembro de 2005, pp. 5-18.

MOCOROA, Isabel Vega, "TVA et subventions dans l'Union européenne: problèmes et défis", *Revue du Droit de l'Union Européenne*, n.º 3-2005, pp. 447-481.

OLIVEIRA, Maria Odete, e Severino DUARTE, "A Disciplina do Contrato de Empreitada Face ao Imposto sobre o Valor Acrescentado", *Fisco*, n.º 69, Dezembro de 1994, pp. 16-33.

OLIVEIRA, Maria Odete, e Severino Henriques DUARTE, "O Tratamento das Subvenções em IVA: Reflexões antes e depois dos acórdãos de 2005", in *Estudos em memória de Teresa Lemos*, Lisboa: DGCI/CEF, 2007, CCTF n.º 202.

PAARDT, René N. G., "Subsidies in the EU and Switzerland", *VAT Monitor*, vol. 10, n.º 2, Março-Abril de 1999, pp. 38-59.
PALMA, Clotilde Celorico, "O Regime Especial de Tributação em IVA dos Bens em Segunda Mão, Objectos de Arte, de Colecção e Antiguidades: Algumas Reflexões sobre o Decreto-Lei n.º 199/96, de 18 de Outubro", *Fisco*, n.º 82/83, Setembro-Outubro de 1997, pp. 31-42.
PALMA, Clotilde Celorico, "O Imposto sobre o Valor Acrescentado e as actividades desportivas", in *Estudos em memória de Teresa Lemos*, Lisboa: DGCI/CEF, 2007, CCTF n.º 202, pp. 87-112.
PALMA, Clotilde Celorico, *As Entidades Públicas e o Imposto sobre o Valor Acrescentado: Uma Ruptura no Princípio da Neutralidade*, Coimbra: Almedina, 2010.
PALMA, Clotilde Celorico, *Introdução ao Imposto Sobre o Valor Acrescentado*, 5.ª ed., Coimbra: Almedina, 2011, Cadernos IDEFF n.º 1.
PALMA, Clotilde Celorico, "Caso Salix – A Reforma da Directiva IVA pelo Tribunal de Justiça da União Europeia (Comentário ao Acórdão do Tribunal de Justiça da União Europeia de 4 de Junho de 2009, Caso Salix, Processo C-102/08)", *Revista de Finanças Públicas e Direito Fiscal*, ano IV, n.º 2, Setembro de 2011, pp. 191-212.
PEREIRA, Alexandre Dias, "Gestão Individual e Colectiva do Direito de Autor e dos Direitos Conexos na Sociedade da Informação", in *Direito da Sociedade da Informação*, vol. IV, Coimbra: Coimbra Editora, 2003, pp. 433-453.
PRATA, Ana, *Dicionário Jurídico*, Coimbra: Almedina, 4.ª ed., 2005.
PwC, *Base de Dados Inforfisco*, a partir do endereço ‹http://www.pwc.com/pt/pt/pwcinforfisco›.
PwC, *Colectânea Tributária Anotada*, Alfragide: Texto Editores, 2012.
REBELLO, Luiz Francisco, *Código do Direito de Autor e dos Direitos Conexos*, 3.ª ed., rev. e act., Lisboa: Âncora Editora, 2002.
SÁNCHEZ, Antonio Victoria, "Las subvenciones sobre el IVA", *Gaceta Fiscal*, n.º 199, pp. 89-123.
SANTOS (NETO), Correia dos, *Código do IVA – Edição Anotada e Comentada*, 2.ª ed., Lisboa: Editorial Presença, 1986.
TELLES, Inocêncio Galvão, *Direito das Obrigações*, 7.ª ed. rev. e act., Coimbra: Coimbra Editora, 1997.
TERRA, Ben J. M., e Julie KAJUS, *A Guide to the European VAT Directive: Commentary on the Value Added Tax of the European Community*, vol. IV,

Amsterdam: International Bureau of Fiscal Documentation (IBFD), 1993, *loose-leaf.*
TERRA, Ben, e Julie KAJUS, *A Guide to the European VAT Directives (vol. 1): Introduction to European VAT*, Amsterdam: IBFD, 2011.
TORRÃO, João António Valente, *Código do Imposto sobre o Valor Acrescentado: Anotado e Comentado*, Coimbra: Almedina, 2005.
VIEIRA, José Alberto, *A Protecção dos Programas de Computador no Ordenamento Jurídico Português*, Lisboa: Lex, 2005.
XAVIER, António, *As Leis dos Espectáculos e Direitos Autorais: Do Teatro à Internet*, Coimbra: Almedina, 2002.

Índice Geral

Apresentação 5

Principais abreviaturas 7

Capítulo I – BREVE CARACTERIZAÇÃO DO IVA

Secção I – Caracterização económica do IVA 9

Secção II – Adopção do IVA em Portugal 11

1. Principais actos da UE em matéria de IVA 11
2. Legislação interna do IVA 12
   2.1. Diplomas de base 12
   2.2. Legislação complementar 13
      2.2.1. Não sujeição e isenções 13
      2.2.2. Regimes especiais de tributação 15
      2.2.3. Regimes especiais de exigibilidade 16
      2.2.4. Taxas do IVA 16
      2.2.5. Facturação 17
      2.2.6. Reembolsos 18
      2.2.7. Obrigações acessórias e de pagamento .. 20

Secção III – Categorias de operações tributáveis 20

1. Formulação genérica 20
2. Conceito de «sujeito passivo» 21
3. Conceito de «transmissão de bens» 24
4. Conceito de «prestação de serviços» 26
5. Conceito de «aquisição intracomunitária de bens» . 27
6. Conceito de «importação de bens» 30

Secção IV – Apuramento do IVA 32

Capítulo II – INCIDÊNCIA DO IVA EM ACTIVIDADES CULTURAIS, EDUCATIVAS, RECREATIVAS, DESPORTIVAS E DE ASSISTÊNCIA

Secção I – Enquadramento geral	35
Secção II – Cessão definitiva de instalações destinadas a actividades culturais, educativas, recreativas, desportivas ou de assistência...	37
1. Âmbito de aplicação da regra de não sujeição	37
2. Medidas administrativas de aplicação	41
Secção III – Donativos no âmbito do mecenato	43
1. Aspectos gerais	43
2. Consequências para a entidade doadora	44
3. Consequências para a entidade beneficiária do donativo	46
4. Divulgação pública da identidade dos mecenas	51
Secção IV – Amostras e ofertas de reduzido valor	52
1. Aspectos gerais	52
2. Conceito de amostra	54
2.1. Conceito genérico	54
2.2. Amostras de livros, discos e outros suportes de obras culturais	55
3. Conceito de oferta de reduzido valor	57
4. Obrigações específicas de relevação contabilística	58
5. Conformidade com o sistema comum do IVA	59
Secção V – Aspectos da incidência do IVA nas áreas cultural, educativa e recreativa	61
1. Trabalhos de tipografia, reprografia e restauro de livros	61
1.1. Enquadramento das empreitadas relativas a bens móveis...	61
1.2. Restauro de livros	68
1.3. Actividade de reprografia	70
1.4. Impressão de livros e de outras publicações	72
2. Actuações improvisadas por artistas em lugares públicos	73

3. Exploração de máquinas electrónicas de diversão 74
4. Contribuição para o audiovisual 75

Secção VI – Cedência de direitos relativos a atletas desportivos.... 78

Capítulo III – TERRITORIALIDADE DO IVA
NAS ACTIVIDADES CULTURAIS, EDUCATIVAS,
RECREATIVAS, DESPORTIVAS E DE ASSISTÊNCIA

Secção I – Enquadramento geral 81

Secção II – Localização das prestações de serviços 83

1. Regras gerais 83
2. Regras específicas 84
   2.1. Excepções a ambas as regras gerais 84
   2.2. Outras excepções à regra geral aplicável aos serviços não
   prestados a sujeitos passivos 85

Secção III – Serviços prestados por médicos e paramédicos 87

Secção IV – Serviços de assistência e segurança sociais 89

Secção V – Eventos de carácter cultural, educativo, recreativo,
desportivo ou similar 91

1. Aspectos gerais 91
2. Acesso e serviços acessórios do acesso 92
   2.1. Descrição da regra 92
   2.2. Conceito de «manifestações similares» 93
   2.3. Conceito de «prestações de serviços relativas ao acesso»... 93
   2.4. Conceito de «prestações de serviços acessórias relacionadas com o acesso» 94
3. Outros serviços relativos às mencionadas actividades prestados
   a sujeitos passivos 95
   3.1. Perspectiva geral 95
   3.2. O caso das feiras e exposições 96
4. Outros serviços relativos às mencionadas actividades não prestados a sujeitos passivos 104

4.1. Descrição da regra 104
4.2. Serviços abrangidos pela regra 105
4.3. Conceito de «prestações de serviços acessórias» 107

Secção VI – Cessão do direito de autor e de direitos conexos 107

Secção VII – Telecomunicações, radiodifusão e serviços por via electrónica 110

1. Serviços prestados a sujeitos passivos 110
2. Serviços não prestados a sujeitos passivos 110
3. Conceitos relevantes 111
   3.1. Serviços de telecomunicações 111
   3.2. Serviços de radiodifusão (incluindo televisão) 111
   3.3. Serviços prestados por via electrónica 112
      3.3.1. Inclusões no conceito 112
      3.3.2. Exclusões do conceito 114
4. Cumprimento de obrigações por entidades estabelecidas fora da UE 115
5. Regras em vigor a partir de 1 de Janeiro de 2015 116

Capítulo IV – ISENÇÕES DO IVA NAS ACTIVIDADES CULTURAIS, EDUCATIVAS, RECREATIVAS, DESPORTIVAS E DE ASSISTÊNCIA

Secção I – Enquadramento geral 119

1. Isenções em operações internas 119
2. Isenções em importações de bens 123
3. Isenções em aquisições intracomunitárias de bens 125
4. Critérios interpretativos definidos pelo TJUE 126

Secção II – Actividades ligadas à saúde humana 129

Subsecção I – Isenções em operações internas 129

1. Assistência médica e sanitária 129
   1.1. Aspectos gerais 129
   1.2. Serviços prestados no âmbito do internamento hospitalar ... 134

1.3. Cuidados de enfermagem ambulatórios ou domiciliários . 135
1.4. Análises clínicas... 135
1.5. Colheitas para utilização terapêutica futura 137
1.6. Exames, atestados e relatórios periciais............................ 138
1.7. Psicólogos e psicoterapeutas 140
1.8. Cedência de pessoal no sector da saúde 142
1.9. Segurança e saúde no trabalho... 144
1.10. Outras actividades isentas... 144
1.11. Outras actividades não isentas 146
1.12. Possibilidade de renúncia à isenção................................ 147
2. Próteses dentárias.. 151
3. Transmissões de órgãos, sangue e leite humanos................... 155
4. Transporte de doentes ou feridos... 155

SUBSECÇÃO II – Isenções em importações de bens........................ 156

1. Substâncias terapêuticas de origem humana........................... 156
2. Reagentes para determinação de grupos sanguíneos ou tissulares 157
3. Substâncias para controlo da qualidade dos medicamentos 157
4. Produtos farmacêuticos utilizados por ocasião de manifestações desportivas internacionais 158

SUBSECÇÃO III – Isenções em aquisições intracomunitárias de bens 158

SECÇÃO III – Actividades de assistência e segurança sociais 159

SUBSECÇÃO I – Isenções em operações internas 159

1. Aspectos gerais... 159
2. Assistência e segurança sociais em geral 161
3. Creches, lares, centros de férias ou de reabilitação e outros equipamentos sociais.. 163
4. Cedência de pessoal por instituições religiosas ou filosóficas ... 166
5. Meios de transporte para uso próprio de pessoas com deficiência 167
6. Bens para posterior distribuição gratuita a pessoas carenciadas. 168
7. Livros entregues gratuitamente a determinadas instituições..... 168
8. Bens que se destinem a ser exportados por organismos humanitários ou caritativos.. 168

SUBSECÇÃO II – Isenções em importações de bens 169
1. Bens importados por organizações de natureza caritativa ou filantrópica 169
2. Bens importados em benefício de pessoas com deficiência 170
   2.1. Meios de transporte 170
   2.2. Outros bens importados em benefício de pessoas com deficiência 171
3. Bens importados em benefício de vítimas de catástrofes 172

SUBSECÇÃO III – Isenções em aquisições intracomunitárias de bens 174

SECÇÃO IV – Actividades de ensino ou formação profissional 175

SUBSECÇÃO I – Isenções em operações internas 175

1. Aspectos gerais 175
2. Estabelecimentos de ensino 176
3. Entidades que se dediquem à formação profissional 180
   3.1. Âmbito da isenção 180
   3.2. Exclusão do âmbito da isenção 182
   3.3. Possibilidade de renúncia à isenção 184
4. Lições ministradas a título pessoal 184
   4.1. Âmbito objectivo da isenção 184
   4.2. Âmbito subjectivo da isenção 186
5. Bens que se destinem a ser exportados por organismos de carácter educativo 188

SUBSECÇÃO II – Isenções em importações de bens 189

1. Enxoval, material escolar e outros bens móveis de estudantes .. 189
2. Animais de laboratório e substâncias biológicas ou químicas destinadas à investigação 190
3. Mercadorias importadas para exames, análises ou ensaios 190

SUBSECÇÃO III – Isenções em aquisições intracomunitárias de bens. 191

SECÇÃO V – Actividades culturais, recreativas e desportivas 193

SUBSECÇÃO I – Isenções em operações internas 193

1. Estabelecimentos ou instalações destinados à prática de actividades artísticas, recreativas ou desportivas 193
   1.1. Âmbito objectivo da isenção 193
   1.2. Qualidade dos prestadores dos serviços 196
   1.3. Qualidade dos destinatários dos serviços 200
   1.4. Cedência de exploração de restaurantes e cafetarias.......... 203
2. Locação de livros, discos e outros suportes culturais 204
3. Ingresso em museus, galerias de arte, monumentos, parques e outros locais afins 205
4. Congressos, colóquios, conferências, seminários, cursos e manifestações análogas 210
   4.1. Âmbito geral da isenção 210
   4.2. Locação de espaços no contexto de congressos e manifestações análogas 211
5. Livros editados e vendidos pelo autor 213
6. Cedência de bandas de música, sessões de teatro e ensino de música ou de bailado.. 214
7. Desportistas e artistas tauromáquicos 217

Subsecção II – Isenções em importações de bens........................ 218

1. Museus, galerias de arte e estabelecimentos similares............... 218
2. Organismos competentes em matéria de protecção do direito de autor... 218
3. Livros e outros documentos para reuniões ou manifestações de carácter cultural, turístico ou desportivo 218
4. Fotografias importadas por agências noticiosas, jornais e outras publicações 219
5. Condecorações em homenagem a actividades desenvolvidas ... 220
6. Bens destinados a eventos culturais, recreativos ou desportivos 220

Subsecção III – Isenções em aquisições intracomunitárias de bens. 223

Secção VI – Direito de autor 223

1. Aspectos gerais... 223
2. Obras protegidas pelo direito de autor e por direitos conexos. 226
   2.1. Direito de autor 226

2.2. Direitos conexos 228
2.3. Gestão colectiva de direitos 229
3. Âmbito da isenção prevista na alínea 16) do artigo 9.º do CIVA 231
   3.1. Âmbito subjectivo da isenção 231
      3.1.1. Conceito de «autor» a que se reporta a isenção 231
      3.1.2. Forma jurídica dos sujeitos passivos 235
      3.1.3. Entidades de gestão colectiva do direito de autor.... 238
   3.2. Âmbito objectivo da isenção 238
      3.2.1. Negócios jurídicos relativos ao direito de autor 238
      3.2.2. Exclusão dos direitos conexos 239

Secção VII – Serviços prestados por artistas............................ 247

1. Aspectos gerais... 247
2. Anterior doutrina administrativa sobre a matéria 250
3. Aspectos a considerar na delineação do âmbito da isenção 253
   3.1. Elemento literal da norma de isenção 253
   3.2. Contexto e objectivo da isenção..................................... 255
   3.3. Jurisprudência do TJUE sobre as normas de isenção 258
   3.4. Interpretação veiculada pelos autores portugueses 260
4. Âmbito da isenção que abrange os serviços prestados por artistas... 262
   4.1. Actuação em espectáculos de natureza artística 262
      4.1.1. Enquadramento geral.. 262
      4.1.2. Actividades abrangidas 265
      4.1.3. Destinatários dos serviços..................................... 268
   4.2. Participação em filmes e na gravação de videogramas e fonogramas 273
   4.3. Direitos conexos de que são titulares os artistas............... 275
   4.4. Participação artística em eventos ou anúncios publicitários. 277

Secção VIII – Actividades de certos organismos sem finalidade lucrativa no interesse colectivo dos seus membros.................. 283

1. Aspectos gerais... 283
2. A quota como única contraprestação 289
3. Fixação da quota pelos estatutos 290
4. O interesse colectivo dos associados..................................... 291

Secção IX – Manifestações ocasionais para angariação de fundos   293

Secção X – Conceito de «operações (estreitamente) conexas».....   295

1. Isenções que se estendem a operações (estreitamente) conexas   295
2. Limites para a isenção das operações (estreitamente) conexas ..   297

Secção XI – Conceito de «organismo sem finalidade lucrativa»...   302

1. Aspectos gerais..   302
2. Âmbito do conceito de «organismo»   305
3. Caracterização do fim não lucrativo   307
4. Órgãos estatutários do organismo..   312
5. Disponibilização de elementos contabilísticos   319
6. Preços praticados pelos organismos......................................   321
7. Não distorção da concorrência..   325
   7.1. Critérios de apreciação...   325
   7.2. Reconhecimento da ocorrência de distorções   339

Secção XII – Regime especial de isenção para actividades de reduzida dimensão 341

Capítulo V – TAXAS DO IVA EM ACTIVIDADES CULTURAIS, EDUCATIVAS, RECREATIVAS, DESPORTIVAS E DE ASSISTÊNCIA

Secção I – Enquadramento geral..   345

Secção II – Taxa reduzida em actividades ligadas à saúde.............   347

1. Estabelecimentos hospitalares   347
2. Produtos farmacêuticos e similares   347
3. Aparelhos e outros equipamentos ou utensílios destinados a tratar, compensar ou corrigir problemas de saúde   349

Secção III – Taxa reduzida na assistência e segurança sociais........   350

1. Lares, casas de repouso, centros de férias e estabelecimentos afins   350
2. Equipamentos e utensílios destinados a operações de socorro ou salvamento..   351

3. Patrocínio judiciário em processos laborais ou a pessoas que beneficiem de assistência judiciária 352
4. Serviços de assistência domiciliária 352

Secção IV – Taxas do IVA em actividades culturais, recreativas e desportivas 352

1. Jornais, revistas e outras publicações periódicas 352
2. Livros 354
   2.1. Venda de livros em suporte físico 354
   2.2. Transmissão ou importação de livros em fascículos 355
   2.3. Envio pelo correio de livros, jornais e outras publicações . 356
3. Impressão tipográfica de livros, jornais e publicações afins 357
4. Entradas em espectáculos 358
   4.1. Taxa reduzida em vigor até 31 de Dezembro de 2011 358
   4.2. Taxa intermédia em vigor a partir de 1 de Janeiro de 2012   362
   4.3. Conceito de «entradas em cinemas» 363
5. Venda de objectos de arte 364
6. Contribuição para o audiovisual 365

Capítulo VI – RECUPERAÇÃO DO IVA RELACIONADO COM ACTIVIDADES CULTURAIS, EDUCATIVAS, RECREATIVAS, DESPORTIVAS E DE ASSISTÊNCIA

Secção I – Enquadramento geral 367

1. Dedução do IVA suportado nas aquisições 367
2. Despesas cuja dedução do IVA é excluída ou limitada 369
3. Dedução do IVA por sujeitos passivos mistos 371
   3.1. Aspectos gerais 371
   3.2. Método de «pro rata» baseado no volume de negócios 372
   3.3. Critérios de afectação real 374
4. Reembolso do IVA 376

Secção II – Dedução do IVA nas cessões definitivas de instalações destinadas a actividades culturais, educativas, recreativas, desportivas ou de assistência 378

1. Despesas relacionadas com a cessão definitiva 378

2. Actividades que não chegam a ser exercidas antes da ocorrência da cessão definitiva... 379

Secção III – Despesas relacionadas com congressos, feiras e manifestações similares.. 380

Secção IV – Despesas relativas a camarotes empresariais nos estádios de futebol.. 381

Secção V – Restituição de valores correspondentes ao IVA suportado por certas instituições.. 382

1. Igreja Católica 382
2. Outras Igrejas e Comunidades religiosas................................ 384
3. IPSS e Santa Casa da Misericórdia de Lisboa 384
4. Associações e corporações de bombeiros 386
5. Orquestras filarmónicas, bandas de música e similares 387

Capítulo VII – VENDA DE OBJECTOS DE ARTE, OBJECTOS DE COLECÇÃO E ANTIGUIDADES

Secção I – Enquadramento geral 391

1. Valor tributável das operações internas.................................... 391
   1.1. Regra geral.. 391
   1.2. Casos particulares... 393
2. Valor tributável das aquisições intracomunitárias de bens 393
3. Valor tributável das importações de bens 393

Secção II – Regime dos bens em segunda mão, objectos de arte, objectos de colecção e antiguidades.. 393

1. Aspectos gerais... 393
2. Fundamentos do regime especial de tributação........................ 396
3. Critérios interpretativos das normas do regime especial de tributação 399
4. Conceitos relevantes 402
   4.1. Bens em segunda mão... 402
   4.2. Objectos de arte... 404

4.3. Objectos de colecção 406
4.4. Antiguidades 406
4.5. Sujeito passivo revendedor 407
    4.5.1. Conceito genérico 407
    4.5.2. Casos particulares de inserção no conceito 408
    4.5.3. Relação com o conceito de «organizador de vendas em leilão» 409
4.6. Organizador de vendas em leilão 410
4.7. Comitente de um organizador de vendas em leilão 414
5. Vendas realizadas por sujeitos passivos revendedores 415
    5.1. Âmbito de aplicação 415
        5.1.1. Aspectos gerais 415
        5.1.2. Contratos de comissão 417
    5.2. Opções dos sujeitos passivos revendedores 418
        5.2.1. Opção pelo regime geral de tributação 418
        5.2.2. Opção pelo regime especial de tributação 418
    5.3. Valor tributável 420
        5.3.1. Determinação da margem de lucro 420
        5.3.2. Exemplos de apuramento da base tributável e do imposto 423
    5.4. Dedução do IVA 425
        5.4.1. IVA não dedutível 425
            5.4.1.1. Sujeitos passivos revendedores 425
            5.4.1.2. Adquirentes de bens a sujeitos passivos revendedores 426
        5.4.2. IVA dedutível 426
            5.4.2.1. Sujeitos passivos revendedores 426
            5.4.2.2. Adquirentes de bens a sujeitos passivos revendedores 428
    5.5. Derrogações a regras de incidência e de isenção 428
    5.6. Obrigações acessórias dos sujeitos passivos revendedores .. 431
6. Vendas realizadas por organizadores de vendas em leilão 432
    6.1. Âmbito de aplicação 432
    6.2. Valor tributável 434
    6.3. Dedução do IVA 436
        6.3.1. Organizadores de vendas em leilão 436

6.3.2. Adquirentes de bens a organizadores de vendas em leilão	437
6.4. Derrogações a regras de incidência e de isenção (remissão).	437
6.5. Obrigações acessórias dos organizadores de vendas em leilão	438
7. Vendas realizadas por outros sujeitos passivos	439
8. Venda de objectos de arte pelos autores ou pelos seus sucessores	440
9. Taxa do IVA a aplicar na venda de objectos de arte	442

Capítulo VIII – SUBVENÇÕES ÀS ACTIVIDADES CULTURAIS, EDUCATIVAS, RECREATIVAS, DESPORTIVAS E DE ASSISTÊNCIA

Secção I – Enquadramento geral	447
1. Introdução	447
2. Legislação do IVA aplicável	449
Secção II – Conceito de «subvenção» para efeitos do IVA	450
1. Quanto à terminologia adoptada	450
2. Quanto ao conteúdo do conceito de «subvenção» para efeitos do IVA	452
Secção III – Inclusão no valor tributável	459
1. Conceito de subvenções «directamente relacionadas com o preço das operações»	459
2. Tipos de operações abrangidas pela regra de inclusão no valor tributável das subvenções relacionadas com o preço	460
3. Inclusão das subvenções relacionadas com o preço no «pro rata» de dedução dos sujeitos passivos mistos	462
Secção IV – Efeito das subvenções não tributadas no direito à dedução	463
1. Sujeitos passivos abrangidos	463
2. Tipos de subvenções e actividade abrangidas	464

3. Consequências para os sujeitos passivos mistos que não utilizem o método de «pro rata» geral baseado no volume de negócios 465
   3.1. Formulação do problema 465
   3.2. Método de «pro rata» parciais baseados no volume de negócios 467
   3.3. Critérios baseados na efectiva utilização dos bens e serviços 468

Bibliografia citada 471

Índice geral... 477